中国非洲研究院文库　　　　　　　　　　　　　新时代中国与非洲丛书

新时代
中非共建"一带一路"

Belt and Road Initiative Cooperation between
China and Africa in the New Era

中国非洲研究院　主编

张春宇　邓延庭　等　著

社会科学文献出版社
SOCIAL SCIENCES ACADEMIC PRESS (CHINA)

"中国非洲研究院文库"
编委会名单

充分发挥智库作用　助力中非友好合作

——"中国非洲研究院文库"总序

　　当前，世界之变、时代之变、历史之变正以前所未有的方式展开。一方面，和平、发展、合作、共赢的历史潮流不可阻挡，人心所向、大势所趋决定了人类前途终归光明。另一方面，恃强凌弱、巧取豪夺、零和博弈等霸权霸道霸凌行径危害深重，和平赤字、发展赤字、安全赤字、治理赤字加重，人类社会面临前所未有的挑战。

　　作为世界上最大的发展中国家，中国始终是世界和平的建设者、国际秩序的维护者、全球发展的贡献者。非洲是发展中国家最集中的大陆，是维护世界和平、促进全球发展的重要力量之一。在世界又一次站在历史十字路口的关键时刻，中非双方比以往任何时候都更需要加强合作、共克时艰、携手前行，共同推动构建人类命运共同体。

　　中国和非洲都拥有悠久灿烂的古代文明，都曾走在世界文明的前列，是世界文明百花园的重要成员。中非双方虽相距万里，但文明交流互鉴的脚步从未停歇。进入 21 世纪，特别是中共十八大以来，中非文明交流互鉴迈入新阶段。中华文明和非洲文明都孕育和彰显出平等相待、相互尊重、和谐相处等重要理念，深化中非文明互鉴，增强对彼此历史和文明的理解认知，共同讲好中非友好合作故事，有利于为新时代中非友好合作行稳致远汲取历史养分、夯实思想根基。

1

中国式现代化,是中国共产党领导的社会主义现代化,既有各国现代化的共同特征,又有基于自己国情的中国特色。中国式现代化,深深植根于中华优秀传统文化,体现了科学社会主义的先进本质,借鉴吸收一切人类优秀文明成果,代表了人类文明进步的发展方向,展现了不同于西方现代化模式的新图景,是一种全新的人类文明形态。中国式现代化的新图景,为包括非洲国家在内的广大发展中国家发展提供了有益参考和借鉴。近年来,非洲在自主可持续发展、联合自强道路上取得了可喜进步,从西方人眼中"没有希望的大陆"变成了"充满希望的大陆",成为"奔跑的雄狮"。非洲各国正在积极探索适合自身国情的发展道路,非洲人民正在为实现《2063 年议程》与和平繁荣的"非洲梦"而努力奋斗。中国坚定支持非洲国家探索符合自身国情的发展道路,愿与非洲人民共享中国式现代化机遇,在中国全面建设社会主义现代化国家新征程上,以中国的新发展为非洲和世界提供发展新机遇。

中国与非洲传统友谊源远流长,中非历来是命运共同体。中国高度重视发展中非关系,2013 年 3 月,习近平担任国家主席后首次出访就选择了非洲;2018 年 7 月,习近平连任国家主席后首次出访仍然选择了非洲;截至 2023 年 8 月,习近平主席先后 5 次踏上非洲大陆,访问坦桑尼亚、南非、塞内加尔等 8 国,向世界表明中国对中非传统友谊倍加珍惜,对非洲和中非关系高度重视。在 2018 年中非合作论坛北京峰会上,习近平主席指出:"中非早已结成休戚与共的命运共同体。我们愿同非洲人民心往一处想、劲往一处使,共筑更加紧密的中非命运共同体,为推动构建人类命运共同体树立典范。"2021 年中非合作论坛第八届部长级会议上,习近平主席首次提出了"中非友好合作精神",即"真诚友好、平等相待,互利共赢、共同发展,主持公道、捍卫正义,顺应时势、开放包容"。这是对中非友好合作丰富内涵的高度概括,是中非双方在争取民族独立和国家解放的历史进程中培育的宝贵财富,是中非双方在发展振兴和团结协作的伟大征程上形成的重要风范,体现了友好、平等、共赢、正义的鲜明特征,是新型国际关系的时代标杆。

　　随着中非合作蓬勃发展，国际社会对中非关系的关注度不断提高。一方面，震惊于中国在非洲影响力的快速上升；另一方面，忧虑于自身在非洲影响力的急速下降，西方国家不时泛起一些肆意抹黑、诋毁中非关系的奇谈怪论，如"新殖民主义论""资源争夺论""中国债务陷阱论"等，给中非关系的发展带来一定程度的干扰。在此背景下，学术界加强对非洲和中非关系的研究，及时推出相关研究成果，提升中非双方的国际话语权，展示中非务实合作的丰硕成果，客观积极地反映中非关系良好发展，向世界发出中国声音，显得日益紧迫和重要。

　　以习近平新时代中国特色社会主义思想为指导，中国社会科学院努力建设马克思主义理论阵地，发挥为党和国家决策服务的思想库作用，努力为构建中国特色哲学社会科学学科体系、学术体系、话语体系作出新的更大贡献，不断增强我国哲学社会科学的国际影响力。中国社会科学院西亚非洲研究所是遵照毛泽东主席指示成立的区域性研究机构，长期致力于非洲问题和中非关系研究，基础研究和应用研究双轮驱动，融合发展。

　　以西亚非洲研究所为主体、于2019年4月成立的中国非洲研究院，是习近平主席在中非合作论坛北京峰会上宣布的加强中非人文交流行动的重要举措。西亚非洲研究所及中国非洲研究院自成立以来，发表和出版了大量论文、研究报告和专著，为国家决策部门提供了大量咨询报告，在国内外的影响力不断扩大。遵照习近平主席致中国非洲研究院成立贺信精神，中国非洲研究院的宗旨是：汇聚中非学术智库资源，深化中非文明互鉴，加强中非治国理政和发展经验交流，为中非和中非同其他各方的合作集思广益、建言献策，为中非携手推进"一带一路"高质量发展、共同建设面向未来的中非全面战略合作伙伴关系、构筑更加紧密的中非命运共同体提供智力支持和人才支撑。

　　中国非洲研究院有四大功能：一是发挥交流平台作用，密切中非学术交往。办好三大讲坛、三大论坛、三大会议。三大讲坛包括"非洲讲坛""中国讲坛""大使讲坛"，三大论坛包括"非洲留学生论坛""中非学术翻译论坛""大航海时代与21世纪海上丝绸之路海峡两岸学术论坛"，三大会议包括"中非文明对话大会""《（新编）中国通史》和《非洲通史（多卷本）》比较研究国际研讨会""中国非洲研究年会"。二是发挥研究基地作用，聚焦共建"一带一路"。开展中非合作研究，对中非共同关注的重大问题和热点问题进行跟踪研究，定期发布研究课题及其成果。三是发挥人才高地作用，培养高端专业人才。开展学历学位教育，实施中非学者互访项目，扶持青年学者，培养高端专业人才。四是发挥传播窗口作用，讲好中非友好故事。办好中国非洲研究院微信公众号，办好中国非洲研究院中英文网站，创办多语种《中国非洲学刊》。

为贯彻落实习近平主席的贺信精神，更好汇聚中非学术智库资源，团结非洲学者，引领中国非洲研究队伍提高学术水平和创新能力，推动相关非洲学科融合发展，推出精品力作，同时重视加强学术道德建设，中国非洲研究院面向全国非洲研究学界，坚持立足中国，放眼世界，特设"中国非洲研究院文库"。"中国非洲研究院文库"坚持精品导向，由相关部门领导与专家学者组成的编辑委员会遴选非洲研究及中非关系研究的相关成果，并统一组织出版。文库下设五大系列丛书："学术著作"系列重在推动学科建设和学科发展，反映非洲发展问题、发展道路及中非合作等某一学科领域的系统性专题研究或国别研究成果；"学术译丛"系列主要把非洲学者以及其他方学者有关非洲问题研究的学术著作翻译成中文出版，特别注重全面反映非洲本土学者的学术水平、学术观点和对自身发展问题的认识；"智库报告"系列以中非关系为研究主线，中非各领域合作、国别双边关系及中国与其他国际角色在非洲的互动关系为支撑，客观、准确、翔实地反映中非合作的现状，为新时代中非关系顺利发展提供对策建议；"研究论丛"系列集结中国专家学者研究非洲国际关系和非洲政治、经济、安全、社会发展等方面的重大问题，形成的一批创新性学术研究成果，具有基础性、系统性和标志性的特点；"年鉴"系列是连续出版的资料性文献，分中英文两种版本，设有"重要文献""热点聚焦""专题特稿""研究综述""新书选介""学刊简介""学术机构""学术动态""数据统计""年度大事"等栏目，系统汇集每年度非洲研究的新观点、新动态、新成果。

　　在中国非洲研究院成立这一新的历史起点上，期待中国的非洲研究和非洲的中国研究凝聚国内研究力量，联合非洲各国专家学者，开拓进取，勇于创新，不断推进我国的非洲研究、非洲的中国研究以及中非关系研究，从而更好地服务于中非高质量共建"一带一路"，助力新时代中非友好合作全面深入发展，推动构建更加紧密的中非命运共同体。

中国非洲研究院

2023 年 9 月

习近平外交思想指引
新时代中国非洲研究

——"新时代中国与非洲丛书"总序

党的十八大以来，中国特色社会主义进入新时代，这是我国发展新的历史方位。经过新时代十年团结奋斗，中国完成了全面建成小康社会的历史任务，实现了第一个百年奋斗目标，迈上全面建设社会主义现代化国家新征程，向第二个百年奋斗目标进军。新时代十年的伟大变革，在党史、新中国史、改革开放史、社会主义发展史、中华民族发展史上具有里程碑意义。

与此同时，国际形势发生深刻复杂变化，当今世界处于大发展大变革大调整时期，正在经历百年未有之大变局。习近平总书记在党的二十大报告中指出："当前，世界之变、时代之变、历史之变正以前所未有的方式展开。一方面，和平、发展、合作、共赢的历史潮流不可阻挡，人心所向、大势所趋决定了人类的前途光明。另一方面，恃强凌弱、巧取豪夺、零和博弈等霸权霸道霸凌行径危害深重，和平赤字、发展赤字、安全赤字、治理赤字加重，人类社会面临前所未有的挑战。"

"世界怎么了？我们怎么办？"习近平总书记深刻思考人类命运前途，积极推进重大外交理论和实践创新，形成了习近平外交思想。习近平外交思想是习近平新时代中国特色社会主义思想的重要组成部分，为新时代我国对外工作提供了根本遵循和行动指南。

新时代十年，我们全面推进中国特色大国外交，努力推动构建人类命运共同体和构建新型国际关系，积极发展全球伙伴关系，维护大国关系总体稳定，深化同周边国家外交，加强同发展中国家团结合作，形成全方位、多层次、立体化的外交总体布局。在中国外交总体布局中，非洲占有非常重要之地位。中国是世界上最大的发展中国家，非洲是发展中国家最集中的大陆，中非从来都是命运共同体。发展同非洲国家的团结合作是中国对外政策的重要基石，也是中国长期坚定的战略选择。

新时代十年，习近平主席高度重视中非关系，以元首外交引领中非关系行稳致远。2013 年 3 月，习近平就任国家主席后首次出访便选择了非洲，至今共四次踏上非洲大陆，足迹遍及非洲东西南北中。非洲国家领导人也纷纷来华访问或者出席国际会议。对此，习近平主席都予以热情接待，进行会谈或会见。习近平主席高度重视中非合作论坛工作，连续出席2015 年约翰内斯堡峰会、2018 年北京峰会和 2021 年第八届部长级会议并发表重要演讲。新冠疫情发生后，习近平主席主持中非团结抗疫特别峰会，并通过视频、通话等方式与非洲领导人保持密切沟通。2022 年 11 月，坦桑尼亚总统萨米娅·哈桑访华，成为党的二十大后中方接待的首位非洲国家元首，充分体现了中坦关系的密切程度和中非关系在中国外交全局中的重要地位。

新时代十年，习近平主席基于对中非发展和世界大势的深刻认识和准确把握，就中非关系发展作出一系列重要论述，提出一系列新理念、新思想、新倡议，为中非友好合作全面深入发展指明了方向。习近平主席提出的"真实亲诚"政策理念和正确义利观，成为中国加强同包括非洲国家在内的广大发展中国家团结合作的重要理念和指导原则。习近平主席提出构建"责任共担、合作共赢、幸福共享、文化共兴、安全共筑、和谐共生"的新时代中非命运共同体，为推动构建人类命运共同体树立典范。习近平主席倡导中非高质量共建"一带一路"，助力中非实现共同发展，造福中非人民。习近平主席提出将中非关系提升为全面战略合作伙伴关系，明确了新时代中非关系的战略定位和方向。习近平主席还高度概括总结了中非友好合作精神，即"真诚友好、平等相待，互利共赢、共同发展，主持公道、捍卫正义，顺应时势、开放包容"，成为新时代中非关系继往开来的力量源泉。

新时代十年，是中非合作成果丰硕的十年。在中非双方共同努力下，中非合作实现跨越式发展，结出丰硕成果。中非政治互信持续深化，为中非合作保驾护航；中非经贸合作迅速发展，为中非关系注入强大动力；中非人文交流日益扩大，促进中非民心相通；中非安全合作稳步拓展，助力非洲实现和平稳定；中非国际合作不断增强，维护国际公平正义。其中，人文交流与合作是新时代中非合作的重要内容，是中非全面战略合作伙伴关系的重要组成部分，是中非命运共同体的重要支柱。近年来，中非在文化、教育、科技、卫生、媒体、智库、青年、妇女等方面的交流与合作日益扩大，取得积极成效，从而使中非关系的社会民意基础不断夯实巩固。

随着中非关系快速发展，中非双方都认识到智库在提供知识和智力支持方面的积极作用，中非智库交流与合作不断增强。2018 年 9 月 3 日，习近平主席在中非合作论坛北京峰会上宣布，"中国决定设立中国非洲研究院，同非方深化文明互鉴"。2019 年 4 月 9 日，中国非洲研究院正式成立，习近平主席专门致信祝贺，将中非智库交流与合作推向新阶段。

习近平主席在贺信中指出："希望中国非洲研究院汇聚中非学术智库资源，增进中非人民相互了解和友谊，为中非和中非同其他各方的合作集思广益、建言献策，为促进中非关系发展、构建人类命运共同体贡献力量！"习近平主席贺信为中国非洲研究院发展指明了方向，贺信精神是中国非洲研究院建院之本、强院之魂。

中国非洲研究院成立以来，认真学习领会习近平新时代中国特色社会主义思想，深入贯彻落实习近平主席贺信精神，紧紧围绕"四大功能"定位，全面扎实推进各项工作。中国非洲研究院设立"三大交流机制"，包括中非治国理政交流机制、中非可持续发展交流机制和中非共建"一带一路"交流机制,积极促进中非学术交流,加强交流平台建设。推出"中国非洲研究院文库",出版学术专著、智库报告、学术译丛、研究论丛、中国非洲研究年鉴等系列学术研究成果,扎实推进国内非洲研究和中非联合研究,加强研究基地建设。创办"三大讲坛",包括中国讲坛、非洲讲坛和大使讲坛,举办"中非文明对话大会"和"非洲留学生论坛",精心打造知名品牌,加强传播窗口建设。深入学习贯彻习近平外交思想,紧密配合我国外交大局,组织"非洲大使中国行"等活动,同时加强应用对策研究,充分发挥高端智库功能。高度重视人才培养,加大力度培养致力于中非友好合作的"中国通"和"非洲通",加强人才高地建设。设立中国非洲研究院国际顾问委员会,同时创新完善机制建设,汇聚学术智库资源。经过不懈努力,中国非洲研究院工作初见成效,在国内外的影响力逐步显现,引领中国非洲研究和汇聚中非学术智库资源的作用不断增强。

新时代,中国非洲研究院肩负着"为促进中非关系发展、构建人类命运共同体贡献力量"的重要使命。为加强新时代中非关系的研究,中国非洲研究院经过深入调研后决定设立"新时代中国与非洲"重点课题,并成立专门课题组,吸纳科研骨干力量,开展专题研究。该课题旨在深入研究新时代元首外交对中非关系的引领作用,系统阐述习近平主席关于中非关系的重要论述,深刻领悟习近平外交思想中关于中非关系的新思想、新理念、新倡议,全面总结新时代中非友好合作的重要成就及意义。

我们希望,通过该丛书,为加强新时代中国非洲研究,促进中非文明交流互鉴,增进中非人民相互了解和友谊,推动构建中非命运共同体和人类命运共同体贡献学术力量!

中国非洲研究院

2023 年 9 月

目　录

第一章 "一带一路"为世界治理贡献中国方案

2013 年，中国国家主席习近平首倡"一带一路"，得到了沿线国家的积极响应，受到全世界的广泛称赞。"一带一路"是中国在全新的历史条件下，实行全方位对外开放的重大举措，为构建人类命运共同体搭建了必要的平台，为全世界解决共同的发展问题，实现全人类的共同繁荣，提供了宝贵的中国智慧、中国经验、中国方案。"一带一路"的提出，深刻反映了全球化趋势日益增强的背景下，世界各国持续加强国际交流与合作的愿望。

习近平主席对"一带一路"建设的指导原则、丰富内涵、目标路径等内容，分别进行了深刻而全面的阐述，为中国与沿线国家共建"一带一路"的行稳致远，指明了正确的方向，提供了根本的遵循。作为习近平外交思想的重要组成部分，"一带一路"引领中国与沿线国家的合作不断提质增效。"一带一路"建设由点及面，连线成片，逐步形成区域大合作，不仅让古老的丝路焕发出强大的生命力，也为国家间关系和国际合作持续注入了全新的时代内涵。在"五通"理念和"三共"原则的感召下，当前有越来越多的国家和国际组织携手与中国高质量共建"一带一路"，并且取得了诸多广受世人好评的合作成果。当今世界正面临百年未有之大变局，但不变的是以和平和发展为主基调的世界主题。作为由中国发起并推动的国际多边合作框架，"一带一路"从"大写意"到"工笔画"的不断深化发展的过程，折射出一个百年大党和一个负责任的大国的发展智慧与开放胸怀。以共建

"一带一路"为契机,中国与沿线国家正携手奋进,朝着构建人类命运共同体的宏伟蓝图不断迈进。

第一节 "一带一路"的缘起与理论内涵

一 "一带一路"的形成过程

"一带一路"是由中国国家主席习近平于 2013 年提出的对外合作倡议,包括"丝绸之路经济带"和"21世纪海上丝绸之路"。"一带一路"的提出是助力中国现代化建设和提升中国发展对世界发展作出贡献的首倡之举,在平等的基础上对于发挥沿线不同国家的自身优势,实现各国优势互补、资源共享、共赢合作具有重要的现实意义。"一带一路"有效地继承和发扬了马克思主义理论体系中的唯物辩证法,同时充分结合了全球文化和政治发展多样性的需求,其中所涉及的双多边合作平台,包含了区域合作的有效机制。习近平主席提出的"一带一路"倡议,是在综合分析世界的发展结构和中国的实际发展情况,对马克思主义理论的具体实际运用,体现了和平、交流、理解、包容、合作、共赢的精神。

"一带一路"所依托的丝绸之路、海上丝绸之路等概念,并非凭空抽象出的空洞文字表述,而是真实存在于中国与世界其他国家文明交往史中的友谊的桥梁。在古代中国,从公元前 114 年至公元 127 年,丝绸之路最初是中原地区与邻近的中亚、西亚地区开展商业往来的陆路通道。西汉派出的使者张骞"凿空"西域,正式在广袤的亚欧大陆上开辟了一条延续数千年的国际商路。丝绸之路起初因承载中国生产的丝绸走向其他国家的市场而得名,尔后逐步演变成为一条古代中国与亚欧非国家开展政治、经济、文化交流的国际交通动脉。从 19 世纪开始,丝绸之路也成为古代中国与西方以及沿线国家政治、经济、文化往来的空间地理通道的统称。两千多年的交往历史证明,只要坚持团结互信、平等互利、包容互鉴、合作共赢,不同种族、不同信仰、不同文化背景的国家完全可以共享和平,共同发展。这是古丝绸之路留给我们的宝贵启示。①

海上丝绸之路是相对于陆上丝绸之路的地理通道概念，起自中国东南沿海，经东南亚，通往南亚、西亚、东非等地，是中国出产的丝绸、瓷器等产品运往海外市场，以及其他国家的特产进入中国市场的交通要道。海上丝绸之路，不仅记录了中国东南沿海居民下南洋的历史，而且承载了东南亚、南亚国家与中国的平等贸易与文化互学互鉴。海上丝绸之路上最为著名的壮举是 15 世纪中国明朝派出使者郑和率领船队七下西洋，将中国和平发展、相互尊重的理念广泛传播到了印度洋沿岸。与陆上丝绸之路一样，海上丝绸之路也是承载中国人民与东南亚、西亚、非洲等沿线各国人民友好交往的重要历史符号。

时代的演进发展与社会的进步密切关联，陆上与海上丝绸之路在历史上的长期繁荣昌盛，是中国与邻为善、和而不同的发展理念广受世界人民接受和欢迎的真实写照。而近代两条以中国为起点的国际商路的衰落，也是以西方为中心的世界贸易体系崛起所导致的必然结果。但是，进入 21 世纪，随着中国改革开放的逐步推进、综合国力的逐步增强，世界对中国能够提供一个突破全球近代发展模式，更加适应全球化、多极化的发展愿景的呼声不断高涨。习近平主席提出"一带一路"，不仅是切实推动中国扩大和深化对外开放的需要，也是顺应世界多元化、经济全球化、贸易多样化的高水平、深层次、宽领域的国际合作的大趋势，是实事求是、与时俱进、开拓创新的马克思主义理论精髓的集中体现。"一带一路"虽然借用了古代陆上与海上丝绸之路的历史符号，但其本质上是以习近平同志为主要代表的新时代中国共产党人对当前中国和世界发展形势总结的理论成果，反映出中国当前对国内和世界发展的愿景和期望，是新时代中国特色社会主义建设取得的突出成就之一。

"一带一路"虽然发轫自中国，但其成果和影响绝对不会局限于中

----

① 《共同建设"丝绸之路"经济带》，载《习近平谈"一带一路"》，中央文献出版社，2018，第 2 页。

国。中国愿意在力所能及的范围内承担更多责任义务,为人类和平发展作出更大的贡献。"一带一路"不仅传承中华民族数千年的理想情怀并将之发扬光大,而且系统转化为新时代中国加强国际交流与合作的实践。和平与发展是当今时代的主题,以和平谋发展,以发展促和平,是全世界人民的共同愿望。"一带一路"的提出,将中国人民对和平的热爱以及对发展的渴求,与世界人民谋求和平与发展的愿望充分衔接。习近平主席在谈及中国加强对外开放以及与各国加强对外合作的意义时指出,"这一百多年全人类的共同愿望,就是和平与发展。然而,这项任务至今远远没有完成。我们要顺应人民呼声,接过历史接力棒,继续在和平与发展的马拉松跑道上奋勇向前"①。正是在这种宏大的全球视角之下,"一带一路"将新时代中国的改革开放与世界人民的共同愿景联系在一起,通过加强中国与外部世界的交融性、关联性、互动性,更好地造福中国以及沿线各国人民,凸显新时代中国发展所取得的新成就之于全人类发展和进步的积极意义。

二 "一带一路"的主要内容

作为习近平外交思想的重要组成部分,"一带一路"从最初被提出到内涵逐步丰富的过程,本质上是习近平主席指引中国特色大国外交阔步前进历程的体现和缩影。2013 年 9 月,习近平主席在访问哈萨克斯坦纳扎尔巴耶夫大学时,发表了题为《弘扬人民友谊 共创美好未来》的重要讲话,其中对中国与包括哈萨克斯坦在内的欧亚国家合作建设"丝绸之路经济带",提出了总体谋划与科学部署。习近平主席在讲话中指出,二十多年来,随着中国同欧亚国家关系快速发展,古老的丝绸之路日益焕发出新的生机活力,以新的形式把中国同欧亚国家的互利合作不断推向新的历史高度。② 为了更

---

① 《共同构建人类命运共同体》,载《习近平谈"一带一路"》,中央文献出版社,2018,第164页。
② 《共同建设"丝绸之路"经济带》,载《习近平谈"一带一路"》,中央文献出版社,2018,第2页。

好地巩固和提升中国与欧亚国家之间的合作,为了使欧亚各国经济联系更加紧密、相互合作更加深入、发展空间更加广阔,习近平主席指出,我们可以用创新的合作模式,共同建设"丝绸之路经济带"。这是一项造福沿途各国人民的大事业。① 同年10月,习近平主席在印度尼西亚国会发表题为《携手建设中国-东盟命运共同体》的重要讲话,提出与东南亚国家合作建设21世纪海上丝绸之路的愿景。习近平主席指出,东南亚地区自古以来就是海上丝绸之路的重要枢纽,中国愿同东盟国家加强海上合作,使用好中国政府设立的中国-东盟海上合作基金,发展好海洋合作伙伴关系,共同建设"21世纪海上丝绸之路"。中国愿通过扩大同东盟国家各领域务实合作,互通有无、优势互补,同东盟国家共享机遇、共迎挑战,实现共同发展、共同繁荣。② 至此,由"丝绸之路经济带"与"21世纪海上丝绸之路"共同构成的"一带一路"倡议基本成形,为中国与沿线国家夯实合作基础、拓展合作领域、创新合作机制,搭建了完善的制度框架。

此后,习近平主席又在出席多个重要的国际场合时发表重要讲话,对"一带一路"做出了进一步详细的阐述,不断丰富与完善其理论内涵。2014年4月,习近平主席在比利时布鲁日欧洲学院发表主旨演讲时指出,我们要积极探讨把中欧合作和丝绸之路经济带建设结合起来,以构建亚欧大市场为目标,让亚欧两大洲人员、企业、资金、技术活起来、火起来,使中国和欧盟成为世界经济增长的双引擎。③ 同年6月,习近平主席在出席中阿合作论坛第六届部长级会议开幕式时,发表了题为《弘扬丝路精神,深化中阿合作》的主旨演讲。习近平主席指出,回顾中阿人民交往历史,我们就会想起陆上丝绸之路和海上香料之路。千百年来,丝绸之路承载的和平合作、开放包容、互学互鉴、互利共赢精神薪火相传。实现民族振兴的共同使命和挑

---

① 《共同建设"丝绸之路"经济带》,载《习近平谈"一带一路"》,中央文献出版社,2018,第4页。

② 《共同建设二十一世纪"海上丝绸之路"》,载《习近平谈"一带一路"》,中央文献出版社,2018,第11~12页。

③ 《在亚欧大陆架起一座友谊和合作之桥》,载《习近平谈"一带一路"》,中央文献出版社,2018,第21页。

战,需要我们弘扬丝绸之路精神,为发展增动力,为合作添活力,不断深化全面合作、共同发展的中阿战略合作关系。中阿共建"一带一路",应该坚持共商、共建、共享原则;中阿共建"一带一路",既要登高望远也要脚踏实地;中阿共建"一带一路",应该依托并增进中阿传统友谊。[①] 同年 11 月,在出席"加强互联互通伙伴关系"东道主伙伴对话会发表的演讲中,习近平主席指出,我们要建设的互联互通,不光是平面化和单线条的联通,而更应该是基础设施、制度规章、人员交流的三位一体,应该是政策沟通、设施联通、贸易畅通、资金融通、民心相通五大领域齐头并进。这是全方位、立体化、网络状的大联通,是生机勃勃、群策群力的开放系统。[②] 至此,"一带一路"已经基本形成了完善的内容架构。"五通"理念与"三共"原则为中国与沿线国家加强新时代互利共赢合作,提供了科学的引导和强有力的支撑。

(一)"五通"理念

"五通"理念即政策沟通、设施联通、贸易畅通、资金融通、民心相通。这五个方面共同构成"一带一路"要实现的整体愿景,而且五个理念之间层层深入、逐步递进,为与之相关的各类国际合作政策的出台,提供了必要的前提和基础。"五通"理念的提出,不仅系统地回答了中国与沿线国家究竟要开展什么合作的问题,而且在逻辑上为不同合作的具体开展次序厘清了思路,指明了具体的前进方向。

1. 政策沟通

即对于不同国家的经济发展战略、政治发展战略、文化发展战略,应该在平等互惠、友善沟通、共同推进的基础上,实现相互对接,从而确保各个国家的不同优势能够实现互补。政策之间的沟通,可以在求同存异的基础上,促进各个区域的协调发展、合理规划。对于综合实力较弱的国家和地

---

① 《弘扬丝路精神,深化中阿合作》,载《习近平谈"一带一路"》,中央文献出版社,2018,第 31~38 页。

② 《联通引领发展,伙伴聚焦合作》,载《习近平谈"一带一路"》,中央文献出版社,2018,第 48 页。

区，政策的沟通可以使其通过开展国际合作，为自身的发展搭建便利的平台。政策的相互沟通有助于各个国家之间实现程度较高的政治互信，是互利共赢合作稳定开展的基本前提。

2. 设施联通

即中国与沿线国家以及沿线国家之间实现交通设施的互联互通。国家之间通过建设铁路、公路、民航、海运网络，最终形成从中国连通沿线国家的现代化交通运输通道网络。这种交通网络不再是历史上单纯的陆上、海上的二维通道，而是遍布世界各地的综合立体交通脉络。现代化交通网络的互联互通，不仅能够实现各类生产要素在国家之间的无障碍流动，而且能够大幅度地减少流通的成本，构筑贸易便利化的基础性条件。

3. 贸易畅通

即进一步实现国际贸易的发展，确保各国在相互间的贸易交往、市场规模、投资领域都各显风采。各国的合作根据所有合作参与方的特点，进一步拓展各国的贸易往来方式，有效降低贸易成本以及投资成本、消除贸易壁垒等。丝绸之路经济带总人口数近30亿，因此具备不可估量的发展优势和前景市场。在和平、公正、互信的基础上进行贸易往来，有效缩短经济循环周期，提高经济循环质量，不仅是实现经济全球化的客观要求，也是建立互利共赢的国际合作所追求的基本目标之一。

4. 资金融通

即推动资金在国家之间流动，为本币兑换和结算提供便利。参与合作的各国实现资本流通成本的降低，进而增强各个合作方抵御世界金融风险的能力。从深层次讲，资金的融通可在很大程度上刺激不同国家以及整个地区的经济发展，提升域内各国的整体经济实力和经济地位，使各国的潜在优势得到进一步发挥，增强各国参与世界经济全球化的竞争优势。

5. 民心相通

即不同国家的民众在相互交流之中，彼此的认同感与亲和力不断提升。共建"一带一路"的本质是国际合作，而不论这种合作究竟是以政治、经济、文化、社会、安全等何种具体形式来开展的，本质上都是不同国家之间的人员的交流互动以及随之而来的传统理念的碰撞。因此，只有在平等、互惠、友好、认同的基础上，不同国家的人员才能够真诚地开展理念的互学互鉴，从而为开展各地区之间的合作不断夯实有力的民意支持和社会根基。正是得益于民心相通的有力支撑，"一带一路"才能最终成为一条国际友谊之路。

（二）"三共"原则

"三共"原则即中国将与"一带一路"沿线国家按照共商共建共享的原则开展具体的国际合作，是落实"一带一路"倡议"五通"理念的具体方法论。"三共"原则着力确保任何一个参与共建"一带一路"国家的地位和利益，是构筑新型国际合作的重要保障。

1."共商"原则，回答了怎么开展合作的问题，即中国主张全球事务应该共同商议完成

"一带一路"倡议的突出优越性在于，它可以根据沿线不同国家的发展战略、发展前景、发展规划，在不附加任何政治条件的基础上，实现各个国家不同发展道路、管理模式的平等展现。中国密切关注合作国家的发展诉求，但绝不会将中国的政治制度、价值观念、经济规划强加于他国。在开展合作时，中国始终秉承自由、平等、民主的原则，与其他合作伙伴进行充分的协商，确保所有参与者都能够得到充分的尊重，展现"和而不同，求同存异"的大国形象。因此，"共商"原则是确保共建"一带一路"成为公平、开放、普惠合作的前提。

2."共建"原则，回答了谁来建的问题，即中国主张任何国际合作都应该由所有的参与者共同参加

中国与沿线国家的互利共赢合作，紧紧把各国的利益、命运、责任连在一起，诠释了全球命运共同体的理念。在这个休戚与共的命运共同体之中，每个合作方，不论国家大小、力量强弱，都应该是实际的参与者，尽管具体的实际分工可能有所不同。在开展国际合作的过程中，中国不会边缘化任何国家，也不会被任何国家所边缘化，所有国家都应该以主人翁的身份承担合作的具体义务。"共建"原则是确保"一带一路"

倡议的"共商"结果，能够切实转化为成功合作成果的关键性实践过程。

3."共享"原则，回答了合作成果为谁服务的问题，即中国主张全球发展成果应由各国共享

"一带一路"涉及多个方面以及众多国际关系行为体的互助合作，虽然沿线各个国家和地区存在较为明显的文化差异、认知差异、发展差异、传统差异，但都是在为极力解决民生问题、解决人民需求、提高人民生活水平而不断努力，从这点来看，各国的发展目标是完全一致的。因此，任何国家参与国际合作，其主要目的或动机都是为本国人民谋求福利，只有当这个目标得到了满足，合作对其而言才是成功和有意义的。所以只有当国际合作的成果对所有参与者而言是普惠的，这种合作才能真正得到大家的肯定，实现可持续发展。"共享"原则是"共商"与"共建"原则的最终结果，是对公平、开放、普惠合作原则的全面回应和系统总结。

三 以"一带一路"推动构建人类命运共同体

"一带一路"依托中国与周边国家长期友好交往的厚重历史成就，充分融合新时代中国发展的成就与特点，为全世界寻求和平与发展的努力提供了切实可行的支持。2013年习近平主席提出"一带一路"的国际合作愿景以来，带有新时代中国特色的国际合作机制与方案受到全世界的广泛赞誉，越来越多的沿线国家和国际组织选择参与共建"一带一路"，将本国或本组织的中长期发展方案，与中国提出的"五通"理念和"三共"原则深度对接。2022年4月国家发展和改革委员会发布的数据显示，截至当月，中国已与149个国家、32个国际组织签署了200多份共建"一带一路"合作文件，共建"一带一路"朋友圈继续扩大。① 截至2023年1月6日，中国已同151

---

① 《国家发展和改革委举行4月新闻发布会》，中华人民共和国国务院新闻办公室网站，2022年4月19日，http://www.scio.gov.cn/xwfbh/gbwxwfbh/xwfbh/fzggw/Document/1723252/1723252.htm，最后访问日期：2022年6月20日。

个国家和 32 个国际组织签署 200 余份共建"一带一路"合作文件。① 与此同时，随着中国与沿线国家共建"一带一路"从"写意画"绘制转为"工笔画"细绘，"一带一路"所囊括的具体合作领域也日渐丰富，涉及投资、金融、贸易、科技、社会、人文、海洋等多个领域。

共建"一带一路"的快速发展，深刻反映出国际社会对中国提出的国际合作机制与内容的高度认可。相较于西方发达国家长期主导的传统国际合作模式而言，"五通"理念和"三共"原则支持下的共建"一带一路"具有明显的优势。

其一，共建"一带一路"具有较强的实践性。相对现有国际合作模式和机制而言，共建"一带一路"没有现成的模式可循，主要通过与沿线国家的规划对接、目标协调、政策沟通，探索不同的合作方式，并在此基础上总结实践经验，逐步形成成熟的合作模式、治理机制和理论构架。

其二，共建"一带一路"具有较强的系统性。中国与沿线国家在"一带一路"框架下开展国际合作，是一项系统工程，既要加强发展战略对接，推进沿线国家互联互通，提高贸易投资合作水平，深化国际产能合作，打造开放、包容、均衡、普惠的区域经济合作新架构；又要兼顾各方利益关切，寻求利益契合点和合作最大公约数，打造政治互信、经济融合、文化包容的利益共同体、命运共同体和责任共同体；同时还要将"一带一路"建设成具有包容性的发展平台，让沿线国家搭上中国发展快车，实现共同发展的目标，促进共同繁荣。因此，"一带一路"建设理论体系，涵盖融合国际经济、国际关系与国际发展等多个学科、多个领域和多个维度，突出理论逻辑的系统性、整体性和协同性。

其三，共建"一带一路"具有较强的创新性。不同于西方国家主导的传统国际合作机制往往带有意识形态门槛，或者以发达国家为主导的合作理

---

① 《已同中国签订共建"一带一路"合作文件的国家一览》，中国一带一路网，2022 年 8 月 15 日，http：//www.yidaiyilu.gov.cn/info/iList.jsp？tmid＝126&cat_id＝10122&info_id＝77298，最后访问日期：2023 年 4 月 3 日。

念，"一带一路"强调互利共赢、开放包容，而不是故步自封，旨在推动沿线国家实现发展战略相互对接、优势互补。更为关键的一点是，"一带一路"探索的重点是南南合作、南北合作以及三方合作等新的发展模式、新的实践体验，是对传统国际发展合作的重要补充。

尤其是 2017 年 5 月和 2019 年 4 月，首届和第二届"一带一路"国际合作高峰论坛在北京举行，沿线多个国家和国际组织领导人出席参加，与中国进一步筑牢了通过共建"一带一路"推动构建人类命运共同体的共识。正如习近平主席在首届"一带一路"国际合作高峰论坛的开幕式讲话中指出的那样，丰硕的成果表明，"一带一路"倡议顺应时代潮流，适应发展规律，符合各国人民利益，具有广阔前景。①

第二节 共建"一带一路"的成果与意义

2013 年以来，共建"一带一路"扎实推进，取得了实质性进展和一系列丰硕成果。国际社会对共建"一带一路"的认同感和参与度不断增强。"一带一路"倡议不仅提升了我国对外开放的格局，而且成为提振世界经济的强心剂。共建"一带一路"是构建人类命运共同体的伟大实践，为构建国际政治经济新秩序作出了贡献。

一 共建"一带一路"的成果

"一带一路"倡议是我国扩大对外开放的重大举措，是构建人类命运共同体的伟大实践。2013 年以来，"一带一路"倡议坚持以共商共建共享为原则，有力推动了国际合作，成为应对全球性危机和实现可持续发展的重要平台，在政策沟通、设施联通、贸易畅通、资金融通、民心相通方面取得了实质性进展。2020 年，新冠疫情在全球范围内暴发，世界经济面临更多的不

---

① 《携手推进"一带一路"建设》，载《习近平谈"一带一路"》，中央文献出版社，2018，第 182 页。

确定性。中国同世界各国守望相助、共克时艰，推动共建"一带一路"取得了新进展、新成效。

（一）政策沟通

"一带一路"建设的顺利推进离不开以政策制度和规则标准对接为内容的"软联通"。政策沟通顺畅可以促进政府间经济发展战略、宏观经济政策、重大规划项目的对接，并在此基础上形成彼此认可、目标一致的制度和规则。自"一带一路"倡议提出以来，中国与沿线国家建立了不同领域的政策沟通渠道，并且"一带一路"框架下政策沟通的高度在不断提升，已由实施初期的沿线国家部门间协议的签署扩展深化为国家层面的双边合作规划。截至2023年1月，我国已经与183个国家和国际组织签署了200余份共建"一带一路"合作文件。签署合作协议的国家覆盖全球五大洲，签署合作协议的国际组织包括联合国大会、联合国安理会、联合国亚太经社会、亚太经合组织、亚欧会议、大湄公河次区域经济合作等。随着合作协议不断签署，"一带一路"沿线国家间达成的共识日益增多，政治互信日益增强。"一带一路"朋友圈的扩大使国际社会越来越认同"一带一路"和平合作、开放包容、互学互鉴、互利共赢的理念，并将其视为提供全球公共产品的重要平台。

（二）设施联通

设施联通不仅包括以公路、铁路、民航、海运等搭建起的交通设施网络，而且包括以光缆、卫星等搭建起来的通信设施网络和以石油、天然气、电力等搭建起来的能源设施网络。设施联通有利于密切中国与相关国家的经济联系，带动整个区域的经济和贸易一体化。因此，其在"一带一路"建设和发展中发挥着先导性的作用，是共建"一带一路"的优先领域。

交通设施是跨境、跨地区合作的硬件基础，跨境民航可以促进沿线各国的市场联通和人员流通，跨境铁路和海运有助于推进双方产品和物资的流通。通信设施是沿线国家开展信息交流合作的基础。自"一带一路"倡议提出以来，从公路到铁路，从海运到民航，从油气管线到海陆光缆，我国与"一带一路"沿线国家的陆上、海上、天上、网上四位一体的互联互通网络已粗具规模。① 中老铁路、中泰铁路、雅万高铁、匈塞铁路等项目扎实推进；瓜达尔港、汉班托塔港、比雷埃夫斯港、哈利法港等项目进展顺利；空中丝绸之路建设加快，已与 126 个国家和地区签署了双边政府间航空运输协定；中俄原油管道、中国—中亚天然气管道保持稳定运营，中缅油气管道全线贯通。② 此外，六大经济走廊取得了重要进展。经济走廊不仅有助于国家层面的经济合作，而且为区域化、一体化创造了基础设施条件，有助于优化区域战略合作。以中巴经济走廊为例，中巴经济走廊不仅对中国和巴基斯坦两国发展具有强大的推动作用，而且有助于促进整个南亚的"互联互通"，把南亚、中亚、北非、海湾国家等通过经济、能源领域的合作紧密联系在一起。

（三）贸易畅通

"一带一路"带动了资金和技术的流动，降低了贸易成本，促进了中国与沿线国家的相互贸易。自我国提出"一带一路"倡议以来，"一带一路"参与方在贸易畅通方面取得了显著成效，推动了中国与沿线国家经贸的发展。

中国在"一带一路"国家的贸易总额占中国整个对外贸易总额的比例不断提升。《中国"一带一路"贸易投资发展报告》显示，在"一带一路"倡议带动下，积极与中国商谈自由贸易协定的国家越来越多，已签自贸协定进一步升级。中国与"一带一路"相关国家的贸易规模与结构持续优化，新型贸易方式活力凸显，贸易便利化程度持续提升，贸易伙伴黏性日益增强。③ "一带一路"框架下，中国与相关国家建成了多边和双边贸易合作机制、次区域合作、经济走廊、产业园区、政策对接和博览会等多元合作机制。中国与沿线国家不断创新贸易方式，推动跨境电子商务等新业态和新模式的发展，"丝路电商"合作不断发展。另外，共有 83 个国家和国际组织

---

① 《设施联通带来实实在在获得感》，《经济日报》2019 年 4 月 21 日，第 3 版。

② 《图解："一带一路"倡议六年成绩单》，中国一带一路网，2019 年 9 月 9 日，https://www.yidaiyilu.gov.cn/xwzx/gnxw/102792.htm，最后访问日期：2021 年 5 月 14 日。

③ 《〈中国"一带一路"贸易投资发展报告〉发布 "一带一路"贸易投资成果丰硕》，中国新闻网，2019 年 4 月 27 日，http://www.chinanews.com/gn/2019/04-27/8821929.shtml，最后访问日期：2021 年 5 月 21 日。

参与了中国发起的《推进"一带一路"贸易畅通合作倡议》，推动了贸易一体化和便利化的发展。

中国与"一带一路"沿线国家货物贸易进出口额从 2013 年的 1.04 万亿美元增加到 2019 年的 1.34 万亿美元。① 2020 年，克服疫情对全球外贸的冲击，我国对"一带一路"沿线国家的进出口额稳中有升，我国与"一带一路"沿线国家的货物贸易额达 1.35 万亿美元，同比增长 0.7%，占我国总体外贸的比重达 29.1%。② 与此同时，自贸区建设取得新突破。《区域全面经济伙伴关系协定》（RCEP）成功签署，全球规模最大的自贸区由此诞生，成为东亚区域一体化近 20 年来最重要的成果。2021 年第一季度，我国与"一带一路"沿线国家贸易投资务实合作呈现良好发展态势。我国对"一带一路"沿线国家进出口 2.5 万亿元，同比增长 21.4%，占我国外贸进出口总值的 29.5%。其中，出口 1.41 万亿元，增长 28.6%，进口 1.09 万亿元，增长 13.2%。③

（四）资金融通

经济发展离不开资金的保障和支持。建立长期稳定、可持续的融资机制是共建"一带一路"的一项长期任务。我国金融机构围绕推动构建长期、稳定、可持续、风险可控的多元化融资体系，为"一带一路"建设项目提供融资支持。

我国设立丝路基金、发起成立亚洲基础设施投资银行（简称亚投行），推动各类银行和保险机构等为"一带一路"建设项目提供资金支持。丝路基金秉承"开放包容、互利共赢"的理念，始终坚持发挥中长期股权投资

---

① 《7 年来中国与"一带一路"沿线国家货物贸易进出口总额增至 1.34 万亿美元》，中国经济网，2020 年 9 月 7 日，http：//www.ce.cn/xwzx/gnsz/gdxw/202009/07/t20200907_35691674.shtml，最后访问日期：2021 年 6 月 13 日。

② 《中国发布 I 商务部：去年我国与"一带一路"沿线国家货物贸易额达 1.35 万亿美元》，新浪网，2021 年 1 月 29 日，http：//k.sina.com.cn/article_3164957712_bca56c1002001ih54.html，最后访问日期：2021 年 5 月 3 日。

③ 《商务部：与"一带一路"沿线国家经贸合作态势良好》，中国网，2021 年 4 月 16 日，http：//ydyl.china.com.cn/2021-04/16/content_77411201.htm，最后访问日期：2021 年 5 月 18 日。

的优势，以市场化、国际化、专业化的运作方式，为境外投资项目提供丰富的融资选择，促进资金融通与发挥协同效应，实现互利共赢与可持续发展。① 亚投行作为"一带一路"的重要投融资平台，可以解决亚洲区域的资源错配问题，实现其储蓄和投资的有效配置，并在全球进行融资和投资，支持"一带一路"沿线国家和世界其他区域的基础设施发展。除此之外，我国鼓励开展第三方合作、多方合作，推广股权投资、PPP 项目融资等方式，充分发挥公共资金的带动作用，动员长期资本及私人部门资本参与，进一步完善多元、包容、可持续的"一带一路"融资体系。② 通过发布《"一带一路"债务可持续性分析框架》防范化解债务风险，把有效获取发展融资同保持债务可持续性统一起来。同时，加快人民币国际化进程也将促进资金融通。人民币的国际支付、投资、交易、储备功能正在逐步完善、稳步提高。截至2019 年，人民币跨境支付系统业务范围已覆盖 60 多个沿线国家和地区。

（五）民心相通

国之交在于民相亲，民相亲在于心相通。增进民心相通是"一带一路"建设行稳致远的内在要求，是实现各国共同发展与繁荣的现实要求，是推动构建人类命运共同体的客观要求。在"一带一路"建设中发挥着固本强基的基础性作用。③

民心相通工作的总体框架基本确立，在政党、教育、卫生、文化、农业、旅游、公益慈善等重点领域精彩纷呈，并同"六廊六路多国多港"等建设相伴推进。④ 与沿线国家互办艺术节、电影节、音乐节、文物展、图书

---

① 《丝路基金董事长谢多：服务"一带一路"促进资金融通》，中华人民共和国商务部网站，2019 年 5 月 7 日，http://www.mofcom.gov.cn/article/i/jyjl/e/201905/20190502860620.shtml，最后访问日期：2021 年 7 月 18 日。

② 《资金融通贸易畅通 助推共建"一带一路"》，中国日报网，2019 年 4 月 26 日，https://finance.chinadaily.com.cn/a/201904/26/WS5cc25ce4a310e7f8b1579327.html，最后访问日期：2022 年 12 月 17 日。

③ 王亚军：《民心相通为"一带一路"固本强基》，《行政管理改革》2019 年第 3 期，第 78~83 页。

④ 《中联部："一带一路"建设民心相通工作取得丰硕成果》，中国政府网，2019 年 4 月 24 日，http://www.gov.cn/xinwen/2019-04/24/content_5385977.htm，最后访问日期：2022 年 12 月 16 日。

展等活动,合作开展图书广播影视精品创作和互译互通。我国各省(区、市)与60余个"一带一路"沿线国家共建1000余对友好城市,在全球154个国家(地区)建立了548所孔子学院和1193个孔子课堂。① 在工作平台和交流网络上,我国依托政党、社会组织、媒体、智库等多类主体,建立起一大批多国共同参与的交流网络和平台,如"一带一路"智库合作联盟、"一带一路"高校战略联盟、"一带一路"国际科学组织联盟、中非民间论坛、"鲁班工坊"、"丝路之友俱乐部"等。由69个国家310个中外社会组织组成的丝绸之路沿线民间组织合作网络已开展项目和活动近200项,在多国实施解决当地民众实际困难的"光明行""爱心行"等公益项目。这些交流网络和平台吸引了大量沿线及非沿线国家民众参与,有效增进了当地民众对"一带一路"的认识和了解。通过一系列活动和平台建设,越来越多国家的普通民众对"一带一路"合作有了更客观、更全面的认识,为把"一带一路"打造成最受欢迎的国际合作平台和公共产品提供了支撑。

二 世界对"一带一路"的评价

"一带一路"倡议自提出以来,引起了国际社会的高度关注和积极评价。包括联合国在内的全球性和区域性国际组织将"一带一路"视作推动国际合作、实现共同发展的重要平台。沿线国家也对"一带一路"建设作出积极评价,将其视为促进本国经济发展的良好契机。

(一)联合国对"一带一路"的积极评价

联合国是共建"一带一路"的重要伙伴。"一带一路"倡议同联合国倡导的多边合作理念高度契合,与联合国当前工作及未来发展方向高度契合,与联合国会员国的共同利益高度契合。

作为最具普遍性、代表性、权威性的国际组织,联合国高度认同"一带一路"倡议并将其作为中国理念写入官方文件。2016年11月,联合国大

---

① 王亚军:《民心相通为"一带一路"固本强基》,《行政管理改革》2019年第3期,第78~83页。

会首次在决议中写入"一带一路"倡议，决议得到 193 个会员国的一致赞同。2017 年 9 月，第 71 届联合国大会将"共商、共建、共享"原则写入"联合国与全球经济治理"决议。2019 年 5 月 24 日，联合国大会将习近平主席在第二届"一带一路"国际合作高峰论坛开幕式上的主旨演讲、圆桌峰会联合公报作为联合国大会正式文件散发。具体行动上，中国通过设立中国-联合国和平与发展基金，为推进联合国 2030 年可持续发展议程贡献力量；中国与联合国亚洲及太平洋经济社会委员会签署意向书共同规划推进互联互通和"一带一路"的具体行动；中国与联合国开发计划署签署关于共同推进"一带一路"建设的谅解备忘录。①

联合国高级官员充分认识到"一带一路"倡议与联合国和平与安全、发展、人权三大支柱方向一致，表示共建"一带一路"将助力联合国 2030 年可持续发展议程的推进和实现。联合国秘书长古特雷斯在第二届"一带一路"国际合作高峰论坛上表示，"一带一路"倡议有助于填补发展资金缺口，增强应对气候变化能力。他同时强调，"一带一路"倡议有助于为所有人创造一个更加公平、繁荣的世界，世界将受益于一个加快努力实现可持续发展目标的"一带一路"。② 联合国开发计划署署长施泰纳在 2020 年举行的第 75 届联合国大会上指出，中国不仅致力于自身发展，还通过"一带一路"倡议和推动构建人类命运共同体，打造未来国际合作和经济发展的新前景。③

（二）区域性国际组织对"一带一路"的评价

随着全球化日益深入，区域性国际组织在促进地区稳定和发展方面发挥着重要作用，成为开展国际合作不可或缺的重要平台。"一带一路"倡议的提出引起了欧盟、东盟、非盟等区域性国际组织的关注。

---

① 王建刚：《联合国鼎力支持"一带一路"倡议》，人民网，2017 年 4 月 14 日，http://world. people. com. cn/n1/2017/0414/c1002-29212419. html，最后访问日期：2021 年 5 月 14 日。

② 《联合国秘书长古特雷斯："一带一路"倡议可以帮助缩小实现可持续发展目标的巨大资金缺口》，联合国网站，2019 年 4 月 26 日，https：//www. un. org/development/desa/zh/news/sustainable/china-belt-and-road-forum. html，最后访问日期：2021 年 3 月 17 日。

③ 《写入联合国文件的中国理念造福世界》，新浪新闻网，2020 年 9 月 17 日，https：//news. sina. com. cn/w/2020-09-17/doc-iivhuipp4948523. shtml，最后访问日期：2021 年 6 月 18 日。

2015 年 9 月，中国与欧盟签署了建立中欧互联互通平台的谅解备忘录。同时，欧盟委员会发表声明，对中国"一带一路"倡议对接"欧洲投资计划"表示欢迎。中国与欧盟在声明中表示，愿意在"欧洲投资计划"和中国"一带一路"倡议下不断加强中国与欧盟的互联互通。① 欧盟委员会副主席马罗什·谢夫乔维奇在出席第二届"一带一路"国际合作高峰论坛时表示，欧盟愿意与中国的"一带一路"倡议形成有意义的协同效应。

东盟是"一带一路"倡议实施的重点区域。缅甸第一副总统吴敏瑞在2016 年举行的第 13 届中国-东盟博览会上表示，由于中国和东盟通过陆路和海洋相互连接，"21 世纪海上丝绸之路"倡议将在贸易发展、基础设施建设、人员交往等各方面创造新机会，为双方带来实实在在的利益。2019 年，老挝副总理宋赛则认为，亚洲基础设施投资银行的建立是"一带一路"建设目标具体推进落实的重要推动力，有助于东盟一体化的实现。②

非洲是参与"一带一路"合作的重要方向。2020 年 12 月，中非双方共同签署了《中华人民共和国政府与非洲联盟关于共同推进"一带一路"建设的合作规划》。该合作规划是中方同区域性国际组织签署的第一份共建"一带一路"规划类合作文件。③ 非盟和非洲各界积极支持并愿建设性参与共建"一带一路"，扩大非中全方位合作。非盟政要在参加于 2019 年 5 月举行的"一带一路"合作对话会时表示，"一带一路"倡议与非洲发展战略高度契合，为促进非洲基础设施发展、经济转型和一体化以及中非人文交流搭建了重要合作平台，有力促进了全球和平与繁荣。④

---

① 《欧盟委员会欢迎"一带一路"对接"欧洲投资计划"》，新华网，2015 年 9 月 29 日，http://www.xinhuanet.com/world/2015-09/29/c_1116708073.htm，最后访问日期：2021 年 7 月 10 日。

② 《东盟国家政要高度评价"一带一路"建设》，《经济日报》2019 年 9 月 13 日，第 4 版。

③ 《外交部就中国同非盟签署共建"一带一路"合作规划等答问》，中国政府网，2020 年 12 月 19 日，http://www.gov.cn/xinwen/2020-12/19/content_5571116.htm，最后访问日期：2021 年 6 月 23 日。

④ 《驻非盟使团与非盟委员会联合举办中非"一带一路"合作对话会》，中华人民共和国驻非盟使团官网，2019 年 6 月 4 日，http://au.china-mission.gov.cn/chn/zgyfmjw/201906/t20190604_8222824.htm，最后访问日期：2022 年 12 月 17 日。

（三）沿线国家对"一带一路"的评价

"一带一路"倡议通过建立政治互信、经济融合、文化包容的利益共同体、命运共同体和责任共同体与沿线国家共享发展机遇，推动建立持久和平、普遍安全、共同繁荣的和谐世界。"一带一路"沿线国家对中国分享改革发展红利、积极构建新型全球发展伙伴关系、在国际社会推行全球化的包容性发展理念表示欢迎和赞赏。

吉尔吉斯斯坦国家战略研究所所长沙德别科夫认为，近年来，"一带一路"建设改善了中亚地区的基础设施面貌，也提高了当地人口的生活质量和水平。哈萨克斯坦总统战略研究所副所长库什库巴耶夫表示，中国提出的"一带一路"倡议为中亚地区提升基础设施建设创造了机会，是丝绸之路沿线所有国家加快发展的一个机遇。[①] 阿联酋经济部长曼苏里在出席由中国商务部和阿联酋经济部共同主办的中国-阿联酋商务论坛时表示，"一带一路"倡议是用最佳方式将整个世界连接起来的伟大想法，有助于推动全球贸易和投资市场的融合发展。[②] 巴基斯坦外长库雷希认为，"一带一路"倡议及中巴经济走廊等示范工程让人们认识到具有包容性、多元化的解决方案能让世界更加安全、繁荣。这一机制有利于让南亚地区乃至整个世界变得更加平衡、包容、多元。[③]

三 共建"一带一路"的意义

共建"一带一路"是习近平主席为促进全球共同繁荣、打造人类命运共同体所做出的重大战略决策，开辟了我国参与和促进全球开放合作的新境

[①] 《专家称赞中国在中亚互联互通上发挥积极作用》，新华网，2019 年 2 月 21 日，http://www.xinhuanet.com/world/2019-02/21/c_1124145818.htm，最后访问日期：2022 年 12 月 15 日。

[②] 《阿联酋经济部长："一带一路"是中国送给世界的礼物》，中国政府网，2019 年 7 月 23 日，http://www.gov.cn/xinwen/2019-07/23/content_5413180.htm，最后访问日期，2021 年 7 月 13 日。

[③] 《巴基斯坦外长："一带一路"倡议带来实现共同繁荣的希望》，新华网，2019 年 11 月 21 日，http://www.xinhuanet.com/silkroad/2019-11/20/c_1125255550.htm.，最后访问日期，2021 年 4 月 16 日。

界，具有深远的现实意义。

（一）"一带一路"建设是深化我国对外开放格局的重要举措

"一带一路"建设是新时期我国对外开放战略的重要内容。"一带一路"建设的实施致力于推动我国新一轮高水平的对外开放。当前我国经济的阶段性特征为"三期"叠加，即增长速度换挡期，这是由经济发展的客观规律所决定的；结构调整阵痛期，这是加快经济发展方式转变的主动选择；前期刺激政策消化期，这是化解多年来积累的深层次矛盾的必经阶段。[①] 在这一大宏观背景下，出口、投资和内需仍是解决问题的基础，是推动我国经济稳定增长的工具。与此同时，我国劳动成本持续攀升，资源约束日益趋紧，环境承载能力接近上限，加快转变发展方式、优化经济结构、转换增长动力的任务更加紧迫。如何推动我国经济由高速增长阶段向高质量发展阶段转变，从而实现质量变革、效率变革、动力变革，是对外开放工作必须把握的主攻方向。

党的十八大以来，我国对外开放形成了一套新的思路并提出了一系列重大举措，强调要完善互利共赢、多元平衡、安全高效的开放型经济体系。"一带一路"建设是在我国新一轮对外开放的大背景下提出的，与我国扩大开放的大思路和大棋局相匹配。[②] 习近平主席在第二届"一带一路"国际合作高峰论坛开幕式上发表了题为《齐心开创共建"一带一路"美好未来》的主旨演讲，指出中国将采取一系列重大改革开放举措，加强制度性、结构性安排，促进更高水平对外开放。由此可见，实现更高水平的对外开放是共建"一带一路"的题中应有之义。共建"一带一路"是我国扩大开放的重要举措，在为世界各国发展提供机遇的同时，为我国对外开放创造了新条件。

（二）"一带一路"建设是推动世界经济发展的强心剂

自 2008 年国际金融危机以来，全球产业结构进入了深度调整期，世界

---

① 安宇宏：《三期叠加》，《宏观经济管理》2015 年第 2 期，第 92 页。

② 裴长洪、于燕：《"一带一路"建设与我国扩大开放》，《国际经贸探索》2015 年第 10 期，第 4~17 页。

经济复苏缓慢，发达经济体需求不足、增长率不高，新兴经济体总体增长率下滑趋势明显。与此同时，世界经济面临发展失衡、治理困境、公平赤字等问题，"逆全球化"思潮涌动，保护主义和内顾倾向明显抬头，给世界经济的恢复和发展造成巨大阻力。2020年新冠疫情全球肆虐，世界经济深陷负增长泥潭，第二季度G20国家GDP平均下降6.9%。现今，尽管疫情对经济的冲击开始逐渐减弱，但世界经济复苏势头依旧缓慢，世界经济发展走势仍然面临诸多不确定性。在此背景下，"一带一路"倡议成为助力全球经济复苏的强心剂，为全球基础设施建设和经济发展带来新的增长点，并为国际社会提供全球公共产品。

"一带一路"建设提出合作共赢的核心理念，植根于和平合作、开放包容、互学互鉴、互利共赢的丝路精神。在"一带一路"倡议的引领下，国际双边多边合作领域不断扩大，合作层次不断提升，拉动了沿线各国经济增长，给沿线各国人民带来了实实在在的好处。另外，"一带一路"倡议沿线国家大多属于新兴经济体和发展中国家，资源禀赋不同，发展水平不一，互补性很强。因此，建设"一带一路"有利于相关国家发挥各自比较优势，为全球经济发展挖掘新的增长点，为世界经济增长提供新动力。可见，"一带一路"倡议切实推动了世界经济的复苏和转型。通过"一带一路"倡议，我国成为世界开放发展的贡献者、经济全球化的推动者、世界变局中的稳定器。

（三）"一带一路"建设是全球经济治理体系变革的新动力

当今世界国际局势复杂多变，国际力量对比发生深刻变化。西方世界逆全球化、贸易保护主义等思潮抬头的同时，以中国为代表的新兴市场国家和发展中国家群体性崛起。以国际货币基金组织、世界银行为引领的全球经济治理体系既无法反映新时期全球经济力量的布局，也不能适应当今世界格局的发展变化。以西方为主导的传统全球治理模式已经难以应对当今世界的新挑战。全球经济治理乏力，新时代呼唤新的全球经济治理模式。随着我国日益走近世界舞台中央，国际社会希望中国在国际事务中发挥更大的作用、在应对全球性挑战中承担更多责任。

作为世界第二大经济体，中国秉持相互平等、相互尊重的外交原则，践行共同发展的理念。"一带一路"倡议是新时期中国为全球经济治理提供的新方案，是破解人类发展难题的中国智慧和中国方案。作为有关各国实现共同发展的巨大合作平台，"一带一路"倡议寻求沿线国家发展的最大公约数，综合利用投资、贸易等手段，照顾所有合作方的发展利益，以实现联动式共同发展，在国际上塑造新型发展观。"一带一路"推动下的全球经济治理与现有全球经济治理相比，呈现开放包容的新特点。[1]"一带一路"重大合作倡议旨在同沿线和世界各国分享中国发展机遇，着眼于世界各国人民追求和平与发展的共同梦想。这一重大合作倡议是对中国与世界实现开放共赢的路径进行的顶层设计，为全球发展合作提供了创新思路。

（四）"一带一路"建设是构建人类命运共同体的伟大实践

2013 年 3 月，习近平主席在莫斯科国际关系学院发表演讲，提出："人类生活在同一个地球村里，生活在历史和现实交汇的同一个时空里，越来越成为你中有我、我中有你的命运共同体。"构建人类命运共同体重要战略思想是习近平总书记着眼人类发展和世界前途提出的中国理念、中国方案。"一带一路"建设的初衷和最高目标是构建人类命运共同体。[2]

习近平总书记在党的十九大报告中从政治、安全、经济、文化、生态五个方面阐释了构建人类命运共同体的内涵。他指出，要"构建人类命运共同体，建设持久和平、普遍安全、共同繁荣、开放包容、清洁美丽的世界"。将"一带一路"建设成为和平之路、繁荣之路、开放之路、创新之路、文明之路，与构建人类命运共同体的基本内涵相一致。"一带一路"建设不仅是经济发展的过程，也是构建人类命运共同体的过程。"一带一路"建设在尊重各国自主性和能动性的前提下推动合作共赢，开创了多元文明交

---

[1] 郑东超、张权：《"一带一路"为世界提供四大公共产品》，《当代世界》2017 年第 5 期，第 40~43 页。

[2] 陈须隆：《"一带一路"建设是构建人类命运共同体的伟大实践》，《求是》2018 年第 8 期，第 56 页。

融的新路径,体现了人类命运共同体的精神实质。① "一带一路"通过打造政治互信、经济融合、文化包容的利益共同体、责任共同体和命运共同体,将"一带一路"建设的目标由命运共同体拓展为三个共同体。"一带一路"通过推动更大范围、更高水平、更深层次的大开放、大交流、大融合,走出一条互尊互信之路,一条合作共赢之路,一条文明互鉴之路,最终成为一条通往"人类命运共同体"之路。②

第三节 "一带一路"与新时代中非合作

早在 2015 年,国家发改委、外交部和商务部联合发布的《推动共建丝绸之路经济带和 21 世纪海上丝绸之路的愿景与行动》(简称《愿景与行动》)中,就明确指出"一带一路"建设致力于推动亚欧非大陆及附近海洋的互联互通。该文件作为"一带一路"倡议的顶层设计图,已将非洲大陆纳入"一带一路"建设的地理范围之内。自此,"一带一路"建设越发频繁地出现在新时代中非合作之中,成为中非合作的重点与亮点。与此同时,中非合作也成为"一带一路"倡议的旗帜与样板工程。本部分将对中非共建"一带一路"的过程进行梳理,并结合习近平等党和国家领导人对"一带一路"与新时代中非合作的具体论述,探讨"一带一路"建设对新时代中非合作的重大意义。

一 中非共建"一带一路"与习近平等党和国家领导人对该议题的论述

"一带一路"倡议起初主要覆盖亚欧大陆,并不包括非洲,但 2013 年习近平主席访问非洲时提出的真实亲诚理念、"中非从来都是命运共同体"等,以及 2014 年中非合作开展的"461 合作框架"和"三网一化",均与

---

① 陈须隆:《"一带一路"建设是构建人类命运共同体的伟大实践》,《求是》2018 年第 8 期,第 56 页。

② 赵可金:《通向人类命运共同体的"一带一路"》,《当代世界》2016 年第 6 期,第 9~13 页。

"一带一路"倡议提出的"五通"理念不谋而合。这为中非共建"一带一路"提供了良好的先期基础。具体实践中,通过"一带一路"的多份政策文件以及习近平等党和国家领导人对该议题的论述,中非共建"一带一路"得以迅速推进,取得了丰硕的成果。

在《愿景与行动》发布后,虽然非洲在"一带一路"建设中依然没有明确定位,但 2015 年 12 月 4 日至 5 日,中国和非洲 50 个国家在南非约翰内斯堡召开了以"中非携手并进:合作共赢、共同发展"为主题的中非合作论坛峰会。此次峰会通过了《中非合作论坛约翰内斯堡峰会宣言》和《中非合作论坛——约翰内斯堡行动计划(2016—2018 年)》。该宣言第 25 条第 2 点指出:"坚持弘义融利,促进共同发展……积极探讨中方建设'丝绸之路经济带'和'21 世纪海上丝绸之路'倡议与非洲经济一体化和实现可持续发展的对接,为促进共同发展、实现共同梦想寻找更多机遇。"[1] 2016 年 9 月,外交部非洲司林松添司长在接受采访时称,非洲是"一带一路"建设的重要方向和落脚点。[2]

2017 年 1 月,外交部部长王毅首访非洲,在塔那那利佛与马达加斯加外长阿塔拉共见记者时表示,中国欢迎非洲国家参与"一带一路"建设。王毅说:"非洲大陆历史上就是古代海上丝绸之路的组成部分,是海上丝路向西到达的最远端和重要目的地。非洲各国愿意参与'一带一路'建设,我们当然表示欢迎。实际上,我们已经同不少非洲国家尤其是非洲东海岸的国家就此进行探讨和对接,取得了积极进展。相信随着合作的不断深化,非洲大陆将从中获得越来越多的发展红利。"[3] 同年 5 月 10 日,推进"一带一路"建设工作领导小组办公室发布《共建"一带一路":理念、实践与中国

---

① 《中非合作论坛约翰内斯堡峰会宣言》,中非合作论坛官方网站,2015 年 12 月 25 日,http://www.focac.org/zywx/zywj/201512/t20151224_7875847.htm,最后访问日期:2022 年 6 月 23 日。

② 赵晨光:《从先行先试到战略对接:论"一带一路"在非洲的推进》,《国际论坛》2017 年第 4 期,第 48 页。

③ 《王毅:欢迎非洲国家参与"一带一路"建设》,中国政府网站,2017 年 1 月 8 日,http://www.gov.cn/xinwen/2017-01/08/content_5157862.htm,最后访问日期:2022 年 6 月 30 日。

的贡献》，在促进基础设施互联互通中，明确将非洲第一条跨国电气化铁路——埃塞俄比亚亚的斯亚贝巴—吉布提铁路建成通车作为推荐项目建设的成果，并强调："非洲是共建'一带一路'的关键伙伴。"① 同年 5 月 14~15 日，首届"一带一路"国际合作高峰论坛成功举办，习近平主席在开幕致辞中表示："'一带一路'建设植根于丝绸之路的历史土壤，重点面向亚欧非大陆，同时向所有朋友开放。不论来自亚洲、欧洲，还是非洲、美洲，都是'一带一路'建设国际合作的伙伴。'一带一路'建设将由大家共同商量，'一带一路'建设成果将由大家共同分享。"② 其中肯尼亚总统肯雅塔和埃塞俄比亚总理海尔马里亚姆作为非洲国家的先行者出席了会议。

2018 年 1 月 16 日，外交部部长王毅在结束对非洲四国访问时应询向媒体介绍此行情况。他说："我向他们介绍'一带一路'倡议已成为重要的国际合作平台，欢迎非洲国家积极参与。在中国和世界共建'一带一路'进程中，非洲国家不能缺席，而且能够扮演重要的角色。中非经济高度互补，通过共建'一带一路'，双方可以实现发展战略对接，从而为非洲实现现代化提供更多的资源和手段、拓展更广阔的市场和空间。我相信，经过双方努力，今年中非合作论坛北京峰会一定能够成为又一次历史性盛会，中国和非洲国家一定能在共建'一带一路'进程中成为更加紧密的合作伙伴。"③

2018 年 9 月 3 日至 4 日，中非合作论坛北京峰会的召开标志着中非共建"一带一路"进入全面快速推进期。习近平主席在峰会开幕式发表主旨讲话指出："携手打造合作共赢的中非命运共同体。我们要抓住中非发展战略对接的机遇，用好共建'一带一路'带来的重大机遇，把'一带一路'

---

① 《共建"一带一路"：理念、实践与中国的贡献》，新华网，2017 年 5 月 10 日，http：//www.xinhuanet.com//politics/2017-05/10/c_1120951928.htm，最后访问日期：2022 年 6 月 23 日。

② 习近平：《习近平谈治国理政》（第二卷），外文出版社，2017，第 516 页。

③ 《中非一定能在共建"一带一路"中成为更紧密伙伴——王毅谈非洲四国之行感受》，中国网，2018 年 1 月 17 日，http：//news.china.com.cn/world/2018－01/17/content_50236472.htm，最后访问日期：2022 年 6 月 24 日。

建设同落实非洲联盟《2063 年议程》、联合国 2030 年可持续发展议程以及非洲各国发展战略相互对接，开拓新的合作空间，发掘新的合作潜力，在传统优势领域深耕厚植，在新经济领域加快培育亮点。"① 9 月 3 日，习近平主席出席中非领导人与工商界代表高层对话会暨第六届中非企业家大会开幕式，并发表题为《共同迈向富裕之路》的主旨演讲。

习近平主席指出："非洲是共建'一带一路'的历史和自然延伸，是重要参与方。中国支持非洲国家参与共建'一带一路'，愿在平等互利基础上，坚持共商共建共享原则，加强同非洲全方位对接，推动政策沟通、设施联通、贸易畅通、资金融通、民心相通，打造符合国情、包容普惠、互利共赢的高质量发展之路。

——中非共建'一带一路'，是造福中非人民的共同繁荣之路。中国对非投资不附加任何政治条件，不干涉内政，不提强人所难的要求，注重分享发展经验，支持非洲实现民族复兴和国家繁荣。

——中非共建'一带一路'，是言必行、行必果的务实合作之路。中非合作找准基础设施不足等制约非洲发展的要害，把资金用在刀刃上，不搞花架子。

——中非共建'一带一路'，是敞开胸怀拥抱世界的开放包容之路。中非共建'一带一路'完全遵循现有国际通行规则，坚持公开透明，在尊重非方意愿前提下，愿同所有有能力、有意愿的国家加强第三方合作，实现互利共赢，打造多赢合作平台。

——中非共建'一带一路'，是推动贸易和投资便利化的自由通畅之路。中方愿在互利共赢原则下继续在标准推广、市场准入、人员培训、海关商检等方面开展同非洲合作，助力推进中非贸易畅通。中方鼓励和支持中非相互投资，不追求贸易顺差，愿创造条件扩大进口。"②

该讲话是对中非共建"一带一路"的重要诠释，中非之间在该议题上

---

① 习近平：《习近平谈治国理政》（第三卷），外文出版社，2020，第 449 页。

② 《习近平：共享发展成果，实现共同富裕》，半月谈，2018 年 9 月 3 日，http：//www. banyuetan. org/dyp/detail/20180903/1000200033134991535965252482774899_1. html，最后访问日期：2022 年 12 月 17 日。

达成了充分的共识。北京峰会结束后，中国已与非洲 37 国以及非洲联盟成功签署共建"一带一路"政府间谅解备忘录，签署国家占出席中非合作论坛北京峰会 53 个国家的 70%。①

2019 年 2 月 10 日，习近平主席向非盟第 32 届首脑会议致贺电。他强调："去年 9 月，中非合作论坛北京峰会取得巨大成功，我同非洲国家和非洲联盟领导人共襄盛举，为中非关系发展谋划蓝图。中方愿同非方携手努力，以落实中非合作论坛北京峰会成果为契机，推动共建'一带一路'同落实非洲联盟《2063 年议程》、联合国 2030 年可持续发展议程以及非洲各国发展战略深入对接，携手构建更加紧密的中非命运共同体，为构建人类命运共同体作出更大贡献。"②

2019 年 4 月 26 日，第二届"一带一路"国际合作高峰论坛在北京开幕。习近平主席在开幕式上指出："共建'一带一路'倡议同联合国、东盟、非盟、欧盟、欧亚经济联盟等国际和地区组织的发展和合作规划对接，同各国发展战略对接。从亚欧大陆到非洲、美洲、大洋洲，共建'一带一路'为世界经济增长开辟了新空间，为国际贸易和投资搭建了新平台，为完善全球经济治理拓展了新实践，为增进各国民生福祉作出了新贡献，成为共同的机遇之路、繁荣之路。事实证明，共建'一带一路'不仅为世界各国发展提供了新机遇，也为中国开放发展开辟了新天地。"③

2020 年，受疫情影响，中非共建"一带一路"的一些项目受到影响，但仍在持续推进。其中，中国在非洲的 1100 多个"一带一路"合作项目坚持运行，近 10 万名中国技术和工程人员坚守岗位。一批铁路、公路和电站

---

① 《中国与非洲 37 国及非洲联盟签署共建"一带一路"谅解备忘录》，中国政府网，2018 年 9 月 8 日，http：//www.gov.cn/xinwen/2018-09/08/content_5320263.htm，最后访问日期：2022 年 6 月 25 日。

② 《习近平向非洲联盟第 32 届首脑会议致贺电》，新华网，2019 年 2 月 10 日，http：//www.xinhuanet.com/politics/2019-02/10/c_1124096590.htm，最后访问日期：2022 年 6 月 25 日。

③ 《习近平在第二届"一带一路"国际合作高峰论坛开幕式上的主旨演讲（全文）》，新华网，2019 年 4 月 26 日，http：//www.xinhuanet.com/politics/leaders/2019-04/26/c_11244 20187.htm，最后访问日期：2022 年 6 月 24 日。

项目克服疫情影响陆续复工开工，为非洲当地经济社会发展作出重要贡献。同年 6 月 17 日晚，国家主席习近平在北京主持召开中非团结抗疫特别峰会并发表题为《团结抗疫　共克时艰》的主旨讲话，其中明确指出支持非洲抗疫，并继续推进中非合作，落实峰会成果。

2021 年 1 月 4 日至 9 日，国务委员兼外交部部长王毅应邀访问了尼日利亚、刚果（金）、博茨瓦纳、坦桑尼亚和塞舌尔五国。之后在接受媒体采访中，王毅明确表示："下一阶段，我们愿结合非洲国家期待，加强战略对接，凝聚合作共识，在以下四个重点方向推进中非共建'一带一路'合作。一是聚焦基础设施建设，助力非洲互联互通。近年来，蒙内铁路、亚吉铁路等一大批'一带一路'合作项目相继建成，有力促进了沿线区域的产业发展和资源流通，中方将继续积极参与非洲交通、能源、通信等基础设施建设，为非洲经济增长持续注入动力。二是支持非洲自贸区建设，培育中非大市场。中国市场是世界的市场，我们更愿同非洲兄弟分享中国发展的机遇，愿以中国构建新发展格局和非洲大陆自贸区启动为契机，扩大进口非洲优质产品，加强双方产业链供应链联通，推动中国非洲双循环相互促进，共同培育 27 亿人口的中非大市场。三是优化产能投资布局，促进非洲工业化进程。我们愿鼓励中国企业增加对非投资，积极探索产业园区、经济特区、区域发展带合作，提升非洲工业化的聚集度和附加值，帮助非方尽快将资源优势更多转化为发展优势，助力非洲实现经济多元化，增强自主发展的内生动力。四是加强科技创新合作，助力非洲跨越式发展。数字经济关乎人类未来，也是非洲国家普遍重视的发展方向。中方愿同非方分享数字经济技术和经验，支持非洲国家赶上第四次工业革命浪潮。中方也愿同非方共建绿色经济，践行绿色、低碳、循环、可持续的发展方式。"①

---

① 《王毅国务委员兼外长在结束访问非洲五国之际接受媒体采访》，中国政府网，2021 年 1 月 11 日，http：//www.gov.cn/guowuyuan/2021－01/11/content_5578679.htm，最后访问日期：2022 年 6 月 24 日。

二 "一带一路"对新时代中非合作的重大意义

由上述论述可见，中非共建"一带一路"正式提出的时间较晚，但早先中非合作的指导理念、开展的相关规划以及实施的具体项目均与"一带一路"倡议一脉相承。中非共建"一带一路"推进顺利，一系列标志性项目得以实施，成绩亮眼。结合既有发展势头，在可预期的未来，中非共建"一带一路"必将发挥更大的作用，对新时代中非合作具有重大意义。

（一）契合新时代中非发展理念与需求

中国是世界最大的发展中国家，而非洲是发展中国家数量最多的大陆，二者对国家发展有相同的需求。"一带一路"倡议符合中非双方发展的理念与需求，有较强的互补性。对非洲而言，"一带一路"提出的"五通"理念中，设施联通、贸易畅通和资金融通可有效促进非洲发展。非洲基础设施落后。因自身财力不足，非洲基础设施建设不仅面临每年 1700 亿美元的资金缺口，还存在机械设备不足、技术和管理能力欠缺等困难。[①] 由于发展落后，非洲贸易受制于国际经济体系，融资受到西方官方发展援助体系的诸多限制而存在困难。"一带一路"倡议针对以上问题，为非洲提供了新的解决方案。对中国而言，国内面临优势产能过剩、地区发展不平衡以及产业结构急需转型升级等发展问题。通过"一带一路"倡议，中国能够探寻新的经济增长道路、实现全球化的平衡发展并开创新兴地区合作。新时代中非合作讲求真实亲诚与互利共赢，中非共建"一带一路"符合这一理念与需求。

（二）为中非传统友谊发展注入与时俱进的内涵

在古代，非洲就是丝绸之路的途径地之一。明朝时期郑和七下西洋的壮举是中非友好交往的佳话。在 20 世纪轰轰烈烈的反帝反殖民族解放运动中，中国与非洲有着共同的经历与感受，有着天然的亲近感。万隆会议上中国提

---

① 贺文萍：《"一带一路"与中非合作：精准对接与高质量发展》，《当代世界》2019 年第 6 期，第 20 页。

出和平共处五项原则，会议后中国又提出对外经济技术援助八项原则，援建坦赞铁路、马里糖厂等重大项目，受到了非洲国家的广泛欢迎，与非洲建立了深厚的友谊。在国际舞台上，非洲一直是中国最坚定的支持者。正是在广大非洲国家的支持下，新中国得以于 1971 年恢复联合国合法席位。20 世纪 80 年代末 90 年代初，西方国家试图再次围堵中国，中非关系在此时再次成为"撬动中国与西方及外部世界关系结构的一个战略支点"①。2000 年，中非合作论坛成立，它成为中国同发展中国家的第一个机制性对话平台。2006 年，《中国对非洲政策文件》指出："政治上平等互信、经济上合作共赢、文化上交流互鉴。"2013 年，习近平主席访问非洲时，正式提出了"中非命运共同体"的概念。这一概念在中非共建"一带一路"中得到了巩固与深化。"一带一路"倡议通过"五通"理念在多个方面加深了中非间的交往与联系。同时也明确了该倡议将与联合国 2030 年可持续发展议程以及非盟《2063 年议程》深度对接，彼此相辅相成。在新冠疫情全球肆虐的冲击下，中非守望相助、携手抗疫，中非健康共同体被纳入命运共同体的范畴，充分证明了中非友谊的与时俱进。由此可见，从和平共处五项原则到中国对非"十六字方针"再到中非合作论坛，中非关系随着时代的变化不断更新。而在 2018 年中非合作论坛北京峰会中，中非共建"一带一路"的加入，更是为中非合作的未来发展注入了强劲动能，推动中非友谊持续发展、中非关系行稳致远。

（三）推动中非关系不断转型升级

在非洲民族解放运动时期，中国和非洲都是曾遭受殖民压迫和剥削的第三世界的成员，双边关系互动主要在政治领域的彼此支持以及经济领域的相关援助。改革开放后，随着中国经济的快速发展，同非洲在经济领域的往来逐渐成为中非关系的重点。尤其在 2000 年中非合作论坛成立之后，中非经贸进入快速增长期。在 2022 年 11 月 13 日外交部举行的例行记者会上，外

---

① 刘鸿武：《中非关系 30 年：撬动中国与外部世界关系结构的支点》，《世界经济与政治》2008 年第 11 期，第 84 页。

交部发言人汪文斌表示，与二十年前相比，中非贸易额去年达到 2087 亿美元，中国对非直接投资存量达到 491 亿美元，分别增长了 20 倍和 100 倍。[①]"一带一路"倡议的提出以及中非共建"一带一路"推动中非关系由量变向质变转变。在 2015 年中非合作论坛约翰内斯堡峰会之后，"一带一路"倡议与非盟《2063 年议程》深度对接，中非关系发生了三项重大的转变。一是中非合作领域全面扩展，中非致力建设全方位的命运共同体；二是经济合作向纵深发展，产业对接与产能合作全面升级，有针对性地应对彼此的发展问题；三是中非间的人文交流得到了大力的推进，除经贸合作与援助更加重视民生项目外，民间人文交流也较之前有了很大改善。由此可见，中非共建"一带一路"推动了中非关系发生重大转型升级，并为未来发展奠定了重要的政策与实践基础。

（四）构建更加紧密的中非命运共同体

2012 年，党的十八大首次提出要倡导人类命运共同体意识。2013 年 3 月，习近平主席访问坦桑尼亚时谈道："这段历史告诉我们，中非从来都是命运共同体、共同的历史遭遇、共同的发展任务、共同的战略利益把我们紧紧联系在一起。"[②] 2015 年 9 月，习近平主席在联合国总部的讲话中首次正式提出打造人类命运共同体这一理念。2017 年 1 月 8 日，习近平主席在联合国日内瓦总部正式提出共建人类命运共同体理念。2018 年 9 月在中非合作论坛北京峰会中，构建更加紧密的中非命运共同体成为中非关系的发展方向。习近平主席提出的中非命运共同体概念实现了对西方共同体概念的超越，并对马克思共同体思想进行了重构。作为人类命运共同体的组成部分，中非命运共同体不是以制度、文化、价值观为身份认同，而是从中非命运和全体人类命运的战略高度来审视共同体的建构，从双边命运发展的前景出发，共同承担起责任和义务，为实现中非之间的共同发展，增进人

---

① 《外交部：中非合作论坛成果实实在在 将继续成为引领中非合作的旗帜》，央视网，2020 年 11 月 13 日，http://m.news.cctv.com/2020/11/13/ARTIxl8U0lghSJdII135g3UG201113.shtml，最后访问日期：2022 年 6 月 26 日。

② 习近平：《习近平谈治国理政》（第一卷），外文出版社，2018，第 305 页。

类社会整体利益作出力所能及的贡献。① 其中，共建"一带一路"是构建人类命运共同体的重要政策与方式，对构建中非命运共同体意义非凡，能够加强政治互信、构筑安全支持格局、推动发展共赢以及促进文明互鉴，将中非命运共同体推向更加深入与全面的发展阶段，为实现人类命运共同体奠定坚实的基础。

---

① 曹亚雄、孟颖：《"一带一路"倡议与中非命运共同体建构》，《陕西师范大学学报》（哲学社会科学版）2019 年第 3 期，第 58 页。

第二章　"一带一路"在非洲

中国与非洲都是人类文明的摇篮，黄河流域和尼罗河流域孕育了历史最悠久的两大文明。两个大陆上的文明火种在世界的两端遥相呼应，在历史的长河中守望相照。岁月穿梭，沧海桑田，中国与非洲也从山水阻隔走向彼此交融。早在古代，中非之间便有民间交往，后来以张骞、郑和为代表的官方使团在陆上和海上开辟了丝绸之路，让中国与非洲大陆之间的联系更加紧密。在近代，西方殖民主义的扩张，迫使中国与非洲都卷入世界资本主义体系之中，中非两个古老文明都经受了殖民压迫的痛苦历程。第二次世界大战以后，中国与非洲在反抗帝国主义与殖民主义、争取民族独立的斗争中守望相助，中非命运共同体的根基进一步深厚。与此同时，中国为非洲国家的建设与发展提供了竭尽所能的帮助，非洲也在国际舞台上成为中国的坚定伙伴，中非互帮互助，携手反对霸权主义和强权政治，推动国际秩序朝着更加公正合理的方向发展。进入 21 世纪，中非之间的合作更加深化，随着中非合作论坛这一机制性平台的建立与"一带一路"倡议落地非洲，中非朝着构建责任共担、合作共赢、幸福共享、文化共兴、安全共筑、和谐共生的更加紧密的命运共同体迈进。"一带一路"在非洲落地，从历史的角度看是中非传统联系的延续和集成，从现实角度看是中国与非洲共同发展的必然选择。

第一节　非洲对接"一带一路"是历史延续 与现实发展的必然

一　中非经由古代陆海两条丝绸之路的交往历史

中国和非洲同是人类文明的摇篮，虽相距遥远，但友好交往源远流长，迄今已有两千多年的历史。1993 年，在研究埃及第二十一王朝时期（公元前 1070~前 945 年）的一具女性木乃伊时，奥地利科学家发现木乃伊的头发中存在异物，电子显微镜的分析结果表明，其异物为蚕丝的纤维，说明埃及人那时已使用丝织品。[①] 而当时除中国外，世界上没有其他国家生产丝绸。丝绸在埃及的发现表明，中埃两国的间接交往始于公元前 10 世纪前后。汉朝时期，张骞通西域开辟了最早的一条"丝绸之路"：从长安西行出玉门关到中亚和西亚，经大马士革、加沙，穿过西奈半岛到埃及亚历山大城，再由此转往欧洲各国。此后，汉朝在西北张掖郡设骊靬县（今甘肃省永昌县一带）安置罗马战俘，其中包括埃及人。[②] 时至唐朝，中国出现了明确的关于非洲风土的文字记载。唐朝杜环的《经行记》是第一部由中国人撰写的西亚非洲著作，记述了摩邻国（今摩洛哥）的情况。在《经行记》之后有段成式的《酉阳杂俎》，该书卷四记载了拨拔力国（位于今索马里柏培拉）的风俗。[③] 非洲黑人有史可考的首次来华也发生在唐朝。阿拉伯人把黑人贩卖到中国，《唐书》和《新唐书》中有关于"昆仑奴"的记载。[④] 1954 年在西安南郊唐代裴氏小娘子墓、1986 年在西安长安区大兆乡唐代墓里，均出土了黑人陶俑，现分别藏在西安市和陕西省博物馆内。[⑤] 另外，敦煌壁画第 45

---

① 李安山：《丝绸之路与华侨华人：以非洲为例》，《中央社会主义学院学报》2019 年第 4 期，第 147~154 页。
② 李新烽主编《郑和与非洲》，中国社会科学出版社，2012，第 344 页。
③ 李新烽主编《郑和与非洲》，中国社会科学出版社，2012，第 346 页。
④ 张星烺编注《中西交通史料汇编》（第二册），中华书局，1977，第 16 页。
⑤ 李新烽主编《郑和与非洲》，中国社会科学出版社，2012，第 346 页。

洞中也有黑人形象。① 此后，宋代周去非的《岭外代答》、赵汝适的《诸番志》和元代周致中的《异域志》、汪大渊的《岛夷志略》都从不同角度记述了中非之间的交往。

除了陆地上的互联互通，中国与非洲也通过海路连接在了一起。明朝明成祖登基后，开始了声势浩大、影响深远的郑和下西洋活动，把中非关系推进到历史新阶段。郑和船队先后七次下西洋，其中四次到达非洲海岸，关于郑和船队所访国家的地理风貌等情况，随行翻译在其出版的三部重要著作——费信的《星槎胜览》、马欢的《瀛涯胜览》和巩珍的《西洋番国志》中均有记述。其中费信的著作中记录了非洲三国——竹步国、木骨都束国和卜剌哇国的风土人情，这三国均位于今日的索马里境内。② 郑和四赴非洲打通了海上丝绸之路，拉近了中非人民之间的距离与感情，增进了双方的了解与友谊。

二 近代以来中非在革命与建设中互相支持

自 1415 年葡萄牙人占领北非的休达城之后，西方殖民主义者陆续到达非洲，开始争夺那里的自然资源和黑人奴隶。黑人奴隶很快取代西非的黄金，成为大西洋贸易航道中最重要的"商品"。1498 年，达·伽马绕过好望角到达印度，不仅开辟了一条东西方的新航路，而且开启了东西方关系的新格局。欧洲人逐渐取代阿拉伯人控制了印度洋贸易，从而建立了以西欧和北美为中心的世界资本主义经济体系。非洲则通过大西洋奴隶贸易和其他不平等贸易，被卷入了这个体系的边缘，开始向"中心地区"提供人力和物力资源。古代的中非航路遭到殖民者破坏，导致中国同东非和北非的直接贸易中断，由阿拉伯人作中介的转口贸易也逐渐衰落。19 世纪末 20 世纪初，非洲沦为欧洲列强的殖民地或美国的半殖民地（如利比里亚），失去了独立发展的政治和经济能力。中国自 1842 年与英国签订第

---

① 李新烽主编《郑和与非洲》，中国社会科学出版社，2012，第 346 页。

② 李新烽主编《郑和与非洲》，中国社会科学出版社，2012，第 347 页。

一个不平等的条约——《南京条约》后,逐渐沦为半殖民地半封建社会,饱尝了丧失部分领土和主权的苦难。在此期间,中国与非洲的交往是清政府通过殖民地宗主国进行的。例如,马斯克林群岛和马达加斯加岛的种植园,以及迅速开发的南非和比属刚果矿产部门都出现了劳工短缺的问题,清朝中央和地方政府,以及操办洋务的行会分别与英、法等国政府和公司签订了招募华工的契约。① 由此可见,处于半殖民地半封建社会的中国与沦为殖民地的非洲在这个阶段的交往并不是平等自主的,而是由处于世界体系"中心"的欧美国家所决定的。但是,中国与非洲的民间往来并没有完全中断,华裔和华工构成了非洲最初的华人社会,他们为所在国的发展和中非间的友好交往作出了贡献。

中华人民共和国成立后,中国面临艰难的国际环境,非洲人民也在进行艰苦卓绝的民族独立斗争。双方在国际舞台上相互支持、相互呼应,结成国际反帝统一战线。20世纪六七十年代,中国给予了非洲大量援助,不仅帮助非洲国家争取政治独立,而且帮助非洲国家进行经济建设。据统计,1956年至1977年,中国向36个非洲国家提供了超过24.76亿美元的经济援助,占中国对外援助总额(42.76亿美元)的58%。② 在此期间,中国帮助非洲修建了坦赞铁路,这也成为中非交往历史上的一座丰碑。与此同时,独立后的非洲国家也对中国维护主权与国际地位提升给予了有力支持,特别是在涉及中国核心利益和重大关切问题上,非洲国家从不缺席。1971年,正是在非洲国家的鼎力支持下,第26届联合国大会通过阿尔及利亚等23国提案,恢复中华人民共和国在联合国的合法席位,这是中非合作斗争的胜利。

中国的援助与非洲国家的支持增进了双方彼此的信任,奠定了中非友好关系的基础。20世纪70年代末,部分非洲国家因殖民地遗留的经济结构不平衡而受到世界市场的冲击,加上本国工业化发展措施不当而造成了债务危机,从而受制于国际货币基金组织和世界银行提出的非洲国家结构调整计

---

① 潘华琼:《中非关系发展辨析》,《西亚非洲》2008年第7期,第17~22页。

② 李安山:《论中国对非洲政策的调适与转变》,《西亚非洲》2006年第8期,第11~20页。

划。整个 20 世纪 80 年代成为非洲"失去的十年",非洲经济在这十年陷入了严重困难局面,非洲总体贸易出现了负增长。在这一阶段,中国政府对非洲经济社会的诸多问题,如非洲灾荒与粮食短缺问题、债务援助问题、非洲农业问题等保持高度关切。在国际上,针对非洲国家被边缘化的情况,中国在各种重要场合呼吁国际社会加强对非洲的援助,改善非洲国家面临的发展环境,以实现非洲经济的根本好转。与此同时,中国开始实行改革和对外开放政策,经济持续增长且逐步解决了全国人民的温饱问题。在对非政策上,1982 年 12 月至 1983 年 1 月,中国提出了该阶段中非经济合作的四项原则——"平等互利、讲究实效、形式多样、共同发展"[1],标志着中国对非援助的一次转向。从那时起,中国在与非洲的交往中更加注重援助的经济效益和可持续性,追求互利共赢的新型经济技术合作。在此背景下,中国政府积极鼓励中国企业到非洲国家设点经营,扩大贸易;投资办厂,搞散件组装、兴办合资企业或开展承包劳务业务。此外,这一时期,中国还为非洲国家输送和培养了一大批水稻种植、蔬菜栽培、农业机械等领域的技术人才和管理人才。

至 20 世纪 90 年代初,非洲国家的结构调整遭遇失败,而中国当时正受到西方国家的经济制裁,但中国与非洲高层领导人间的往来反而加速。在 20 世纪 90 年代的十年中,中非高层往来频繁,多位中国共产党高层领导人接连访问非洲,表明中国领导人在两极格局结束后,世界朝多极方向发展时,对非洲的高度重视。与此同时,在非洲新一轮"民主化"浪潮的推动和西方国家压力下,非洲国家也开始了由西方国家和国际组织支持,甚至是强制性的民主化进程。西方国家对中国和一些非洲国家的人权政策横加指责,并支持或扶植非洲国家的反对派人士,迫使非洲国家实行"民主制度"。这种外在压力使中国和非洲国家进一步认识到增强政治互信、加强合作的重要性。中非携手反对西方国家的霸权主义和强权政治。20 世纪 90 年代中非贸易额也相应地保持了增长态势,中非贸易总额从 1990 年的 16.7 亿

----

① 秦正为:《中国特色社会主义国家利益观》,人民出版社,2013,第 196 页。

美元,增至 1999 年的 64.8 亿美元,年均增速达 16%。[①] 1995 年开始中国实行援外方式改革,截至 1999 年,共向 23 个非洲国家提供优惠贷款援助,实施的优惠贷款项目已有 33 个,新的援外方式被越来越多的非洲国家所接受,取得了较好的社会和经济效应。[②] 与此同时,中国对非洲的投资额大幅上升。到 1999 年底,中国对非洲投资累计达 4.4 亿美元,设立企业 351 家,投资涉及轻工、机电、纺织、服装、制药等领域。[③]

三 新时期中非朝着构建更加紧密的命运共同体迈进

冷战结束后,两大阵营在非洲的角力不复存在,非洲对西方资本主义国家的战略意义也迅速下降。苏东社会主义阵营的瓦解和西方的撤退导致非洲获得的援助快速减少,为非洲的发展带来了巨大困难。与此同时,中国经济进入高速增长期,逐渐成为"世界工厂"。1993 年中国开始成为石油净进口国,并于 2002 年超过日本成为世界第二大石油消费国。中国的外汇储备快速增长,推动了中国对外投资包括对非洲投资的发展。1998 年中国与南非建交后,南非当年就位居中国十大非洲贸易伙伴之首,成为积极推动中非经贸合作的重要伙伴。2000 年,中非举行了"中非合作论坛——北京 2000 年部长级会议",中非关系步入机制化合作的新发展阶段。2006 年,中非合作论坛北京峰会暨第三届部长级会议掀起了中非全面合作的高潮,40 多位非洲国家首脑出席了这次会议,最终发表了《中非合作论坛北京峰会宣言》和《中非合作论坛——北京行动计划(2007—2009 年)》。随后,2015 年中非合作论坛约翰内斯堡峰会和 2018 年中非合作论坛北京峰会的召开,将中非合作不断推向更深、更广、更强的新阶段。中非合作论坛成立二十多年来硕果累累。仅以

---

① 于培伟:《中非贸易前途无量——中非贸易半个多世纪的发展回顾与展望》,《经济研究参考》2006 年第 96 期,第 2~7 页。

② 《1999 年中国与非洲国家的经贸关系》,中华人民共和国商务部网站,2002 年 7 月 16 日,http://www.mofcom.gov.cn/article/bg/200207/20020700032253.shtml,最后访问日期:2022 年 3 月 4 日。

③ 《中非经贸发展五十年》,中华人民共和国商务部网站,2002 年 7 月 16 日,http://www.mofcom.gov.cn/aarticle/bg/200207/20020700032255.html,最后访问日期:2022 年 3 月 4 日。

中非经贸这一项指标来看，2000年中非贸易额首次突破100亿美元，2019年中非贸易额突破2000亿美元，是2000年的20倍；2019年中国对非洲直接投资存量达491亿美元，是2000年的100倍，增长速度惊人。[1] 2013年，"一带一路"倡议提出后，与中非合作论坛机制互相配合、彼此联通，成为中非合作的另一重要平台。"一带一路"推动中非合作再次提速，双方得以实现更加精准的对接与高质量发展，从而推动中非合作不断走向全方位、宽领域和纵深化的发展道路，中非也朝着构建关系更加紧密的中非命运共同体迈进。

综上所述，"一带一路"与非洲的对接，是两个文明之间传统历史友谊的自然延续和传承，也是当代中国与非洲现实发展的必然选择。因此，推动"一带一路"落地非洲，兼具重要的历史与现实意义。

第二节 "一带一路"在非洲的推进

从中非合作不断深化的历程来看，"一带一路"在非洲的推进大致可以分为三个阶段。第一个阶段是从2013年习近平总书记提出"一带一路"倡议到2015年中非合作论坛约翰内斯堡峰会。这一阶段，"一带一路"尚未明确将非洲纳入其中，但中非合作论坛的成功经验，已经对"一带一路"在非洲的落地起到了"试水"的作用。第二个阶段是从2015年中非合作论坛约翰内斯堡峰会到2018年中非合作论坛北京峰会。这一阶段是有机融合阶段。在此期间中国寻求中非合作论坛与"一带一路"的战略接点，逐渐将中非合作纳入"一带一路"。第三个阶段是2018年中非合作论坛北京峰会至今。中非共建"一带一路"正式开始全面深化。

一 以"三网一化"与产能合作为抓手

"一带一路"在非洲逐步落地和推广过程中，与非洲契合度很高的"三

---

[1] 《徐乐江：中国连续11年是非洲第一大贸易国，对非直接投资存量是20年前100倍》，搜狐网，2020年12月12日，https://www.sohu.com/a/437866352_100160903，最后访问日期：2022年3月4日。

网一化"和产能合作率先成为抓手,促进中非共同发展。2014 年 5 月,李克强总理在访问非洲期间指出,要继续把基础设施建设放在对非合作的重要位置,在与非盟制定的关于非洲跨国、跨区域基础设施合作行动计划基础上,共同促进非洲大陆的互联互通。李克强总理提出中非双方可合作共建非洲高速铁路网络、非洲高速公路网络、非洲区域航空网络这"三大网络"。[①] 2015 年 1 月,中国与非洲联盟在埃塞俄比亚首都亚的斯亚贝巴的非盟总部签署谅解备忘录,以共同推动非洲交通和基础设施"三网一化"的合作。"三网一化"是指建设非洲高速铁路、高速公路和区域航空"三大网络"及基础设施工业化。非盟委员会主席德拉米尼·祖马(Dlamini-Zuma)和中国政府特使、外交部副部长张明在备忘录上签字。[②]

国际产能合作是中国在"一带一路"建设实践中提出的新概念,对中国和世界发展都具有重要意义。国际产能合作不仅包含工业领域生产能力的国际合作,还广泛涵盖了基础设施、技术、管理、金融服务等诸多领域的国际合作,是一种新的跨国合作模式。非洲是中国开展国际产能合作的重要地区之一,中非产能合作对非洲经济和社会发展起到了明显的拉动作用。在"一带一路"建设和产能合作框架下,中非开展了更广泛的产业合作。中资企业在非洲不同的行业投资兴业,各类产业技术和标准陆续进入非洲,不仅直接带动了非洲相关产业发展,还通过溢出效应带动其上下游产业发展,帮助非洲国家建立和完善产业体系,加速工业化进程,实现经济多元化。非洲国家充分利用中国大量资本的进入,弥补了国内储蓄和外汇的双缺口,增加资本积累。非洲还借助中国在基础设施领域的优势推进本地区的互联互通,改变铁路、公路、区域航空三大网络发展滞后的局面,优化投资环境,降低运营成本。制造业是非洲国家实现工业化的优先和关键领域,中国在国际制

---

① 《李克强:共同推动非洲发展迈上新台阶——在第二十四届世界经济论坛非洲峰会上的致辞》,《人民日报》2014 年 5 月 9 日,第 2 版。

② 王新俊:《中国与非盟签署推动非洲"三网一化"建设谅解备忘录》,国际在线,2015 年 1 月 28 日,https://news.sina.cn/2015-01-28/detail-ichmifpx5832111.d.html?from=wap,最后访问日期:2022 年 3 月 5 日。

造业产业链中居于承上启下的位置，中非产能合作有助于提升非洲国家的制造业水平，有助于改变多数非洲国家以资源性产品和粗加工产品为主的国际贸易结构，改变国际收支长期逆差状态，逐步实现国际贸易的均衡。中非产能合作还为非洲国家创造了更多的非农就业岗位，尤其是劳动密集型产业吸纳了大量劳动力。此外，中国企业在当地劳动力培训方面的投入，明显提高了劳动生产率，促进了非洲国家的人力资源开发。长期以来，西方工业国家在全球产业链领域占据着主导地位。很大程度上，其与非洲的产业合作完全取决于其自身需求，这使得非洲国家在对外经济合作方面产生了很大的依赖性。中非产能合作助推了中非产业对接，有助于非洲国家摆脱对西方的"合作依赖"。

二 全方位合作的"十大合作计划"与"八大行动"

从"一带一路"倡议提出到如今中非共建"一带一路"，中国与非洲正在各个领域不断深化合作。2015年12月4日，在中非合作论坛约翰内斯堡峰会开幕式上致辞时，习近平主席提议，将中非新型战略伙伴关系提升为全面战略合作伙伴关系，并为此做强和夯实"五大支柱"：坚持政治上平等互信、坚持经济上合作共赢、坚持文明上交流互鉴、坚持安全上守望相助、坚持国际事务中团结协作。习近平主席进一步表示，为推进中非全面战略合作伙伴关系建设，中方愿在未来三年同非方重点实施"十大合作计划"，包括中非工业化合作计划、中非农业现代化合作计划、中非基础设施合作计划、中非金融合作计划、中非绿色发展合作计划、中非贸易和投资便利化合作计划、中非减贫惠民合作计划、中非公共卫生合作计划、中非人文合作计划、中非和平与安全合作计划。① 自中非合作论坛约翰内斯堡峰会以来，中国全面落实中非"十大合作计划"，着力支持非洲破解基础设施滞后、人才不足、资金短缺的发展瓶颈，以加快非洲工业化和农业现代化进程，助力非洲实现自主可持续发展。在中非合作论坛约翰内斯堡

---

① 习近平：《习近平谈治国理政》（第二卷），外文出版社，2017，第456~459页。

峰会上，中国政府发布了第二份《中国对非洲政策文件》，进一步明确中国致力于发展对非友好合作关系的坚定决心和良好意愿，全面阐述新形势下中国对非洲政策的新理念、新主张、新举措，以指导今后一段时期中非各领域的交流与合作。峰会还发布了《中非合作论坛约翰内斯堡峰会宣言》，表示将积极探讨中方建设"丝绸之路经济带"和"21世纪海上丝绸之路"倡议与非洲经济一体化和实现可持续发展的对接，为促进共同发展、实现共同梦想寻找更多机遇。①

2017年5月14日，习近平主席在北京出席"一带一路"国际合作高峰论坛开幕式，并发表题为《携手推进"一带一路"建设》的主旨演讲，强调要坚持以和平合作、开放包容、互学互鉴、互利共赢为核心的丝路精神，将"一带一路"建成和平、繁荣、开放、创新、文明之路。② 2018年9月3日，习近平主席在中非合作论坛北京峰会开幕式致辞中强调，我们要抓住中非发展战略对接的机遇，用好共建"一带一路"带来的重大机遇，把"一带一路"建设同落实非洲联盟《2063年议程》、联合国2030年可持续发展议程以及非洲各国发展战略相互对接，开拓新的合作空间，发掘新的合作潜力，在传统优势领域深耕厚植，在新经济领域加快培育亮点。③ 这次会议通过的《中非合作论坛——北京行动计划（2019—2021年）》指出，中方愿在中非"十大合作计划"基础上，同非洲国家密切配合，未来三年和今后一段时间重点实施产业促进行动、设施联通行动、贸易便利行动、绿色发展行动、能力建设行动、健康卫生行动、人文交流行动、和平安全行动"八大行动"，支持非洲国家加快实现自主可持续发展。④ 2018年中非合作论坛

---

① 《中非合作论坛约翰内斯堡峰会宣言》，中非合作论坛网站，2015年12月25日，http：//www.focac.org/chn/zywx/zywj/201512/t20151224_7875847.htm，最后访问日期：2022年3月6日。

② 中共中央党史研究室编《党的十八大以来大事记》，人民出版社，2017，第87页。

③ 习近平：《携手共命运　同心促发展——在2018年中非合作论坛北京峰会开幕式上的主旨讲话》，人民出版社，2018，第7页。

④ 《中非合作论坛——北京行动计划（2019—2021年）》，中非合作论坛网站，2018年9月5日，http：//www.focac.org/zywx/zywj/201809/t20180905_7875851.htm，最后访问日期：2022年3月6日。

北京峰会，获得了非洲国家领导人的热烈响应。峰会期间，共有非盟和27 个非洲国家与中国签署了共建"一带一路"合作文件，掀起了中非共建"一带一路"建设的热潮，至此"一带一路"大家庭里的非洲成员已经达到 37 个。[①] 在此次峰会一年后，共建"一带一路""朋友圈"成员中30% 以上都是非洲国家，为中非发展战略的精准对接奠定了基础。2019年 4 月，习近平主席在第二届"一带一路"国际合作高峰论坛圆桌峰会致辞时指出，"要把支持联合国 2030 年可持续发展议程融入共建'一带一路'"，"让各国都从中受益，实现共同发展"。中非共建"一带一路"与联合国 2030 年可持续发展议程的对接，是全球推进可持续发展进程的重要组成部分，为中非合作把握宏观方向、彰显世界意义。[②] 2020 年，面对突如其来的新冠疫情，"一带一路"倡议又有了新的内涵。习近平主席在2020 年 6 月的中非团结抗疫特别峰会上发表主旨讲话，表示为克服疫情带来的冲击，中非要加强共建"一带一路"合作，加快落实中非合作论坛北京峰会成果，并将合作重点向健康卫生、复工复产、改善民生领域倾斜。[③]

三 凸显人文交流的孔子学院与"鲁班工坊"

中国和非洲是人类文明的两大发源地，人文交流是中非共建"一带一路"的重要一环。2005 年 12 月，非洲首家孔子学院——内罗毕大学孔子学院正式揭牌，开启了中非语言文化交流的新篇章。截至 2016 年底，中国总计在非洲 33 个国家建立了 48 所孔子学院，并在 15 个非洲国家建立了 27 个孔子课堂。[④] 孔子学院在非洲的发展有力推动了中国语言文化在非洲地区

---

① 詹世明主编《百年未有之大变局与中非关系》，中国社会科学出版社，2020，第 124 页。
② 赵晨光：《中非共建"一带一路"：新阶段、新挑战与新路径》，《当代世界》2020 年第 5 期，第 71~76 页。
③ 《习近平在中非团结抗疫特别峰会上的主旨讲话（全文）》，新华网，2020 年 6 月 17 日，http：//www.xinhuanet.com/politics/leaders/2020－06/17/c_1126127508.htm，最后访问日期：2022 年 3 月 7 日。
④ 詹世明主编《百年未有之大变局与中非关系》，中国社会科学出版社，2020，第 301 页。

的传播,对促进"民心相通"、增进相互理解、塑造积极的国家文化形象起到了非常重要的作用,收到了良好的效果。语言文化的传播与政治、经济的发展和科学技术的进步密不可分,是一个"润物细无声"的过程。面对全球化背景下激烈的文化竞争,孔子学院通过提升内涵建设、加大本土师资培养力度,着力于推动自身从扩大规模转向规模与质量并重的新发展模式。作为中非教育文化交流的重要平台,孔子学院加强对非洲的全方位研究,从扩大语言文化交流、满足当地的经济与社会发展需求的角度入手,探索符合非洲特点的教学管理机制,培育市场化的语言教学运营模式,积极寻求文化创意产业的合作,进一步提升语言文化的传播能力和国际竞争力,促进中非人民互相了解、互相尊重、互相欣赏,搭建中非人文交流的友谊桥梁。[①]

"鲁班工坊"是中非人文交流的另一个重要成果。2018年9月,在中非合作论坛北京峰会上,习近平主席宣布将与非洲国家合作设立10个"鲁班工坊",向非洲青年提供职业技能培训。2020年底,中国已在非洲建成10个"鲁班工坊",完成了承诺。中非职业技术教育合作对于加强非洲人力资源开发、提升非洲青年就业率、促进非洲经济社会发展具有实际意义,也有助于推动中国优质职业教育资源"走出去",提升中国职业教育的国际化水平。[②]

第三节　非洲国家对"一带一路"合作的态度

当前,"一带一路"为中非合作论坛框架下的中非合作创造了更多的机遇,推动其迈上新台阶。可以说,"一带一路"已逐渐成为与中非合作论坛互为补充的又一中非合作的重要框架和平台。随着中非"一带一路"合作的推进,非洲国家对"一带一路"合作的态度对深化推进中非"一带一路"

---

① 詹世明主编《百年未有之大变局与中非关系》,中国社会科学出版社,2020,第301页。
② 杨宝荣主编《"一带一路"倡议与中非合作论坛"八大行动"》,中国社会科学出版社,2020,第116页。

合作日益具有重要指导和启示性意义，值得关注。非洲国家对"一带一路"的看法体现在非洲国家政府、媒体、智库与学者等多个不同层面，其观点有着鲜明的多样性，其核心意涵又相互交叉补充，总体反映了非洲国家对"一带一路"合作的认识与期待，对于指导推进中非"一带一路"合作深入发展具有积极意义。[①]

一　非洲国家政府对"一带一路"合作的态度

非洲国家政府普遍对中非"一带一路"合作持积极参与态度。中非双方已经达成通过中非合作论坛平台推动双方共建"一带一路"的共识，而中非合作论坛非方各成员国政府正是推动这一共识的基本因素。也就是说，非洲国家层面对"一带一路"合作持积极支持和肯定态度。中非共建"一带一路"合作的具体举措已经被纳入《中非合作论坛——北京行动计划（2019—2021年）》，进入实质性落实阶段。截至2021年1月9日，中国已经同46个非洲国家签署共建"一带一路"合作文件，彰显了中非推动共同发展、共同繁荣的坚定决心。[②]

非洲国家领导人对"一带一路"合作持积极态度。非洲国家领导人多通过参与中非合作论坛及其他平台表达对"一带一路"合作的积极支持。2018年9月召开的中非合作论坛北京峰会，非洲有40位总统、10位总理、1位副总统以及非盟委员会主席等出席会议。[③] 埃塞俄比亚总理、肯尼亚总统、吉布提总统、埃及总统和莫桑比克总统出席了分别于2017年5月和2019年4月在北京举行的首届和第二届"一带一路"国际合作高峰论坛。[④]

---

① 杨宝荣主编《"一带一路"倡议与中非合作论坛"八大行动"》，中国社会科学出版社，2020，第140页。
② 《第46国加入！"一带一路"非洲朋友圈越来越大》，光明网，2021年1月9日，https：//m.gmw.cn/baijia/2021-01/09/1302016791.html，最后访问日期：2022年3月7日。
③ 《王毅就中非合作论坛北京峰会接受媒体采访》，中华人民共和国外交部网站，2018年9月6日，https：//www.fmprc.gov.cn/wjb2_673089/zyjh_673099/201809/t20180906_7478546.shtml，最后访问日期：2022年3月7日。
④ 杨宝荣主编《"一带一路"倡议与中非合作论坛"八大行动"》，中国社会科学出版社，2020，第145页。

非洲国家官方人士看重自身区位优势对中非"一带一路"合作的重要意义。一些具有区位优势的非洲国家更强调"一带一路"建设与自身区位优势的结合。尼日利亚驻广州总领事瓦勒·奥洛科（Wale Oloko）撰文表示，尼日利亚是拥有 1.8 亿多人口的非洲大国，是中国出口的巨大市场，也是中国通往西非和非洲其他地区的门户。作为西非国家经济共同体和非洲联盟的成员，尼日利亚意在成为贯通整个非洲的全球物流中心。此外，尼日利亚的交通和电力基础设施在逐步完善，且有成熟的市场，越来越多的中国企业正迁往尼日利亚，寻求更多的机会，从而进一步推动"一带一路"倡议。[①] 南非外交部副总司长阿尼尔·苏克拉尔（Anil Sooklal）认为，"一带一路"倡议给非洲带来的益处不应只限于建设铁路、桥梁等基础设施项目，而应将其视为将全球团结在一起的整体尝试。"一带一路"对非洲而言是绝佳机遇，南非应引领非洲对接"一带一路"建设，全方位参与"一带一路"国际合作。[②]

二 非洲国家媒体对"一带一路"合作的态度

非洲国家的主流媒体对"一带一路"普遍持较为肯定积极的看法，对"一带一路"合作给非洲国家带来的实实在在的利益表示肯定。其具体表现在以下三个方面。

第一，对中非"一带一路"合作持正面肯定态度。有国内学者就欧洲、美国和非洲媒体对 2017 年"第一届'一带一路'国际合作高峰论坛"的报道情况做了研究。在非洲媒体方面，该研究选取了南非、肯尼亚、尼日利亚、埃及和乌干达五个非洲国家的主流报纸有关"一带一路"的报道，研究结果显示：47% 的非洲媒体报道持正面肯定态度，41% 的持中立态度，

---

① 《尼外交官："一带一路"倡议深刻影响尼日利亚》，搜狐网，2020 年 1 月 3 日，https：//www.sohu.com/a/364532249_120404645，最后访问日期：2022 年 3 月 7 日。

② 《南非专家："一带一路"倡议有助于非洲经济发展与全球稳定》，新华网，2019 年 4 月 26 日，http：//www.xinhuanet.com/world/2019－04／26／c_1124420333.htm，最后访问日期：2022 年 3 月 7 日。

12%的持中立偏消极态度。非洲媒体报道对"一带一路"的态度总体偏向正面积极。从内容上看,不同于欧美媒体多注重从政治经济和意识形态角度看问题,非洲媒体则偏重于对会议内容和成果的客观陈述及对"一带一路"倡议表示赞许。[①]

第二,从历史的高度评价"一带一路"。随着 2017 年和 2019 年两届"一带一路"国际合作高峰论坛和 2018 年中非合作论坛北京峰会的召开,一些非洲国家媒体对"一带一路"合作相关内容进行了报道,其中尤以尼日利亚、南非、肯尼亚三国媒体报道居多且有代表性。例如,尼日利亚《领导者报》在报道 2019 年 4 月召开的第二届"一带一路"国际合作高峰论坛时高度评价"一带一路",认为"一带一路"倡议自提出已经过去了六年时间,这期间给非洲带来了弥合历史鸿沟的独特机遇。这一鸿沟一直以来挑战着泛非主义愿景以及区域一体化和建设规模经济的议程。该报道还指出,作为一项国际公共产品,"一带一路"得到了全世界的认可,它是一个正在进行之中的国际合作进程。[②]

第三,用事实说明"一带一路"合作给非洲国家带来的好处。尼日利亚《民族报》列举了"一带一路"下中国在坦桑尼亚、肯尼亚、刚果(布)、喀麦隆、尼日利亚、阿尔及利亚、安哥拉和马达加斯加等国建设的港口和道路等基础设施项目,认为这些项目对于促进非洲基础设施联通及实现工业化具有重大意义。同时认为,"一带一路"不仅提供了有形的互联互通,而且通过实现国家间战略联通,全面系统地优化了人类共同利益,重新定义了国际体系,即国际体系应该成为各国团结一致应对人类最大挑战的系统,而不是搞竞争游戏的平台。[③] 尼日利亚《先锋报》指出,自从 2018 年

---

① 王莉丽、蒋贝、曹洋红:《2017 年美欧非媒体对华报道特点及应对策略——以"一带一路"国际合作高峰论坛和中共十九大报道为例》,《对外传播》2018 年第 2 期,第 25~28 页。

② 《尼日利亚学者:"一带一路"助非洲跨越历史鸿沟》,参考消息网,2019 年 4 月 24 日,https://baijiahao.baidu.com/s?id=1631661505914703428&wfr=spider&for=pc,最后访问日期:2022 年 3 月 7 日。

③ "Africa and China's Belt and Road Strategy," The Nation, February 20, 2020, https://thenationon-lineng.net/africa-and-chinas-belt-and-road-strate-gy/, accessed:2022-03-08.

加入"一带一路"合作以来，尼日利亚已经成为非洲最大的经济体和最受欢迎的国家，这是尼日利亚巨大的收获。[①] 肯尼亚《商业日报》报道，随着"一带一路"合作的逐步开展，肯尼亚发现自己处于比其他非洲国家更为有利的地位，那就是其地处连接亚洲和非洲的位置。肯尼亚已经受益于中国投资和基础设施建设，蒙内铁路就是最好的例子。交通基础设施项目的建设在推动肯尼亚发展的同时，促进了东非内陆地区国家的设施联通，对于推动地区发展具有深远意义。[②]

三 非洲国家智库与学者对"一带一路"合作的态度

非洲国家智库和学者对中非"一带一路"合作总体持积极肯定态度，从智库和学术研究的角度提出了独到的见解和看法。来自塞内加尔、尼日利亚、埃及、几内亚比绍、加纳等非洲国家智库及高校研究机构的学者对中非共建"一带一路"建言献策，发表了诸多看法。

技术合作有利于中非共同发展。塞内加尔学者认为，帮助非洲技术发展，也有助于中国的产能发展，中国应帮助非洲各国发展工业和技术。非洲面临的问题和挑战仍然是经济总体落后、人口众多、对自然资源依赖性过大等，希望中非在环境保护、卫生健康、抗击贫困等领域开展合作。在数字化与信息技术、石油工业领域，中非合作有很大潜力，大有可为。[③]

共建"一带一路"为非洲发展提供了历史机遇。尼日利亚智库学者认为，如何使中非"一带一路"合作落实并造福中非关系，是应长期思考的问题，非洲不应错过这一历史机遇。非洲基础设施建设以及实现一体化面临的问题和突出挑战，都是非常实际的，其中实现各国的联通对于非洲一体化

---

① "How China's Belt and Road Initiative Affects Nigeria, Africa," Vanguard Media, January 28, 2020, https：//www.vanguardngr.com/2020/01/how-chinas-belt-and-road-initiative-affects-nigeria-africa/, accessed：2022-03-08.

② 杨宝荣主编《"一带一路"倡议与中非合作论坛"八大行动"》，中国社会科学出版社，2020，第149页。

③ 杨宝荣主编《"一带一路"倡议与中非合作论坛"八大行动"》，中国社会科学出版社，2020，第150页。

非常重要。"一带一路"倡议是各方均可参与的包容性倡议，可以帮助非洲实现统一和强大。中非合作下的"一带一路"倡议不是西方的马歇尔计划，该倡议不是提供单一的援助，而是推动非洲国家主动参与，其远期目标是实现非洲和中国的发展，实现世界的安全与和谐发展。目前西非地区与外部世界的空中通道主要通过欧洲实现，"一带一路"建设可以帮助非洲实现交通基础设施的改善。非洲人可认真思考如何利用"一带一路"所提供的机会，抓住这一历史机遇。[①]

共建"一带一路"政策与战略对接可影响非洲国家决策。塞内加尔学者强调：应通过政策制定与协作实现非盟《2063年议程》的目标。他认为，非洲国家的对外经济合作水平应符合非洲的实际发展目标。为此，在中非合作中应考虑三个重要条件：各方具备强烈的政治意愿；非洲具有和平、稳定的环境；双方打造更高水平的磋商和对话机制。[②]

非洲应通过中国投资推动工业化与经济转型，并提升非洲的国际竞争力。几内亚比绍学者认为，中国企业可提供三个机制促进非洲经济的发展：一是加大直接投资；二是充实能源、旅游等领域的合作机制；三是促进非洲经济转型，提升非洲出口贸易能力。

非洲可以借鉴中国经验。有非洲学者认为，中国自改革开放以来取得巨大的发展成就，为包括非洲各国在内的发展中国家树立了榜样，提供了信心。非洲不能简单地复制中国经验，中国的发展经验值得非洲国家在工业化过程中学习借鉴。加纳学者认为，目前非洲在制定发展政策上存在两个缺陷：一是智库没有发挥应有的功能；二是共同富裕的意识形态在非洲难以扎根。因此，非洲国家应积极借鉴中国的发展经验，进一步推动学术研究对非洲政策优化的作用。

共建"一带一路"有助于非洲国家应对挑战。非洲学者普遍认为，非

---

① 杨宝荣主编《"一带一路"倡议与中非合作论坛"八大行动"》，中国社会科学出版社，2020，第150页。
② 杨宝荣主编《"一带一路"倡议与中非合作论坛"八大行动"》，中国社会科学出版社，2020，第150页。

洲迫切需要深化中非合作，以应对当前面临的系列挑战：其一，非洲迫切需要实现经济良性循环和长期增长，以摆脱严重的贫困问题；其二，非洲迫切需要加快工业化，为持续增长的人口和年轻人创造更多就业岗位；其三，非洲迫切需要改变其竞争力落后的局面，加快产业升级和融入全球经济格局，以实现弯道超车和非盟《2063 年议程》的宏伟发展目标。①

"一带一路"合作对于改善非洲基础设施具有重要作用。非洲迫切需要提升基础设施水平，实现非洲国家之间、城乡之间的互联互通，让整个非洲联系更加紧密，为产业发展和民生改善提供支撑。中非"一带一路"合作投资基础设施建设，应注意统筹可靠性与效率，应考虑基础设施与投资地环境的适应性，确保使用正确的技术和设施的可靠性。同时，应在统筹基础设施质与量的基础上，控制基础设施投资成本和利润，以确保投资的回报与经济可行性。埃及学者认为，非洲基础设施投资需求巨大，应考虑全球范围内的合作，吸引更多国家的资本进入。②

"一带一路"为全球带来公共外交机遇，可造福世界。共建"一带一路"无疑会给非洲带来连锁性积极影响。

随着一个个项目和工程在非洲国家落地，技术培训和文化交流也次第开展，"一带一路"建设在非洲的显著成效获得了非洲民众的广泛认可，这可以说是构建良好舆论环境的根本所在。如 2018 年当代中国与世界研究院等机构发布的《中国企业海外形象调查报告 2018·非洲版》报告显示，非洲受访者高度肯定"一带一路"倡议，最认可的是该倡议有助于提升沿线国家和地区的投资贸易合作。在未来发展方面，非洲民众最希望"一带一路"建设能够带动中国与非洲国家间的经贸发展。③

---

① 杨宝荣主编《"一带一路"倡议与中非合作论坛"八大行动"》，中国社会科学出版社，2020，第 151 页。
② 杨宝荣主编《"一带一路"倡议与中非合作论坛"八大行动"》，中国社会科学出版社，2020，第 152 页。
③ 徐豪：《中国在非洲形象总体正面积极　中国企业获得广泛认可》，《中国报道》2019 年第 1 期，第 38~41 页。

第四节 "一带一路"对接非洲国家的发展战略

在 2018 年 9 月举行的中非合作论坛北京峰会上，习近平主席表示中国将推进落实论坛峰会成果，把"一带一路"建设与非洲联盟《2063 年议程》、联合国 2030 年可持续发展议程以及非洲各国发展战略对接。"一带一路"与非洲的发展互相连接、互相交融，为对接非洲自身发展战略、助力非洲发展注入新动能。

一 "一带一路"契合非洲发展的历史使命

从非洲整体层面来看，"一带一路"倡议与非洲国家联合自强的需求紧密结合，比如其与非洲发展的纲领性文件《非洲发展新伙伴计划》契合度就较高。该文件指出，非洲在 21 世纪的主要发展任务是非洲可持续发展行动计划、新的全球伙伴关系以及《非洲发展新伙伴计划》的实施。优先发展领域涵盖基础设施建设、人力资源开发、农业、环境、文化、科技等。资源动员包括国内资源动员和市场开放计划，前者包括提高国内资源流动、债务减免、官方开发援助改革、私营资本流动部分，后者包括生产多元化、促进私营经济、促进出口、消除非关税壁垒等内容。[①]

《2063 年议程》是 2015 年非盟通过的另一个非洲整体发展规划。该规划体现了非洲国家和人民注重发展、期待繁荣、追求幸福的美好愿望，为充满生机和活力的非洲描绘出了一幅宏伟的蓝图，值得非洲人民为将它变成现实而孜孜奋斗，也必将引领非洲步入发展快车道。正如非盟委员会主席祖马所说的："除了前进和爬坡，非洲别无选择。"[②]《2063 年议程》目标任务主要包括七个方面：其一，在包容性增长和可持续发展的基础上实现非洲的繁荣；其二，在泛非主义信念基础上，实现非洲的政治团结和一

---

① 杨宝荣：《"一带一路"倡议与中非产能合作》，中国社会科学出版社，2018，第 18 页。
② 刘水明、倪涛：《非盟峰会通过非洲"2063 年愿景" 授权成立多国部队打击"博科圣地"》，《人民日报》2015 年 2 月 1 日，第 3 版。

体化；其三，让非洲人民获得良治、民主、人权尊重、公正和法治；其四，实现非洲的和平、安全；其五，促进非洲人民的文化认同及历史继承，实现非洲人共同的价值观和道德观；其六，追求以人为本的发展，重视开发非洲人力资源潜力，特别关注非洲妇女、青年在社会发展中的作用，加大对儿童成长的关心力度；其七，积极提升非洲在全球事务中的参与力，让非洲成为国际事务中强大、团结和有影响力的力量，并加强同各方的合作。①

《2063 年议程》在肯定 21 世纪以来各领域的良好发展的基础上，强调要利用当前良好的外部发展环境，利用非洲各种资源，包括自然资源、人力资源、市场及技术、贸易等促进非洲的发展，满足人民对经济增长和美好生活的热望。同时提出要重视全球发展的经验和教训，通过联合国等多边舞台，在非洲的性别平等、减贫、和平与安全、消除饥饿以及应对气候变化、2015 年后发展议题等方面积极作为。②

二 "一带一路"对接非洲重点国家和地区的发展战略

"一带一路"之所以能吸引越来越多非洲国家加入，主要原因在于其能够与对象国的发展规划有效对接，而不是中国单向发出的一个倡议。比如"一带一路"与尼日利亚的《2050 年尼日利亚议程和中期国家发展计划（MTNDP）》契合度很高，能够实现有效对接。2020 年 9 月，尼日利亚总统穆罕默杜·布哈里（Muhammadu Buhari）宣布实施《2050 年尼日利亚议程和中期国家发展计划（MTNDP）》，按照这一计划，尼日利亚将于 2030 年前使大约 1 亿尼日利亚人摆脱贫困。尼日利亚人口增长迅速，需求旺盛，经济发展潜力大。尼日利亚非常认同"一带一路"，2018 年 9 月与中国签署共建"一带一路"谅解备忘录，希望与中国在基础设施建设、产业升级等方面达成更深入的合作，助力其实现发展计划。2020 年初，尼日利亚领导

---

① 杨宝荣：《"一带一路"倡议与中非产能合作》，中国社会科学出版社，2018，第18页。
② 杨宝荣：《"一带一路"倡议与中非产能合作》，中国社会科学出版社，2018，第19页。

人再次强调，基础设施、电力、安全等关系国家利益的领域是政府的施政重点，2020~2021 年要完成的重点项目包括 47 条公路、重点桥梁、国际机场、城铁、电力设施等。而这些领域与"一带一路"建设中的"设施联通"紧密相关。① 而尼日利亚是中国在非洲的第一大工程承包市场，领域涵盖铁路、公路、房屋建设、电站、水利、通信等，这为中国"一带一路"建设与尼日利亚发展规划对接创造了有利条件。

"一带一路"对接肯尼亚"愿景 2030"。肯尼亚"愿景 2030"提出未来二十年保持 GDP 年均增长率为 10%，到 2030 年使肯尼亚转型为"新兴工业化、中等收入国家"的目标，其主要聚焦十个关键领域，排在第一位的就是基础设施建设。同时，在 124 个转型"旗舰项目"中，主要港口以及配套的铁路、公路等基础设施建设也是重要内容。② 基于此，"一带一路"倡议能与肯尼亚"愿景 2030"实现全面对接，鼎力支持肯尼亚全面落实非洲联盟《2063 年议程》与联合国 2030 年可持续发展议程。蒙内铁路建成通车，成为连通印度洋和大西洋的"富强快线"，为"一带一路"倡议在非洲的落实做了崭新的注脚。在坦桑尼亚，中坦共建"一带一路"倡议与坦桑尼亚"2025 年愿景"、第二个五年发展计划（2016/17 ~ 2020/21）不谋而合，双方在深化工业合作方面潜力巨大。"一带一路"建设带来的技术、资金和产能可帮助坦桑尼亚实现上述发展目标。

2020 年 12 月，中国与非洲联盟签署了《中华人民共和国政府与非洲联盟关于共同推进"一带一路"建设的合作规划》。该规划是我国和区域性国际组织签署的第一个共建"一带一路"规划类合作文件。规划的主要内容是围绕"一带一路"建设的"五通"，即政策沟通、设施联通、贸易畅通、资金融通、民心相通，明确合作内容和重点合作项目，提出相应的时间表、

---

① 李文刚：《中国—尼日利亚共建"一带一路"：优势、挑战及前景》，《当代世界》2020 年第 6 期，第 74~79 页。
② 胡欣：《"一带一路"倡议与肯尼亚港口建设的对接》，《当代世界》2018 年第 4 期，第 75~78 页。

路线图。① 这表明中国不仅与非洲个别国家进行双边合作，还致力于同非洲大陆的区域组织开展多边的整体合作。此外，"一带一路"还与非洲次区域一体化组织形成对接。比如放眼整个东非地区，蒙内铁路的顺利建成通车以及内马铁路的迅速推进，开启了中国与东非国家在"一带一路"倡议框架下全面加强铁路建设合作的序幕，为东非借助中国标准现代化铁路实现互联互通奠定了坚实的基础，为推动东非共同体的现代交通网建设作出了显著贡献。②

---

① 《中国政府与非洲联盟签署共建"一带一路"合作规划》，《人民日报》2020 年 12 月 17 日，第 4 版。

② 邓延庭：《"一带一路"倡议引领下的东非现代化铁路互联互通建设》，《西亚非洲》2019 年第 2 期，第 3~25 页。

第三章 中非共建"一带一路"之 政策沟通和民心相通

　　"一带一路"倡议提出后，习近平主席在多个重要国际场合的讲话中提出具体实施原则和途径，以指导中非合作落在实处。中国与非洲共建"一带一路"以政策沟通、设施联通、贸易畅通、资金融通和民心相通为主要内容扎实推进。政策沟通是共建"一带一路"的重要保障，是形成携手共建行动的重要先导，属于"八大行动"中的能力建设行动。民心相通是共建"一带一路"的人文基础，属于"八大行动"中的人文交流行动。二者共同发挥作用，旨在将"一带一路"打造成为和平之路、开放之路和文明之路。

第一节 习近平关于政策沟通和民心相通的 重要论述及指导意义

一 习近平关于中非共建"一带一路"中政策沟通和民心相通的重要论述

　　习近平主席于 2013 年 3 月 25 日在坦桑尼亚尼雷尔国际会议中心发表演讲时提出了真实亲诚的对非政策理念和正确义利观，为新时期中非关系发展指明了方向。"一带一路"倡议提出后，习近平主席两次在中非合作论坛峰会开幕式上的致辞中都有与政策沟通和民心相通相关的论述，收录在

《习近平谈治国理政》第二卷和第三卷中。

1. 习近平在 2015 年 12 月 4 日中非合作论坛约翰内斯堡峰会开幕式上的致辞中的相关论述

中方将秉持真实亲诚对非政策理念和正确义利观，同非洲朋友携手迈向合作共赢、共同发展的新时代。为此，我提议，将中非新型战略伙伴关系提升为全面战略合作伙伴关系，并为此做强和夯实"五大支柱。

其中，与政策沟通和民心相通相关的是第一大支柱和第三大支柱。

第一，坚持政治上平等互信。高度政治互信是中非友好的基石。我们要尊重各自选择的发展道路，不把自己的意志强加给对方。在事关双方核心利益和重大关切问题上，要坚持相互理解、相互支持，共同维护公平正义。中方始终主张，非洲是非洲人的非洲，非洲的事情应该由非洲人说了算。

…………

第三，坚持文明上交流互鉴。世界因为多彩而美丽。我们为中非都拥有悠久灿烂的文明而自豪。我们要加强中非两大文明交流互鉴，着力加强青年、妇女、智库、媒体、高校等各界人员往来，促进文化融通、政策贯通、人心相通，推动共同进步，让中非人民世代友好。"①

为推进中非全面战略合作伙伴关系建设，中方愿在未来三年同非方重点实施"十大合作计划"。其中与政策沟通和民心相通相关的是七、八、九三项。

---

① 习近平：《习近平谈"一带一路"》，中央文献出版社，2018，第 85~86 页。

七是中非减贫惠民合作计划。中方将在加强自身减贫努力的同时，增加对非援助，在非洲实施 200 个"幸福生活工程"和以妇女儿童为主要受益者的减贫项目；免除非洲有关最不发达国家截至 2015 年年底到期未还的政府间无息贷款债务。

八是中非公共卫生合作计划。中方将参与非洲疾控中心等公共卫生防控体系和能力建设；支持中非各 20 所医院开展示范合作，加强专业科室建设，继续派遣医疗队员、开展"光明行"、妇幼保健在内的医疗援助，为非洲提供一批复方青蒿素抗疟药品；鼓励支持中国企业赴非洲开展药品本地化生产，提高药品在非洲可及性。

九是中非人文合作计划。中方将为非洲援建 5 所文化中心，为非洲 1 万个村落实施收看卫星电视项目；为非洲提供 2000 个学历学位教育名额和 3 万个政府奖学金名额；每年组织 200 名非洲学者访华和 500 名非洲青年研修；每年培训 1000 名非洲新闻领域从业人员；支持开通更多中非直航航班，促进中非旅游合作。①

2. 习近平在 2018 年 9 月 3 日中非合作论坛北京峰会开幕式上的主旨讲话中的相关论述

"根之茂者其实遂，膏之沃者其光晔。"历史有其规律和逻辑。中非双方基于相似遭遇和共同使命，在过去的岁月里同心同向、守望相助，走出了一条特色鲜明的合作共赢之路。

在这条道路上，中国始终秉持真实亲诚理念和正确义利观，同非洲各国团结一心、同舟共济、携手前进。

——中国在合作中坚持真诚友好、平等相待。13 亿多中国人民始终同 12 亿多非洲人民同呼吸、共命运，始终尊重非洲、热爱非洲、支持非洲，坚持做到"五不"，即：不干预非洲国家探索符合国情的发展

---

① 习近平：《习近平谈"一带一路"》，中央文献出版社，2018，第 88~89 页。

道路，不干涉非洲内政，不把自己的意志强加于人，不在对非援助中附加任何政治条件，不在对非投资融资中谋取政治私利。中国希望各国都能在处理非洲事务时做到这"五不"。中国永远是非洲的好朋友、好伙伴、好兄弟。任何人都不能破坏中非人民的大团结！

——中国在合作中坚持义利相兼、以义为先。中国相信中非合作的必由之路就是发挥各自优势，把中国发展同助力非洲发展紧密结合，实现合作共赢、共同发展。中国主张多予少取、先予后取、只予不取，张开怀抱欢迎非洲搭乘中国发展快车。任何人都不能阻挡中非人民振兴的步伐！

——中国在合作中坚持发展为民、务实高效。中国坚持把中非人民利益放在首位，为中非人民福祉而推进合作，让合作成果惠及中非人民。凡是答应非洲兄弟的事，就会尽心尽力办好。面对新形势新挑战，中国不断完善机制、创新理念、拓展领域，提高合作质量和水平，稳步迈向更高水平。中非合作好不好，只有中非人民最有发言权。任何人都不能以想象和臆测否定中非合作的显著成就！

——中国在合作中坚持开放包容、兼收并蓄。中国始终认为，非洲实现长治久安、发展振兴，是非洲人民心愿，也是国际社会责任。中国愿同国际合作伙伴一道，支持非洲和平与发展。凡是对非洲有利的事情，我们都欢迎、都支持，全世界都应该尽力做、认真做。任何人都不能阻止和干扰国际社会支持非洲发展的积极行动！

各位同事、女士们、先生们！

当今世界正在经历百年未有之大变局。世界多极化、经济全球化、社会信息化、文化多样化深入发展，全球治理体系和国际秩序变革加速推进，新兴市场国家和发展中国家快速崛起，国际力量对比更趋均衡，世界各国人民的命运从未像今天这样紧紧相连。

同时，我们也面临前所未有的挑战。霸权主义、强权政治依然存在，保护主义、单边主义不断抬头，战乱恐袭、饥荒疫情此伏彼现，传统安全和非传统安全问题复杂交织。

我们坚信，和平与发展是当今时代的主题，也是时代的命题，需要国际社会以团结、智慧、勇气，扛起历史责任，解答时代命题，展现时代担当。

——面对时代命题，中国把为人类作出新的更大贡献作为自己的使命。中国愿同世界各国携手构建人类命运共同体，发展全球伙伴关系，拓展友好合作，走出一条相互尊重、公平正义、合作共赢的国与国交往新路，让世界更加和平安宁，让人类生活更加幸福美好。

——面对时代命题，中国愿同国际合作伙伴共建"一带一路"。我们要通过这个国际合作新平台，增添共同发展新动力，把"一带一路"建设成为和平之路、繁荣之路、开放之路、绿色之路、创新之路、文明之路。

——面对时代命题，中国将积极参与全球治理，秉持共商共建共享全球治理观。中国始终是世界和平的建设者、全球发展的贡献者、国际秩序的维护者，支持扩大发展中国家在国际事务中的代表性和发言权，支持补强全球治理体系中的南方短板，支持汇聚南南合作的力量，推动全球治理体系更加平衡地反映大多数国家特别是发展中国家的意愿和利益。

——面对时代命题，中国坚定不移坚持对外开放。面对世界经济增长的不稳定性不确定性，中国坚持走开放融通、合作共赢之路，坚定维护开放型世界经济和多边贸易体制，反对保护主义、单边主义，把自己囚于自我封闭的孤岛没有前途！

各位同事、女士们、先生们！

"海不辞水，故能成其大。"中国是世界上最大的发展中国家，非洲是发展中国家最集中的大陆，中非早已结成休戚与共的命运共同体。我们愿同非洲人民心往一处想、劲往一处使，共筑更加紧密的中非命运共同体，为推动构建人类命运共同体树立典范。

第一，携手打造责任共担的中非命运共同体。我们要扩大各层级政治对话和政策沟通，加强在涉及彼此核心利益和重大关切问题上的相互

59

理解和支持，密切在重大国际和地区问题上的协作配合，维护中非和广大发展中国家共同利益。

第二，携手打造合作共赢的中非命运共同体。我们要抓住中非发展战略对接的机遇，用好共建"一带一路"带来的重大机遇，把"一带一路"建设同落实非洲联盟《2063年议程》、联合国2030年可持续发展议程以及非洲各国发展战略相互对接，开拓新的合作空间，发掘新的合作潜力，在传统优势领域深耕厚植，在新经济领域加快培育亮点。

第三，携手打造幸福共享的中非命运共同体。我们要把增进民生福祉作为发展中非关系的出发点和落脚点。中非合作要给中非人民带来看得见、摸得着的成果和实惠。长期以来，中非一直互帮互助、同舟共济，中国将为非洲减贫发展、就业创收、安居乐业作出新的更大的努力。

第四，携手打造文化共兴的中非命运共同体。我们都为中非各自灿烂的文明而自豪，也愿为世界文明多样化作出更大贡献。我们要促进中非文明交流互鉴、交融共存，为彼此文明复兴、文化进步、文艺繁荣提供持久助力，为中非合作提供更深厚的精神滋养。我们要扩大文化艺术、教育体育、智库媒体、妇女青年等各界人员交往，拉紧中非人民的情感纽带。

中国愿以打造新时代更加紧密的中非命运共同体为指引，在推进中非"十大合作计划"基础上，同非洲国家密切配合，未来三年和今后一段时间重点实施"八大行动"。其中，与政策沟通和民心相通相关的是五、六、七三项。

五是实施能力建设行动。中国决定同非洲加强发展经验交流，支持开展经济社会发展规划方面合作；在非洲设立10个鲁班工坊，向非洲青年提供职业技能培训；支持设立旨在推动青年创新创业合作的中非创新合作中心；实施头雁计划，为非洲培训1000名精英人才；为非洲提供5万个中国政府奖学金名额，为非洲提供5万个研修培训名额，邀请

2000 名非洲青年来华交流。

六是实施健康卫生行动。中国决定优化升级 50 个医疗卫生援非项目，重点援建非洲疾控中心总部、中非友好医院等旗舰项目；开展公共卫生交流和信息合作，实施中非新发再发传染病、血吸虫、艾滋病、疟疾等疾控合作项目；为非洲培养更多专科医生，继续派遣并优化援非医疗队；开展"光明行"、"爱心行"、"微笑行"等医疗巡诊活动；实施面向弱势群体的妇幼心连心工程。

七是实施人文交流行动。中国决定设立中国非洲研究院，同非方深化文明互鉴；打造中非联合研究交流计划增强版；实施 50 个文体旅游项目，支持非洲国家加入丝绸之路国际剧院、博物馆、艺术节等联盟；打造中非媒体合作网络；继续推动中非互设文化中心；支持非洲符合条件的教育机构申办孔子学院；支持更多非洲国家成为中国公民组团出境旅游目的地。

习近平主席在此次讲话的最后尤其提到青年在中非共建"一带一路"中的作用。

青年是中非关系的希望所在。我提出的中非"八大行动"倡议中，许多措施都着眼青年、培养青年、扶助青年，致力于为他们提供更多就业机会、更好发展空间。去年 10 月，我同南南合作与发展学院的留华学生互致书信，他们中绝大多数来自非洲。我在信中勉励他们坚持学以致用，行远升高，积厚成器，为推动中非合作和南南合作谱写新篇章。

"红日初升，其道大光。"我相信，只要中非友好的接力棒能够在青年一代手中不断相传，中非命运共同体就一定会更具生机活力，中华民族伟大复兴的中国梦和非洲人民团结振兴的非洲梦就一定能够早日实现！①

---

① 中共中央党史和文献研究院编《十九大以来重要文献选编》（上），中央文献出版社，2019，第 641~646 页。

二 习近平重要论述对中非共建"一带一路"的指导意义

自提出"一带一路"倡议以来，习近平主席一直关心其"成长之路"，持续不断地就此发表重要论述。这些论述对"一带一路"倡议的落地具有重要的指导意义。首先，习近平主席的系列重要论述使"一带一路"倡议的内涵不断丰富。习近平主席在提出"一带一路"倡议后，出版了三卷《习近平谈治国理政》，其中都包括对中非共建"一带一路"的重要论述，使"一带一路"倡议的内涵不断丰富。其次，习近平主席的重要论述为"一带一路"倡议的实施指明了路径。习近平主席在中非共建"一带一路"的论述中不仅指出了实施该倡议的构想和原则，也提出了不同时期的具体实施路径和方法，如，中非"十大合作计划""八大行动"等，使"一带一路"切实落地。最后，习近平主席的重要论述审时度势，与时俱进。习近平主席根据不同时期国内外环境的特点，不断做出符合时代特征的新论述，使中非共建"一带一路"充满强大的生命力。

第二节 中非共建"一带一路"中政策沟通的主要成就

政策沟通是共建"一带一路"的重要基础和保障，是形成携手共建行动的重要先导。作为"一带一路"建设的"五通"之首，"政通"才能"人和"。通过政策沟通，"一带一路"沿线国家可以就各国或区域经济、社会、政治、文化等领域的发展倡议和政策措施进行沟通和协调，构建多层次政府间宏观政策沟通交流机制，推进沿线国家宏观经济政策、社会发展倡议和重大规划项目对接机制的完善，并推进"一带一路"区域合作制度的建设，为国际合作提供政策支持和制度保障，使"一带一路"沿线国家结成更为紧密的"命运共同体"。[①] 非洲各国的政治特点、发展方式、文化传统

---

① 《专家解读"五通"之政策沟通：互利共赢 中国朋友圈在扩大》，《北京晚报》2017年5月9日，第3版。

各异，实现联动发展，首先在于政策沟通。中非在就各国发展战略和对策进行充分沟通和交流的基础上，协商制定出推进合作的规划和措施。"一带一路"倡议凝聚了中非合作共识，促成了一系列标志性项目落地，结出了丰硕的成果。

一 中非政策沟通的主要途径

（一）中非合作论坛是中非政策沟通的重要平台和有效机制

中非合作论坛于 2000 年成立，自此，中非关系走上机制化的发展轨道，为中非发展长期稳定、平等互利的新型伙伴关系确定了方向。该论坛是中国同发展中国家共同创建的第一个机制性对话平台，是面向一个大洲成立的第一个合作机制。论坛秉持平等磋商、增进了解、扩大共识、加强友谊、促进合作的宗旨，已成功举办了 3 次峰会和 8 次部长级会议，有力促进了中非关系合作机制不断完善、合作层次不断加深、合作力度不断增强，有力提升了中非关系的整体水平。[①] 二十多年来的实践表明，它不是空谈中非友谊的俱乐部，而是一个实实在在的中国同非洲国家间开展集体对话和进行务实合作的重要平台和有效机制，是中非互利共赢合作的重要引擎和发动机[②]，也是中非政策沟通的桥梁和纽带。

"一带一路"倡议提出后，中非合作论坛近六年召开了两次峰会，这在国际外交史上极为罕见。2015 年和 2018 年的两次峰会都提出了涉及金额达 600 亿美元的中非合作行动计划，使高层政策沟通与基层项目落实有机结合，为中非合作论坛这一政策沟通机制增添了新内容和新动能。[③]

2015 年，习近平在中非合作论坛约翰内斯堡峰会开幕式上致辞时提议，将中非新型战略伙伴关系提升为全面战略合作伙伴关系，并做强和夯实

---

① 李新烽：《中非关系与"一带一路"建设》，《求是》2019 年第 8 期，第 71 页。

② 贺文萍：《中非命运共同体：历史基础、现实条件和发展方向》，《统一战线学研究》2018 年第 5 期，第 89 页。

③ 贺文萍：《"一带一路"与中非合作：精准对接与高质量发展》，《当代世界》2019 年第 6 期，第 19 页。

"五大支柱":政治上平等互信、经济上合作共赢、文明上交流互鉴、安全上守望相助、国际事务中团结协作。他还提出在未来三年同非方重点实施"十大合作计划",以推进中非全面战略合作伙伴关系建设。此后,中非双方全面落实"十大合作计划",帮助非洲破解多方面的发展瓶颈,助其加快工业化和农业现代化进程,以实现自主可持续发展。

2018 年,中非合作论坛北京峰会成功举办,为下一阶段的中非合作指明了前进方向。其一,习近平主席在开幕式上的主旨讲话,为中非全面战略合作伙伴关系的发展确立了目标。其二,会议通过了《关于构建更加紧密的中非命运共同体的北京宣言》和《中非合作论坛——北京行动计划(2019—2021 年)》两个成果文件,宣示了中非双方在战略性、全球性问题上的重要共识和未来三年中非合作的具体规划。其三,在非洲又一次掀起支持参与"一带一路"建设的热潮,扩展了"一带一路"朋友圈。其四,为中非关系发展注入了新活力,营造了良好的国际舆论环境。此次峰会更加注重同非洲各国的发展需求和人民的愿望相对接,提出了引领未来发展的"八大行动",在政策沟通的基础上完成了对中非关系未来发展的顶层设计。

"一带一路"倡议与中非合作论坛推出和倡导的理念高度契合,倡议提出的"五通"理念早已在非洲先行开展。中非合作论坛的打造过程可以为"一带一路"在多地区和多领域的建设提供宝贵的经验。

(二)中国通过发布国际合作相关文件引领中非合作

2006 年,中国政府首次发表对非洲政策文件,对指导中非关系全面发展发挥了重要作用。"一带一路"倡议提出后,2015 年 12 月,中非合作论坛第二次峰会召开,这是中非峰会首次在非洲举办。中国在此期间发表第二份《中国对非洲政策文件》,对于加强中非团结、引领中非合作具有里程碑意义。这份文件旨在全面阐述新形势下中国对非洲政策新理念、新主张、新举措,以指导此后一段时期内中非各领域的交流与合作。

该文件通过以下五方面内容引领中非合作。一是,建立和发展中非全面战略合作伙伴关系,巩固和夯实中非命运共同体。二是,坚持正确义利观,践行真实亲诚对非工作方针。三是，通过加强政策沟通增强政治互信，推动中非合作全面发展。四是，加强中非合作论坛机制建设，并确保其后续行动。五是，加强与非盟和非洲次区域组织间在各领域的合作。①

（三）中非通过签署合作文件实现发展战略对接

"一带一路"倡议提出以来，已有 53 个非洲国家政府以及非洲联盟组织与我国政府签订共同推进"一带一路"建设的谅解备忘录。该倡议已载入中非合作的重要文件，指导中非合作。在共建"一带一路"框架下，非洲各参与国和国际组织本着求同存异原则，就经济发展规划和政策进行充分交流，协商制定经济合作计划和措施。

中国与不同的非洲国家根据实际情况分别签署或共同发布多项倡议或声明，以推动实现政策对接。其中主要有《"一带一路"数字经济国际合作倡议》、加强数字丝绸之路建设合作文件、《标准联通共建"一带一路"行动计划（2018—2020 年）》、《关于进一步推进"一带一路"国家知识产权务实合作的联合声明》、《共同推进"一带一路"建设农业合作的愿景与行动》、《"一带一路"建设海上合作设想》等。②

（四）中国与非洲联盟的政策沟通指引中非合作

2015 年中国设立驻非盟使团，标志中国与非盟关系进入新的发展阶段。中国与非盟就多项议题达成共识，推动中非在多领域务实合作。2020 年 12 月，中国与非洲联盟签署了《中华人民共和国政府与非洲联盟关于共同推进"一带一路"建设的合作规划》（简称《合作规划》）。作为中非加强政策沟通、深化务实合作的一项顶层设计，《合作规划》的签署可有效推动共建"一带一路"倡议同非盟《2063 年议程》深度对接，为中非高质量共建"一带一路"开启了崭新篇章。③

---

① 《中国对非洲政策文件》，新华网，http：//www.gov.cn/zwjw/2006－01/12/content_156498.htm，最后访问日期：2022 年 12 月 15 日。

② 《共建"一带一路"倡议：进展、贡献与展望》，中国一带一路网，2019 年 4 月 22 日，https：//www.yidaiyilu.gov.cn/zchj/qwfb/86697.htm，最后访问日期：2021 年 2 月 20 日。

③ 田士达：《中非"一带一路"合作开启新篇章》，《经济日报》2020 年 12 月 24 日，第 8 版。

《合作规划》是我国和区域性国际组织签署的第一个共建"一带一路"规划类合作文件,为"一带一路"倡议与非洲各国发展战略对接做了非常有益的探索,对中国与全球伙伴高质量共建"一带一路"具有重要的示范带动作用,将为全球合作创造新机遇,为共同发展增添新动力。《合作规划》的签署也为后疫情时代中非高质量共建"一带一路"指明了方向。《合作规划》围绕"五通"等领域,明确规定合作内容和重点项目,提出了时间表、路线图,再次证明中非"一带一路"合作从来不是"清谈馆",而是务实高效的"行动队"。根据《合作规划》,中方与非盟委员会建立共建"一带一路"合作工作协调机制,通过顺畅的沟通磋商机制及时解决规划实施中遇到的问题和困难,将共建"一带一路"倡议与非洲各国发展战略深度对接。这有助于中非双方在实现各自发展目标的过程中,加强"一带一路"合作顶层设计,进一步找准彼此政策契合点。除了继续深耕基础设施、产能合作等传统优势领域,中非可以在民生、绿色发展、数字经济等领域拓展新的合作空间,积极深化各领域务实合作,不断增进中非民生福祉。

二 中非政策沟通的主要成果

"八大行动"提出后,中非双方通过政策沟通,帮助非洲提升能力建设,主要体现在如下几个方面。

(一)与非洲国家进行治国理政经验交流

中国与非洲国家同属发展中国家,在经济社会发展诸多方面都面临相似的发展任务和难题。中方通过与非洲国家开展治国理政经验交流,加强发展理念和发展战略对接,增进相互了解,彼此学习借鉴,更好地实现共同发展。中方也根据非方实际需求,帮助非方编制区域、次区域、国别和领域发展规划,增强非方长远规划与统筹发展能力,提升中非合作的可持续性和前瞻性。尤为值得一提的是,中国政府多次明确提出,中国在与非洲开展治国理政经验交流时要严格做到三个"不",即中国不"输入"外国模式,也不"输出"中国模式,也不会要求别国"复制"中国的做法;还要严格做到三个"尊重",即尊重非洲国家的本土知识、尊重非洲国家的自主选择、尊重非洲国家的平等地位。

在 2018 年以前,非洲已有多国政要、学者等在不同场合提出过非洲的政党应积极学习中国共产党的发展与管理经验,以提高非洲政党政治的发展水平。中非合作论坛北京峰会后,中非发展经验交流达到新高度。峰会闭幕仅十天后,北京就迎来一批到中国学习交流发展经验的非洲国家党政企代表团。2018 年 9 月 12~21 日,由中共中央联络部主办、中国人民大学承办的"走适合自己的发展道路——中国经验与非洲发展"援外培训班在北京举行。同年 11 月,30 余位非洲驻华使节赴河南考察,中非双方就贫困治理相关经验做了深入的交流和探讨。2019 年 10 月,国家行政学院第一次向阿尔及利亚派教员分享中国发展经验。

治国理政经验交流是中非合作的重要领域,也是中国帮助非洲提升发展能力的重要途径。从中国方面看,这有助于非洲民众更好地了解中国,也有助于提高中国发展经验在国际社会的影响力和感召力。从非洲方面看,非洲国家有了更多了解中国发展经验的机会,这为它们思考自身发展道路、制定自身发展战略提供了有价值的参考和选择。当前以及未来较长时间内,治国理政经验交流都是中非合作的亮点和着力点。

(二)对非洲青年提供职业技能培训

习近平主席在 2018 年中非合作论坛北京峰会开幕式上承诺,将在非洲设立 10 个"鲁班工坊",向非洲青年提供职业技能培训。中方将统筹调动政府、企业、社会组织和科研院校等各方资源,在非洲升级改造 10 个职业技术培训中心或学校,并在物资设备、技术指导、师资力量和培训项目等方面提供支持,有针对性地为非洲国家提供基础职业技能培训援助,帮助非方培养更多实用人才。

近年来,教育部与天津市政府将天津市打造为全国唯一的"国家现代职教改革创新示范区"。2016 年以来,天津市在泰国、英国、印度、印度尼西亚等国先后开办了"鲁班工坊"。凭借丰富的经验和不断探索创新的精神,天津市承担起了在非洲建立"鲁班工坊"的任务。2019 年 3 月 28 日,吉布提"鲁班工坊"在当地最大的职业院校吉布提工商学校揭牌运营。这是中国在非洲设立的首家"鲁班工坊",致力于服务亚吉铁路和吉布提经贸港口经济发展,面向非洲青年提供学历教育和职业培训。吉布提总统高度赞扬其对吉教育及经济发展的作用,他指出"中国技术将为吉布提教育带来革新,为吉布提发展不断注入新的活力"。2019 年 12 月 12～13 日,中非(乌干达)ICT 学院暨中乌 ICT"鲁班工坊"在重庆电子工程职业学院举行签约和揭牌仪式。2019 年,中国在埃及高质量、高效率地完成了 2 个"鲁班工坊"的全部建设任务。截至 2019 年底,天津市已完成在非洲建立 4 个"鲁班工坊",共计划建设 10 个"鲁班工坊"。2020 年底,中国已在非洲建成 10 个"鲁班工坊"。

（三）为非洲培养各类人才

中方统筹各方资源,进一步深化与非洲国家在人力资源开发领域的合作,重点为非洲国家培养政府官员、政党干部、专家学者、技术人员等各行业、各领域中坚力量。2019～2021 年,中方在非实施"头雁计划",通过南南合作与发展学院等平台,与非方加强高端人力资源开发合作,帮助非洲国家培养 1000 名各领域精英人才,为其实现国家治理体系和治理能力的现代化提供人才储备。中方还陆续向非洲国家提供 5 万个研修培训名额和 5 万个中国政府奖学金名额。此外,中方还按计划邀请 2000 名非洲青年来华研讨交流,继续向非洲国家派遣青年志愿者,加强中非青年友谊,增进互相了解。

中方面向非洲国家的研修培训涉及国家多、覆盖领域广,取得了良好的效果。在中非合作论坛北京峰会期间,中国外文局教育培训中心举办了 3 期涉非研修班,分别为非洲国家知名网络媒体负责人研修班、肯尼亚媒体记者研修班和加纳媒体从业人员研修班,共有 60 名来自非洲主流媒体的新闻记者和政府新闻机构的官员参加。研修班突出中非合作主题,配合参与交流活动,推动学员开展峰会报道,对深植中非友谊、扩大峰会影响力发挥了积极作用。作为最早进入非洲的中资银行,中国银行于 2018 年 10 月首次面向非洲举办研修班,也是其举办的历届研修班中参加国家数量最多的一期。来自毛里求斯、科特迪瓦、安哥拉、赞比亚、南非、尼日利亚等 9 个非洲国家的 34 名政府高级官员参加了这期培训，通过集中讲座、参观考察和文化体验等方式，研修班成员得到深入互动交流。

非洲的发展需要各领域的人才，尤其是青年人才。中国政府为非洲青年提供来华留学奖学金，邀请非洲青年来华研讨培训，并派遣青年志愿者赴非洲工作。2019 年 4 月，中国国防部邀请非洲青年军官代表团访华，搭建起中非青年军官交流新平台，增进中非青年军官相互了解，深化中国和非洲国家军队传统友好关系，加强中非和平安全领域合作。2019～2020 年，中国政府向多个非洲国家提供奖学金名额，其中，向埃及提供了 364 个奖学金名额，是非洲国家中最多的。近几年，中国也已为非洲培养了 20 余万名青年职业技术人员。

（四）支持非洲国家的创新创业

当前世界范围内新一轮科技革命和产业变革蓄势待发，各国都在积极强化创新部署。中方积极加强同非方在创新创业领域的合作，在"中非科技伙伴计划 2.0"框架下，设立"中非创新合作中心"，构建中非技术转移网络，开展面向非洲的先进适用技术培训、示范与转移，实施"国际青年创新创业计划"，举办中非创新创业大赛等活动，推动中非科技交流及创新创业合作。

2009 年，中国科技部启动了旨在帮助非洲伙伴国加强科技创新能力建设的中非科技伙伴计划。该计划启动至今，已在推动中国与非洲伙伴国建立务实高效、充满活力的新型科技伙伴关系方面取得显著成效。2016 年，为适应新形势发展的需要和双方共同需求，科技部启动"中非科技伙伴计划 2.0"，致力于对促进中非可持续发展、打造命运共同体发挥更加重要的作用。埃及、南非、埃塞俄比亚、肯尼亚等多个非洲国家积极响应"中非科技伙伴计划 2.0"，并参与相关合作。在该计划框架下，中非双方不断拓展合作领域，创新合作形式，推动双多边科技创新合作不断取得新成就。其中包括启动并推进建设了中国-肯尼亚作物分子生物学联合实验室、中国-埃塞俄比亚皮革工业联合实验室、中国-埃及可再生能源国家联合实验室、中国-南非矿产资源开发利用联合研究中心等一批联合科研平台；与埃及、南非等国启动探讨开展科技园区合作，分享中国在高新区和科技园区建设方面的经验；通过举办中国-南非高技术展示交流会及推动建设中阿技术转移中心和中非创新合作中心等平台，积极布局中非技术转移合作网络。近年来，在中非合作论坛框架下，中非科技创新合作发展迅速，既拓展了中非合作的范围，又丰富了中非合作的内涵，正在成为中非合作的新增长点。

第三节　中非共建"一带一路"中
民心相通的主要成就

民心相通是共建"一带一路"的人文基础。享受和平、安宁、富足，过上更加美好的生活，是各国人民的共同梦想。习近平主席指出，"国之交在于民相亲，民相亲在于心相通"。"一带一路"要行稳致远，离不开"民心相通"的支撑和保障，需要实施好"增进民心相通"这项基础性工程。[①]七年多来，中国与非洲各国开展了形式多样、领域广泛的文化交流，增进了相互理解与认知，为共建"一带一路"奠定了坚实的民意基础。

一　文化交流形式多样

中国与非洲国家互办的艺术节、电影节、音乐节、文物展、图书展等活动已常态化。越来越多的中国文化艺术团组访问非洲，为非洲带去武术、杂技、歌舞、民乐、京剧、川剧等丰富多彩的文化艺术表演，以及反映中国传统与现代的各种展览。同时，越来越多的非洲文化艺术团体应邀访华，到中国各地展演，让中国人民有机会在家门口领略原汁原味的非洲歌舞表演、聆听独具特色的非洲器乐演奏，参观非洲特色的工艺品展览。此外，中非艺术团越来越多地参加对方国家举办的大型国际艺术节，这是近年来中非文化交流的一大亮点和一种常态。例如，中国艺术团参加"南非国家艺术节"、埃

---

① 《民心相通是最基础的互联互通》，《人民日报》2017 年 6 月 9 日，第 23 版。

及"阿斯旺国际艺术节"、津巴布韦"哈拉雷国际艺术节"等;非洲国家艺术团来华参加中国国际合唱节、"相约北京"国际艺术节、上海国际艺术节等。

中国与多个非洲国家共同举办"国家年""文化年"等活动。2014 年和 2015 年,中国与南非互办"国家年"活动,在对方国家全方位、立体化、多形式地展示本国文化与国家形象。2016 年正值中国与埃及建交 60 周年,两国互办"文化年"活动。这是世界两大古老文明在新时代进行交流互鉴的一大盛事,实现了真正意义上的"两个伟大文明"间的对话。中国与每个互办"文化年"的非洲国家在"文化年"举办期间都开展数十项文化交流项目,吸引双方文化机构参与,双方文化交流的规模和盛况不断扩大,频率不断增加。

中非文化合作发挥品牌效应。"中非文化聚焦"通过对年度中非交流合作项目进行整合,统一规划、统一标识、统一宣传,形成了一个叫得响的品牌。自 2008 年起,逢双年在中国举办"非洲文化聚焦"活动,向中国人民展示非洲文化艺术;逢单年在非洲举办"中国文化聚焦"活动,向非洲人民展示中国文化艺术。该品牌涵盖诸多领域,采取多种形式,对中非文化交流起到了促进作用。此外,"中非文化人士互访计划""中非文化合作伙伴计划"等都已在中非文化合作中发挥品牌效应。[1] 中国在海外设立中国文化中心始于非洲。1988 年,中国在毛里求斯设立了首个海外中国文化中心[2],至 2022 年共在非洲设立了 6 个中国文化中心。作为派驻非洲国家的官方文化机构,中国文化中心常年开展各类丰富多彩的文化活动,并结合驻在国实际情况,努力打造独具特色的文化项目。这些都已成为当地广受欢迎、颇具影响力的文化品牌,在非洲传播中国文化、促进中非文化交流、增进中非友谊方面发挥着重要作用。

---

[1] 吴传华:《中国对非洲文化传播:现状与挑战》,载詹世明主编《百年未有之大变局与中非关系》,中国社会科学出版社,2020,第 262 页。

[2] 《探访海外中国文化中心:布局初成 润物无声》,https://www.mct.gov.cn/whzx/bnsj/dwwhllj/201803/t20180312_831443.htm,最后访问日期:2022 年 12 月 15 日。

二 教育培训成果丰富

中国设立"丝绸之路"中国政府奖学金项目，其中每年分配给非洲一定比例。中国与阿尔及利亚、毛里求斯、埃及、喀麦隆签署高等教育学历学位互认协议。2013 年至 2018 年，非洲赴华留学生人数迅速增长，其中，非洲自费生的增长速度比获政府奖学金生的增长速度更快，且绝大多数非洲留学生在华攻读学位。[①] 中国赴非洲国家留学生不仅数量不断增加，而且形式更加多样。互派留学生成为双方文化交流的重要桥梁和纽带。

2005 年 12 月，中国在肯尼亚内罗毕大学设立孔子学院，这是中国在非洲设立的首家孔子学院，此后孔子学院在非洲遍地开花。截至 2020 年底，中国已在 46 个非洲国家设立了 61 所孔子学院和 48 家孔子课堂。[②] 孔子学院以推广汉语、传播中国文化为己任，在非洲受到当地政府和民众的欢迎，是中国对非文化交流与合作的一张闪亮名片。

文化人才培训既是中非文化交流与合作的重要内容，也是中国对非洲发展援助、中非人力资源开发合作的重要组成部分。2015 年，《中非合作论坛——约翰内斯堡行动计划（2016—2018 年）》提出，三年内为非洲培训 1000 名文化人才的"千人计划"。为落实该计划，中国专门为非洲国家举办了一系列文化研修班、培训班，涉及武术、舞狮、陶艺、声乐舞蹈、游戏动漫、非遗保护与传承等广泛的文化领域。本着"授人以渔"的原则，中国为非洲国家培养了大批急缺的文化人才，有利于提升非洲国家文化能力建设，促进非洲国家发展文化事业和文化产业。这些学员也是增进中非友谊的重要力量。

三 旅游合作逐步扩大

中国与多个非洲国家共同举办"旅游年"，创办丝绸之路旅游推广联

[①] 李安山、沈晓雷：《非洲留学生在中国：历史、现实与思考》，《西亚非洲》2018 年第 5 期，第 75 页。

[②] 刘豫锡：《中非共建"一带一路"风正一帆悬》，《中国投资》2021 年第 Z1 期，第 93 页。

盟、海上丝绸之路旅游推广联盟、"万里茶道"国际旅游联盟等旅游合作机制。中国与多个非洲国家缔结了涵盖不同护照种类的互免签证协定。随着中非友谊不断深化扩展，近几年非洲国家不断放宽对华签证政策，加上直飞航线的增加，非洲已经成为中国游客重要的出境游目的地。

四　媒体合作拉近民心

我国的官方媒体在非洲快速扩大影响力。1986 年，新华社非洲总分社在肯尼亚首都内罗毕成立，负责撒哈拉以南非洲国家的新闻信息报道和营销工作，在非洲下辖 28 个分社。新华社还通过举办"孔子文化非洲行"等活动，加大对非文化传播力度，其在非洲的影响力不断上升。2012 年 1月，中央电视台非洲分台在内罗毕正式开播，这是央视在海外建成的首个分台。中国国际广播电台近年来使用英语、法语、阿拉伯语、豪萨语、斯瓦希里语等对非洲多国广播，通过与非洲国家传媒机构合作，加快节目本土化步伐，增加落地频率。截至 2021 年底，中央广播电视总台在埃及、肯尼亚、尼日利亚和津巴布韦设有 4 个记者站，分管北非、东非、西非和南非。该台还在非洲打造广播孔子课堂，帮助当地民众通过广播学习汉语和中国文化。[①]

民营媒体凭借技术、资金和管理模式成功打入非洲市场。北京四达时代通讯网络技术有限公司（简称"四达公司"）就是其中代表。该公司自2002 年开始进入非洲市场，在 30 多个非洲国家注册成立公司，开展数字电视运营，成为非洲发展最快、影响最大的数字电视运营商。[②] 四达公司提供的技术和服务给非洲人民带来了内容丰富、种类繁多、图像清晰、价格低廉的电视节目，极大地丰富了非洲人民的文化生活，使他们能够全面了解中国，亲身感受中国文化，从而搭建起中非文化交流的桥梁。

中非影视交流与合作日益成为文化交流中的活跃因素。自 2011 年以来，

---

① 吴传华：《中国对非洲文化传播：现状与挑战》，载詹世明主编《百年未有之大变局与中非关系》，中国社会科学出版社，2020，第 271 页。
② 《四达时代：造梦数字非洲》，《北京商报》2019 年 8 月 7 日，第 T49 版。

《媳妇的美好时代》《金太郎的幸福生活》《北京爱情故事》等多部优秀影视剧被译为非洲国家的语言在非洲放映,增进了非洲人民对中国的了解。中国也大力支持非洲影视业发展。非洲电视节是非洲最具影响力的电视商业展会,中国的积极参与大大提升了其国际影响力和知名度。从总体看,中非影视交流与合作呈现由点及面、全面开花之势,对促进中非文化交流大有助益。[1]

五 救灾、援助与扶贫合作持续推进

自首届"一带一路"国际合作高峰论坛举办以来,中国以多种方式向非洲国家提供帮助,其中包括提供紧急粮食援助、设立援助基金、通过"爱心助困""康复助医"等项目提供医疗援助等,助力提升当地民众生活质量。尤为值得一提的是,2020年以来,中非联合抗击新冠疫情的合作在中非民心相通领域留下了浓重的笔墨。自2020年初以来,新冠疫情在中国和非洲多国暴发。中国在自身抗击疫情成功后,大力向非洲提供援助,主要通过捐赠抗疫物资和医疗设备、分享抗疫经验、联合研发疫苗等方式,帮助公共卫生系统普遍较为脆弱的非洲抗击疫情。

六 思想交流及联合研究不断发展

2018年,习近平主席在中非合作论坛北京峰会开幕式上的讲话中指出,中国决定设立中国非洲研究院,同非方深化文明互鉴,打造中非联合研究交流计划增强版。中国非洲研究院已于2019年4月9日正式挂牌成立,习近平主席专门向其致贺信,希望中国非洲研究院汇聚中非学术智库资源,增进中非人民的相互了解和友谊,为中非和中非同其他各方的合作集思广益、建言献策,为促进中非关系发展、构建人类命运共同体贡献力量。自成立以来,中国非洲研究院就致力于通过与非洲国家相关单位的合

---

[1] 吴传华:《中国对非洲文化传播:现状与挑战》,载詹世明主编《百年未有之大变局与中非关系》,中国社会科学出版社,2020,第271页。

作加强对非洲的研究与交流。

此外，中非官方与民间机构也开展了多层次、多领域、多形式的友好交流与合作，增进中非民心相通。中国与埃及等非洲国家开展援外文物合作保护和涉外联合考古。中国民间组织国际交流促进会已成功举办五届"中非民间论坛"。2018 年 7 月在成都举办的第五届"中非民间论坛"发布了《中非民间友好伙伴计划（2018—2020）》，从民生合作与捐赠救助、能力建设和人才交流、促进发展、文化交流、建立交流机制 5 个方面，推出了30 项中国计划在未来三年内实施的对非民间合作项目。以上不仅能够加强中非人民间的沟通和了解，有力反驳西方散布的所谓中国"新殖民主义论""掠夺非洲资源论""债务外交论"等谬论，还能促进非洲民生改善，使中非合作成果惠及双方人民。民心相通较之于其他"四通"更是一个需要耐心和定力的工程，其内涵的包容性也非常广，且合作方式多种多样。①

第四节 中非政策沟通和民心相通领域
现存问题及前景

"一带一路"倡议下的中非合作关系正处于历史上的最好时期。该倡议为中非合作提供了理论基础、顶层引领、物质助力、政策保障等一系列条件，加固了中非合作的基础，有利于构建更加紧密的中非命运共同体。然而，不可否认的是，当前，中非在政策沟通和民心相通方面仍存在一些问题，主要有如下几个方面。

其一，一些中方机构对非洲了解不足，进入非洲带有盲目性。一些机构自身并不具备在非开展业务的能力和经验，或其所能提供的服务和产品不符合非方需求。这种情况下，会出现双方供需错位，对接不畅的情况。任何单位和个人在进入非洲之前都应对对象国加强了解，与非洲合作伙伴做好充分的沟通，再根据自身情况作出科学判断，以避免盲目性。

---

① 贺文萍：《"一带一路"与中非合作：精准对接与高质量发展》，《当代世界》2019 年第 6期，第 21 页。

其二，中非合作仍存在障碍因素。一方面，双方语言不通可能导致沟通不畅。在一些项目中，中方工作人员不懂当地语言，当地人不能用英文顺畅地交流。另一方面，双方人员在工作观念、管理理念等方面存在差异。以上情况仍是双方合作的障碍。

其三，中非双方在风俗习惯方面存在较大差异。不同的非洲国家具有不同的宗教信仰、风俗习惯、生活方式、行为规范等。一些中方机构对此了解不够，难免会出现不遵守当地风俗习惯的情况，引发矛盾冲突，甚至有损我国的形象。

其四，中非合作仍面临第三方干扰。长期以来，西方国家对中非合作持嫉妒态度，为此设置障碍，尤其利用西方在非洲的媒体优势，恶意抹黑中国形象。长此下来，中非之间渐生嫌隙，甚至存在误解，使中非合作出现波动。

虽然中非在政策沟通和民心相通方面仍存在以上问题，但双方正在通过加强多层次的战略对接与政策沟通、开展政策宣讲与联合研究、深化民间交往等方式弥合差异，增进了解，以利合作畅通。从总体看，中非双方的合作正朝着更全面、更深入、更细化的方向发展。

2018 年 8 月 27 日，习近平主席在推进"一带一路"建设工作 5 周年座谈会上指出，"过去几年共建'一带一路'完成了总体布局，绘就了一幅'大写意'，今后要聚焦重点、精雕细琢，共同绘制好精谨细腻的'工笔画'"[①]。"一带一路"倡议与非洲的对接从"大写意"进入"工笔画"阶段，应当推进三个层面的对接，即"一带一路"建设与联合国 2030 年可持续发展议程、非盟《2063 年议程》，以及非洲各国发展战略进行对接。

在联合国层面，共建"一带一路"倡议与共商共建共享原则已被写入联合国成果文件。中国作为联合国安理会常任理事国及最大的发展中国家，将继续通过"一带一路"建设为实现联合国 2030 年可持续发展议程制定的

---

① 《习近平主席推进"一带一路"建设工作 5 周年座谈会并发表重要讲话》，http://www.gov.cn/xinwen/2018-08/27/content_5316913.htm，最后访问日期：2022 年 12 月 15 日。

17 项可持续发展目标而努力。非洲作为发展中国家最集中的大陆，是联合国 2030 年可持续发展议程的攻坚区域。要实现经济发展、社会包容和环境可持续性等 17 项可持续发展目标，应将"一带一路"倡议与联合国 2030 年可持续发展议程和非洲国家发展战略有效对接。

在非洲区域层面，近二十年来，非洲国家及非盟先后出台《加速非洲工业化发展行动计划》、《非洲基础设施发展规划宣言》、"2063 年愿景"等重要发展战略，希望通过工业化、经济融合和一体化将 21 世纪打造为非洲发展的世纪。中国与非盟在共建"一带一路"框架下签署了多项合作谅解备忘录，涉及多个领域；在 2018 年中非合作论坛北京峰会上，非盟也与中国政府签署了共建"一带一路"谅解备忘录，实现了中国与非盟层面的对接。未来，中非合作共建将呈现双多边并行发展的形势。

在非洲国家层面，"工笔画"阶段要求将"一带一路"倡议与每个非洲国家的发展战略精准对接，将中国的发展优势与每个非洲国家的重点发展领域紧密结合，这样才能使中非共建"一带一路"进一步落地生根、走深走实。这要求我们加强对非洲每个次区域及国家的国情研究，既要了解区域及各国的政治、社会状况，也要对其中长期发展战略以及优先发展领域充分了解，在此基础上推进政策沟通，促进民心相通。

第四章 中非共建"一带一路"之贸易
畅通和资金融通

"一带一路"倡议以和平合作、开放包容、互学互鉴、互利共赢的丝绸之路精神为指引，深化务实合作，携手各方应对人类面临的各种风险挑战，实现互利共赢、共同发展。2018 年 8 月，国家主席习近平在北京主持召开推进"一带一路"建设工作 5 周年座谈会，提出"一带一路"建设要从谋篇布局的"大写意"转入精耕细作的"工笔画"，向高质量发展转变，造福沿线国家人民，推动构建人类命运共同体。贸易畅通是共建"一带一路"的重要内容，旨在促进沿线国家和地区的贸易投资自由化、便利化，降低交易成本和营商成本，释放沿线国家的发展潜力，进一步提升各国参与经济全球化的广度和深度。资金融通是共建"一带一路"的重要支撑。国际多边金融机构及各类商业银行不断探索创新投融资模式，积极拓宽多样化融资渠道，为共建"一带一路"提供了稳定、透明、高质量的资金支持。①

"一带一路"之贸易畅通和资金融通，以共商共建共享为原则，以和平合作、开放包容、互学互鉴、互利共赢的丝绸之路精神为指引，聚焦发展这个根本性问题，致力于释放各国发展潜力，实现经济融合、发展联动、成果共享；以开放为导向，努力解决经济增长和平衡发展问题，致力于打造开放型合作平台，推动形成开放型世界经济；践行绿色发展理念，努力将绿色发

---

① 推进"一带一路"建设工作领导小组办公室：《共建"一带一路"倡议：进展、贡献与展望》，外文出版社，2019，第 17、20 页。

展理念全面融入经贸合作；以创新作为推动高质量发展的重要动力来源，促进科技与产业、金融、商贸深度融合。贸易畅通和资金融通的高质量发展着力于推动"一带一路"成为和平之路、繁荣之路、开放之路、绿色之路、创新之路、文明之路。

自"一带一路"倡议提出以来，中国对非合作秉持真实亲诚理念和正确义利观，紧紧围绕中非共建"一带一路"，落实中非合作论坛行动计划，推动中非经贸合作向全方位、多层次、宽领域发展，取得了丰硕成果。中非共建"一带一路"之贸易畅通和资金融通的高质量发展推动中非合作论坛行动计划不断取得预期成效，促进新时代中非经贸合作转型升级。

第一节　习近平关于贸易畅通和资金融通的论述与落实政策

一　习近平关于贸易畅通和资金融通的论述

（一）关于贸易畅通的论述

2013 年 9 月 7 日，国家主席习近平在哈萨克斯坦纳扎尔巴耶夫大学发表题为《弘扬人民友谊　共创美好未来》的重要演讲。习近平主席在演讲中明确指出，加强贸易畅通是共同建设"丝绸之路经济带"的重要方面，"丝绸之路经济带总人口近 30 亿，市场规模和潜力独一无二。各国在贸易和投资领域合作潜力巨大。各方应该就贸易和投资便利化问题进行探讨并作出适当安排，消除贸易壁垒，降低贸易和投资成本，提高区域经济循环速度和质量，实现互利共赢"[①]。

2017 年 5 月 14 日，习近平主席在北京出席"一带一路"国际合作高峰论坛开幕式，并发表题为《携手推进"一带一路"建设》的主旨演讲。他

---

① 习近平：《弘扬人民友谊　共创美好未来——在纳扎尔巴耶夫大学的演讲》，《人民日报》2013 年 9 月 8 日，第 3 版。

指出，古丝绸之路绵亘万里，延续千年，积淀了以和平合作、开放包容、互学互鉴、互利共赢为核心的丝路精神。这是人类文明的宝贵遗产。古丝绸之路见证了陆上"使者相望于道，商旅不绝于途"的盛况，也见证了海上"舶交海中，不知其数"的繁华。在这条大动脉上，资金、技术、人员等生产要素自由流动，商品、资源、成果等实现共享。古丝绸之路创造了地区大发展大繁荣。

在"一带一路"贸易畅通方面，习近平主席指出，要完善跨区域物流网建设，促进政策、规则、标准三位一体的联通，为互联互通提供机制保障；要推动构建公正、合理、透明的国际经贸投资规则体系，促进生产要素有序流动、资源高效配置、市场深度融合；要维护多边贸易体制，推动自由贸易区建设，促进贸易和投资自由化便利化。①

2018年11月5日，习近平主席在首届中国国际进口博览会开幕式上发表题为《共建创新包容的开放型世界经济》的主旨演讲。他指出，各国应推动构建公正、合理、透明的国际经贸规则体系，推进贸易和投资自由化便利化，促进全球经济进一步开放、交流、融合。为进一步扩大开放，中国将进一步降低关税，提升通关便利化水平，削减进口环节制度性成本，加快跨境电子商务等新业态新模式发展。中国将持续放宽市场准入，减少投资限制，提升投资自由化水平。②

2019年4月26日，习近平主席在第二届"一带一路"国际合作高峰论坛开幕式上发表题为《齐心开创共建"一带一路"美好未来》的主旨演讲。他指出，商品、资金、技术、人员流通，可以为经济增长提供强劲动力和广阔空间。我们要促进贸易和投资自由化便利化，旗帜鲜明反对保护主义，推动经济全球化朝着更加开放、包容、普惠、平衡、共赢的方向发展。我们将同更多国家商签高标准自由贸易协定，加强海关、税收、审计监管等领域合

---

① 习近平：《携手推进"一带一路"建设——在"一带一路"国际合作高峰论坛开幕式上的演讲》，《人民日报》2017年5月15日，第3版。

② 习近平：《共建创新包容的开放型世界经济——在首届中国国际进口博览会开幕式上的主旨演讲》，《人民日报》2018年11月6日，第3版。

作，建立共建"一带一路"税收征管合作机制，加快推广"经认证的经营者"国际互认合作。[①]

（二）关于资金融通的论述

2014 年 11 月 4 日，习近平主席在中央财经领导小组第八次会议上发表重要讲话强调，"丝绸之路经济带"和"21 世纪海上丝绸之路"倡议顺应了时代要求和各国加快发展的愿望，提供了一个包容性巨大的发展平台，具有深厚的历史渊源和人文基础，能够把快速发展的中国经济同沿线国家的利益结合起来。关于资金融通方面，他指出，要以创新思维办好亚洲基础设施投资银行和丝路基金。发起并同一些国家合作建立亚洲基础设施投资银行是要为"一带一路"有关沿线国家的基础设施建设提供资金支持，促进经济合作。设立丝路基金是要利用我国资金直接支持"一带一路"建设。要注意按国际惯例办事，充分借鉴现有多边金融机构长期积累的理论和实践经验，制定和实施严格的规章制度，提高透明度和包容性。亚洲基础设施投资银行和丝路基金同其他全球和区域多边开发银行的关系是相互补充而不是相互替代的，将在现行国际经济金融秩序下运行。[②]

2014 年 11 月 8 日，"加强互联互通伙伴关系对话会"在北京钓鱼台国宾馆举行，习近平主席发表题为《联通引领发展 伙伴聚焦合作》的重要讲话。关于资金融通方面，习近平主席指出，亚洲互联互通建设既面临机遇，也存在困难。各国制度和法律差异较大，各方需求千差万别，各类机制协调不尽人意，等等。资金问题最为突出，据亚洲开发银行测算，2020 年以前亚洲地区每年基础设施投资需求高达 7300 亿美元。解决这些问题，仅靠一个或几个国家努力是做不到的，只有广泛建立伙伴关系，心往一起想，劲朝一处使，才能不断取得积极成效。习近平主席强调，20 多个亚洲国家

---

① 习近平：《齐心开创共建"一带一路"美好未来——在第二届"一带一路"国际合作高峰论坛开幕式上的主旨演讲》，《人民日报》2019 年 4 月 27 日，第 3 版。

② 《习近平主持召开中央财经领导小组第八次会议强调 加快推进丝绸之路经济带和二十一世纪海上丝绸之路建设 李克强刘云山张高丽出席》，《人民日报》2014 年 11 月 7 日，第 1 版。

在北京签署了筹建亚洲基础设施投资银行的政府间谅解备忘录，这是亚洲国家金融合作的重要突破。亚洲基础设施投资银行对世界银行、亚洲开发银行等现有金融机构是有益补充，将在亚洲互联互通建设中扮演重要角色。[1]

2017 年 5 月 14 日，习近平主席在"一带一路"国际合作高峰论坛开幕式的主旨演讲中指出，推进"一带一路"建设，要聚焦发展这个根本性问题，释放各国发展潜力，实现经济大融合、发展大联动、成果大共享。在资金融通方面，他指出，要建立稳定、可持续、风险可控的金融保障体系，创新投资和融资模式，推广政府和社会资本合作，建设多元化融资体系和多层次资本市场，发展普惠金融，完善金融服务网络。[2]

二　习近平主席的论述对中非贸易畅通和资金融通的指导意义

习近平主席指出，人类已经成为你中有我、我中有你的命运共同体，利益高度融合，彼此相互依存。每个国家都有发展权利，同时都应该在更加广阔的层面考虑自身利益，不能以损害其他国家利益为代价。我们要坚定不移发展开放型世界经济，在开放中分享机会和利益、实现互利共赢。[3] 丝绸之路是历史留给我们的伟大财富。"一带一路"倡议是中国根据古丝绸之路留下的宝贵启示，着眼于各国人民追求和平与发展的共同梦想，为世界提供的一项充满东方智慧的共同繁荣发展的方案。[4]

2013 年以来，习近平主席科学论述指引"一带一路"建设在探索中前进、在发展中完善、在合作中成长；明确了以共商共建共享为"一带一路"建设的原则，以和平合作、开放包容、互学互鉴、互利共赢的丝绸之路精神

---

① 习近平：《联通引领发展　伙伴聚焦合作——在"加强互联互通伙伴关系"东道主伙伴对话会上的讲话》，《人民日报》2014 年 11 月 9 日，第 2 版。

② 习近平：《携手推进"一带一路"建设——在"一带一路"国际合作高峰论坛开幕式上的演讲》，《人民日报》2017 年 5 月 15 日，第 3 版。

③ 习近平：《共担时代责任 共促全球发展——在世界经济论坛 2017 年年会开幕式上的主旨演讲》，《人民日报》2017 年 1 月 18 日，第 3 版。

④ 习近平：《携手共创丝绸之路新辉煌——在乌兹别克斯坦最高会议立法院的演讲》，《人民日报》2016 年 6 月 23 日，第 2 版。

为指引，以打造命运共同体和利益共同体为合作目标。"一带一路"倡议致力于促进各国各地区互联互通，形成联动发展格局，为世界经济拓展新的增长空间，得到了沿线国家的广泛认同。在习近平主席重要论述引领下，"一带一路"建设从无到有、由点及面，进度和成果超出预期。

习近平主席指出，中国的发展是世界的机遇，中国是经济全球化的受益者，更是贡献者。中国经济快速增长，为全球经济稳定和增长提供了持续强大的推动。中国同一大批国家的联动发展，使全球经济发展更加平衡。[①] 习近平主席关于"一带一路"重要论述，向世界表明中国将始终做全球发展的贡献者，坚持奉行互利共赢的开放战略，以更加积极主动的姿态走向世界。中国将同共建"一带一路"各方一道，秉持共商共建共享原则，推进政策沟通、设施联通、贸易畅通、资金融通、民心相通，实现发展战略对接，深化互利合作，为区域经济发展和民生改善注入强大动力。

习近平主席指出，要维护世界贸易组织规则，支持开放、透明、包容、非歧视的多边贸易体制，构建开放型世界经济。[②] 在"一带一路"的贸易畅通方面，习近平主席的论述指引中国坚定不移发展全球自由贸易和投资，在开放中推动贸易和投资自由化、便利化，构建面向全球的自由贸易区网络，建设开放透明、互利共赢的区域自由贸易安排。

习近平主席强调，中国不刻意追求贸易顺差，愿意进口更多国外有竞争力的优质农产品、制成品和服务，促进贸易平衡发展。2018 年，中国在上海举办首届中国国际进口博览会。这是中方坚定支持贸易自由化、主动向世界开放市场的重大举措，为参与各方进入中国市场搭建了新平台。中国国际进口博览会是世界上第一个以进口为主题的国家级展会，是国际贸易发展史上一大创举。中国主动扩大进口，是面向世界、面向未来、促进共同发展的长远考量。举办中国国际进口博览会，体现了中国支持多边贸易体制、推动

---

① 习近平：《共担时代责任　共促全球发展——在世界经济论坛 2017 年年会开幕式上的主旨演讲》，《人民日报》2017 年 1 月 18 日，第 3 版。

② 习近平：《共同构建人类命运共同体——在联合国日内瓦总部的演讲》，《人民日报》2017 年 1 月 20 日，第 2 版。

发展自由贸易的一贯立场，是中国推动建设开放型世界经济、支持经济全球化的实际行动。

在"一带一路"的资金融通方面，习近平主席强调要建设多元化融资体系，中国支持建设好亚洲基础设施投资银行等新型多边金融机构，为国际社会提供更多公共产品。在中国倡议下成立的亚洲基础设施投资银行、中国出资成立的丝路基金，是中国承担更多国际责任、推动完善现有国际经济体系、提供国际公共产品的建设性举动，有利于促进各方实现互利共赢。随着亚洲基础设施投资银行开业运营、丝路基金顺利组建，一大批重大项目付诸实施，对"一带一路"沿线国家产生了巨大的经济效益和社会效益。

"一带一路"倡议自提出以来，一系列重大项目落地开花，带动了各国经济发展，创造了大量就业机会。"一带一路"建设逐渐从理念转化为行动，从愿景转变为现实，建设成果丰硕。可以说，"一带一路"倡议来自中国，但成效惠及世界。在"一带一路"倡议下，中国坚定不移奉行互利共赢的开放战略，实行高水平的贸易和投资自由化便利化政策，推动贸易畅通和资金融通，为沿线各国乃至世界经济增长提供稳定动力源。从亚欧大陆到非洲、美洲、大洋洲，共建"一带一路"为世界经济增长开辟了新空间，为国际贸易和投资搭建了新平台，为完善全球经济治理拓展了新实践，为增进各国民生福祉作出了新贡献，成为共同的机遇之路、繁荣之路。

三 中非落实贸易畅通合作的政策措施

共建"一带一路"贸易畅通意味着要扩大市场开放，提高贸易和投资便利化程度，加强市场、规制、标准等方面的软联通，构建良好的营商环境，激发释放合作潜力，把投资和贸易有机结合起来，以投资带动贸易发展。2017年5月14日，"一带一路"国际合作高峰论坛高级别会议"推进贸易畅通"平行主题会议发布了《推进"一带一路"贸易畅通合作倡议》。在当前全球经济增长动力不足的背景下，倡议参与方认为有必要在尊重各国发展目标的同时，推动更具活力、更加包容、更可持续的经济全球化，促进贸易投资自由化和便利化，抵制保护主义，推进"一带一路"贸易畅通合作，实现合作共赢。倡议的重点内容包括以下三个方面。（1）促进贸易增长。参与方强调，愿通过推进贸易便利化、发展新业态、促进服务贸易合作，推动和扩大贸易往来。中方愿继续扩大市场开放，实施积极进口政策，为更多外国产品进入中国市场提供便利。中国从 2018 年起举办中国国际进口博览会，中国愿与感兴趣的国家和地区商建自由贸易区。（2）振兴相互投资。参与方表示，愿加强投资合作，探索创新投资合作模式，促进更多富有质量和效率的投资。参与方将继续保护投资者的合法权益，营造有利的投资环境。同时，将加强投资与贸易的联动，以投资带动贸易。参与方呼吁加大区域价值链投资，开展国际产能合作，共建经贸产业合作区，并采取其他增进优势互补的举措，实现互利共赢。（3）促进包容可持续发展。参与方重申，愿共同履行推进联合国 2030 年可持续发展议程的承诺，加强贸易投资领域的经济技术合作和能力建设，全面均衡地促进经济、社会和环境的包容和可持续发展。

为推动中非共建"一带一路"的贸易畅通，中国与非洲国家签署了多个双边协议。2017 年 5 月，中国政府与肯尼亚和埃塞俄比亚政府签署了经贸合作协议，中国国家质量监督检验检疫总局与坦桑尼亚等国相关部门签署了检验检疫合作协议。2017 年 9 月，中国与肯尼亚签署了避免双重征税和防止逃避税的协定。2018 年 7 月，中国与卢旺达签署了《关于电子商务合作的谅解备忘录》。根据该备忘录，中卢双方将建立电子商务合作机制，共同为电子商务创造良好的发展环境，加强政策沟通和协调，鼓励两国企业开展电子商务合作，促进公私对话，开展联合研究、人员培训等工作，利用电子商务开拓中卢经贸合作新途径和新领域，深化互利合作，推动双边贸易持续稳定发展。2018 年 10 月，南非-中国跨境电子商务协会与中国服务贸易协会在南非约翰内斯堡签署了《共同推动中南跨境电商合作协议》，推动了中国和南非跨境电商合作的机制化。2019 年 11 月，中国和塞舌尔签署了《中华人民共和国海关总署与塞舌尔共和国标准局关于塞舌尔输华野生海捕水产品的检验检疫和兽医卫生要求议定书》，这是中塞两国在海关检验检疫领域的首份合作文件。2019 年 10 月，中国与毛里求斯签署自由贸易协定，这是中国与非洲国家商签的首个自贸协定,为深化两国经贸关系提供了更有利的制度保障,也提升了双边贸易投资自由化、便利化水平。该协定涵盖货物贸易、服务贸易、投资、经济合作等内容。中毛双方还在经济技术合作、原产地规则、贸易救济、技术性贸易壁垒等众多领域达成一致。2021 年 1 月 1 日,中毛自由贸易协定正式生效,协定不仅为深化中毛经贸关系提供了强有力的制度保障,也为深化中非经贸合作产生良好的示范效应。

在"一带一路"倡议下,中国政府采取了多项举措为非洲对华出口产品提供便利,致力于扩大对非洲国家的进口规模。中国政府已经对建交的 33 个最不发达非洲国家 97% 的税目输华产品实施零关税待遇,中国自非洲进口的关税壁垒已经削减到极低水平。通过中国和非洲国家海关和质检部门的沟通合作,南非牛肉、玉米、烟叶、葡萄、柑橘,坦桑尼亚水产品、木薯干,马达加斯加斑节对虾,埃及鲜食葡萄,纳米比亚牛肉等农产品已经实现输华检疫准入,为扩大非洲特色农产品对华出口创造了便利条件。

中国政府支持非洲国家参加中国国际进口博览会,并免除非洲最不发达国家的参展费用,为非洲产品对华出口提供便利。自 2019 年起,由中国商务部和湖南省人民政府共同举办中国-非洲经贸博览会,每两年举办一届,聚焦贸易促进、投资推介、农业技术、能源电力、合作园区、基础设施及融资合作等重点领域。中国-非洲经贸博览会是 2018 年中非合作论坛北京峰会上宣布的贸易畅通的具体举措。

中国政府通过组织贸易促进团访问非洲,举办非洲产品专题推介会、贸易投资洽谈会和中非品牌面对面等活动,帮助非洲国家产品进入中国市场。例如,2018 年 7 月,中国贸易促进会组织贸易投资促进团访问吉布提、埃塞俄比亚和乌干达三国。2019 年 7 月,山东省贸易促进会组织山东省经贸代表团访问坦桑尼亚、埃塞俄比亚和加纳三国。北京、广州、上海等地都举办过非洲产品专题推介会。2019 年 8 月,中国贸易促进会在北京与津巴布韦驻华大使馆共同举办了"中非品牌面对面:中国-津巴布韦农业合作论坛",在此期间还举办了津巴布韦农副产品展示品鉴活动及企业对接洽谈会。由上可知,中国政府重视扩大非洲输华产品规模,并采取多项举措为非洲对华出口产品提供便利，致力于让更多非洲产品享受到中国大市场的红利。

中国政府通过促贸援助，帮助非洲国家改善贸易条件、提升贸易发展能力，为中非共建"一带一路"贸易畅通夯实基础。2016~2018年，中国针对非洲国家不同需求，为非洲国家实施了50个促进贸易援助项目，包括能力建设、升级海关商检设施和交通运输设施、提供相关物资设备等。中国政府帮助非洲国家改善贸易基础设施，推进贸易流动现代化；加强与非洲国家的海关合作，改善非洲国家海关基础设施，帮助非洲国家提高通关效率；对非洲国家的海关人员、贸易促进人员提供培训。中国向坦桑尼亚、肯尼亚等国家援助了集装箱检查设备，以加快货物通关速度和效率，更好地打击走私犯罪。中国为相关非洲国家举办与贸易相关的专题研修项目，包括贸易便利化、国际物流运输与多式联运服务、电子商务、出入境卫生检疫、出入境动植物检验检疫、进出口食品安全等，推动非洲国家贸易政策对接协调，畅通自由贸易网络。中国在世界贸易组织、世界海关组织设立基金，开展贸易能力建设，支持发展中经济体特别是最不发达国家更好地融入多边贸易体制。

在中非共建"一带一路"的背景下，中非贸易畅通合作机制更加多元化，为提升贸易和投资自由化、便利化创建了一系列平台和制度支持，有助于促进中非共建"一带一路"贸易畅通的高质量发展。

四 中非落实资金融通合作的政策措施

共建"一带一路"资金畅通意味着要建设多元化融资体系和多层次资本市场，降低融资成本，让多边和各国金融机构参与投融资合作。为推进"一带一路"融资体系建设，在中方的倡议和推动下，2017年中国财政部与阿根廷、白俄罗斯、柬埔寨、智利、捷克、埃塞俄比亚、斐济、格鲁吉亚、希腊、匈牙利、印度尼西亚、伊朗、肯尼亚、老挝、马来西亚、蒙古国、缅甸、巴基斯坦、卡塔尔、俄罗斯、塞尔维亚、苏丹、瑞士、泰国、土耳其、英国26国财政部共同核准了《"一带一路"融资指导原则》，呼吁"一带一路"沿线国家政府、金融机构、企业共同行动,本着"平等参与、利益共享、风险共担"的原则,推动建设长期、稳定、可持续、风险可控的多元化融资体系。

根据《"一带一路"融资指导原则》,各国支持金融资源服务于相关国家和地区的实体经济发展,重点加大对基础设施互联互通、贸易投资、产能合作等领域的融资支持力度;各国将继续利用政府间合作基金、对外援助资金等现有公共资金渠道,协调配合其他资金渠道,共同支持"一带一路"建设;各国鼓励政策性金融机构、出口信用机构继续为"一带一路"建设提供政策性金融支持,呼吁开发性金融机构考虑为"一带一路"相关国家提供更多融资支持和技术援助;各国鼓励多边开发银行和各国开发性金融机构在其职责范围内通过贷款、股权投资、担保和联合融资等各种方式,积极参与"一带一路"建设,特别是跨境基础设施建设;各国期待商业银行、股权投资基金、保险、租赁和担保公司等各类商业性金融机构为"一带一路"建设提供资金及其他金融服务;各国鼓励基于"一带一路"建设需求和相关国家需求的金融创新。[1]

2018 年 11 月,中国金融学会绿色金融专业委员会(GFC)与"伦敦金融城绿色金融倡议"(GFI)在伦敦联合发布《"一带一路"绿色投资原则》(GIP)。GIP 从战略、运营和创新三个层面提出了七条原则性倡议,内容包括公司治理、战略制定、风险管理、对外沟通以及绿色金融工具运用等,供参与"一带一路"投资的全球金融机构和企业在自愿的基础上采纳和实施。GIP 在现有责任投资倡议的基础上,将低碳和可持续发展议题纳入"一带一路"倡议,致力于强化对投资项目的环境和社会风险管理,推动"一带一路"投资的绿色化。发布以来已有 39 家大型金融机构签署了 GIP。

作为"一带一路"建设的倡议者和负责任的行动者,中国积极推动构建多元化融资体系,提供足够的资金保障,促进各国资金融通,对推进"一带一路"互联互通、促进国际产能合作、深化与相关国家和地区互利合

---

① 袁勇:《资金融通:形式多样 成果斐然》,《经济日报》2018 年 9 月 10 日,第 12 版。

作发挥了积极作用。2014 年，中国出资 400 亿美元成立了丝路基金，2017 年新增资金 1000 亿元。[①] 丝路基金秉承"开放包容、互利共赢"的理念，重点致力于为"一带一路"框架内的经贸合作和双边多边互联互通提供投融资支持，与境内外企业、金融机构一道，促进中国与"一带一路"沿线国家和地区实现共同发展、共同繁荣。

2015 年 7 月，由中国推动成立的金砖国家新开发银行正式运作，初始资本为 1000 亿美元，由 5 个创始成员平均出资，总部设在中国上海。金砖国家新开发银行旨在便利金砖国家间的相互结算和贷款业务，是中非金融合作的重要多边机制。2017 年 8 月，金砖国家新开发银行非洲区域中心在南非约翰内斯堡成立，这是金砖国家新开发银行成立的首个区域中心，旨在为非洲项目融资提供更多的便利。

2016 年 1 月，中国倡议筹建的亚洲基础设施投资银行开业运营，成为"一带一路"资金融通的重要平台。亚洲基础设施投资银行坚持共商共建共享理念，按国际原则、国际规范管理银行，公信力得以不断提升。截至 2022 年 6 月，亚洲基础设施投资银行成员数量为 105 个，包括埃及、阿尔及利亚、埃塞俄比亚、几内亚、苏丹、科特迪瓦、加纳、贝宁、利比里亚等非洲国家。

在"一带一路"资金融通方面，政策性、开发性金融机构贷款期限长，在支持境内外基础设施、基础产业和支柱产业的建设上发挥着独特作用；商业银行则在利用筹集资金渠道多元性吸收存款、发行理财产品、发行债券等方面具有优势。中国的开发性和政策性金融机构——国家开发银行和中国进出口银行，已经发展成为具有全球竞争力的金融机构，为全球南南合作的基础设施项目提供资金支持以及长期发展性融资，为合作伙伴创造经济效益和社会效益。国家开发银行是中国最大的对外投融资合作银行，其海外投融资大多数是基于市场化的商业行为。国家开发银行按照商业化、市场化原则支

---

① 《新时代中国联通力融通世界》，中国政府网，2018 年 3 月 1 日，http：//www. gov. cn/xinwen/2018-03/01/content_5269651. htm，最后访问日期：2022 年 12 月 13 日。

持中国的"走出去"战略，帮助企业在海外发展，也为外国政府和公司提供资金支持。中国进出口银行是中国的国有政策银行，负责向外国政府、中国企业提供优惠贷款。优惠贷款是大型基础设施项目的重要融资来源。中国进出口银行还提供以商业利率为基准的出口买方和买方信贷、非优惠贷款和信贷额度，以及海外投资贷款和混合融资等方案。[①]

中国对非洲的大部分贷款由中国开发性和政策性金融机构提供，其他商业银行的贷款只占很小一部分。国家开发银行作为中国政府的开发性金融机构，一直把对非合作作为国际业务重点。在"一带一路"倡议的背景下，国家开发银行不断扩大深化与非洲各国金融机构的合作，支持非洲经济社会发展重点领域项目建设，带动中资企业对非投资，帮助当地解决发展面临的资金短缺、基础设施建设滞后等问题，助力非洲国家的经济发展和民生改善。中国进出口银行积极支持中非全方位合作，围绕非洲国家实际需求和优先关切，建设了一批示范作用强、带动效应明显的标杆项目，有力促进了非洲经济社会发展和民生改善。中非发展基金于2007年设立，是国家开发银行控股子公司，是中国第一家对外股权投资基金，旨在支持中国对非洲投资。

2015年12月，习近平主席在中非合作论坛约翰内斯堡峰会上宣布设立首批资金100亿美元的中非产能合作基金。中非产能合作基金是中国进出口银行发起设立的中长期开发投资基金，秉承"合作共赢，共同发展"的理念，通过与境内外企业和金融机构合作，以股权、债权等多种投资方式，坚持市场化、专业化和国际化运作，促进非洲"三网一化"建设和中非产能合作，覆盖制造业、高新技术、农业、能源、矿产、基础设施和金融合作等各个领域，通过资本运作、资金支持实现中国和非洲共同发展、共同繁荣。

中国出口信用保险公司是中国唯一一家承担出口信用保险业务的政策性国有保险公司，来自国家的预算拨款主要用于促进对外贸易和投资的发展。

---

① 国家开发银行、联合国开发计划署：《融合投融资规则 促进"一带一路"可持续发展——"一带一路"经济发展报告（2019）》，中国计划出版社，2019，第23~25页。

中国出口信用保险公司提供出口信用保险和再保险、海外投资保险、国内信用保险、信用担保、应收账款管理等出口信用保险服务，还推出了具有多重服务功能的"信保通"电子商务平台和中小微企业投保平台。由于以"一带一路"项目为投保重点，中国出口信用保险公司的很多投保项目集中在基础设施和能源建设上，这些项目周期长、资金规模大、所在国家的投资环境比较不稳定，来自中国保险机构的支持极为重要。2013 年至 2019 年，中国出口信用保险公司在"一带一路"沿线投保了超过 7120 亿美元的贸易和投资项目。[①] 其中，仅 2018 年至 2019 年 5 月就承保了对非洲业务 460.8 亿美元。[②]

第二节 中非共建"一带一路"中贸易畅通合作成就

贸易在中非经贸合作中具有基础性地位。中国与非洲国家在经济发展阶段和产业结构等方面具有较强的互补性，双边贸易合作的增长潜力巨大。在"一带一路"倡议和中非合作论坛机制下，中国与非洲贸易畅通取得了非凡的成就。

一 中非贸易畅通合作的总体状况

2013 年以来，中国一直保持非洲第一大贸易伙伴国地位。2014 年中非商品贸易额达到 2216.66 亿美元的历史最高值。2015 年和 2016 年，受到国际大宗商品价格大幅下跌的影响，中非商品贸易额出现短暂下滑。2017 年至 2019 年，随着大宗商品价格回稳和世界经济复苏，中非商品贸易额持续增长。2019 年，中非商品贸易额提升至 2090.16 亿美元（见表 4-1）。2019年，南非、安哥拉、尼日利亚、埃及、阿尔及利亚、加纳、利比亚、刚果（布）、刚果（金）和肯尼亚是中国对非洲商品贸易额前十位的国家（见表 4-2）。由于中国与非洲国家在产业结构和资源禀赋等方面的差异，中国对

---

① 国家开发银行、联合国开发计划署：《融合投融资规则 促进"一带一路"可持续发展——"一带一路"经济发展报告（2019）》，中国计划出版社，2019，第 28 页。

② 迟建新：《让金融为中非合作再添动能》，《中国投资》2020 年第 5 期，第 35~37 页。

非洲出口产品以机电产品、轻纺产品、贱金属（钢铁、铜、铝等）及其制品等为主，中国自非洲进口产品以农林业原材料、石油及相关产品、矿物原材料为主。

表 4-1　2013~2019 年中国对非洲商品贸易额

单位：亿美元

年份	进出口总额	出口额	进口额	贸易差额
2013	2102.54	927.99	1174.55	-246.56
2014	2216.66	1060.35	1156.31	-95.96
2015	1787.99	1085.41	702.58	382.83
2016	1489.62	922.72	566.90	355.82
2017	1706.45	947.18	759.27	187.91
2018	2041.59	1048.94	992.65	56.29
2019	2090.16	1132.14	958.02	174.12

资料来源：中国国家统计局编《中国统计年鉴》，中国统计出版社，2015~2020 年所出版年鉴。

表 4-2　2019 年中国对非洲商品贸易额前十位的国家

单位：亿美元

	国家	进出口总额	出口额	进口额	贸易差额
1	南非	424.9	165.4	259.5	-94.1
2	安哥拉	258.9	20.6	238.3	-217.7
3	尼日利亚	192.8	166.2	26.6	139.6
4	埃及	132.0	122.0	10.0	112.0
5	阿尔及利亚	80.8	69.4	11.4	58.0
6	加纳	74.8	49.0	25.8	23.2
7	利比亚	72.7	24.5	48.2	-23.7
8	刚果(布)	65.4	4.4	61.0	-56.6
9	刚果(金)	65.1	20.8	44.3	-23.5
10	肯尼亚	51.9	50.1	1.8	48.3

资料来源：中国国家统计局编《中国统计年鉴-2020》，中国统计出版社，2020，第 343~344 页。

习近平主席在 2018 年中非合作论坛北京峰会上的主旨讲话中提出，为实施贸易便利行动，中国决定扩大进口非洲商品特别是非资源类产品。近年来，非洲特色农产品，如可可豆、咖啡、芝麻、花生、茶叶、蜂蜜、柑橘等，逐渐进入中国市场，规模不断扩大。2000~2020 年，中非农产品贸易额从 6.5 亿美元增至 75.9 亿美元，年均增长率为 13%。其中，中国自非洲农产品进口额从 1.9 亿美元增至 42.6 亿美元，年均增长率为 16.8%。[①] 当前非洲已成为中国进口花生的重要来源地。非洲花生对华出口国包括塞内加尔、埃塞俄比亚和苏丹等。埃塞俄比亚是非洲最大的芝麻生产国，现已成为中国进口芝麻最大来源地。茶叶是肯尼亚重要的出口产品，肯尼亚每年向中国出口 400 万~500 万公斤的茶叶。非洲是柑橘的主要产地，中国主要从埃及和南非进口柑橘。

中国国际进口博览会对一直想进入中国市场的非洲企业来讲是一个绝好的机会，借助这一平台，非洲企业不仅可以向消费者展示其产品，还可以与来自世界各地的企业建立合作。2018 年 11 月，首届中国国际进口博览会在上海举办，非洲 30 多个国家的 100 多家企业参展，致力于开拓中国市场，寻求合作机遇。非洲企业的参展产品包括埃塞俄比亚的咖啡、肯尼亚的鲜花、加纳的可可豆、塞内加尔的花生、南非的红酒、埃及的地毯、南苏丹的阿拉伯树胶等。2019 年 11 月，第二届中国国际进口博览会在上海举办，南非、安哥拉、莫桑比克、尼日利亚、乌干达、肯尼亚等非洲国家的企业代表参展。南非企业参展行业覆盖面广、产品丰富，除常见的制造、医疗、汽车和矿产品之外，还有极富南非特色的红酒、博士茶及芦荟胶等产品。2020 年 11 月，第三届中国国际进口博览会在上海举行，吸引了全球 180 多个国家、地区和国际组织的 3800 多家行业企业参加。前三届中国国际进口博览会共有 40 多个非洲国家的超过 450 家企业参展，非洲国家的特色农产品受到中国消费者的喜爱。

2021 年 1 月，中国与毛里求斯自由贸易协定生效，实现了"全面、高水平、互惠"的谈判目标，该协定不仅为增强双边经贸关系提供了更有利

① 《中非农产品贸易额 20 年增长超 11 倍》，光明网，2021 年 9 月 28 日，https://m.gmw.cn/baijia/2021-09/28/1302615806.html，最后访问日期：2022 年 6 月 26 日。

的制度保障，还为中非全面战略合作伙伴关系赋予了全新的形式和内容，推动"一带一路"倡议下中国与非洲国家形成更加紧密的利益共同体。中毛自贸协定为中国与非洲国家开展自由贸易谈判提供了可资借鉴的成功经验，有利于在"一带一路"倡议下与其他非洲国家和区域开展自由贸易谈判。

二 中非贸易畅通合作成就的典型案例

（一）中国湖南省与非洲国家的贸易畅通合作取得显著成效

习近平主席在 2018 年中非合作论坛北京峰会上的主旨讲话中提出，为实施中非产业促进行动，中国决定在华设立中国-非洲经贸博览会。设立中国-非洲经贸博览会因应新时代中非经贸发展的新趋势、新特点以及新需求，旨在打造综合性的中非经贸合作新机制、中非合作论坛经贸举措落实新平台、地方对非经贸合作新窗口。经中共中央、国务院批准，中国-非洲经贸博览会永久落户湖南长沙。中国-非洲经贸博览会是中非合作论坛北京峰会的重要成果，是中非合作论坛机制下重要的经贸活动平台。

2019 年 6 月，首届中国-非洲经贸博览会在湖南省长沙市举办，主题为"合作共赢，务实推进中非经贸关系"，在活动安排上，突出地方特色，聚焦务实合作，以推动合作项目落地为重点，精心安排战略对接、理念交流、经验共享、项目洽谈、展示展览等环节，切实为中非地方、企业间开展更紧密的合作搭建平台、拓宽渠道、创造条件、提供服务，推动中非在贸易、农业、制造业、服务业、金融业以及基础设施等领域的合作取得新突破，形成一批实实在在的成果。

2020 年 9 月，中国（湖南）自由贸易试验区获批成立，是全国已批 21 个自贸试验区中唯一定位为中非经贸深度合作先行区的改革创新"试验田"。作为中非经贸博览会线下常态化平台的中非经贸合作促进创新示范园承担着打造中非经贸深度合作先行区的重任。中非经贸合作促进创新示范园重点打造"三中心、一平台"，即打造非洲非资源性产品交易中心、中非经贸企业孵化中心、中非经贸综合服务中心和金融服务平台，特别是打造以咖啡、坚果、可可等为代表的非洲产品产业链；并将探索中非跨境人民币结算、易货贸易、经贸孵化、金融支持、综合服务等中非经贸深度合作的新机制。

2020 年 9 月，非洲坚果交易中心在中非经贸合作促进创新示范园成立。作为示范园中非洲非资源性产品交易中心首批启动的三大项目之一，非洲坚果交易中心是湖南自贸区获批后首批重要的落地成果，总面积达 2 万平方米。非洲坚果交易中心与非洲坚果的重点产区建立了国际直采，截至 2021 年 4 月，引进了近 200 家优质企业和商户，与加纳、科特迪瓦、肯尼亚、坦桑尼亚等非洲国家的坚果产地建立了直采合作。下一阶段，非洲坚果交易中心将与非洲多个国家共同建立包括种植、采购、加工、展示、贸易等完整的产业链，构建低成本、高效率的规模化流通渠道，致力于帮助非洲坚果商家在中国市场开拓销售渠道，提供贸易对接、代理销售、物流仓储、供应链金融服务。

作为首个国家级、综合性、国际化的对非经贸合作机制，中国-非洲经贸博览会为中非经贸合作深入发展搭建了重要平台。自 2019 年中国-非洲经贸博览会落户湖南以来，湖南对非合作规模不断扩大。目前，中非经贸合作促进创新示范园、非洲非资源性产品集散交易中心等项目初见成效，中非经贸合作研究会、中非跨境人民币服务中心、中非驻地服务中心等一批服务机构相继成立，易货贸易等一批重大改革试点有序推进。首届中国-非洲经贸博览会成果丰硕，签署了 84 份合作伙伴关系协议和商业交易，总价值约为208 亿美元。[①] 2021 年 9 月举办的第二届中国-非洲经贸博览会，达成签约项目 135 个，累计金额 229 亿美元。[②] 展望未来，湖南省将加速推进中非经贸深度合作先行区建设，这不仅将为中非共建"一带一路"之贸易畅通翻开新的篇章，亦将为新时代中非经贸合作高质量发展注入新的强劲动力。

（二）中非共建产业园区实现投资和贸易的联动效应

习近平主席在 2018 年中非合作论坛北京峰会上的主旨讲话中提出，中国将鼓励中国企业扩大对非投资，在非洲新建和升级一批经贸合作区。到

---

① 《第二届中非经贸博览会 9 月将在长沙举办》，《经济日报》2021 年 4 月 23 日，第 4 版。

② 《合作成交更活跃　机制举措更健全——第二届中国-非洲经贸博览会成果盘点》，《国际商报》2021 年 10 月 20 日，第 8 版。

2018 年为止，中国在中非合作论坛框架下建立了六个国家级境外经贸合作区，中国地方政府和企业在非洲国家建立了几十个各种形式的产业园区。中非共建产业园主要分为五类，分别是出口自由区、自由贸易区、自由转口区、经贸合作区和高新技术产业开发区，园区生产的产品主要出口国际市场和区域市场。[①] 大多数产业园区由中方企业和非洲政府或企业联合投资成立，非洲参与方在此过程中也发挥了重要作用，主要表现在园区优惠政策的制定和实施方面，因而出口导向的产业园区建设，有助于提升非洲贸易便利化水平，扩大非洲的对外贸易规模，实现投资和贸易的联动效应。

举例来说，在"一带一路"倡议的指引下，乌干达华人企业张氏集团在 2015 年投资并实施建设乌干达辽沈工业园。乌干达辽沈工业园是推进中国境外经贸合作区建设实现由单一项目向园区化转变，带动中国先进的装备、产品、技术以及管理经验走进乌干达的典范。乌干达政府希望通过进行产品深加工增加产品附加值，带动出口和就业。辽沈工业园围绕"引进大项目、形成大产业、构建大园区、促进大发展"的理念，利用乌干达本地丰富的资源和园区独有的优惠政策，以吸引中资企业为主，主要面向东部非洲市场，并辐射欧美及中国市场，逐步形成装备制造、建筑陶瓷、医药化工、纺织服装、机械光电、家电制造、食品深加工七大支柱产业。[②] 园区企业大部分使用乌干达本地生产原料，引入现代化工艺及高科技设备，生产的产品在满足本地需求的同时，还出口到国外市场。2020 年 9 月，乌干达总统穆塞韦尼亲自授予该工业园"中乌合作示范园区"称号，在乌干达属首家，以此鼓励该工业园为乌干达工业发展继续作出贡献。[③]

吉布提国际自贸区是在"一带一路"倡议背景下，吉布提政府与中国招商局集团、大连港集团等共同开发、建设和运营的自贸区，2018 年 7 月

---

① 王洪一：《中非共建产业园：历程、问题与解决思路》，《国际问题研究》2019 年第 1 期，第 44~45 页。

② 高凡：《乌干达崛起辽沈工业园》，《侨园》2019 年第 Z1 期，第 14~16 页。

③ "Industrial Park with Chinese Investments in Uganda Contributes to Industrialization," Xinhua, October 20, 2020, http://www.xinhuanet.com/english/2020-10/20/c_139452361.htm, accessed: 2022-06-22.

开园运营。吉布提国际自贸区的总体愿景是打造具有国际竞争力的贸易和产业服务平台，建设成为集工业区、金融区和商务配套区于一体的自贸区。吉布提国际自贸区一期工程着力打造"一城三中心"，即商贸城、二手车辆转运中心、建材仓储分拨中心和小家电保税仓储中心，并在建材等支柱产业的基础上，加强非洲之角的贸易往来，扩大该国经济的多元化，使之成为连接非洲和世界的桥头堡。吉布提国际自贸区建设契合了吉布提"2035 年愿景"。吉布提"2035 年愿景"力图使吉布提利用其扼红海到印度洋的要冲曼德海峡的战略位置，到 2035 年将自身打造成地区性的航运港口和商业中心，成为东非的"迪拜""新加坡"，进入中等收入国家行列。作为全球自贸区的后起之秀，吉布提国际自贸区荣获了 FDI 杂志评选的"2019 年度全球十佳自贸区"大奖。吉布提国际自贸区是东非地区唯一入围的自贸区，也是获得奖项最多的自贸区。[①]

在"一带一路"倡议下，中非共建产业园区已经成为中国对非投资的重要依托，推动了中国对非洲国家产业链整合投资的增长，中国在非投资的产业集聚效应逐步显现，形成了制造装备、轻工纺织、家用电器等多个产业群，大大提升了当地的工业化水平、产业配套和出口创汇能力。中国政府鼓励中国企业在非洲新建和升级产业园区，强化了中国对非投资和非洲对外贸易的联动效应，促进了中非共建"一带一路"之贸易畅通，增强了非洲经济增长的内生动力。

（三）跨境电商合作成为推动中非贸易畅通的新兴力量

习近平主席在 2018 年中非合作论坛北京峰会上的主旨讲话中指出，为实施贸易便利行动，中国将推动中非电子商务合作，建立电子商务合作机制。近年来，中国电子商务交易规模迅猛增长，网络零售规模已居世界首位，成为经济增长的新动力。在"一带一路"倡议下，"丝路电商"合作蓬勃兴起，中国与几十个国家建立了双边电子商务合作机制，在金砖国家等多

[①] 张川：《中国海外园区发展研究——以吉布提国际自贸区为例》，《海外投资与出口信贷》2021 年第 4 期，第 46~47 页。

边机制下形成了电子商务合作文件。中国与卢旺达建立了双边电子商务合作机制。中国与南非、埃及、毛里求斯等非洲国家达成了一些电子商务领域政策方面的合作协议，积极完善跨境电商规章制度，推动中非电子商务合作。[1] 跨境电子商务等新业态、新模式正成为推动中非共建"一带一路"之贸易畅通的重要新生力量。

随着信息通信等基础设施条件的不断改善，非洲国家电子商务发展空间越来越广阔。当前电子商务交易模式在非洲市场逐步盛行起来，其中在毛里求斯、尼日利亚、埃及、肯尼亚和南非等国发展较快。[2] 利用跨境电子商务平台对接中国和非洲国家的产品和需求，是双方业界人士积极探索的新兴领域。非洲电信基础设施日益改善，智能手机用户增长迅速。中国政府重视推动中非电子商务合作，将其视为提升非洲贸易和投资便利化的重要手段。在中国政府"一带一路"倡议的支持下，中非跨境电商合作发展迅猛。肯尼亚、尼日利亚、卢旺达等国与中国合作建立了中非电子商务合作平台，在非洲电子商务市场中占有相当高的份额。当前中国与肯尼亚合作的电商平台主要有三个。（1）2014 年中国商人在肯尼亚创办的电商平台科丽贸（Kilimall）。这一电商平台专门服务非洲市场，其服务涵盖了电子交易、移动支付和跨境物流三大领域，自身配备国际平台运营中心、全球商品数据中心、跨境清关服务中心、多语种服务中心等。现有几千家供货商入驻这一平台，为非洲消费者提供线上商品。该平台除了把中国商品销往非洲，也销售咖啡豆、鲜花、干果、红酒等非洲产品，供中国消费者直接购买。（2）2015 年中国电子商务集团在肯尼亚推出的中国买（Chinabuy）"客对商"一站式网上购物平台。肯尼亚消费者可通过网站直接从中国制造商手中购买商品。（3）2015 年中国电商平台阿曼波（Amanbo）进入肯尼亚市场。阿曼波平台采取"线上+社会+线下"相结合的立体营销策略，通过其海外仓帮助商家

---

① 黄梅波、段秋韵：《"数字丝路"背景下的中非电子商务合作》，《西亚非洲》2021 年第 1 期，第 61 页。

② 黄玉沛：《中非共建"数字丝绸之路"：机遇、挑战与路径选择》，《国际问题研究》2019 年第 4 期，第 50~63 页。

把商品转移至目标市场，结合线下展示厅，大大提高了商品成交概率。[①]

2018 年 6 月，中非电子商务有限公司的"中非跨境电子商务平台"，即中非网正式上线。中非网是一家中非跨境"企业对企业"电商平台，旨在促进中国和非洲国家间，乃至全球的贸易、投资与合作。该平台为进出口贸易双方提供在线签约、在线支付、在线报关、在线外汇审结等服务，同时，平台入驻法务、物流、保险等第三方服务商，构建了全线上一站式国际贸易服务体系。

随着"一带一路"跨境电子商务合作的蓬勃兴起，中非跨境电商合作已经成为推动贸易畅通的新兴力量。迄今为止，中国已与埃及、南非、卢旺达等非洲国家签署了电子商务领域的合作文件，中非电商合作正在走向机制化。

第三节　中非共建"一带一路"中资金融通合作成就

推动构建长期、稳定、可持续、风险可控的多元化融资体系，提供足够的资金保障，促进沿线国家的资金融通，是"一带一路"建设的关键点之一。2013 年以来，中国与非洲"一带一路"参与国共同努力，在资金融通方面开展了多种形式的合作，成绩斐然。

一　中非资金融通合作的总体状况

在"一带一路"倡议下，中非资金融通助力务实合作的模式不断创新，风险管控能力不断增强，一大批项目在非洲落地，为推动中非合作高质量发展作出了重要贡献。

中国依托开发性和政策性金融机构、亚洲基础设施投资银行、金砖国家新开发银行、中非发展基金、中非产能合作基金等投融资平台，为中非共建"一带一路"提供金融支持。中国对非援助类资金的使用不断优化，在减

---

① 黄梅波、段秋韵：《"数字丝路"背景下的中非电子商务合作》，《西亚非洲》2021 年第 1 期，第 63 页。

贷、民生、社会福利、公共服务以及人道主义等方面发挥了积极作用，效果明显。政策类贷款为中国机械设备、机电等产品出口及对外承包工程等提供了有力支撑。开发性金融贷款为新建、扩建、并购等大中型建设项目及企业开展工程承包、经贸活动提供了大额中长期资金，支持了非洲的能源、交通、电信、农业等领域一大批重点工程。①

中国进出口银行是中国援外优惠贷款和优惠出口买方信贷（也称"两优贷款"）业务的唯一承办行，对非业务主要包括政府援外优惠贷款、优惠出口买方信贷、境外投资贷款等。截至 2019 年 7 月，中国进出口银行有贷款余额的对非项目超过 600 个，贷款余额超过 3400 亿元。近年来，国家开发银行对非洲开发性金融贷款日益增多。截至 2019 年 9 月，国家开发银行累计向非洲国家近 500 个项目提供投融资 600 多亿美元，设立 60 亿美元非洲中小企业发展专项贷款，向非洲国家发放贷款 20 亿美元。②

中国作为非洲基础设施建设的最大投资国和参与建设主体，已经在非洲建设和升级了一大批重要的基础设施项目。中国的金融支持成为非洲国家基础设施融资的重要来源。迄今为止，作为中国政策性银行的国家开发银行和中国进出口银行支持了中非共建"一带一路"多个重大基础设施项目。国家开发银行支持了埃及 500 千伏主干电网和苏伊士经贸园区等项目。埃塞俄比亚从中国进出口银行贷款用于建设亚的斯亚贝巴—吉布提铁路，肯尼亚从中国进出口银行贷款用于建设蒙巴萨—内罗毕标准轨距铁路。2017 年 5 月投入运营的蒙内铁路是肯尼亚百年来第一条新建铁路。2018 年 1 月正式投入商业运营的亚吉铁路是非洲的第一条跨国电气化铁路。在中非资金融通方面，中国金融机构还注重支持非洲国家实施绿色项目建设。例如，中国进出口银行提供融资支持的埃塞俄比亚阿达玛风电项目，有效提升了当地开发风能资源的技术实力，降低了发电成本，对非洲清洁能源发展也起到了重要示范作用。

---

① 迟建新：《让金融为中非合作再添动能》，《中国投资》2020 年第 5 期，第 35~37 页。
② 王珊珊、黄梅波：《中非金融合作的现状及影响因素：基于非洲金融市场发展视角下的实证研究》，《上海对外经贸大学学报》2020 年第 4 期，第 31~32 页。

中非发展基金和中非产能合作基金的资金规模均为 100 亿美元，是支持中非共建"一带一路"的股权投资基金。股权投资的特点主要体现在中非双方要共担风险、共享收益，真正实现利益共同体和命运共同体。对于中方而言，股权投资的风险敏感性更强，有助于增强对外投资企业的竞争力。对于非方而言，股权投资有利于降低其债务负担和融资压力，因为非洲国家即便获得优惠贷款或商业贷款，一般情况下仍需自筹项目金额的 10%～30% 作为资本金，这对非洲国家来说有相当的难度，股权投资基金有助于帮助其解决这一问题。[1]

中非发展基金按照商业化原则运作，旨在引导和鼓励中国企业对非投资，在不增加非洲债务负担的情况下，通过投入资本金，以市场化方式增加非洲自身发展能力。中非发展基金总部设在北京，并在南非、埃塞俄比亚、赞比亚、加纳以及肯尼亚分别设有代表处。截至 2021 年底，中非发展基金已累计对 37 个非洲国家投资近 60 亿美元，投资项目涉及基础设施、生产加工、农业、民生、能源矿产等多个领域，带动中国企业对非投资达 270 亿美元。[2]

中非产能合作基金专注于为中国企业在非洲投资、贸易提供融资，发挥优化配置资源、防范风险的金融服务功能。截至 2018 年 12 月，中非产能合作基金累计出资项目 14 个，累计出资额约 14 亿美元，撬动了上百亿美元的中非合作项目落地，先后支持了石油和天然气开采、液化石油气生产和供应、有色金属矿采选、金属制品、互联网和相关服务等领域一批预期收益良好、示范作用显著的中非产能合作项目。[3]

在"一带一路"倡议实施过程中，中国与非洲国家金融机构的合作日益深化。2014 年 5 月，中国人民银行和非洲开发银行签署了 20 亿美元的"非洲共同增长基金"融资合作协议。"非洲共同增长基金"期限为三十年，

---

① 王珊珊、黄梅波：《中非金融合作的现状及影响因素：基于非洲金融市场发展视角下的实证研究》，《上海对外经贸大学学报》2020 年第 4 期，第 34 页。

② 《造福各国民众　推动经济复苏》，《人民日报》2022 年 4 月 10 日，第 7 版。

③ 韩红梅：《金融服务助力中非产能合作》，《中国金融》2019 年第 12 期，第 47～48 页。

将全部投资到由非洲开发银行推荐的项目中。① 中国五大国有商业银行等已在非洲设立十多家分支机构。中国银行是较早进入非洲市场的中国国有银行，相比其他国有银行，其在非洲的分支机构最多。中国工商银行通过参股南非标准银行，金融服务网络覆盖非洲 20 个国家。中国工商银行和南非标准银行作为中非两地最大商业银行将依托该平台搭建中非合作的信用和资金流高速通道，服务中非企业，促进中非经贸往来。

二 中非资金融通合作成就的典型案例

（一）中国对尼日利亚交通基础设施项目的融资支持

2018 年中非合作论坛北京峰会期间，习近平主席和尼日利亚总统布哈里达成重要共识，为未来双边关系发展指明了方向，两国政府签署了共建"一带一路"合作文件。尼日利亚是非洲第一人口大国和第一大经济体，中国提出的"一带一路"倡议与尼日利亚经济发展振兴战略高度契合，获得了尼日利亚政府及民众的广泛响应和高度评价。尼日利亚也成为中非共建"一带一路"的重要伙伴。迄今为止，中国和尼日利亚共建"一带一路"取得了丰硕的成果，其中资金融通方面的代表性项目主要为重大交通基础设施项目。

尼日利亚交通状况在非洲具有代表性。公路、铁路设施陈旧落后，飞机票价格昂贵。绝大多数民众无力承担昂贵的机票，只能选择公路出行，而公路维护难度大、费用高，交通事故频发。在中尼共建"一带一路"背景下，中国金融机构积极为尼日利亚基础设施建设提供融资支持，使其多个重要交通基础设施项目得以落地，当地交通拥堵状况明显缓解，出行和运输条件大为改善，对当地经济和社会发展发挥了积极作用。

2016 年 7 月，尼日利亚铁路现代化项目首个标段——首都阿布贾至卡杜纳铁路（简称"阿卡铁路"）建成并投入运营。这是非洲首条由中国进

---

① 《中国与非洲签署"非洲共同增长基金"融资协议》，中国政府网，2014 年 5 月 23 日，http://www.gov.cn/xinwen/2014-05/23/content_2685632.htm，最后访问时间：2022 年 6 月 29 日。

出口银行提供融资支持并采用中国标准建设的现代化铁路，也是尼日利亚构建现代化交通运输体系的标志性工程。阿卡铁路线路总长 186.5 公里，沿线共设 9 个车站，旅客列车速度目标值 150 公里/时。[①] 阿卡铁路开通运营后，极大缓解了阿布贾、尼日尔州和卡杜纳州三地间的公路交通拥堵状况，完善了区域综合交通运输体系，改变了原先区域内公路占主导地位的运输格局，有利于建立不同运输方式的有效竞争机制，对带动当地就业和经济社会发展、推动尼日利亚铁路现代化建设发挥了积极作用。

2021 年 6 月，由中国进出口银行提供融资支持、中国铁建所属中国土木工程集团尼日利亚公司承建的拉各斯至伊巴丹铁路（简称"拉伊铁路"）开通运营。拉伊铁路连接尼日利亚最大港口城市拉各斯和西南工业重镇伊巴丹，贯通拉各斯、奥贡和奥约三州，线路总长约 156 公里，全线采用中国标准双线标准轨距，设计最高时速 150 公里，是尼日利亚现代化铁路项目"拉各斯至卡诺"线继阿布贾至卡杜纳（阿卡铁路）第一标段之后的第二标段。拉伊铁路开通运营后，拉各斯至伊巴丹的车程缩短至 2 小时，有助于缓解城际公路和当地交通运输的紧张状况，提升港口与内陆货物运输效率，促进沿线城市的经济发展。[②]

2018 年 7 月，由中国进出口银行提供融资支持、中国铁建中土集团承建的西非地区首条城铁——尼日利亚阿布贾城铁一期开通运营。阿布贾城铁一期工程全长约 45 公里，采用标准轨距双线铁路，设计最高时速 100 公里，共设 13 个车站，实现了阿布贾国际机场、西北卫星城库布瓦与市区中心的互联互通，缓解了阿布贾市政交通压力。在阿布贾城铁建设期间，中国企业将铁路建设、维护运营的技术带给尼日利亚，培养了相关技术人才，促进了尼日利亚水泥、钢铁、石油等行业的发展。该项目还带动了当地房地产和旅游业发展，提升城市综合竞争力，具有良好的社会效益。

在"一带一路"倡议下，中国金融机构为尼日利亚重要的交通基础设

---

① 王新：《中国铁路标准在尼日利亚铁路现代化项目中的应用与启示》，《铁道勘察》2017 年第 4 期，第 66~69 页。

② 《央企走出去——将科技创新融入项目建设》，《人民日报》2022 年 3 月 27 日，第 6 版。

施建设项目提供融资支持，有利于促进尼日利亚经济社会发展，深化中尼友好合作。

（二）中国对乌干达大型水电站项目的融资支持

2018 年 9 月，中国与乌干达签署了"一带一路"框架内的合作谅解备忘录。2019 年 6 月，习近平主席与来华访问的乌干达总统穆塞韦尼一致同意，将中乌关系提升为全面合作伙伴关系。在"一带一路"建设和中非合作论坛框架下，中乌关系持续稳定发展。"一带一路"倡议与乌干达的"2040 年愿景"精确对接，帮助乌干达解决经济发展的短板，释放经济增长潜力，有力推动了乌干达经济和社会发展。

电力不足是制约乌干达经济发展的重大瓶颈。乌干达是世界人均电力消费最低的国家之一，高昂的电价超出了许多民众的承受力。乌干达在水力发电方面具有先天优势，白尼罗河具有稳定的河流流速和流量，发电机组效率可得到充分发挥，具备持续发电供电能力，然而此前该国水资源大部分未得到有效的开发和利用。

2013 年 12 月，中国和乌干达两国元首共同推动的重大基础设施建设项目——卡鲁玛水电站开工兴建，这是乌干达历史上最大的基建项目和乌干达"2040 年愿景"的重点工程。卡鲁玛水电站位于乌干达北部基里扬东戈的维多利亚湖白尼罗河下游，是乌干达"十大基础设施工程"之一，竣工后将成为该国最大的水电站。卡鲁玛水电站项目由中国进出口银行提供优惠性质贷款，中国电力建设集团有限公司承建。卡鲁玛水电站是中国与乌干达经济合作的典范，该项目在高峰期签约当地雇员近 6000 人，并培养了一大批专业开挖人员、混凝土施工人员、设备操作手和水电行业管理人员，为其水电行业的技术发展和提升作出了贡献。[①]

2015 年 4 月，乌干达伊辛巴水电站开工兴建，项目业主为乌干达能源和矿产开发部，中国进出口银行提供优惠性质贷款，中国长江三峡集团中国水利电力对外有限公司承建。伊辛巴水电站项目位于乌干达南部的白尼罗河

---

① 吕强：《绿色工程，为乌干达发展"充电"》，《人民日报》2021 年 2 月 18 日，第 3 版。

上，处于维多利亚湖和基奥加湖之间。2019 年 3 月，伊辛巴水电站正式交付使用。作为乌干达第三大电站的伊辛巴水电站投入运营后，大大缓解了乌干达电力短缺问题。中国水利电力对外有限公司在项目建设过程中，积极履行企业社会责任，为当地经济社会发展作出贡献。在建设伊辛巴大坝期间，工程所需建筑材料中的 70% 是在乌干达当地采购的。项目施工高峰期参建总人数约 3200 人，其中乌方员工占总用工量的 85%。在项目建设期间，中国水利电力对外有限公司还对周边道路进行拓宽、修缮和维护，改善当地交通状况，为周边社区数万人出行提供便利；为所有员工及其家属提供免费医疗服务，对周边社区居民进行健康培训，免费诊治日常疾病，并发放药品；以捐赠学习用品和对校舍进行翻修的方式，改善了当地的教育条件；向当地居民赠送蚊帐、足球等生活、体育用品。①

由中国金融机构提供融资支持，中国企业参与建设的卡鲁玛水电站和伊辛巴水电站均是乌干达政府在白尼罗河上规划开发的重要水力发电项目。这两个项目的交付使用有助于缓解乌干达电力短缺问题、满足当地日益增长的能源需求、加速乌干达经济和社会发展，亦是中乌共建"一带一路"取得的重要成果。

（三）中国与刚果（布）金融合作不断深化

2013 年 3 月，习近平主席访问刚果（布），为深化两国关系开辟了新篇章。2016 年刚果（布）总统萨苏访华期间，中刚关系提升为全面战略合作伙伴关系，并签署了一系列合作协议，为双边经贸合作开启了新篇章。2018年 9 月，中国和刚果（布）签署了一系列经济合作文件，涉及经济特区、"一带一路"、基础设施等领域。在"一带一路"资金融通方面，中国和刚果（布）合作不断深化，取得了突出的成就。

2013 年习近平主席访问刚果（布）期间，刚果（布）总统萨苏提议中刚合作建设一家银行。2015 年，中国农业银行与刚果（布）合资成立的中

---

① 参见"一带一路"绿色发展国际联盟、生态环境部对外合作与交流中心编著《"一带一路"绿色发展案例报告（2020）》，中国环境出版集团，2021。

刚非洲银行正式对外营业,其总部位于刚果(布)首都布拉柴维尔市中心。中刚非洲银行是由两国元首共同推动设立的商业银行,也是中国农业银行在非洲成立的首家合资银行,其成立打破了刚果(布)没有大型本土商业银行的局面。

中刚非洲银行成立之前,刚果(布)银行业几乎被西方银行垄断。刚果(布)一直想成立一家自己的银行,在找寻了多个合作伙伴后,最终选择了中国农业银行。根据负责监督中部非洲银行机构的中部非洲银行委员会的规定,包括刚果(布)在内的 6 个中部非洲成员国不能独立设立本土银行,必须与有经验的国际银行共同设立管理体系。在这一背景下,中国农业银行与刚果(布)各出资 50%,注册资本 1 亿美元,成为当地注册资本第一大的商业银行,银行董事长由刚果(布)人担任。这一合资形式,既保证了刚果(布)金融发展的独立性,又将中国先进的技术、丰富的管理经验引进来。长期以来,刚果(布)的银行服务渗透率不高,仅有 10% 的人口拥有银行账户,拥有银行卡的人就更少了。中刚非洲银行自成立以来,不仅为当地工业化和现代化提供金融支持和服务,还在普惠金融上下功夫,让更多民众拥有银行账户,享受金融普惠的便利。中刚非洲银行推行普惠金融服务,任何人都可以来银行办理开户。在中刚非洲银行开设的私人账户不收取存取款手续费,这在当地银行业属于特例。中刚非洲银行还大力推广电子银行网络,并在布拉柴维尔、黑角安置数百台自动取款机和存款机。中刚非洲银行将"为人民服务"的理念带到非洲,让更多当地民众享受金融服务。一方面引入中国农业银行的产品、系统,发挥成本与技术优势;另一方面将中国农业银行业趋势性的产品带入非洲,例如网络金融等,增强竞争力。这是中非金融合作的优势所在。①

中刚非洲银行是中国与刚果(布)首次在金融领域合作,中国农业银行成为与中部非洲国家开展金融合作的第一家中资商业银行。中刚非洲银行是中刚两国友谊的结晶,是中非金融合作的典范。中刚非洲银行为刚果

---

① 李志伟:《中刚非洲银行带来模式革新》,《人民日报》2018 年 1 月 5 日,第 3 版。

（布）带来了先进的金融管理理念和方法，让便利的现代化商业银行服务走入普通百姓家，不仅有助于刚果（布）建设现代化金融体系，还可以立足刚果（布）进一步辐射中部非洲乃至全非洲。

2019 年 2 月，刚果（布）政府和在刚果（布）的中国企业西非集团（刚果）有限公司共同设立了刚果（布）国家发展基金。刚果（布）国家发展基金旨在促进对该国农业、工业、旅游、卫生和教育等领域的投资，推动当地经济和社会发展。2019 年 4 月，刚果（布）政府和刚果（布）国家发展基金在布拉柴维尔签署刚果内河航运合作开发协议。布拉柴维尔是亚赤道内河交通轴多联运输的枢纽，该协议的签署，旨在恢复和提升刚果盆地区域的航运功能，促进区域国家的经济发展。[1]

当前，刚果（布）正在推行一系列经济改革，中刚非洲银行和刚果（布）国家发展基金为其多元化经济发展提供融资支持。"一带一路"倡议为中国和刚果（布）在金融领域深化合作提供了更广阔的发展空间。

第四节　中非共建"一带一路"之贸易畅通
和资金融通合作的前景

"一带一路"建设把中国和非洲国家紧密联系在一起，双方致力于合作共赢、共同发展，让各国人民更好共享发展成果，这也是中方倡议共建人类命运共同体的重要目标。当前，中非共建"一带一路"建设已取得一系列丰硕成果，这表明"一带一路"倡议顺应了时代潮流，适应了发展规律，符合中国和非洲人民利益，具有广阔的发展前景。中非双方聚焦重点、深耕细作，共同推动共建"一带一路"不断取得新进展，为构建中非命运共同体注入强劲动力。

---

① 《刚果（布）国家发展基金与刚政府签署刚果内河航运合作开发协议》，中华人民共和国商务部网站，2019 年 4 月 26 日，http://cg.mofcom.gov.cn/article/jmxw/201904/20190402 857889. shtml，最后访问日期：2022 年 6 月 29 日。

一 中非贸易畅通和资金融通合作亟待解决的问题

2013 年以来,在"一带一路"倡议下中非贸易畅通和资金融通合作均取得了突出的成就。展望未来,若要实现中非贸易畅通和资金融通合作的高质量发展,应重点关注亟待解决的突出问题,并采取积极有效的应对策略。

未来推动中非贸易畅通合作的高质量发展,应重点关注如下问题。

第一,非洲工业化水平低,制成品出口竞争力低,难以充分利用中国市场开放的优惠政策,扩大对华制成品出口。尽管中国对非洲最不发达国家97%的输华产品实行零关税的优惠政策,涉及的产品包括动植物产品、纺织品、石油、矿产品等 8000 多种商品,然而中国从非洲进口产品的类别仍然以能源矿产品为主,制成品占比很低。这是由于非洲工业化水平低,制成品在中国市场上缺乏竞争力,非洲国家难以充分利用中国市场开放的优惠政策,扩大制成品对华出口,难以充分发挥以中非贸易增长促进非洲工业化的发展潜力。

第二,中国和非洲国家在产品加工、计量、认证、检验检疫等方面的标准不对接,增加了双边贸易的非关税壁垒。中国和非洲国家关于标准协调互认方面的合作严重滞后。例如,中国是世界上最大的木薯进口国,尼日利亚是世界上木薯产量最大的国家,但由于尼日利亚企业加工木薯干的技术和标准无法达到中国市场对木薯干制品的进口标准,加之尼日利亚企业对木薯干的海运包装、水分含量控制和质量控制技术等均难以达到中国标准的要求,因而无法大规模进入中国市场。[1]

第三,非洲互联网普及率低、快递行业不发达,缺乏安全有效的金融支持,制约了中非跨境电商的快速发展。当前非洲国家电子商务发展缺乏坚实的基础设施和行业支撑。非洲国家电信基础设施落后,非洲平均互联网普及率仅为 35%。非洲的交通基础设施薄弱,物流运输不畅,仓储服务滞后,快递行业成本较高,难以提供可靠的服务和合理的价格,而且网上支付所需

---

[1] 武芳、姜菲菲:《扩大自非洲进口的政策思考》,《国际贸易》2018 年第 6 期,第 46 页。

的信用卡等金融工具的普及率低。跨境电商交易的重要环节之一是跨境支付，而非洲在这方面缺乏专业的技术和安全的金融系统。当前非洲国家的银行大部分不支持电子商务支付和结算。非洲大多数居民没有银行账户，许多人尤其是老年消费者群体习惯于货到付款方式，对网上支付的安全性和线上购买产品的质量缺乏信任感。[①] 总体来说，非洲尚未形成完整的电子商务发展的生态系统，这抑制了中非跨境电商的快速扩张。

　　未来推动中非资金融通合作的高质量发展，应重点关注如下问题。

　　第一，中资金融机构和金融中介机构对非融资和服务能力难以满足中国企业需要。我国位于"走出去"前列的 6 家中资商业银行在非洲市场的业务发展主要集中于东南非和西非地区，网点覆盖率仅为 10% 左右，低于在亚洲、欧洲和南美洲的网点覆盖率。甚至在很多非洲国家中资金融机构还没有设立网点。中资金融机构在非洲的金融分支机构、服务网点和人员数量十分有限，风险管控困难，除贷款之外的金融工具有限，无法满足日益增长的中资企业海外融资需求。此外，服务中国企业的在非洲经营的中资中介机构数量非常有限，中国企业在当地开展业务所需的证券公司、会计师事务所、资产评估机构、审计机构、法律事务所等中介机构，都需要聘用外资机构，主要是欧美等发达国家的机构，这既增加了成本，也由于语言、文化、机制、管理等方面的差异，造成信息不对称，难以捕捉当地优质的合作商机。中资中介机构对中国企业在非洲经营的国际化服务能力不足。[②]

　　第二，中国对非洲融资主要集中于投资周期较长的项目，投资风险较大，投资方式单一，有待进一步创新。中国企业投资的非洲基础设施项目或加工制造项目，建设周期和收益期一般较长，而且大多投资金额高、融资结构复杂，还伴有动乱、战争、汇兑限制、主权违约风险等，因此投资风险较大，而中资商业银行更倾向于提供短期经营性资金，而非中长期资金，所以

---

① 许小平、秦杰：《中非跨境电商的动力和阻碍探析》，《对外经贸实务》2018 年第 12 期，第 21~24 页。

② 黄梅波、唐正明：《非洲金融业与中非金融合作发展现状》，《海外投资与出口信贷》2017 年第 3 期，第 18~21 页。

中国对非大型项目的投资方式以优惠贷款为主,股权融资占比较低。当前,中国对非洲融资主体多为政策性金融机构,商业银行和私人企业的介入较少,未来有必要促进融资方式的多元化,以分散投资风险。

第三,现有融资机制抑制了中国对非投资规模的快速扩张。当前,中国国有企业对非投资的规模大,但项目和企业数量相对较少(占比不足10%),而民营企业在非洲的投资数量多,但规模小。这主要源于国有企业和国家设立的对非各类股权投资基金难以承受非洲的高风险,而民营企业则更愿意为了追求高回报而承担高风险。但是民营企业对非投资的融资渠道十分狭窄,扩大投资规模的能力有限。例如,中国华坚集团在埃塞俄比亚投资的制鞋工厂,虽然在国际上知名度很高,却也难以有效筹集资金。由于中国民营企业的融资渠道狭窄,中国对非年投资规模一直在 30 亿美元上下徘徊,难以实现投资规模的快速增长。①

二 中非贸易畅通和资金融通合作的发展前景

习近平主席指出,当前百年变局和世纪疫情交织叠加,世界进入动荡变革期,不稳定性和不确定性显著上升。人类社会面临的治理赤字、信任赤字、发展赤字、和平赤字有增无减,实现普遍安全、促进共同发展依然任重道远。同时,世界多极化趋势没有根本改变,经济全球化展现出新的韧性,维护多边主义、加强沟通协作的呼声更加强烈。共建"一带一路"追求的是发展,崇尚的是共赢,传递的是希望。面向未来,中国将同各方继续高质量共建"一带一路",践行共商共建共享原则,弘扬开放、绿色、廉洁理念,努力实现高标准、惠民生、可持续目标。②

共建"一带一路"是开放包容的发展平台,参与各方在开放中合作,在合作中共赢。非洲是"一带一路"的重要参与方,中国和非洲国家都是平等的参与者、贡献者、受益者。中非共建"一带一路"能够为非洲发展

---

① 迟建新:《让金融为中非合作再添动能》,《中国投资》2020 年第 5 期,第 35~37 页。
② 习近平:《同舟共济克时艰,命运与共创未来——在博鳌亚洲论坛 2021 年年会开幕式上的视频主旨演讲》,《人民日报》2021 年 4 月 21 日,第 2 版。

提供更多资源和手段，拓展更广阔的市场空间，提供更多元化的发展前景。迄今为止，中非共建"一带一路"已迈出坚实步伐，未来在习近平主席重要论述的指引下必将乘势而上、顺势而为，推动共建"一带一路"合作走深走实、行稳致远、高质量发展，开创更加美好的未来。共建"一带一路"坚持发展导向，致力于帮助包括非洲国家在内的发展中国家打破发展瓶颈，更好地融入全球价值链、产业链、供应链并从中受益。展望未来，中国将以中非共建"一带一路"为统领，以落实中非合作论坛行动计划为主线，以支持非洲培育内生增长能力为重点，与非洲国家携手并进，共同推动新时代中非经贸合作向高质量发展。

在中非共建"一带一路"贸易畅通合作方面，中国政府将继续坚定支持以世界贸易组织为核心的多边贸易体系，致力于与非洲国家在世界贸易组织框架下加强合作，共同推动贸易投资自由化和便利化进程。中国政府将继续与有意愿的非洲国家或区域组织开展自由贸易协定谈判，促进非洲贸易投资便利化水平提升，为深化中非贸易畅通构建更有利的制度环境。

未来，中国和非洲国家将建设更紧密的互联互通伙伴关系。中非双方将共同携手，既加强基础设施"硬联通"，又加强规则标准"软联通"，畅通贸易和投资合作渠道，积极发展丝路电商，共同开辟融合发展的光明前景。具体来说，中非双方将加强在产品计量、加工、认证、检验检疫等方面的标准协调互认，以降低双边贸易的非关税壁垒，提升贸易便利化水平。例如，推动中国与非洲国家的计量部门商签合作协议，加强中国与非洲的农产品检验检疫合作，加快和优化农产品检疫准入流程等，以扩大和便利双方贸易往来，促进中非贸易畅通。此外，中国可考虑加大对非洲国家促贸援助的力度，重点包括改善贸易有关的基础设施状况，支持海关、质检部门的现代化建设，加强在海关商检设施升级、动植物检验检疫技术等方面的合作，以提升非洲贸易便利化水平，进一步推动中非贸易畅通。

当前，中非农产品贸易额仅占中国对外农产品贸易总额的3%左右，还有很大提升空间。未来中国将继续为更多非洲优质特色农产品进入中国市场提供便利，并加强中非双方在农产品加工、储运、物流贸易等领域的合作，进一步提升非洲农产品对华出口规模。

随着中非共建"一带一路"的深入推进,未来中国与非洲国家的跨境电商合作也将逐步深化。为推动中非跨境电商合作,中国政府可考虑加速与非洲国家探讨建立中非电子商务合作机制,加强双方在政策协调、规划对接、经验分享、联合研究和人员培训等方面的交流合作;鼓励国内跨境电商综合试验区与非洲国家开展政策、技术和贸易标准对接,探索跨境电商物流新模式;鼓励中国企业按照市场原则与非洲开展电子商务合作,依托跨境电商合作推动中非贸易合作的转型升级。

在中非共建"一带一路"资金融通合作方面,中国将继续致力于构建长期、稳定、有效、风险可控的资金支持体系,坚持市场化原则,拓宽多元化融资渠道,优化非洲债务结构,提高融资效率,切实缓解债务压力。中国对非投融资合作项目注重与非洲发展战略精准对接,切实满足当地发展需求,探索双方利益契合点,发挥市场在资源配置中的决定作用,提升非洲内生发展动力,调动非洲国家参与共建"一带一路"的主动性和积极性。

"一带一路"国际融资涵盖基础设施、贸易、能源、产能合作、民生等多个领域,其中基础设施建设是最主要的领域。基础设施是经济起飞的重要先决条件。当前非洲国家对基础设施的投资力度在加大,但仍不足以弥补巨大的基础设施缺口。与世界其他地区相比较,非洲各个领域的基础设施都处于最低水平,其中电力基础设施尤其薄弱,缺乏电力供应的人口数超过6.4亿。据非洲开发银行估计,非洲每年需要高达1300亿~1700亿美元的基础设施投资,融资缺口达676亿~1075亿美元。[①] 基础设施薄弱是非洲国家亟待克服的发展瓶颈。中非共建"一带一路"资金融通将继续聚焦非洲基础设施互联互通,帮助非洲国家弥补基础设施建设的资金缺口。中国可以考虑通过在非洲打造一批系统性工程,推动基础设施建设模式创新和可持续经营,实现投建营一体化,并致力于将基础设施建设与中非共建产业园区有机结合起来,使之成为非洲经济可持续发展的强劲动力来源。中国和非洲国家

---

① African Development Bank, *African Economic Outlook 2018*, 2018, p. 64.

可以探索在基础设施建设领域开展第三方合作、多方合作，推广股权融资、公私合作伙伴关系项目融资等方式，充分发挥公共资金的带动作用，动员长期资本和私人资本参与非洲基础设施建设。

当前中国对非投融资以政策性、开发性和商业性贷款为主，中资国有金融机构对非洲贷款占比较高，这使得中资国有金融机构承担较高风险，而国际金融机构和国内民营企业参与度不足。未来中国应注重加强融资风险的评估和监控，进一步规范中资金融机构行为，实现融资来源多元化，按照《"一带一路"融资指导原则》《"一带一路"绿色投资原则》等可持续投融资原则，高标准开展项目融资，并合理控制融资规模的增速，防范化解债务风险。

迄今为止，中资金融机构在非洲经营效果良好，为中非金融合作提供了有力支撑，但是中资金融机构在非洲的经营网络尚无法满足中资企业日益增长的融资需求。未来有必要加快中资金融机构和中介机构在非洲的布局，这既能支持非洲的经济发展，也能为中资企业进一步开拓非洲市场以及实现可持续发展夯实基础。

在"一带一路"倡议下，中国民营企业赴非洲投资的意愿和动力均较强。未来中国政府可以在政策层面上给予民营企业更多的支持和合理的引导，以进一步释放中国对非投资增长潜力，提高投资项目的可持续性，增强投资项目的社会效益。随着在非洲经营的中资企业数量的激增，以及非洲国家对企业社会责任的重视度的提升，中资企业在非洲履行社会责任日益成为其投资成功的关键要素，需要高度关注。中资企业在非洲履行社会责任有利于实现中非合作互利共赢的战略目标，是秉持真实亲诚对非理念和正确义利观、支持非洲国家提高自我发展能力、推进中非高质量共建"一带一路"的必要举措。未来应提升中资企业在非洲履行社会责任的战略认识，将其提高到企业发展的战略高度，严格遵循企业社会责任的行为准则，积极履行企业社会责任。

第五章　中非共建"一带一路"
之设施联通

　　非洲是"一带一路"的历史和自然延伸。历史上,海上丝绸之路为非洲带去了中国的茶叶、瓷器和发展经验,增进了中非人民友好情谊和文明互鉴,成为永载史册的中非友谊之路。"一带一路"倡议自提出以来,获得非洲国家的积极支持和踊跃参与。非洲成为参与"一带一路"合作最积极的地区之一。

　　大力发展基础设施建设既是非洲国家经济振兴和改善民生的重要支撑与优先方向,也是中国式现代化的重要成功经验以及中非经贸合作中的中国优势领域之一。为此,基础设施"硬联通"合作自然成为中非共建"一带一路"的核心内涵。中非设施联通合作致力于双方共同发展的目标,崇尚互利共赢的理念,传递美好生活的希望。在以习近平同志为核心的党中央引领下,中国政府非常重视将基础设施"硬联通"政策与非方规划项目相对接,并给予众多的项目资金以支持中国企业采取多种模式参与非洲基础设施建设、投资、运营和管理。中国企业秉承习近平主席提出的真实亲诚合作理念和正确义利观,充分发展项目资金、关键技术、施工队伍和组织管理经验等竞争优势,为非洲搭建了以铁路、公路、桥梁、港口、区域航空和管网等为依托的互联互通网络,辐射带动非洲国家参与国际产业链供应链合作,显著提升了非洲国家的可持续发展能力,为非洲国家发展打开了机遇之门、繁荣之路。展望未来,尽管中非设施联通合作遭遇全球性融资困难等挑战，但中非双方有信心、有能力共克时艰，妥善化解各类风险挑战，推动设施联通合作高质量发展，为构建更加紧密的中非命运共同体作出新贡献。

第一节 习近平关于设施联通的论述和落实政策

设施联通是中非共建"一带一路"的重要内容之一。习近平主席围绕"一带一路"之设施联通建设发表了许多非常重要的论述，从理论和战略的高度把握中非互联互通的发展方向和建设进程。

一 习近平关于设施联通的论述及其指导意义

（一）习近平关于设施联通的论述

2013年9月7日，习近平主席对哈萨克斯坦进行国事访问，在纳扎尔巴耶夫大学作了题为《弘扬人民友谊 共创美好未来》的重要演讲。其中有关加强道路联通的内容为："上海合作组织正在协商交通便利化协定。尽快签署并落实这一文件，将打通从太平洋到波罗的海的运输大通道。在此基础上，我们愿同各方积极探讨完善跨境交通基础设施，逐步形成连接东亚、西亚、南亚的交通运输网络，为各国经济发展和人员往来提供便利。"[①]

2013年9月13日，习近平主席在吉尔吉斯斯坦首都比什凯克举行的上海合作组织成员国元首理事会第十三次会议上发表题为《弘扬"上海精神" 促进共同发展》的重要讲话。讲话指出要"开辟交通和物流大通道，尽快签署《国际道路运输便利化协定》。协定签署后，建议按照自愿原则广泛吸收观察员国参与，从而通畅从波罗的海到太平洋、从中亚到印度洋和波斯湾的交通运输走廊"[②]。

---

① 习近平：《弘扬人民友谊 共建美好未来——在纳扎尔巴耶夫大学的演讲》，《人民日报》2013年9月8日，第3版。

② 习近平：《弘扬"上海精神" 促进共同发展——在上海合作组织成员国元首理事会第十三次会议上的讲话》，《人民日报》2013年9月14日，第2版。

2013 年 10 月 3 日，习近平主席在印度尼西亚国会发表题为《携手建设中国-东盟命运共同体》的重要演讲。演讲指出："中国致力于加强同东盟国家的互联互通建设。中国倡议筹建亚洲基础设施投资银行，愿支持本地区发展中国家包括东盟国家开展基础设施互联互通建设。"①

2013 年 10 月 7 日，习近平主席在亚太经合组织工商领导人峰会上发表题为《深化改革开放　共创美好亚太》的演讲。演讲指出："当前，亚洲国家特别是新兴市场和发展中国家的基础设施建设融资需求巨大，特别是近来还面临经济下行风险增大和金融市场动荡等严峻挑战，有必要动员更多资金进行基础设施建设，以保持经济持续稳定增长，促进区域互联互通和经济一体化。为此，中国倡议筹建亚洲基础设施投资银行，愿向包括东盟国家在内的本地区发展中国家的基础设施建设提供资金支持。新的亚洲基础设施投资银行将与域内外现有多边开发银行一道，共同合作，相互补充，共同促进亚洲经济的持续稳定发展。"②

2014 年 11 月 4 日，习近平主席主持召开中央财经领导小组第八次会议，强调加快推进丝绸之路经济带和 21 世纪海上丝绸之路建设。习近平主席指出："推进'一带一路'建设，要抓住关键的标志性工程，力争尽早开花结果。要帮助有关沿线国家开展本国和区域间交通、电力、通信等基础设施规划，共同推进前期预研，提出一批能够照顾双边、多边利益的项目清单。要高度重视和建设一批有利于沿线国家民生改善的项目。要坚持经济合作和人文交流共同推进，促进我国同沿线国家教育、旅游、学术、艺术等人文交流，使之提高到一个新的水平。"③

2014 年 11 月 8 日，习近平主席在北京钓鱼台"加强互联互通伙伴关

① 习近平：《携手建设中国-东盟命运共同体——在印度尼西亚国会的演讲》，《人民日报》2013 年 10 月 4 日，第 2 版。

② 习近平：《深化改革开放　共创美好亚太——在亚太经合组织工商领导人峰会上的演讲》，《人民日报》2013 年 10 月 8 日，第 3 版。

③ 习近平：《习近平主持召开中央财经领导小组第八次会议强调　加快推进丝绸之路经济带和二十一世纪海上丝绸之路建设 李克强刘云山张高丽出席》，《人民日报》2014 年 11 月 7 日，第 1 版。

系"东道主伙伴对话会上发表题为《联通引领发展　伙伴聚焦合作》的讲话。讲话指出："今天，我们要建设的互联互通，不仅是修路架桥，不光是平面化和单线条的联通，而更应该是基础设施、制度规章、人员交流三位一体，应该是政策沟通、设施联通、贸易畅通、资金融通、民心相通五大领域齐头并进。这是全方位、立体化、网络状的大联通，是生机勃勃、群策群力的开放系统。"①

2014 年 11 月 11 日，习近平主席在亚太经合组织第二十二次领导人非正式会议上发表题为《共建面向未来的亚太伙伴关系》的重要讲话。作为"一带一路"倡议的重要抓手——互联互通被 9 次提及。习近平主席指出："面对新形势，我们应该加快完善基础设施建设，打造全方位互联互通格局。互联互通是一条脚下之路，无论是公路、铁路、航路还是网络，路通到哪里，我们的合作就在哪里。互联互通是一条规则之路，多一些协调合作、少一些规则障碍，我们的物流就会更畅通，交通就会更便捷。"②

2015 年 12 月 4 日，习近平主席在出席中非合作论坛约翰内斯堡峰会开幕式上发表题为《开启中非合作共赢、共同发展的新时代》的致辞指出，为推进中非全面战略合作伙伴关系建设，中方愿在未来 3 年同非方重点实施"十大合作计划"。其中有关中非基础设施合作的计划内容为："中方将同非洲在基础设施规划、设计、建设、运营、维护等方面加强互利合作，支持中国企业积极参与非洲铁路、公路、区域航空、港口、电力、电信等基础设施建设，提升非洲可持续发展能力；支持非洲国家建设 5 所交通大学。"③

2016 年 11 月 19 日，习近平主席出席亚太经合组织工商领导人峰会，发表题为《深化伙伴关系　增强发展动力》的主旨演讲。演讲指出："互联

---

① 习近平：《联通引领发展　伙伴聚焦合作——在"加强互联互通伙伴关系"东道主伙伴对话会上的讲话》，《人民日报》2014 年 11 月 9 日，第 2 版。
② 习近平：《共建面向未来的亚太伙伴关系——在亚太经合组织第二十二次领导人非正式会议上的开幕辞》，《人民日报》2014 年 11 月 12 日，第 2 版。
③ 习近平：《开启中非合作共赢、共同发展的新时代——在中非合作论坛约翰内斯堡峰会开幕式上的致辞》，《人民日报》2015 年 12 月 5 日，第 2 版。

互通是释放发展潜力的重要手段,也是实现联动发展的基础前提。我们要推动建立覆盖整个亚太的全方位、复合型互联互通网络。今年,亚太经合组织会议时隔8年重回拉美举行,我们要把握这一契机,推动太平洋两岸互联互通建设彼此对接,在更广范围内辐射和带动实体经济发展。要深入落实北京会议制定的互联互通蓝图,完善基础设施、制度规章、人员交流三位一体的互联互通架构,确保2025年实现全面联接的目标。"①

2017年5月14日,习近平主席在北京出席"一带一路"国际合作高峰论坛开幕式,并发表题为《携手推进"一带一路"建设》的主旨演讲。演讲指出:"设施联通是合作发展的基础。我们要着力推动陆上、海上、天上、网上四位一体的联通,聚焦关键通道、关键城市、关键项目,联结陆上公路、铁路道路网络和海上港口网络。我们已经确立'一带一路'建设六大经济走廊框架,要扎扎实实向前推进。要抓住新一轮能源结构调整和能源技术变革趋势,建设全球能源互联网,实现绿色低碳发展。要完善跨区域物流网建设。我们也要促进政策、规则、标准三位一体的联通,为互联互通提供机制保障。"②

2017年5月15日,习近平主席在"一带一路"国际合作高峰论坛圆桌峰会上的闭幕辞中指出,"我们希望将共识转化为行动,推动各领域务实合作不断取得新成果。大家都认为,互联互通有助于打破制约经济发展的瓶颈,对增强各国发展动力、改善民众福祉具有重要意义。'一带一路'建设国际合作要继续把互联互通作为重点,以重大项目和重点工程为引领,推进公路、铁路、港口、航空、油气管道、电力、通信网络等领域合作,打造基础设施联通网络。我们决定继续积极推进经济走廊建设,办好经贸、产业合作园区,加强国际产能和装备制造合作,推动实体经济更好更快发展。我们都重视投资和融资合作,支持扩大相互金融

---

① 习近平:《深化伙伴关系 增强发展动力——在亚太经济组织工商领导人峰会上的主旨演讲》,《人民日报》2016年11月21日,第3版。

② 习近平:《携手推进"一带一路"建设——在"一带一路"国际合作高峰论坛开幕式上的演讲》,《人民日报》2017年5月15日,第3版。

市场开放，鼓励开发性金融机构发挥重要作用，努力构建稳定、可持续、风险可控的金融保障体系"①。

2017 年 11 月 10 日，习近平主席应邀出席在越南岘港举行的亚太经合组织工商领导人峰会并发表题为《抓住世界经济转型机遇 谋求亚太更大发展》的主旨演讲。演讲指出："继续加强互联互通，实现联动发展。联动发展是对互利共赢理念的最好诠释。亚太经济体利益交融，联系紧密。坚持联动发展，既能为伙伴提供发展动力，也能为自身创造更大发展空间。2014 年，我们制定完成了亚太经合组织互联互通蓝图。我们要以蓝图为指引，建立全方位、多层次、复合型的亚太互联互通网络。要充分发挥互联互通对实体经济的辐射和带动作用，打破发展瓶颈，释放发展潜力，形成协调联动发展的格局。"②

2018 年 7 月 10 日，习近平主席在中阿合作论坛第八届部长级会议开幕式上发表题为《携手推进新时代中阿战略伙伴关系》的重要讲话。讲话指出中阿合作"要牢牢抓住互联互通这个'龙头'。中方愿参与阿拉伯国家有关港口和未来阿拉伯铁路网建设，支持阿方构建连接中亚和东非、沟通印度洋和地中海的黄金枢纽物流网。我们要携手打造蓝色经济通道，共建海洋合作中心，促进海洋产业发展，提升海洋公共服务能力。要共建'一带一路'空间信息走廊，发展航天合作，推动中国北斗导航系统和气象遥感卫星技术服务阿拉伯国家建设"③。

2018 年 7 月 25 日，习近平主席在南非约翰内斯堡举办的金砖国家工商论坛上发表题为《顺应时代潮流 实现共同发展》的讲话。讲话指出："非洲是发展中国家最集中的大陆，也是全球最具发展潜力的地区。我们要加强对非合作，支持非洲发展，努力把金砖国家同非洲合作打造成南南

---

① 习近平：《在"一带一路"国际合作高峰论坛圆桌峰会上的闭幕辞》，《人民日报》2017 年 5 月 16 日，第 3 版。

② 习近平：《抓住世界经济转型机遇 谋求亚太更大发展——在亚太经合组织工商领导人峰会上的主旨演讲》，《人民日报》2017 年 11 月 11 日，第 2 版。

③ 习近平：《携手推进新时代中阿战略伙伴关系——在中阿合作论坛第八届部长级会议开幕式上的讲话》，《人民日报》2018 年 7 月 11 日，第 2 版。

合作的样板。具体合作中，应该结合自身实际，积极同非洲国家开展减贫、粮食安全、创新、基础设施建设、工业化等领域项目合作，帮助各国经济结构发展，为落实非盟《2063 年议程》提供助力，让古老的非洲大地展现出旺盛生机活力。"[1]

2018 年 9 月 3 日，习近平主席在中非合作论坛北京峰会的开幕式上发表题为《携手共命运　同心促发展》的主旨演讲。演讲指出："中国愿以打造新时代更加紧密的中非命运共同体为指引，在推进中非'十大合作计划'基础上，同非洲国家密切配合，未来 3 年和今后一段时间重点实施'八大行动'。"[2] 在实施设施联通行动中，"中国决定和非洲联盟启动编制《中非基础设施合作规划》；支持中国企业以投建营一体化等模式参与非洲基础设施建设，重点加强能源、交通、信息通信、跨境水资源等合作，同非方一道实施一批互联互通重点项目；支持非洲单一航空运输市场建设，开通更多中非直航航班；为非洲国家及其金融机构来华发行债券提供便利；在遵循多边规则和程序的前提下，支持非洲国家更好利用亚洲基础设施投资银行、新开发银行、丝路基金等资源"[3]。

2018 年 11 月 18 日，习近平主席出席亚太经合组织第二十六次领导人非正式会议，发表题为《把握时代机遇　共谋亚太繁荣》的讲话。讲话指出："中国高度重视互联互通建设。经过 5 年努力，共建'一带一路'正进入深入发展新阶段。明年（2019 年）4 月，中国将主办第二届'一带一路'国际合作高峰论坛。中国将同各国一道，坚持共商共建共享，高质量、高标准、高水平建设'一带一路'，为亚太和世界各国人民创造更大发展机遇。""互联互通是实现包容联动发展的基础。我们应该深入落实互联互通蓝图，让联通的网络覆盖太平洋沿岸的每一个角落。我们应该以 2030 年可持续发

---

[1] 习近平：《顺应时代潮流　实现共同发展——在金砖国家工商论坛上的讲话》，《人民日报》2018 年 7 月 26 日，第 2 版。

[2] 习近平：《携手共命运　同心促发展——在二〇一八年中非合作论坛北京峰会开幕式上的主旨讲话》，《人民日报》2018 年 9 月 4 日，第 2 版。

[3] 习近平：《携手共命运　同心促发展——在二〇一八年中非合作论坛北京峰会开幕式上的主旨讲话》，《人民日报》2018 年 9 月 4 日，第 2 版。

展议程为引领，采取更多务实举措，让发展更加均衡、增长更可持续、机会更加平等、社会更加包容。"①

2019 年 4 月 26 日，习近平主席在第二届"一带一路"国际合作高峰论坛开幕式上发表题为《齐心开创共建"一带一路"美好未来》的主旨演讲。他指出，"共建'一带一路'倡议，目的是聚焦互联互通，深化务实合作，携手应对人类面临的各种风险挑战，实现互利共赢、共同发展。在各方共同努力下，'六廊六路多国多港'的互联互通架构基本形成，一大批合作项目落地生根，首届高峰论坛的各项成果顺利落实，150 多个国家和国际组织同中国签署共建'一带一路'合作协议。共建'一带一路'倡议同联合国、东盟、非盟、欧盟、欧亚经济联盟等国际和地区组织的发展和合作规划对接，同各国发展战略对接。从亚欧大陆到非洲、美洲、大洋洲，共建'一带一路'为世界经济增长开辟了新空间，为国际贸易和投资搭建了新平台，为完善全球经济治理拓展了新实践，为增进各国民生福祉作出了新贡献，成为共同的机遇之路、繁荣之路。事实证明，共建'一带一路'不仅为世界各国发展提供了新机遇，也为中国开放发展开辟了新天地"。"建设高质量、可持续、抗风险、价格合理、包容可及的基础设施，有利于各国充分发挥资源禀赋，更好融入全球供应链、产业链、价值链，实现联动发展。中国将同各方继续努力，构建以新亚欧大陆桥等经济走廊为引领，以中欧班列、陆海新通道等大通道和信息高速路为骨架，以铁路、港口、管网等为依托的互联互通网络。我们将继续发挥共建'一带一路'专项贷款、丝路基金、各类专项投资基金的作用，发展丝路主题债券，支持多边开发融资合作中心有效运作。我们欢迎多边和各国金融机构参与共建'一带一路'投融资，鼓励开展第三方市场合作，通过多方参与实现共同受益的目标。""我们要顺应第四次工业革命发展趋势，共同把握数字化、网络化、智能化发展机遇，共同探索新技术、新业态、新模式，探寻新的增长动能和发

---

① 习近平：《把握时代机遇　共谋亚太繁荣——在亚太经合组织第二十六次领导人非正式会议上的发言》，《人民日报》2018 年 11 月 19 日，第 2 版。

展路径，建设数字丝绸之路、创新丝绸之路。中国将继续实施共建'一带一路'科技创新行动计划，同各方一道推进科技人文交流、共建联合实验室、科技园区合作、技术转移四大举措。我们将积极实施创新人才交流项目，未来5年支持5000人次中外方创新人才开展交流、培训、合作研究。我们还将支持各国企业合作推进信息通信基础设施建设，提升网络互联互通水平。"①

2019年4月27日，习近平主席在第二届"一带一路"国际合作高峰论坛记者会上发表的讲话中指出，"我们明确了未来共建'一带一路'合作的重点，决定加强全方位、多领域合作。我们将继续推进陆上、海上、空中、网上互联互通，建设高质量、可持续、抗风险、价格合理、包容可及的基础设施。我们将推进建设经济走廊，发展经贸产业合作园区，继续加强市场、规制、标准等方面软联通，以及数字基础设施建设。有关合作项目将坚持政府引导、企业主体、市场运作，确保可持续性，并为各国投资者营造公平和非歧视的营商环境"②。

2019年4月27日，习近平主席在第二届"一带一路"国际合作高峰论坛圆桌峰会上以《高质量共建"一带一路"》为题致开幕辞。习近平主席指出："明确合作重点，着力加强全方位互联互通。我们要继续聚焦基础设施互联互通。要深化智能制造、数字经济等前沿领域合作，实施创新驱动发展战略。"③

2020年6月17日，习近平主席在中非团结抗疫特别峰会上发表题为《团结抗疫 共克时艰》的主旨讲话。讲话指出"推动非洲实现可持续发展是长远之道。中方支持非洲大陆自由贸易区建设，支持非洲加强互联互通和保障产业链供应链建设，愿同非方一道，共同拓展数字经济、智慧城市、清

---

① 习近平：《齐心开创共建"一带一路"美好未来——在第二届"一带一路"国际合作高峰论坛开幕式上的主旨演讲》，《人民日报》2019年4月27日，第3版。

② 习近平：《在第二届"一带一路"国际合作高峰论坛记者会上的讲话》，《人民日报》2019年4月28日，第2版。

③ 习近平：《高质量共建"一带一路"——在第二届"一带一路"国际合作高峰论坛圆桌峰会上的开幕辞》，《人民日报》2019年4月28日，第2版。

洁能源、5G 等新业态合作，促进非洲发展振兴"①。

2020 年 7 月 28 日，习近平主席在亚洲基础设施投资银行第五届理事会年会视频会议开幕式上的致辞中指出，"亚投行应该致力于服务所有成员发展需求，提供更多高质量、低成本、可持续的基础设施投资，既要支持传统基础设施，也要支持新型基础设施，为促进亚洲及其他地区经济社会发展提供新动力"②。

2020 年 11 月 20 日，习近平主席在亚太经合组织第二十七次领导人非正式会议上进行了题为《携手构建亚太命运共同体》的发言。他指出："数字经济是全球未来的发展方向，创新是亚太经济腾飞的翅膀。我们应该主动把握时代机遇，充分发挥本地区人力资源广、技术底子好、市场潜力大的特点，打造竞争新优势，为各国人民过上更好日子开辟新可能。我们要全面落实亚太经合组织互联网和数字经济路线图，促进新技术传播和运用，加强数字基础设施建设，消除数字鸿沟。我们要完善经济治理，努力营造开放、公平、公正、非歧视的营商环境。中方今年开展智慧城市案例研究，将推动制定智慧城市指导原则，为亚太创新城市发展提供样板。中方提出倡议，推动各方分享数字技术抗疫和恢复经济的经验，倡导优化数字营商环境，激发市场主体活力，释放数字经济潜力，为亚太经济复苏注入新动力。明年，中方还将举办数字减贫研讨会，发挥数字技术优势，助力亚太地区消除贫困事业。""我们要继续推进落实亚太经合组织互联互通蓝图，畅通人员、货物、资金、数据安全有序流动，实现亚太地区无缝联接。""中方愿同各方携手高质量共建'一带一路'，为亚太互联互通建设搭建更广阔平台，为亚太和世界经济注入更强劲动力。"③

---

① 习近平：《团结抗疫　共克时艰——在中非团结抗疫特别峰会上的主旨讲话》，《人民日报》2020 年 6 月 18 日，第 2 版。
② 习近平：《在亚洲基础设施投资银行第五届理事会年会视频会议开幕式上的致辞》，《人民日报》2020 年 7 月 29 日，第 2 版。
③ 习近平：《携手构建亚太命运共同体——在亚太经合组织第二十七次领导人非正式会议上的发言》，《人民日版》2020 年 11 月 21 日，第 2 版。

（二）习近平关于设施联通论述的指导意义

习近平主席关于"一带一路"与"互联互通"的重要论述内容丰富、思想深刻，对推进中非共建"一带一路"走深、走实、走向民心，具有重要的指导意义。

首先，高屋建瓴，明确了中非基础设施合作的科学内涵和目标路径。包括中国在内的东亚国家和世界主要发达国家的发展经验表明，基础设施和对外经贸在不发达国家发展中有举足轻重的作用。习近平主席关于"一带一路"的论述，明确指出互联互通这个关键的合作领域，一举解决了基础设施和对外经贸这两个制约发展的瓶颈问题。习近平主席关于互联互通的论述不仅涵盖交通基础设施的互联互通（即首先要建设和完善铁路、公路、机场、港口、口岸等设施，提升通达水平），而且包括能源基础设施的互联互通（即建设和维护输油输气管道、跨境输电线路等），还包括国际通信的互联互通（涉及跨境光缆等通信干线的建设）。以互联互通的基础设施为依托，在沿线地区建设自由贸易区，吸引外来投资，就可以切实促进经济增长，实现繁荣。中非共建"一带一路"就是要在中非复制发达国家和东亚国家的成功故事，推动中国与非洲国家经济繁荣发展。

其次，与时俱进，指明中非基础设施合作的新领域。中非共建"一带一路"在实施过程中，每一步取得的进展，都凝结着习近平主席的智慧和心血。对比中非合作论坛约翰内斯堡峰会的"十大合作计划"与中非合作论坛北京峰会的"八大行动"中的基础设施合作部分，可以看出在以习近平同志为核心的党中央的部署下，中非基础设施合作已经从传统的交运和能源领域向支持非洲自贸区建设、加强互联互通以及拓展数字经济、智慧城市、清洁能源、5G等新基建领域发展。中非互联互通已在加快培育新增长点，推动中非经贸合作转型升级和提质增效。

最后，高瞻远瞩，为中非共建绿色发展的互联互通伙伴关系领航。中非设施联通的过程也是中非企业参与国际合作、完善全球经济治理的组成部分。习近平主席关于互联互通的论述已经成为中非基础设施合作的根本遵循。在习近平主席关于"践行绿色发展理念，加大生态环境保护力度，携手打造'绿色丝绸之路'""要在遵循多边规则和程序的前提下"进行合作的精神指引下,中非互联互通朝着可持续的方向前行。绿色环保是中国在非基建企业高质量发展的关键,中国企业也在加快合规管理体系建设,在参与全球产业链重构中提升企业的合规竞争力,维护好中国及中国企业的海外形象,这是中国完善全球生态治理体系的新实践。

二 中国落实中非设施联通的政策措施

（一）中非合作相关会议、文件与设施联通相关的论述

自 2003 年和 2006 年中非合作论坛第二届和第三届部长级会议,中非双方均同意将基础设施作为合作的重点领域以来,2009 年中非合作论坛第四届部长级会议通过《中非合作论坛——沙姆沙伊赫行动计划（2010 年至 2012 年）》,首次提出将基础设施"作为中非合作的优先领域"。2012 年中非合作论坛第五届部长级会议通过的《中非合作论坛第五届部长级会议北京行动宣言》,进一步强调"继续将基础设施作为中非合作的优先领域,加强在交通、通信、广播电视、水利、电力、能源等基础设施建设领域的合作"。2015 年 1 月,中国与非盟签署了一项长达 48 年的基础设施建设合作备忘录,中国将在非洲"2063 年愿景"战略框架内,加强与非洲国家在铁路、公路、区域航空及工业化领域的合作,助推非洲国家一体化进程。2014 年 5 月,李克强在访非期间提出,中方将继续把基础设施建设列为对非合作的要务,积极参与非洲公路、铁路、电信、电力等基础设施项目建设,特别是与非方合作打造非洲高速铁路、高速公路和区域航空"三大网络",支持非洲基础设施建设特别是交通运输先行,促进非洲大陆互联互通,推进非洲工业化进程。

1. 《中国对非洲政策文件》

2015 年 12 月 4 日,中国政府在南非的约翰内斯堡发表《中国对非洲政策文件》。在该文件第三部分推动中非合作全面发展中指出,中国将全面参与非洲基础设施建设,鼓励和支持中国企业和金融机构扩大参与非洲基础设施建设,充分发挥政策性金融作用,创新投融资合作模式。坚持市场运作为

主、点面结合、注重效益的原则，鼓励和支持中国企业采取多种模式参与非洲铁路、公路、通信、电力、区域航空、港口以及水资源开发保护、水利等基础设施建设，参与项目投资、运营和管理。鼓励双方在项目规划设计、工程建设、技术标准、工程监理、大型装备和管理运营等方面开展合作。坚持基础设施建设与产业发展协调推进，注重规模和集约效益，优先支持经济特区、工业园区、科技园区等相配套的基础设施系统建设，为非洲产业发展和中非产能合作创造有利条件。积极推进跨国跨区域基础设施互联互通，促进非洲一体化进程。①

2. 《中非合作论坛约翰内斯堡峰会宣言》

2015 年 12 月 5 日，在南非约翰内斯堡出席中非合作论坛约翰内斯堡峰会的中国和 50 个非洲国家的国家元首、政府首脑、代表团团长以及非洲联盟委员会主席共同发布峰会宣言。宣言的第 25 条第二款指出，"坚持弘义融利，促进共同发展。积极开展产业对接和产能合作，共同推动非洲工业化和农业现代化进程。重点加强铁路、公路、区域航空、电力、供水、信息通信、机场、港口等基础设施项目合作和人力资源开发合作等能力建设，优先推进农业和粮食安全、加工制造业、能源资源、海洋经济、旅游、投资、贸易、金融、技术转移等领域互利合作。认识到深化资源深加工合作与提高技术和智力能力同等重要。建立工业园、科技园区、经济特区以及培训工程、技术和管理人员的工程中心，加强工业生产领域合作，提高附加值。积极探讨中方建设'丝绸之路经济带'和'21 世纪海上丝绸之路'倡议与非洲经济一体化和实现可持续发展的对接，为促进共同发展、实现共同梦想寻找更多机遇"②。

3. 《中非合作论坛——约翰内斯堡行动计划（2016—2018 年）》

该计划中有关基础设施建设的内容有如下几个。第一，认为基础设施滞

---

① 《中国对非洲政策文件》，中华人民共和国外交部网站，https：//www.mfa.gov.cn/web/ziliao_674904/tytj_674911/zcwj_674915/201512/t20151205_7949942.shtml，最后访问日期：2022 年 12 月 13 日。

② 《中非合作论坛约翰内斯堡峰会宣言》，中华人民共和国外交部网站，https：//www.mfa.gov.cn/web/zyxw/201512/t20151210_336016.shtml，最后访问日期：2022 年 12 月 13 日。

后是制约非洲实现自主可持续发展的主要瓶颈之一。决心采取切实举措，优先鼓励中国企业和金融机构采取"公私合营"或"建设-经营-转让"等多种形式，扩大投资规模，支持非洲国家和非洲的旗舰项目，尤其是"非洲基础设施发展计划"和"总统优先基础设施倡议"，支持铁路、公路、区域航空、港口、电力、供水和信息通信等基础设施项目建设，支持非洲国家建设 5 所交通大学，促进非洲基础设施互联互通和经济一体化进程。第二，根据非洲跨国跨区域基础设施建设规划，深入探讨并推进非洲次区域互联互通和一体化项目的规划和建设合作。同意兼顾国家发展需要和项目经济效益，平衡、有序推进非洲基础设施建设。第三，就非洲公路网建设和改造加强规划与协调，尤其是共同推进非洲国家之间高速公路网建设。第四，共同制定《中非铁路合作行动计划（2016—2020 年）》，推进非洲铁路网建设。第五，落实中非区域航空合作计划，积极支持非洲国家之间的区域航空网建设，并在非洲国家适航标准、规划咨询、专项培训、完善航空基础设施建设、开展合资航空运营、提供民用支线客机等方面加强协调与合作，充分考虑当地就业、当地采购、人员能力建设和技术转移。第六，在航空市场准入方面相互支持，鼓励和支持双方空运、海运企业建立更多连接中国与非洲的航线。鼓励和支持有实力的中国企业投资非洲港口、机场和航空公司。第七，中方将探讨在非洲设立中非民航学院，建设地勤服务设施，加强非洲民航专业人员培训和技术转让。第八，鼓励和支持中国企业通过多种方式参与非洲电力项目的投资、建设和运营，包括扩大双方在水电、火电、太阳能、核电、风电、生物能发电、输变电、电网建设和维护等领域的合作。第九，加强信息通信和广播电视主管部门的交流合作，增加信息领域人才培训，分享信息通信发展经验，共同维护信息安全。第十，鼓励中国企业帮助非洲国家建设广播电视数字化播放系统，助力广播电视数字化，扩大非洲农村受益面。第十一，鼓励和支持有实力的中国信息通信和广播电视企业参与非洲国家光缆网和互联互通网络等信息基础设施建设，并在建设、运营、服务等方面同非洲企业开展互利合作，帮助非洲建设覆盖整个大陆的信息网络。第十二，积极探讨和推进信息通信技术合作，帮助非洲国家建设"智能城市",提升信息通信技术在维护社会治安、反恐和打击犯罪等方面的作用。第十三,与国际电信联盟等国际组织合作,缩小非洲数字鸿沟,推进非洲信息社会建设。[①]

4.《关于构建更加紧密的中非命运共同体的北京宣言》

2018 年 9 月 3 日至 4 日,在中国举行的中非合作论坛北京峰会上,中国和 53 个非洲国家的国家元首、政府首脑、代表团团长和非洲联盟委员会主席,围绕"合作共赢,携手构建更加紧密的中非命运共同体"主题,致力于推进中非合作论坛建设,深化中非全面战略合作伙伴关系,协商一致通过《关于构建更加紧密的中非命运共同体的北京宣言》。

宣言中说,我们赞赏"一带一路"倡议遵循共商共建共享原则,遵循市场规律和国际通行规则,坚持公开透明,谋求互利共赢,打造包容可及、价格合理、广泛受益、符合国情和当地法律法规的基础设施,致力于实现高质量、可持续的共同发展。"一带一路"建设顺应时代潮流,造福各国人民。

非洲是"一带一路"历史和自然延伸,是重要参与方。中非共建"一带一路"将为非洲发展提供更多资源和手段,拓展更广阔的市场和空间,提供更多元化的发展前景。我们一致同意将"一带一路"同联合国 2030 年可持续发展议程、非盟《2063 年议程》和非洲各国发展战略紧密对接,加强政策沟通、设施联通、贸易畅通、资金融通、民心相通,促进双方"一带一路"产能合作,加强双方在非洲基础设施和工业化发展领域的规划合作,为中非合作共赢、共同发展注入新动力。[②]

5.《中非合作论坛——北京行动计划(2019—2021 年)》

该文件中有关基础设施的内容如下。第一,赞赏双方共同积极落实

---

① 《中非合作论坛——约翰内斯堡行动计划(2016—2018 年)》,中华人民共和国外交部网站,https://www.mfa.gov.cn/web/ziliao_674904/1179_674909/201512/t20151210_7947629.shtml,最后访问日期:2022 年 12 月 13 日。

② 《关于构建更加紧密的中非命运共同体的北京宣言》,中华人民共和国外交部网站,https://www.mfa.gov.cn/web/ziliao_674904/1179_674909/201809/t20180905_7947854.shtml,最后访问日期:2022 年 12 月 13 日。

"中非基础设施合作计划"。双方将秉持集约发展理念，以项目经济社会效益为导向，进一步加强基础设施规划、设计、建设、运营、维护和良好治理等领域互利合作，保持非洲有关国家债务可持续性。中方支持中国企业利用先进的装备、技术、标准、服务等帮助非洲国家改善基础设施条件，促进互联互通。第二，双方愿根据非洲跨国跨地区基础设施建设规划，在兼顾国家发展实际需求和项目经济社会效益基础上，探讨并推进非洲大陆、地区和次区域互联互通项目的建设合作。中国决定和非盟启动编制《中非基础设施合作规划》，支持中国企业以投建营一体化等模式参与非洲基础设施建设，重点加强能源、交通、信息通信、跨境水资源等合作，同非方共同实施一批互联互通重点项目。第三，中方愿在中非区域航空合作框架下，向非洲国家供应民用支线客机，为非方培训专业航空人才，增强非洲与国际民用航空组织标准和建议措施接轨的能力，支持中国企业同非方设立合资航空公司，建设机场等配套基础设施，共同推动非洲区域航空发展。第四，中方支持非洲单一航空运输市场建设。中非将在实现航空市场准入目标方面相互支持，推动实现非盟《2063 年议程》旗舰项目非洲单一航空运输市场建设，支持双方空运、海运企业建立更多中非航线。双方将积极研究签署更加自由、灵活协议的可行性，增进航空市场准入合作。中方鼓励和支持有实力的中国企业投资非洲港口、机场和航空公司，非方对此表示欢迎。双方继续开展通信和遥感卫星及应用等领域合作。第五，双方认识到信息通信技术对经济社会发展发挥着战略性和全局性影响，将加强主管部门交流合作，分享信息通信发展经验，共同把握数字经济发展机遇，鼓励企业在信息通信基础设施、互联网、数字经济等领域开展合作。第六，双方将积极探讨和促进云计算、大数据、移动互联网等新技术应用，中方愿支持非洲国家建设"智慧城市"，提升信息通信技术在维护社会治安、反恐和打击犯罪等方面的作用，与非方共同维护信息安全。第七，双方鼓励和支持各自企业合作参与非洲国家光缆骨干网、跨境互联互通、国际海缆、新一代移动通信网络、数据中心等通信基础设施建设，并在相关基础设施建设、运营、服务等方面开展互利合作。第八，双方愿加强在国际电信联盟等国际组织中的合作，促进在人员培训、网络互联互通、创新中心建设等方面的协作。双方愿就信息通信技术政策和发展开展战略咨询，共同努力缩小非洲数字鸿沟，推进非洲信息社会建设。[①]

（二）中国政府和机构落实中非设施联通的相关政策措施

非洲基础设施建设相对滞后，资金缺口较大，制约了非洲一体化和可持续发展。中国在基础设施领域积累了丰富的建设经验，资金、装备、技术优势明显。为落实中非设施联通的相关政策，中国的各级政府和涉非机构各展所长，为中国企业对非业务提供了有力的支持。

1. 举办国际基础设施投资与建设高峰论坛（简称"国际基建论坛"）

国际基建论坛于2010年经中国商务部批准创办，由中国对外承包工程商会和澳门贸易投资促进局联合主办。截至2023年，国际基建论坛已成功举办了14届，是全球基础设施合作领域最具影响力的行业年度盛会。论坛围绕国际基础设施投资与建设的热点和前沿话题，邀请国际业界高级官员、知名专家、行业协会、投资商、承包商、设计商、金融机构、咨询服务中介机构等共议行业发展战略和热点问题，汇集项目合作机会，是交流思想、获取信息、发现机遇、寻求合作的国际专业平台。

2. 设立中非跨国跨区域基础设施建设合作机制

为支持非洲跨国跨区域的基础设施建设合作，中国商务部与非盟成立了非洲跨国跨区域基础设施建设合作联合工作组。2014年4月9日，中国商务部与非盟委员会非洲跨国跨区域基础设施建设合作联合工作组第一次会议在埃塞俄比亚首都亚的斯亚贝巴召开，会议就签署《中国商务部与非盟关于非洲跨国跨区域基础设施合作行动计划》达成一致。该行动计划明确了双方的责任，希望双方通过基础设施建设合作联合工作组机制讨论和监督行动计划的执行，加快非洲基础设施建设。此外，中国商务部也同东非共同体、西部非洲共同体建立了经贸合作的机制。

---

① 《中非合作论坛——北京行动计划（2019—2021年）》，中华人民共和国外交部网站，https://www.mfa.gov.cn/web/ziliao_674904/tytj_674911/zcwj_674915/201809/t20180905_7949984.shtml，最后访问日期：2022年12月13日。

3. 举办对非投资论坛

对非投资论坛是 2015 年中非合作论坛约翰内斯堡峰会的重要成果，每年一届，在中国和非洲国家轮流举办。2015 年 6 月 30 日至 7 月 1 日，由世界银行、国家开发银行、埃塞俄比亚政府、中非基金和联合国工发组织联合主办的第一届对非投资论坛在埃塞俄比亚首都亚的斯亚贝巴举行。此次论坛旨在探讨在中非经贸合作不断加强的背景下，非洲国家如何进一步吸引更多投资尤其是来自中国的投资，以加快推进工业化，创造更多就业和经济发展机会，以及非洲国家在此过程中如何更好地借鉴中国发展的经验。论坛共设 6 个议题，包括推动工业化和制造业发展、促进经济特区和工业园区建设、改善基础设施和贸易物流体系、创造条件吸引私营部门投资、推进技能培训以及农业转型和提升农产品加工业水平。截至 2019 年底，业已召开了五届论坛。其中，第二届论坛由广东省人民政府、国家开发银行和世界银行联合主办，第三届由中国财政部、世界银行、国家开发银行和塞内加尔政府联合举办，第四届由中国财政部、湖南省人民政府、国家开发银行、世界银行共同主办，第五届由刚果共和国政府、中国财政部、国家开发银行和世界银行共同主办，中非基础设施合作一直是该论坛绕不开的议题。

4. 涉非金融机构支持中非基础设施合作

2007 年 6 月，中非发展基金成立，这是我国首个对非股权投资基金，总规模 100 亿美元。该基金一直将基础设施作为投资非洲的重点领域。2016 年 9 月 7 日，针对中非基础设施合作面临的缺乏具备建设条件和融资方案的成熟项目等困难，中非发展基金创新合作模式，牵头成立了中国海外基础设施开发投资有限公司，集合中国大型工程相关企业，整合各方资源优势，专门致力于开发和培育非洲等地区的基础设施项目。

中国海外基础设施开发投资有限公司是由国家开发银行控股子公司中非发展基金牵头，联合中国葛洲坝集团海外投资有限公司、中国电信国际有限公司、长江勘测规划设计研究有限责任公司、中国恩菲工程技术有限公司、河北建投能源投资股份有限公司等多家业内大型基础设施建设、投资、运营、设计企业共同设立，设计股本总规模 5 亿美元，是我国当时规模最大的海外基础设施前期开发的企业。公司业务范围主要包括项目规划、设计、投资、建设等一体化服务,以非洲地区为起步,逐步覆盖"一带一路"沿线国家,通过前期培育孵化,把众多处在概念设计阶段的基础设施项目转化为可融资的成熟项目,助力非洲基础设施建设,同时发挥国家开发银行及中非发展基金的综合融资优势和其他股东企业的产业优势,为中国企业参与海外基础设施投资建设提供项目来源和资金、智力支持。

2014 年 5 月 22 日,中国人民银行与非洲开发银行签署了 20 亿美元的"非洲共同增长基金"融资协议,以推进非洲基础设施发展和区域互联互通,支持非洲经济升级转型。

此外,中国出口信用保险公司发挥政策性保险机构的专业化优势,为中国企业对非洲业务提供信用支持和风险保障,承保了轨道交通、港口、航空、通信、电力等多个领域的设施联通项目。

三 非洲对接设施联通的政策措施

2010 年以来,非盟、非洲区域合作组织和非洲国家纷纷提出跨国跨地区基础设施建设方案,以密切相互之间的经贸往来。自 2013 年中国提出"一带一路"倡议以来,非洲国家为了对接中国"一带一路"倡议,在基础设施政策方面也有一些新的变化。

(一)主要规划方案

长期以来,非洲国家领导人在发展基础设施、推动非洲一体化建设方面达成了共识。1991 年的《阿布贾条约》、1980 年的《拉各斯行动计划》、2007 年 7 月非盟第九届首脑会议通过的《阿克拉宣言》等多次峰会宣言和决议一再重申此点。2012 年 1 月非洲各国元首和政府首脑在埃塞俄比亚首都亚的斯亚贝巴批准的《非洲基础设施发展规划》(PIDA),以及《非洲发展新伙伴计划》(NEPAD)的"短期行动计划"(STAP)和"中长期战略框架"(MLTSF),都强调区域性基础设施发展是非洲一体化和可持续性社会经济发展与合作的关键基础。非洲"2063 年愿景"规划也倡导发展全大陆的基础设施,以加强非洲的一体化和统一。

1.《非洲基础设施发展规划》

2012 年 1 月,非盟第十八届首脑会议通过《非洲基础设施发展规划》(PIDA),制定了 2012 年至 2040 年非洲现有各类跨国跨区域基础设施发展的规划,确定了跨国跨区域基础设施建设的项目规划、融资和总体实施框架。PIDA 项目分为近期(2012～2020 年)、中期(2021～2030 年)和远期(2031～2040 年)三个阶段实施。主要涵盖能源、交通、信息通信和跨境水资源四大领域。PIDA 投资总额预计为 3600 亿美元。其中已制定的近期阶段(2012～2020 年)优先发展计划(PAP)项目约需 680 亿美元。融资来源主要包括官方发展援助、现有基础设施融资合作机制、发行基础设施债券、向私营投资者提供政府担保以及次区域组织征收基础设施税等。PIDA 下的主要项目如下。

第一,泛非公路网规划(Trans Africa Highway,TAH)。2010 年 10 月,在南非召开的第二届"非洲发展新伙伴计划"基础设施峰会上,南非总统祖马详细介绍了泛非公路网规划。该规划设计公路里程 56683 公里,拟由非盟、非经委、非洲开发银行和各地区协会组织共同开发。

该公路网包括三纵六横共 9 条跨国公路。三纵分别是:TAH2,从阿尔及利亚首都阿尔及尔经尼日尔至尼日利亚的拉各斯,全长 4504 公里;TAH3,从利比亚首都的黎波里经乍得、中非、刚果(布)、刚果(金)、安哥拉、纳米比亚至南非的开普敦,全长 10808 公里;TAH4,从埃及首都开罗经苏丹、埃塞俄比亚、肯尼亚、坦桑尼亚、赞比亚、津巴布韦、博茨瓦纳至南非的开普敦,全长 10228 公里。六横指:TAH1,从塞内加尔首都达喀尔沿西海岸北上,经毛里塔尼亚、西撒哈拉、摩洛哥、阿尔及利亚、突尼斯、利比亚至埃及首都开罗,全长 8636 公里;TAH5,从塞内加尔首都达喀尔经马里、布基纳法索、尼日尔、尼日利亚至乍得首都恩贾梅纳,全长 4496 公里;TAH6,从乍得首都恩贾梅纳经苏丹、埃塞俄比亚至吉布提首都吉布提市,全长 4219 公里;TAH7,从塞内加尔首都达喀尔沿西海岸南下,经冈比亚、几内亚、塞拉利昂、利比里亚、科特迪瓦、加纳、多哥、贝宁至尼日利亚的拉各斯,全长 4010 公里;TAH8,从尼日利亚的拉各斯经喀麦隆、中非、刚果（金）、乌干达至肯尼亚的蒙巴萨，全长6258公里；TAH9，从安哥拉西部港口城市洛比托经赞比亚、刚果（金）、津巴布韦至莫桑比克东部港口城市贝拉，全长3523公里。[①] 泛非公路网拟以各国现有的公路为基础，将尚未连通的区域连接起来，其中六横中的TAH5、TAH6线路是规划中的重点线路。

第二，东非铁路网计划（East African Railway Master Plan）。现有的东非铁路始建于1891年，由英国人修建，主要连接肯尼亚海滨城市蒙巴萨和乌干达首都坎帕拉。由于运营多年、设备严重老化，且铁轨采用窄轨标准，铁路的运营状况一直欠佳，经海路运抵蒙巴萨港的大量集装箱不得不通过公路运往乌干达、卢旺达、布隆迪和南苏丹等国，不仅给肯尼亚公路系统带来较大压力，也增加了货物运输成本，影响该地区贸易发展。为改善东非地区各国间交通运输窘况，推动地区贸易发展，东非共同体五国以及埃塞俄比亚、苏丹于2010年出台了一项计划，拟用十二年时间在该地区新建10余条铁路，以形成覆盖东非大部分国家的现代铁路网。按照规划，坦桑尼亚将承担最多的建设项目，将新建8条线路，建成之后将坦桑尼亚与肯尼亚、乌干达和卢旺达连接起来。乌干达将新建4条线路，建成之后把国内主要经济区连接起来。肯尼亚将新建2条线路，一条通往埃塞俄比亚首都亚的斯亚贝巴和南苏丹首都朱巴，另一条与现有的蒙巴萨至坎帕拉铁路平行。

第三，南北交通走廊计划（The North South Corridor Rail and Road Projects）。南北交通走廊计划是东南非共同市场、南部非洲发展共同体和东非共同体于2011年联合提出的，该计划分为铁路网和公路网两部分。铁路网将在现有铁路基础上形成两纵四横的铁路网，将资源富集地区、主要经济中心、重要港口连接起来。两纵指达累斯萨拉姆走廊和南北走廊。达累斯萨拉姆走廊北起达累斯萨拉姆，向南经赞比亚、刚果（金）、津巴布韦、博茨瓦纳，至南非港口城市德班。南北走廊北起坦桑尼亚姆贝亚，向南经马拉

---

① 《泛非公路网规划》，中华人民共和国驻南非共和国大使馆经济商务处，2010年10月20日，http://za.mofcom.gov.cn/aarticle/jmxw/201010/20101007197657.html，最后访问日期：2022年12月23日。

维、莫桑比克、津巴布韦，至德班。与两纵相交的四横包括卢萨卡—利隆圭线、卢萨卡—哈拉雷线、布拉瓦约—奎鲁线、马哈拉佩—彼得斯堡线。公路网则计划在现有公路的基础上形成两纵三横的网状布局。两纵包括达累斯萨拉姆—卢萨卡—布拉瓦约—哈博罗内—比勒陀利亚—约翰内斯堡—德班，以及姆贝亚—姆祖祖—姆万扎—利隆圭—哈拉雷—马斯温戈—比勒陀利亚—约翰内斯堡—德班。三横为卢萨卡—利隆圭、卢萨卡—哈拉雷、弗朗西斯敦—马斯温戈。

第四，西部非洲电网计划（West African Power Pool Project，WAPP）。非洲水电资源丰富，但地理分布不均，这就需要保证电力资源的集中和采取跨边界分享电力的策略。20世纪70年代，非洲主要电力企业创立了非洲电力生产、传输和配送企业联盟（UPDEA），总部设在阿比让，旨在协调各国的电力分享。1999年12月，UPDEA创办了西部非洲电力联合体，以促进西非地区的电力整合，协调西非国家电力部门的规章制度，发展电力生产设施。1999年12月，西部非洲电力联合体出台西部非洲电网计划，该计划分4个阶段进行，计划将所有西非国家连接起来，实现年输送电力10000兆瓦的目标。

西部非洲电网计划包括A、B两个地理区域。A区成员国包括科特迪瓦、加纳、多哥、尼日利亚、尼日尔、布基纳法索和贝宁。这些国家的电力系统目前已与跨边界的高压互联网相连。B区成员国有马里、塞内加尔、几内亚、几内亚比绍、冈比亚、利比里亚和塞拉利昂。A区优先项目为二期工程"海岸传输骨干网"（Coastal Transmission Backbone Project，CTB），涉及加纳、科特迪瓦、多哥、贝宁和尼日利亚五国，目标是到2020年显著提高从加纳西部的普雷斯特阿变电站到尼日利亚拉各斯的伊凯贾西变电站的跨境电力传输能力。各项计划完成后，A、B两个区都将有相互联网的电力系统，易于区内电力交易。

第五，尼日利亚—阿尔及利亚天然气管道计划（The Nigeria-Algeria Gas Pipeline Project）。2009年7月3日，尼日利亚、尼日尔和阿尔及利亚三国签署了一项协议，计划修建一条从尼日利亚经尼日尔至阿尔及利亚的天然气管道，管道全长 4400 公里，预计总投资 200 亿美元，计划于 2015 年建成。但实际上，直到 2021 年 9 月尼日利亚才开始建设，2022 年 2 月尼日尔又加入进来，管道计划线路图有所调整，尼日尔从中受益，增加从阿尔及利亚向欧洲的出口。管道建成后尼日利亚丰富的天然气资源将借助阿尔及利亚通往欧洲的天然气管道进入欧洲市场，同时可为加纳、多哥、贝宁等国供气。

2.《2063 年议程》

它是 2013 年非洲联盟制定的非洲未来五十年的发展蓝图。在其规划的 14 个旗舰项目中，有关设施联通的项目就占到 5 个，可见发展基础设施是《2063 年议程》的重要内容。第一，建立综合高速列车网络，通过整合非洲高速列车项目，连通所有非洲国家的商业中心。共同实施联通，促进货物、服务和人员的流动，降低运输成本。第二，实施英加水电项目，通过英加大坝建设（最终产出是 43200 兆瓦的电力），实现由传统能源向现代能源转变，确保所有人用得起清洁能源。第三，建立统一的非洲航空运输市场。该计划旨在提供统一的非洲航空运输市场，促进非洲航空运输业发展。第四，泛非网络。此项目旨在通过信息革命，把非洲变成一个高度发达的网络化社会。由于涉及众多消费群体，加上非洲国家的宽带基础设施和网络安全建设非常薄弱，该项目需要各成员国动用政策手段，才能得以实现。第五，网络安全项目。在非洲网络安全发展计划中，该项目计划采用新兴技术确保数据安全和网络安全。

在《2063 年议程》的行动倡议中，非盟对接世界一流的基础设施建设，对以下重点基础设施进行融资并实施。第一，交通设施。通过非洲一体化的高速铁路和《非洲基础设施发展规划》的交通走廊将所有非洲国家的首都和商业中心互相连通。改善非洲航空业的效率，确保《亚穆苏克罗宣言》的落实，并将非洲的港口和航空业的建设作为区域和大陆资产来加以增强。第二，能源。利用一切非洲的能源资源以保障对其的利用具有现代化、高效、可靠、保障成本利益、可再生且环保的特点，通过打造国家级、区域级的能量池和网络以及《非洲基础设施发展规划》中的能源项目，用于非洲家庭住户、商业、行业和机构的运转和使用。

第三，信息与通信技术。要将非洲打造成一个能与世界上其他区域在这方面水平相等的信息化社会。要打造一个整合型的电子经济体，使每个政府、每笔商业运作、每个公民都能享用到可靠且在其支付能力范围内的信息与通信技术服务。

（二）政策措施

整体来看，非洲东部基础设施建设政策无论是在地区层面还是在国家层面都有不少新进展，其中地区层面的政策着力于跨境铁路、电力网络的互联互通，国家层面的政策则大都把铁路建设与可再生能源开发放在优先地位。非洲中部则无论是地区层面还是国家层面的基础设施建设都取得了新进展，已确定实施 22 个互联互通基础设施项目。非洲南部由于一体化水平已经较为成熟，交通基础设施建设地区层面的政策新动态很少，主要侧重于物流、码头、公路与机场的升级，桥梁道路维修，电力、电信基础设施建设等。地区层面主要集中在可再生能源开发，国家层面侧重于信息和通信技术基础设施建设、电站改造和电网扩建等。非洲西部主要侧重于跨境电网、水电站的建设，运输基础设施建设方面的新政策并不多。非洲北部地区层面的基础设施建设政策相对缺乏，但国家层面的基础设施建设政策不少，如埃及的新首都规划项目和连接十月六日城以及首都开罗的铁路项目，阿尔及利亚的高速公路项目和可再生能源项目，摩洛哥的高铁项目和海港项目，等等。

四 中非设施联通合作的意义

国际发展经验表明，基础设施对经济社会发展具有基础性、先导性、全局性作用。"一带一路"倡议的设施联通无疑发挥着先导作用，为其他"四通"奠定物质基础，其发展成败事关"一带一路"建设全局。设施联通的实质就是要促进"一带一路"沿线国家基础设施的现代化，提高沿线国家的自主发展能力，为这些国家推动工业化、发展服务业提供基础保障。所以，中非共建"一带一路"要以互联互通为着力点，促进生产要素自由便利流动，打造多元合作平台，实现共赢和共享发展。

1. 对接非洲急需改善落后基础设施的迫切诉求与中国基建的优势，促进共同发展

资金短缺、基础设施落后极大地限制了非洲国家将资源优势转化为发展优势。非洲国家内部和国与国之间，基础设施缺乏互联互通，不仅增加了非洲国家实现一体化的困难，也使非洲国家的生产要素流动产生了高昂的成本。因此，无论是从国家层面，还是从区域层面、全非洲层面，基础设施建设都是非洲发展经济的优选项目，反映出其打破基础设施瓶颈的迫切需求，因此基础设施建设对非洲发展具有重大意义。而中国改革开放四十多年来，在经济、科技等方面发展迅速，部分基础建设相关的行业则陷入了产能过剩的局面，特别是建筑材料、工程机械制造、建筑施工等行业的发展，面临国内市场日渐饱和、过剩产能无处消化的严峻挑战。为此，中非共建"一带一路"中的设施联通可以发挥中非之间发展的需求与优势的互补性作用。中国企业可以凭借丰富的投资、建设和运营经验形成的相对明显的资金、装备和技术优势，参与非洲基础设施建设，在助力非洲互联互通的同时，在一定程度上解决中国基建产能过剩的问题，以及把中国"双循环"新发展格局所需要的战略物资运回国内。

2. 提高生产要素流动性，提高可达性，促进非洲经济一体化

中国企业通过参与非洲国家内部的、跨国的、跨区域的骨干路网建设，可以直接缩短货物运输距离、降低运输成本，提高生产要素的流动性，促进非洲经济一体化。比如蒙内铁路和内马铁路是东非地区陆港联运大动脉；亚吉铁路成为连接埃塞俄比亚和吉布提两国的重要交通干线；本格拉铁路成为大西洋至印度洋的国际铁路大通道，政治与经济意义显著。

3. 大幅提高非洲的能源供给，改善能源结构，降低能源成本

非洲国家电力设施匮乏，严重影响了民生，阻碍了非洲的工业化发展。目前，撒哈拉以南的非洲农村通电率仅为10%，30多个非洲国家面临电力短缺问题，近60%非洲人口无电力接入。中非可在电力建设方面合作，进行水电站、火电站、风电、光伏发电设施的建设，既可以提升非洲

的能源供给能力，同时可以改善其能源结构，降低其对石油能源的依赖，实现绿色环保发展。更重要的是，未来非洲电力供应的大幅增长，势必促使电价下浮，为工业提供低成本发展空间，增强非洲制造业对域外国家的投资吸引能力。

4. 提高非洲信息化水平，促进消费升级和产业升级

中非可在信息化设备和服务方面加大合作力度，为非洲信息化建设作出更大贡献。新冠疫情蔓延背景下，非洲掀起了一轮由手机和移动互联网带动的购物潮，也吸引了部分通信设备供应商落户非洲，势必会提升非洲的产业层次。

5. 助推非洲城市化进程

非洲公共服务建设落后，很多人都因为喝不上干净的水而感染疟疾，全非洲每年约 40 万人死于疟疾。在新冠疫情蔓延背景下，非洲医疗卫生、贫民窟改造、清洁饮水、排污垃圾等方面的民生工程短板暴露无遗。为此，中非在城市公共服务设施和商业设施等方面的合作，可助力非洲提升城市化水平。

第二节 中非共建"一带一路"中设施联通合作成就

在以习近平同志为核心的党中央指引下，近年来，蒙内铁路、亚吉铁路等一大批"一带一路"合作项目相继完成，有力促进了沿线区域的产业发展和资源流通，为非洲社会经济发展作出了重要贡献。

一 中非设施联通合作概述

参与和支持非洲国家的互联互通建设一直是中国对非经贸合作的重点与优先领域，也是中国的优势与强项。中国政府长期以来大力支持非洲的基础设施建设，中国企业凭借资金、技术、设备、管理和人力成本的优势，参与非洲众多基建项目，为改善非洲落后的基建状况作出了突出的贡献。回顾中国参与非洲基础设施建设的历程发现，中非双方的合作与中国自身在政治、经济、外交等方面的发展有着密切联系，且在不同历史时期呈现不同的鲜明特征。

（一）援外起步阶段

中国参与非洲基础设施建设始于 20 世纪 50 年代的对非援助。当时为了支持非洲国家风起云涌的民族独立和解放运动，帮助非洲国家在摆脱殖民统治后走上独立自主的发展道路，中国政府开始向非洲国家提供经济援助，包括资金的援助和大量的工程援建项目。其中的工程援建项目逐渐构成了对非工程承包与劳务合作的主体。

（二）转型"走出去"阶段

20 世纪 70 年代末，中国开始了改革开放的探索，随着计划经济体制向市场经济体制的过渡，中国的对非工程承包也引入了经营的理念，中国企业从此真正走进了非洲工程承包与劳务合作市场。1982 年，中国的对外服务贸易经营和管理机构进行调整。过去传统的以经援项目为主的中非经济合作模式发生了根本性改变，由此推动中国对非工程承包逐步走向成熟。中国的对非工程承包项目逐步由以经援项目下的工程承包项目为主，走向按照国际通行规则，通过竞标承揽工程项目。20 世纪 90 年代中期后，随着中国改革开放的深入推进，在中国政府和金融政策的支持下，中国企业越发积极参与非洲的工程承包建设。对非工程承包模式也由原来的以政府为主导，转变为以企业为主体。此间，中国企业所承包的数亿美元的大型项目乃至数十亿美元的超大型项目呈不断增长态势。

（三）走进非洲、稳步发展阶段

2000 年是中国对外承包的新元年，中国开始实施"走出去"战略，原对外贸易经济合作部与中国人民银行出台《关于利用出口信贷开展对外承包工程和成套设备出口实行资格审定的通知》，正式将"对外承包资质"与"钱袋子"挂钩，要求申请使用出口信贷开展对外承包工程的企业必须具有对外承包工程经营权。2000 年 10 月，"中非合作论坛"创立，2006 年《中国对非政策文件》出台，在中非合作论坛行动纲领、中国对非政策引领下，中国企业受益于出口信贷，尤其是中国进出口银行的出口买方信贷，对外工程承包项目的规模不断扩大，数量迅速增长，使得非洲成为仅次于亚洲的中国第二大海外工程承包市场。中国对非工程承包合同额从 2000 年的 22.9 亿美元猛增到 2006 年的 289.7 亿美元，再到 2012 年的 640.5 亿美元；同期的对非工程承包营业额从 10.96 亿美元猛增至 95.45 亿美元，再增到 408.3 亿美元。[①]

（四）全面融合发展阶段

2013 年，中国"一带一路"倡议出台，其"五通"要义更是引领中非合作在各层面精准对接。在中非共建"一带一路"背景下，中非产能合作、非洲"三网一化"、中非"十大合作计划"等经贸合作机制和框架安排落实推进，中非发展基金、中非产能合作基金为中非基础设施合作提供了有力的金融支持，为此，中非基础设施合作进入共建命运共同体，基建、产能、资本和软实力全面"走出去"阶段。2013~2016 年，中国对非工程承包业绩连续三年屡创新高。2016 年中国对非工程承包新签合同额和完成营业额分别高达 820.6 亿美元和 521.6 亿美元，其他年份业绩见表 5-1。中国企业已经发展成为非洲基础设施建设的主力军，占据了非洲 EPC 市场近 50% 的份额。以中交建、中国中铁、中水电、中国建筑、中铁建和中信建设为代表的中国企业兴建了非盟会议中心、亚吉铁路、蒙内铁路等一大批旗舰项目，业务拓展备受世界关注，中国在非影响力不断提升。用美国麦肯锡全球研究院发布的《龙狮共舞——中非经济合作现状如何，未来又将如何发展》报告中的话来讲，不论是法英美等西方国家，还是印度、巴西、俄罗斯等国家，没有任何一个国家能跟中国与非洲经济往来的深度和广度相比。[②]

---

① 中华人民共和国商务部：《2020 年度中国对外承包工程统计公报》，中国商务出版社，2021，第 28、35 页。

② Irene Yuan Sun, Kartik Jayaram and Omid Kassiri, "Dance of the Lions and Dragons: How Are Africa and China Engaging, and how will the Partnership Evolve?" Washington, DC: McKinsey Global Institute, June 2017, p. 9.

表 5-1 2010~2019 年中国对非直接投资、贸易、工程承包数据

单位：亿美元

	2010 年	2011 年	2012 年	2013 年	2014 年	2015 年	2016 年	2017 年	2018 年	2019 年
中国对非直接投资流量	21.1	31.7	25.2	33.7	32.0	29.8	24.0	41.1	53.9	27.0
中国对非直接投资存量	130.4	162.4	217.3	261.9	323.5	346.9	398.8	433.0	461.0	443.9
中国向非洲出口额	669.5	731.0	853.9	928.1	1061.5	1086.7	922.2	952.0	1049.0	1132.0
中国从非洲进口额	569.6	932.0	1131.7	1174.3	1157.4	703.7	569.0	679.1	993.0	955.0
中国对非洲工程承包新签合同额	383.5	457.7	640.5	678.4	754.9	762.5	820.6	765.0	784.0	559.3
中国对非洲工程完成营业额	234.7	361.2	408.3	478.9	529.7	547.8	521.6	512.0	488.0	460.1

资料来源：根据中华人民共和国商务部网站历年公布的相关数据整理。

但值得关注的是，自 2017 年起，在国际承包商在非洲的业务总体下降的大背景下，中国在非洲的基础设施建设遇到一定困难。中国在非洲的工程完成营业额连续四年出现负增长（见图 5-1）。完成营业额从 2016 年的 521.6 亿美元降到 2019 年的 460.1 亿美元。但相对而言，中国企业在非洲市场的业务占比仍在逐步提升。2020 年 ENR 发布的 250 家最大国际承包商非洲业绩榜单中，中国上榜企业完成营业额合计 341.7 亿美元，占比达到了 61.9%，较 2018 年提高了 1 个百分点。[①]

随着共建"一带一路"步伐不断加快，交通、能源、环保领域将吸引更多的关注，成为未来企业参与国际基础设施建设的重点领域；"投建营一体化"将成为行业发展的"新常态"；并购将成为布局国际市场、优化业务结构的重要手段；随着项目规模逐年扩大，融资能力要求会越来越高，社会责任属性也会越来越强。与此同时，传统的工程承包模式项目会逐渐减少，开始向 DB、EPC、BT、EPC+BOT、PPP 等模式转变，投资类

---

① 中华人民共和国商务部、中国对外承包工程商会：《中国对外承包工程发展报告（2019—2020）》，2020，第 42 页。

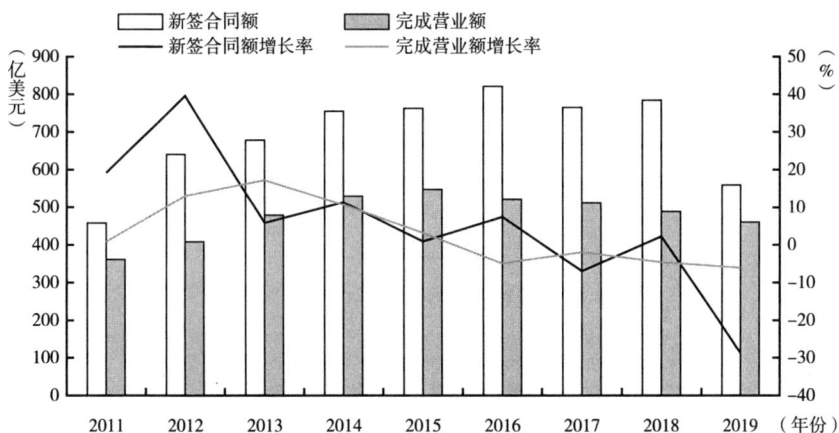

图 5-1 2011～2019 年中国在非洲工程承包业绩走势

资料来源：根据中华人民共和国商务部历年公布的相关数据整理。

项目将不断增加，企业全产业链整合能力的重要性凸显。这对企业来说，既是机遇也是挑战。

二 中非设施联通合作的特点

（一）中国是非洲基础设施建设的最大双边融资方和主力军

2012～2015 年，中国对非基建投资以每年 16% 的速度增长，为非洲许多大型基础设施建设开发项目提供了资金支持。2015 年，中国对非基建投入金额累计已达 210 亿美元，远高于非洲基础设施集团的投资总额（该集团成员包括世界银行、国际金融公司、欧洲执行委员会、欧洲投资银行、非洲开发银行和 G8）。[①] 2015～2019 年，国际承包商 250 强的营业额从 2015 年的 645 亿美元减少到 2019 年的 552 美元，而入榜的中国公司在非洲营业额小幅波动，从 354 亿美元减少到 342 亿美元，市场份额却从最低时的 54.8% 增加到 61.9%。非洲区域市场的工程 61.9% 是由中国公司实施的。[②]

---

① Irene Yuan Sun, Kartik Jayaram and Omid Kassiri, "Dance of the Lions and Dragons: How Are Africa and China Engaging, and how will the Partnership Evolve?" Washington, DC: McKinsey Global Institute, June 2017, p. 23.

② 袁立：《国际工程市场环境和市场细分》，《施工企业管理》2021 年第 1 期，第 115 页。

（二）基建领域拓展，交通、电力和房建是强项

中国在非洲的基础设施建设从最早的房建、道路、桥梁建设，拓展到水利水电、石化、电信、建材、供水、农业等领域。2013 年"一带一路"倡议出台后，中国在非洲的基建步伐加快，交通、能源、环保成为中国基建企业的重点关注领域。据统计，2019 年新签合同额前九的领域依次为交通运输建设（212.1 亿美元）、一般建筑（110.1 亿美元）、电力工程建设（75.8亿美元）、水利建设（36 亿美元）、石油化工（33 亿美元）、工业建设（24.5 亿美元）、制造加工设施（4 亿美元）、废水废物处理（1.4 亿美元），此外其他合计为 28.2 亿美元。[①]

（三）地域和国家布局从东非、北非向西部非洲拓展

中国在非洲建设的基建项目（包括援建、承建、投资）遍布非洲 54个国家。如果仅算直接投资类的基建项目则分布于 52 个国家，覆盖率高达 86.7%。"一带一路"倡议出台后，中国在东部非洲和北部非洲承建了亚吉铁路、蒙内铁路等超大型基建交通项目，使其成为重点合作地区。随着"一带一路"的推进，中国基建企业密切对接非盟 2012～2020 年PIDA 的优先行动计划，加大了与东南非和中西非两个重点地区的合作，使得中国在非洲的基建合作地域呈现自东向西、自北向南的全方位推进态势。对比 2017 年和 2019 年中国在非洲承包工程新签合同额地区构成变化，可见西部非洲的业务从占比 26.58% 扩大到 46.40%，增势明显（见图 5-2）。2019 年，尼日利亚（125.6 亿美元）、加纳（42.9 亿美元）、阿尔及利亚（37.3 亿美元）、刚果（金）（35.6 亿美元）、科特迪瓦（34.9 亿美元）、埃塞俄比亚（26.9 亿美元）、几内亚（26.6 亿美元）、埃及（25.9 亿美元）、赞比亚（22.1 亿美元）、肯尼亚（13.8 亿美元）是中国企业新签合同额的前十位国家[②]，其中西部非洲国家占 4 席，

---

① 中华人民共和国商务部、中国对外承包工程商会：《中国对外承包工程发展报告（2019—2020）》，2020，第 44 页。

② 中华人民共和国商务部、中国对外承包工程商会：《中国对外承包工程发展报告（2019—2020）》，2020，第 43 页。

东部非洲国家占 2 席，北部非洲国家占 2 席，南部非洲国家和中部非洲国家各占 1 席。

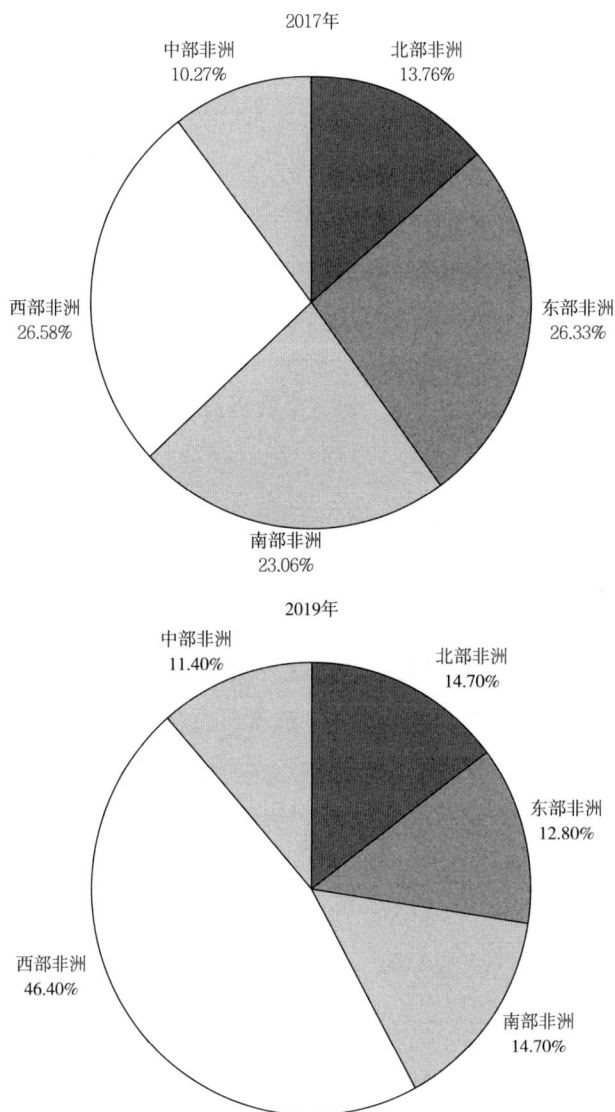

图 5-2　2017 年和 2019 年中国在非洲承包工程新签合同额地区构成

资料来源：根据中华人民共和国商务部、中国对外承包工程商会编写的《中国对外承包工程发展报告（2019—2020）》中的相关数据绘制。

（四）单体大项目较多

中非共建"一带一路"设施联通硕果累累。中国在非洲修建铁路和公路里程均超过 6000 公里，建设了近 20 个港口和 80 多个大型电力设施。亚吉铁路、蒙内铁路、蒙巴萨港等"一带一路"旗舰项目的单体投资巨大，项目的建成和投运已经产生良好的经济社会效益，引起国际社会广泛关注。此外，目前中国公司还承建了尼日利亚的蒙贝拉（Mambila）水电站项目（58 亿美元）、埃及的新首都中央商务区二期项目（35 亿美元）、刚果（布）的黑角新港项目（23 亿美元）、乌干达的卡鲁玛水电站项目（16.9 亿美元）等诸多大项目，继续彰显"基建狂魔"的资金与技术实力，并拉动中国装备的对非出口。

（五）EPC 总承包项目居多，投资运营类项目较少

中国参与非洲基础设施建设采用了融资承建与投资开发双管齐下的做法。但相对而言，中国在非洲承建的基础设施工程大多采用 EPC+F 的融资方案，而投资开发类项目较少。据中华人民共和国商务部发布的统计数据，截至 2019 年底，中国在非洲建筑业的投资存量为 135.9 亿美元，占比 30.6%。[1] 虽然中国在非洲建筑业的直接投资存量高居中国在非直接投资总存量的行业榜首，但相对于中国对非工程承包总合同额和总营业额而言实在是占比太小。特别是在近年来非洲经济出现暂时困难，出现新一轮债务危机的背景下，中国参与非洲基建的主流合作模式亟待转型。

三 中非设施联通合作的成就

近年来，中国基建企业在"一带一路"倡议指引下，积极传承中非传统友谊，大力弘扬坦赞铁路精神，以其强大的建设能力，长期致力于推动非洲高速铁路、高速公路和区域航空"三大网络"，以及信息化设施和工业基础设施的建设，承建了一大批具有示范性、带动性的重大工程，在提升中国

---

[1] 中华人民共和国商务部、国家统计局、国家外汇管理局编《2019 年度中国对外直接投资统计公报》，中国商务出版社，2020，第 28 页。

企业对外开放合作和国际化经营水平的同时，改善了非洲的基础设施状况，提高了非洲的一体化发展水平，加快了非洲的城市化进程，同时为工业化的发展奠定了良好的基础。中非在基建领域里的互联互通，不仅为非洲产品进入国际市场提供了便利通道，而且便利了非洲国家与外部世界的人员流动，推动了非洲域内国家间的经贸联系。与此同时，中非友谊也得到了加强，中国社会经济可持续发展所需要的战略物资得以安全运回国内。

（一）促进非洲一体化发展

中非设施联通提高了生产要素的流动性以及可达性，促进了协同发展。中国企业积极参与非洲交通基础设施建设，累计建成铁路 10605 公里，遍及 46 个国家；累计建成公路 4800 公里，遍及 46 个国家。跨区域骨干路网的建设提高了生产要素的流动性，促进了非洲区域的一体化发展，直接缩短了运输距离、降低了运输成本。如蒙内铁路和内马铁路，是东非地区的陆港联运大动脉；亚吉铁路成为连接埃塞俄比亚和吉布提两国的重要交通干线；本格拉铁路打通了大西洋至印度洋的国际铁路大通道，政治与经济意义显著。

1. 埃塞俄比亚亚的斯亚贝巴—吉布提铁路项目

2011 年 11 月，中国中铁股份有限公司（简称"中国中铁"）与埃塞俄比亚铁路公司签署项目合同，承建埃塞俄比亚亚的斯亚贝巴—吉布提铁路项目 1&2 标段 SEBATA-ADAMA-MIESO 段。该项目是埃塞俄比亚国家铁路网一期工程项目的第一段，是埃塞俄比亚政府"新五年计划"中的重点项目，全长约 320 公里，设计时速 120 公里。2016 年底亚吉铁路正式开通，2018 年 1 月 1 日正式投入商业运营。亚吉铁路是首个集设计标准、投融资、装备材料、施工、监理和运营于一体的中国铁路全产业链"走出去"的项目。项目采用 EPE+F+O+M 的模式，由中国进出口银行为该项目提供商业贷款，共计约 29 亿美元，涵盖埃塞俄比亚段 70% 的资金和吉布提段 85% 的资金。

——起源　埃塞俄比亚是非洲之角内陆国，进出口货物主要依靠邻国吉布提的港口。而吉布提港是非洲之角地区最重要的港口、交通中心和通往非洲内陆国家的中转站。在吉布提港进口的货物主要依赖低效的公路流向埃塞俄比亚首都周边。为改善两国间的交通运输条件,开辟吉布提至埃塞俄比亚乃至东部非洲腹地的主要通道,为区域经济发展提供基础设施支持,两国急需修建一条埃塞俄比亚—吉布提的铁路干线,因此,埃塞俄比亚亚的斯亚贝巴—吉布提铁路项目(简称"亚吉铁路")就孕育而生了。在该项目之前,中国中铁已经通过承建埃塞俄比亚其他项目具备了较好的市场基础,决定进入项目后,积极向埃塞俄比亚政府发出项目兴趣函并邀请埃塞俄比亚政府会谈。经双方多次谈判,2011 年,中国中铁股份有限公司与埃塞俄比亚铁路公司签署亚吉铁路 1&2 标段 SEBATA-ADAMA-MIESO 段 EPC 总承包合同。中铁二局集团有限公司代表中国中铁成立埃塞俄比亚铁路项目经理部负责具体项目实施。

——效益 尽管亚吉铁路所经区域地质条件复杂,施工条件异常艰苦,但中铁二局项目部日夜兼程奋战,采用了 10 多项新技术,攻克了施工难点,历时五年圆满完成了施工任务。亚吉铁路是撒哈拉以南非洲地区第一条电气化铁路,2018 年投入商业运营后,每天都有班列运行,而且运行班次从最初的每天开行一对货车、每两天开行一对客车变为目前的每天开行三对货车、每两天开行一对客车。从亚的斯亚贝巴的拉布火车站到吉布提的运输时间从过去的 7 天降为 10 小时(若加上埃吉边境过关检查则为 12 小时)。截至 2019 年 11 月底,亚吉铁路累计开行客车 581 列、货车 1749 列,累计运送旅客 21.3 万人次、运输集装标箱 11.2 万个(162.4 万吨),2019 年比 2018 年货运量提升 50%以上,实现客货运总收入 7379 万美元,运量和收入均超过了可行性报告的预期。亚吉铁路现有中方铁路专业人员约 650 人,当地员工约 2200 人。[①] 亚吉铁路的开通缓解了埃塞俄比亚到吉布提的陆路交通压力,极大地提升了埃吉两国的物流贸易效率,并将辐射东部非洲内陆地区,对非洲国家的经济发展和与世界的互联互通具有极为重要的作用。

除此之外,亚吉铁路还给埃塞俄比亚和吉布提带来了一些效益。第一,

---

① 袁立、李其谚、王进杰:《助力非洲工业化——中非合作工业园探索》,中国商务出版社,2020,第 17 页。

为当地提供就业岗位，促进经济发展。项目大量雇用当地员工，提升了当地就业水平。累计聘用和培训当地雇员超过 3.6 万人。项目实施过程中，从当地大量采购水泥、油料等施工物资材料，金额达 15 亿元，拉动了内需，刺激了当地经济的发展。第二，为当地培养技术人才，提升技能水平。先后为业主培训土建、电气、机械三大类专业学员 200 余名，并为亚的斯亚贝巴大学、阿达玛大学等高等学府学生提供实习机会。企业还积极支持当地学生赴中国学习，大幅提升了当地的技术水平、经济水平和可持续发展能力。第三，依托项目建设，改善居民生活环境。各项目部免费为附近村民提供清洁饮用水，并且在有条件的地方为村民打井或修建蓄水池解决人畜用水问题。为当地修整道路、平整学校场地。第四，打造可持续工程，减少环境影响。将中国设计与当地文化高度融合，加强对当地生态环境的保护。比如在爆破工点采用控制爆破技术，减少对周边建筑物的震动影响；在穿越国家森林公园时，采取平立交方式，预留出野生动物穿行通道；在城镇及居民密集区设置桥涵立交或平交道口，并安装防护栏，避免意外事故发生。

2. 纳米比亚鲸湾新集装箱码头和油码头项目

鲸湾港（亦称沃尔维斯湾港）位于纳米比亚中西部，濒临大西洋，是从安哥拉洛比托到南非开普敦近 3000 公里海岸线上唯一的深水良港，是通往南部非洲内陆国博茨瓦纳、津巴布韦和刚果（金）的重要港口通道。鲸湾码头项目由中国港湾工程有限责任公司采用 EPC 模式总承包，合同总额超过 8 亿美元，工期三年左右，承载着纳米比亚积极寻求进入"一带一路"快车道的诚挚愿景。

——起源　纳米比亚虽然是一个年轻的国家，但鲸湾却是一个古老的港口，承载着纳米比亚 90% 的海运货物装卸工作，但原有码头设备老旧，吞吐能力趋于饱和，亟待改扩建。自 2005 年起纳米比亚政府就有了鲸湾港扩建的规划，后被纳入《2030 年愿景》《团结繁荣计划》中成为该国重要的基础设施建设项目。纳米比亚政府希望发挥鲸湾的深海良港优势，不仅使其成为纳米比亚的核心物流枢纽，而且成为整个西南非洲地区国家的重要港口，由此辐射博茨瓦纳、赞比亚、津巴布韦等周边内陆国家。

在中非共建"一带一路"倡议推动下,2013 年、2014 年,中国交建集团辖属的中国港湾工程有限责任公司凭借在港口水工领域的独特优势,通过激烈的国际竞标先后中标鲸湾新集装箱码头现汇 EPC 项目和鲸湾油码头现汇 EPC 项目,合同总金额 8 亿美元。其中,新集装箱码头建设合同额 3.35 亿美元,工期三年。建设内容包括一个可以停靠 10 万吨级 8000 标箱和岸线长度为 600 米的集装箱码头、1 座 372 米长的邮轮码头、吹填而成的 41 万平方米的陆域堆场(其中疏浚 360 万立方米,吹填量 270 万立方米)、可以停靠游艇的浮式防波堤,以及相应的铁路、公路、水电通信和房建等配套设施,并提供 4 台岸桥。项目位于鲸湾老港区。油码头项目内容包括两个 6 万吨油轮泊位和两个 400 吨拖轮泊位,码头 730 米,引桥 1700 米,疏浚 890 万立方米,水上及陆地输油管线 7.6 公里,储存柴油、汽油、航空煤油和重油的总计 7.5 万立方米储油库区,其他配套设施。油库区位于鲸湾东北侧油气工业区,库区面积 2.6 公顷,按功能分为罐区、汽车和火车装卸区、生产辅助区等。项目位于鲸湾北部新港区。

——效益 鲸湾码头项目于 2014 年 5 月正式开工,2019 年 8 月顺利完工。鲸湾新集装箱码头建成后装卸效率实现了质的飞跃。由于引入了自动化港湾项目,4 台岸桥由上海振华重工制造,效率是门座式起重吊机的 3~5 倍,鲸湾新集装箱码头年吞吐量从 30 万标准箱提升到 70 万标准箱,装卸效率更是实现质的飞跃;油码头也成为纳米比亚政府拥有的第一个国家战略储备油设施,储备时间从十五天增加到三十天。此外,项目还带来了溢出效益,促进了当地中小企业的发展。埃龙戈省省长穆提亚维夸表示:"中国港湾在鲸湾码头项目中发挥了巨大作用,不仅有利于沃尔维斯当地经济发展,还对整个纳米比亚中小企业的成长也是有益的,仅在本地就带动了 12 亿纳币的市场规模。"除此之外,项目建设期间,约有 2 亿纳币通过购买公关和人力资源服务等形式促进了中小企业的成长。

——意义 从纳米比亚国家来说,鲸湾港口工程意义重大,不仅改善了纳米比亚国家的基础设施,而且为纳米比亚和周边内陆国家提供了除德班以外的另一条水运航线,推动了南部非洲国家的互联互通。纳米比亚总统根哥布出席项目交接仪式时说:"沃尔维斯湾港将从一个主要渔港转变为国际市场的物流枢纽。"非洲开发银行副总干事约瑟芬·恩古雷认为,新集装箱码头运营后改变了纳米比亚的定位,并为津巴布韦、博茨瓦纳、赞比亚和马拉维等内陆国家提供更多的发展机会。从中国层面而言,新集装箱码头的竣工是中纳两国共建"一带一路"合作的重要成就,纳米比亚由此受益,未来将更多参与"一带一路"建设,推动中纳友好关系深入发展。另外,中国港湾工程有限责任公司通过实施该项目,向当地传导"感知责任、优质回报、合作共赢"的企业文化,树立了中国企业的良好形象。该项目为当地创造了2000多个就业岗位,通过理论学习、现场实践、岗位培训了600多名技术工人,通过当地有资质的专业机构培训了70名员工。在当地,中国港湾工程有限责任公司积极开展捐资助学、扶危救困等工作,累计捐赠额达300万纳币,其中赞助两名纳米比亚青年在中国的河海大学进行为期五年的工程专业本科学习,并在项目上为当地大学生提供实习机会,在当地树立了中国企业的良好形象。

(二)提升非洲能源供给能力

中非设施联通大幅提高了能源供给,改善了能源结构,降低了能源成本。非洲国家电力设施匮乏,严重影响了民生,阻碍了非洲的工业化发展。目前,撒哈拉以南的非洲农村通电率仅为10%,30多个非洲国家面临电力短缺问题,近60%非洲人口无电力接入。在电力建设方面,2010~2017年,中国在非洲建设了卡鲁玛水电站、宗格鲁水电站、苏布雷水电站等15座大型水电站,为非洲提供了17吉瓦装机容量。2018年中国公司获总承包额为58亿美元的尼日利亚塔巴亚州的3050兆瓦的蒙贝拉水电站项目,据悉该水电站建成后将是尼日利亚甚至非洲大陆最大的水电站;同年,中国公司又获得总承包额为44亿美元的埃及汉拉维恩(Hamrawein)火电项目。中国在非洲建设的水电站、火电站以及一部分风电、光伏发电设施,极大地提升了非洲的能源供给能力,同时改善了其能源结构,并降低了非洲对石油能源的依赖,实现了环境保护。更重要的是,电力供应的快速增长,使得电力费用不断下降,部分地区的电费从每度10美分降低到每度3美分,为工业提供了低成本发展空间,提高了非洲地区对世界制造业的吸引能力。

1. 肯尼亚加里萨 50 兆瓦光伏电站项目

肯尼亚加里萨 50 兆瓦光伏发电站工程是中国政府"一带一路"优惠贷款在肯尼亚支持的第一个发电项目，该项目位于加里萨市区西北，距加里萨市区约 10 公里，海拔高度约 145 米。电站场址紧邻加里萨 132 千伏变电站，距加里萨柴油发电站约 6 公里。

——起源 肯尼亚是撒哈拉以南非洲地区经济基础较好的国家之一，但电网覆盖率仅有 4%，民众取暖和炊事主要用薪柴和木炭，环境污染严重；同时，该国主要靠水和石油发电，但石油产品全部依靠进口，能源相对短缺。近年来，肯尼亚经济发展较快，年经济增长率保持在 6% 左右，国内能源产业发展滞后，电力供应越来越难以满足日益增长的需求，对此政府在其国家 2030 年远景规划中对此作出回应，规划到 2030 年使电力装机容量达到 17000 兆瓦。肯尼亚能源部计划在 2030 年前每年至少新增 1000 兆瓦发电量，鼓励更多公共部门和私人投资者进入发电行业，鼓励开发清洁能源，风电、地热、太阳能、水电等绿色资源将作为未来优先发展目标。这为中国企业在肯尼亚开展产能合作提供了良好的合作空间。2012 年，中国江西国际经济技术合作有限公司与肯尼亚政府达成建设肯尼亚加里萨 50 兆瓦光伏电站合作意向。2013 年 1 月，双方签署价值 1.4 亿美元的 EPC（设计、采购、施工总承包）合同。中国江西国际经济技术合作有限公司作为牵头方，负责协调融资事宜，获得了中国进出口银行 130 亿肯先令（约合人民币 8.6 亿元）的优贷融资；信息产业电子第十一设计研究院科技工程股份有限公司负责项目设计，晶科能源控股有限公司负责设备供货，中能建东北电力第一工程有限公司负责开发和施工。2017 年 6 月，肯尼亚加里萨 50 兆瓦光伏电站正式开工，2018 年 11 月，加里萨 50 兆瓦光伏电站项目顺利完工，并移交给肯尼亚政府，2019 年底正式投运。

——效益 肯尼亚加里萨 50 兆瓦光伏电站项目工程建设规模为 54.662 兆瓦，年均发电量 8754.64 万千瓦时，每年为当地减少 6.419 万吨二氧化碳排放，节约标准煤约 2.447 万吨。项目完成后运行期为二十五年，可满足 7 万户家庭共计 35 万人口的用电需求，将惠及项目所在的东北省加里萨地区

50%的人口用电，并且成为东非地区光伏发电行业人才培训和示范基地，为整个肯尼亚东北部地区带来巨大的经济和社会效益。

——意义　非洲地区太阳能资源丰富，太阳能发电设备严重依赖进口，太阳能市场亟待开发。目前，非洲国家呼吁简化太阳能产品进口流程，从而使贸易更加便利。为此，以尼日利亚、肯尼亚为代表的国家在太阳能发电方面通过优化进出口流程、减免关税等手段优化市场。随着肯尼亚加里萨50兆瓦光伏发电站工程的成功投运，该项目在未来非洲许多国家都有较高的复制推广前景。

2. 科特迪瓦苏布雷水电站项目

苏布雷水电站位于科特迪瓦西南部萨桑德拉河上纳瓦（Nawa）瀑布处。苏布雷水电站是科特迪瓦国家能源平衡战略的核心项目，由中国电力建设集团有限公司的成员企业——中国水利水电第五工程局有限公司（简称"中国水电五局"）采用EPC模式总承包建设。中国水电五局根据EPC合同特点，将枢纽工程设计、枢纽工程采购、输变电工程、业主营地工程进行分包。苏布雷水电站总投资额约5.72亿美元，其中中国进出口银行提供优惠出口买方信贷融资5亿美元，其余资金由科特迪瓦政府自筹。项目主要建设内容包括总装机容量为275兆瓦的苏布雷水电站及苏布雷至阿比让225千伏输变电线路、4个变电站扩建工程和业主营地工程等。预计年发电量1190千兆瓦时，是西非地区规模最大的水电站，被誉为"西非三峡"。

——起源　电力短缺是困扰许多非洲国家发展的难题，而建设苏布雷水电站符合科特迪瓦人民的利益。在中国"走出去"国家战略的指引下，中国电建集团于2009年4月28日通过议标与科特迪瓦政府签订EPC合同。由于科特迪瓦政局不稳定，2010年科特迪瓦发生总统选举危机，国家陷入内战，2011年结束内战后，新一届政府提出要大力发展经济，并将苏布雷水电站确立为科特迪瓦水电工程建设复兴的代表工程，以实现科特迪瓦人民"半个世纪"的梦想。2012年瓦塔拉总统访华时向中国政府提出该项目，由此揭开苏布雷水电站建设序幕。2013年1月，中国电建集团与科特迪瓦矿产石油能源部签署了苏布雷水电站建设项目合同，总金额达 5.72 亿美元。2013 年 9 月 24 日开工，科特迪瓦总统瓦塔拉在开工典礼上表达了"希望工程早日投产发电"的愿望。该项目原计划 2018 年 5 月竣工，在中科双方的共同努力下，提前 8 个月全面投产发电。在 56.5 个月的建设工期中，苏布雷水电站建设团队采用先进的管理理念、专业的施工技术和优质的管理服务，实现了总统的心愿，创造了中国水电的"西非速度"，推动了中国水电施工标准、施工技术和管理"走出去"。

——效益 苏布雷水电站拥有 4.5 公里大坝，是西非地区已建成的最大水电站。项目效益体现在以下四个方面。第一，提供了绿色清洁能源，改善了电力结构。首台机组自 2018 年 5 月 25 日发电以来，截至 2019 年 6 月已累计持续提供稳定的清洁能源约 20 亿千瓦时，占科特迪瓦全国用电量的 14%，大大提高了科特迪瓦水电在其电力组成中的比例，为科特迪瓦经济发展提供了绿色、稳定、廉价的电力供应，极大地提高了阿比让地区的电力供应水平，改善了用电安全。第二，巩固了科特迪瓦作为西非经济发动机的重要地位，为西非国家发展提供强劲动力。根据与西非联盟国家之间的协议，科特迪瓦将向布基纳法索、马里、贝宁、多哥、利比里亚和加纳等国家供给总量超过 1000 千兆瓦时的电力，整个西非地区都因此受益。第三，提供就业，拉动经济增长。项目施工期共聘用了 2637 名当地雇员参与工程建设，员工属地化达到 85.3%，促进了当地就业状况的改善和水电施工技术人才的培养。项目的建设有力地拉动了当地经济增长，使当地建材（钢筋、水泥、油料）等产业显著增长，并提供就业岗位近 3000 个，惠及千家万户。第四，改善了城市供水结构，保障市民洁净用水。为增强拉瓦区省会的饮用水产能。项目配套对苏布雷自来水厂进行扩建，工程投资 6.11 亿西非法郎（约 681.7 万元人民币），大大缓解了苏布雷市政公共用水及电站干部营地、工人营地的供水需求。第五，助力当地教育产业发展。2018 年 9 月，苏布雷水电站附属配套工程 KOPERAGUI 小学建成使用，可容纳 600 名学生上学，解决了苏布雷市上学难的问题。

——意义 第一，苏布雷水电站是一项惠及国计民生的重大工程，是科特迪瓦能源领域具有里程碑意义的项目,它的建成标志着科特迪瓦电力发展、能源平衡取得突破性进展,将为科特迪瓦工业、矿业的发展提供坚实的能源保障,为经济社会的长远发展注入强劲动力。第二,苏布雷水电站是中科两国在基建和产能合作领域的标志性工程,必将促进中科友好关系和双边经贸合作持续发展。2017 年 10 月,为纪念科特迪瓦苏布雷水电站全面投产发电,科特迪瓦专门发行了一套以苏布雷水电站为主题图案的邮票。科特迪瓦外交部评价该工程为"中科两国经贸合作的典范"。2018 年中非合作论坛北京峰会召开前夕,科特迪瓦总统瓦塔拉对中国进行国事访问时高度赞扬中国电建的履约能力,感谢中国电建为科特迪瓦政府及人民作出的贡献。第三,苏布雷水电站是中国水电项目首次打入科特迪瓦市场,目前已成为西非国家经济共同体成员国中最大的一个 EPC 总承包项目,其运营模式在西非地区有着不可替代的"灯塔"作用,该水电站不仅被誉为科特迪瓦的"三峡"工程、"灯塔"工程,更是名副其实的"总统"工程。该水电站取得的成功,在西非区域有着广泛的示范和推动作用。

(三)提高非洲信息化水平

信息化设备和服务的提供,促进了消费升级和产业升级。以华为和中兴为代表的中资通信服务供应商,为非洲信息化建设作出了巨大的贡献。2015年,非洲互联网普及率已达到 27%(其中移动互联网普及率达到 20%),GSM 移动信号覆盖率达 60%(其中 4G 覆盖率达到 20%)。华为在非洲部署了超过一半的无线基站、超过 70%的 LTE 高速移动宽带网络,以及超过 5万公里的通信光纤;中兴的产品和服务遍布 54 个非洲国家,有 2000 名员工为政府、企业、运营商、客户建设通信网络,协助规划建设覆盖南非全境的1900 公里光纤网络。通信服务的覆盖率和服务水平的提升,在非洲掀起了一轮由手机和移动互联网带动的消费升级,也吸引了部分通信设备供应商落户非洲,提升了非洲的产业层次。

1. 智慧赞比亚项目

智慧赞比亚项目包括两期项目工程。其中,一期项目是赞比亚国家 ICT发展项目,将建成国家数据中心和 ICT 人才培养中心;二期项目是建设惠及全国 17 个城市的国家宽带网络和电子政务平台。作为世界领先的 ICT 供应商，华为负责智慧赞比亚一期、二期项目的承建。

——起源　随着赞比亚国家数据向数字信息化数据转型，其需要存储和分析的数据呈指数型增长，而赞比亚政府 IT 资源分散，数据安全存在隐患，并且赞比亚 ICT 基础设施和人才无法跟上企业 ICT 租赁需求的步伐，数据滞后、数据"打架"成为农业、交通、海关、旅游等各大部门的通病。为保证数据的安全性、有效性以及各部门数据之间的互通性，提升政府部门办公效率，促进赞比亚在数字化时代的发展，赞比亚政府决定打造"智慧赞比亚"，用创新技术推进国家的信息化转型，推动电子政务、电子商务与信息技术人才的发展。2015 年 3 月，赞比亚总统伦古首次访华，其间，两国元首见签了智慧赞比亚一期项目的两国框架和融资协议，华为公司是项目承建方。2016 年 1 月，国家数据中心项目动工，同年 12 月底完成安装交付，2017 年 2 月 28 日被移交给赞比亚政府。目前，国家主数据中心已完成联合调试并正式投入运营。2017 年，赞比亚通信塔项目第二阶段启动后，1009 座通信基站在赞比亚各大偏远地区陆续建成，通信信号覆盖了赞比亚全部人口，2018 年，又建设了 550 座信号塔，2019 年底完工，比原计划的完工时间整整提前了一年，这就是"华为速度"。

——效益　其一，国家数据中心是 ICT 建设的重要部分，华为为赞比亚政府提供了可靠的数据中心解决方案，包括两地三中心方案，确保政府业务与数据的连续与安全；华为云解决方案，提供政务云、企业云托管等服务；华为能源解决方案，保障数据中心机房设备的安全运行。赞比亚国家主数据中心位于首都卢萨卡赞比亚信息通信技术局（ZICTA）内，占地约 450 平方米，拥有一个配备 72 个机柜的主机房、一个电源房、一个监控室、两个室外油机和两个地埋式油罐。国家数据中心将搭建一个云共享平台，对外提供云计算、安全云存储、桌面云、政务云、企业云、邮件系统等云服务。国家备份数据中心位于赞比亚通信运营商 Zamtel Roma 办公楼，建筑面积约 400 平方米；国家容灾数据中心位于基特维（Kitwe）通信运营商 Zamtel 办公楼，建筑面积约 600 平方米。这两大数据中心与主数据中心一样"五脏俱全"，包括主机房、电源房、监控室、通信设备室等基础设施。华为提供的云化两地三中心的国家数据中心方案为赞比亚政府电子政务集约化建设提供了物理基础设施支持，大幅度提高了政府的办公效率，推进了政府无纸化办公进程，为政府的信息建设提供了强健可靠的大脑。政府工作人员的办公效率和关键部门数据的安全性得以保障。同时，赞比亚国家数据中心也为该国海量数据提供了安身之所，有利于电子政务、智慧交通、电子商务等应用的普及。[①]

其二，智慧赞比亚的投运需要大量掌握 ICT 技术的本地人才。为此赞比亚迫切需要一个能为国家培养 ICT 人才的学院，以及通过扩展教育领域提升全国就业范围与就业率，降低 ICT 企业的运营成本。为此，华为提供了针对性与实操性极强的解决方案，包括现代化的 ICT 教学多媒体室和实验室；完善的 ICT 课程教材，现场联合培养；授予国际化的 ICT 认证标准与流程以及 ICT 教师培养；等等。尤其是华为推出的 ICT 职业培训金种子教师培训服务，取得显著效果。华为不仅提供 ICT 认证课程教师培养与认证授权，还为学员提供来华学习机会，让其在中国杭州的华为培训中心接受高质量的教学服务和实验指导，确保教师授课方式与质量满足华为认证的授课要求。通过培训的教师返回赞比亚后成为传播 ICT 知识的教学骨干，为赞比亚培养更多的 ICT 教师和学员。

其三，华为还为赞比亚政府提供了一套智真会议核心处理系统，为包括总统府、内政部、国防部在内的 5 个部委安装了华为三屏智真会议终端，并为 21 个部委安装了华为双屏智真会议终端。通过部署视频会议系统，改变了传统的会议召集模式，提高了各部委的沟通与决策效率，实现了节能减排的需求与社会责任。

其四，二期项目的国家宽带网络敷设了 9050 公里光缆，连接赞比亚 10

---

① 《华为 ICT 倾力打造智慧赞比亚》，华为官网，https：//e.huawei.com/cn/case-studies/cn/2017/201710091418，最后访问日期：2022 年 3 月 19 日。

个省的 15 个重点城市,将高速率的宽带网络连接到 1 万个政企事业单位及
20 万城市家庭用户,施工期间创造了近 3 万个工作岗位。国家宽带网络使
一期建设的国家数据中心与千千万万的末端用户的互联成为可能,大幅提高
了赞比亚信息化程度,为各种智慧国家的政务应用的全民推广提供了基础设
施保障。此外,工程通过电子政务平台为赞比亚 12 个海关提供电子海关系
统,与其现有的 Asycuda 系统对接,实现物流跟踪,货物检测,确认出关货
物的税收情况。该系统可以有效监控赞比亚海关税收情况,打击偷税漏税行
为,极大地提高了税收总量。

其五,除了智慧赞比亚的一期和二期,华为作为规划师还帮助政府将智
慧赞比亚建设理念及规划写成了赞比亚未来五十年 ICT 发展整体规划
(Smart Zambia Master Plan),使得其成为未来赞比亚向 ICT 产业转型的指导
纲领,为智慧赞比亚保驾护航。

——意义 增进中赞传统友谊,国家企业合作共赢。赞比亚是南部非
洲第一个同中国建交的国家。建交以来,两国人民始终相互同情、相互支
持、相互帮助,在经济社会领域进行了广泛合作(著名的坦赞铁路是中赞
友谊的丰碑和纽带)。近年来,中赞友好合作关系继续深入发展,各领域
合作不断扩大,双边关系面临良好发展机遇。该项目的建成极大地推动了
赞比亚 ICT 发展,创造了大量的就业岗位,以及为赞比亚国家稳定发展构
建了牢固的国家信息公共安全屏障,从而进一步深化了中赞传统友谊。
2018 年 9 月 2 日,正在中国访问的赞比亚总统伦古参观了华为北京研究
所。他表示:"作为全球领先的 ICT 企业,华为为赞比亚提供了最先进的
技术,让赞比亚人民,特别是生活在偏远地区的人民能够享受到数字技术
带来的便利和新的发展机会。期待华为继续致力于智慧赞比亚建设,让数
字服务覆盖更多赞比亚人,让他们充分享受到赞比亚政府与华为在数字化
发展方面的合作果实。"

2. 尼日尔国家骨干光缆建设和通信服务项目

该项目是中尼共建"一带一路"的重要成果,由中国通信服务股份有
限公司的子公司中国通信建设集团有限公司(简称"中国通信建设")承

建，包括建设 GSM 和 WCDMA 无线站点 136 个、敷设骨干光缆 2275 公里和建成 51000 线的 ADSL 网络，使用中国进出口银行优惠贷款实施。

——起源 尼日尔是一个西非内陆的贫穷国，经济发展落后，电信不发达，民众使用互联网的价格高昂。进入 21 世纪，尼日尔政府和人民都渴望快速改变落后的通信状况。而中国通信建设是中国较早走出去的电信建设承包商。在 2013 年中国政府提出"一带一路"倡议之后，中国通信建设更是积极跟进并推动公司战略与之匹配。2012 年 2 月 5 日，尼日尔共和国通信与信息新技术部部长萨利夫·拉博·布谢率高层代表团来华访问，访问期间参观了中国电信 NOC 中心、上海信电通通信建设服务有限公司等相关业务单位，并与中国通信服务股份有限公司进行了友好会谈，双方就进一步加强合作达成了广泛的共识。2013 年 12 月 14 日，驻尼日尔大使石虎与尼日尔计划国务部部长西塞分别代表各自政府签署了中尼国家骨干光缆建设和通信服务项目优惠贷款框架协议。2015 年 6 月 15 日，该项目开工仪式在尼蒂拉贝里市举办，中国驻尼日尔大使石虎与尼日尔电信部部长马尼出席并共同主持开幕式。2017 年第一季度，中国通信建设承建的尼日尔国家骨干光缆建设和通信服务项目竣工，部分已陆续投入使用。

——效益 骨干光缆的建设增加了当地的就业，而且随着项目的陆续投运，尼日尔国内的网络状况也明显改善，新尼日尔电信的宽带降价让更多当地居民享受到了通信发展的成果。许多居民家中装上了宽带，进入了"信息丝绸之路"，不仅便利了尼日尔民众之间的互联互通，而且提高了中国在当地民众中的影响力，使他们更加关注中国、关注世界。

——意义 该项目完成后结束了尼日尔没有骨干光缆网的历史，推动其通信业的发展，提高其信息化水平，缩小其在信息技术方面与世界的差距，也为其国民经济的发展注入了强大动力。尼日尔国家骨干光缆建设和通信服务项目是中尼友谊的又一体现，项目的投运体现了中国对尼日尔复兴计划的重要支持，对该国通信业发展意义重大。

（四）快速提升了非洲城市化水平

非洲国家的公共服务建设落后，很多人都因为喝不上干净的水而感染疟疾，全非洲每年约 40 万人死于疟疾。为提升公共服务设施水平，普惠民生，中国企业为非洲国家建设了一批供水工程，如埃塞俄比亚—吉布提跨境供水项目，解决了吉布提 61 万人民（占吉布提全国人口 65% 以上）的饮用水问题。同时，中国企业在非洲建设了诸多城市公共服务设施和商业设施，成为非洲城市化进程的核心参与者。中国参与建造的设施大部分成为当地的标志性工程，如阿尔及尔大清真寺、坦桑尼亚姆旺扎城市购物中心等大型建筑工程。这些民生工程和商业设施的建设，快速提升了非洲的城市化水平，2000~2014 年，非洲的城市化率提高了 7 个百分点，2014 年非洲的城市化率已达到 40%。

1. 埃塞俄比亚—吉布提跨境供水项目

埃塞俄比亚—吉布提跨境供水项目是从埃塞俄比亚的库伦河谷（Kulen Valley）地区的水源地向吉布提长距离供水的工程，是由埃塞俄比亚、吉布提及中国三方政府共同合作推进的东非区域内互联互通项目。

——起源 吉布提地处非洲东北部，亚丁湾西岸，受自然气候和地理环境影响，淡水资源十分匮乏，供水能力仅能满足首都及主要城镇 50% 的需求，淡水资源匮乏和供水能力低下问题直接关乎吉布提人民生活水平的提升，制约了吉布提经济社会的发展。而内陆邻国埃塞俄比亚不仅素有"东非水塔"之称，而且以吉布提为主要的海运出口，埃吉两国关系长期友好。从埃塞俄比亚跨境引水入吉布提不仅造价更低，还能使沿途百姓受益。2013 年 1 月，吉布提与埃塞俄比亚两国政府签署协议，一致同意实施跨境引水项目。而中国"南水北调"工程创造了供水规模、距离、受益人口等多个世界之最，中国在供水领域技术先进，经验丰富，可为埃吉跨境供水项目提供资金、技术、施工经验等方面的大力支持。2013 年 2 月 3 日，吉布提政府与中地海外集团签订 EPC 合同，确定中地海外集团作为该项目的总承包商；2013 年 9 月 11 日，中吉签署项目贷款协议，中国进出口银行提供优惠买方信贷。

——效益 2017 年 6 月 30 日，该项目完成并正式向业主方移交。中地海外集团历经两年多时间，建成数十口水源井和蓄水池，沿途敷设供水管道

380 公里，实现了从埃塞俄比亚水源地库伦河谷取水，采用自流方式输送至吉布提港口，为吉布提 5 个主要城镇每天提供 10 万立方米的优质饮用水，约 75 万人直接受益的立项目标。

——意义　该项目的顺利实施，对项目关联国无论是在政治、经济层面还是在社会层面都具有重大意义。从政治层面来看，该项目是中非合作进入新时期的代表性项目，对增强两国政治互信、加强双边外交关系起到了推动作用。同时，该项目还是吉布提、埃塞俄比亚和中国三方政府联合打造的非洲首个重要区域跨境供水项目，不仅促进了中国、吉布提和埃塞俄比亚三方的交流与合作，还是中非合作更加开放、灵活、务实的体现。从经济层面来看，水资源缺乏是困扰吉布提经济社会发展的棘手问题。非洲开发银行的报告显示，吉布提仅 25% 的人口可以喝到健康水，缺水和饮用不达标的水导致了一系列疾病，严重阻碍了吉布提经济社会水平的提高。供水缺乏也直接影响了吉布提工农业发展和吸引外资，造成吉布提 80% 以上的发展资金依靠外援。该项目有效地缓解了吉布提供水资源不足问题，对促进吉布提招商引资改善经济环境发挥了积极作用。从社会层面来看，中地海外集团在实施项目过程中始终坚持管理属地化，在吉布提和埃塞俄比亚招募人员，为当地人提供了大量的就业机会，培养了一批优秀的管理和技术人才；始终坚持采购属地化，以项目带动贸易，对吉布提经济发展和社会稳定作出了贡献。从项目推广层面来看，该项目也有重要价值。该项目创新了适合非洲的跨境三方共同开发利用资源的合作模式，在当前非洲经济一体化加快、大型跨国跨区域项目逐渐增多的背景下，该项目的运作经验可为有条件的跨国跨区域项目推进提供借鉴，在实现多方互利共赢的同时，促进非洲区域互联互通和一体化进程。

2. 莫桑比克马普托—卡腾贝跨海大桥及连接线项目

莫桑比克马普托—卡腾贝跨海大桥及连接线项目修建了连接莫桑比克首都马普托这个海港城市和南部小镇卡滕贝乃至南非边境口岸的干线公路，全长 187 公里，其中跨海大桥主跨 680 米，全长 3 公里，是非洲主跨径最大的悬索跨海大桥。该项目由中国交建集团下属中国路桥工程有限责任公司

（简称"路桥公司"）采用 EPC 模式建造，2014 年 6 月开工，2018 年 6 月完成主体工程建设，于 11 月完成主体工程移交并通车。①

——起源　为改变莫桑比克马普托湾南北岸交通不便的局面，莫桑比克政府推动修建马普托—卡腾贝跨海大桥，以及从该跨海大桥向南延伸一条现代化快速通道。该项目是莫桑比克政府优先建设的基础设施项目，目的是促进马普托市南部地区开发、带动道路沿线经济和旅游业发展、深化莫桑比克与南非经贸往来。中国交建集团下属的路桥公司与业主签署商务合同，2013 年 3 月中国出口信用保险公司为该项目出具中长期出口信用保险保单，撬动中国进出口银行 6.8 亿美元的商业贷款融资，解决了商务合同 87% 的融资。通过长达十五年的中长期融资方案，切实解决莫桑比克政府基础设施需求与短期外汇储备不足的矛盾，缓解了莫桑比克政府的外债压力，为大桥建设的顺利推进奠定了基础。

——效益　马普托—卡腾贝跨海大桥作为马普托及以南地区通往南非边镇的重要干线通道，建成后使原来 2~3 小时的渡海时间缩短至 10 分钟，显著提高了莫桑比克公路网络化水平，促进了当地货运交通、生态旅游等行业发展。项目累计为莫桑比克创造了超过 2500 个就业岗位，有效改善了当地就业状况。此外，项目实施过程中路桥公司注重增进居民福祉。大桥北接线经过首都马普托的贫民区，居民长期被用水用电、卫生条件差等问题困扰，路桥公司与项目业主携手为贫民区居民通水通电，集中处理生活垃圾和修建医院、学校、足球场等公共设施，着力建设优质移民社区，获得了当地人民的高度认可，随着跨海大桥项目的完工，马普托这个海港城市市容大为改善，已经成为南部非洲都市的崭新名片。

——意义　莫桑比克曾是古代海上丝绸之路重要的一环，随着"一带一路"建设的推进，莫桑比克马普托—卡腾贝跨海大桥及连接线项目成为中莫两国在基础设施领域最有代表性的合作项目之一。首先，该项目是莫桑

①　《第三方市场合作指南和案例》，国家发改委网站，https：//www.ndrc.gov.cn/fzggw/jgsj/wzs/sjjdt/201909/W020190909393562005115.pdf，最后访问日期：2022 年 12 月 17 日。

比克国家发展进步的标志，也是造福莫桑比克民众的民生工程。它的通车对便利两岸往来、完善区域互联互通、发挥莫桑比克区位优势、带动地区发展繁荣有着重要意义。第二，该项目是路桥公司在莫桑比克承建的最大的基础设施项目，不仅积极带动了中国设备的出口，极大地推动了中国标准、中国技术在海外生根落地，而且在当地打造了一张"中国制造"的靓丽名片，吸引着包括安哥拉在内的南部非洲国家众多官员前往参观。第三，由于在跨海大桥的建设中项目业主坚持使用部分欧洲标准，很多规范与中国存在理念上的差异，路桥公司聘用了德国 GUAFF 公司作为咨询单位负责大桥项目的设计咨询、施工监督及质量安全控制工作。故该项目成为中国在非洲开展三方合作中的产品服务类案例之一，其经验具有借鉴和推广的价值。

（五）为非洲工业化、现代化发展奠定了良好的基础

中非产能合作是中非共建"一带一路"的重要内容。近年来，中非产能合作的不断加强，为相关的对外承包工程与投资业务提供了新的增长点。中国基建企业不再局限于传统的业务范围，而是参与非洲国家的境外经贸园区、农业、矿业资源和建材等开发和投资，弥补当地产业空白，提升所在国的经济发展能力。例如，中土集团参与开发的尼日利亚莱基自贸区、依托亚吉铁路经济带布局并承建和开发的埃塞俄比亚 4 个工业园项目（阿达玛、阿瓦萨、孔博查、德雷达瓦），中国交建开发的埃塞俄比亚建材园区，江西国有资产监督管理委员会牵头发起的赞比亚江西工业园，安徽外经推动建设的莫桑比克贝拉经贸合作区，中信建设在安哥拉投资建设的建材厂，等等。此外，中国基建企业还在矿业和农业等领域探索以产业链建设模式推进的开发和实施等。

第三节　中非设施联通合作的前景

中国基建企业凭借雄厚的资金、先进的装备和技术、精细化的管理经验、惊人的施工速度持续在非洲市场拓展业务范围，但将"中国建设"铸造成世界一流品牌，实现可持续发展仍任重道远。

一　中非设施联通合作发展趋势

虽然近年来非洲基础设施建设市场呈现萎缩态势，但从长远来看，随着非洲经济走势的回升，非洲地区巨大的基础设施潜在需求将得到释放。在"一带一路"政策引领下，随着中非合作论坛行动纲领持续推进，再加上中国企业在非洲开展基建业务的良好基础，中非基础设施合作将迎来新的发展机遇，但也伴随诸多挑战。

（一）中非基建合作前景广阔，机遇增多

首先，发展与非洲国家全方位的友好合作是中国政府长期而坚定的战略抉择，为此中国政府持续支持非洲的基础设施建设。其次，2021 年 11 月底在塞内加尔召开中非合作论坛第八届部长级会议，中非双方紧密围绕新冠疫情背景下中非合作的新情况、新需求进行发展战略的精细对接，《中非合作论坛第八届部长级会议达喀尔宣言》及《中非合作论坛——达喀尔行动计划（2022—2024）》将在未来三年引领包括设施联通在内分全方位合作走深走实，中非命运共同体的构建将更为紧密。最后，非洲与中国合作的热望与动力持续增强。中国在非洲进行产能合作先行先试的国家〔埃塞俄比亚、肯尼亚、坦桑尼亚、刚果（布）〕已然受益于中非合作，示范效应逐渐显现，吸引了越来越多的非洲国家加入"一带一路"大家庭，通过与中国的全面而深入合作实现"龙狮共舞"。

（二）非洲中长期发展前景广阔，基建需求仍然巨大

虽然新冠疫情对非洲经济走势产生严重冲击，但是不改非洲经济中长期增长的良好预期。尤其是 2021 年初，包括摩根大通、高盛在内的诸多华尔街机构均预测大宗商品或将开启新一轮"超级周期"，这对以出口石油和农矿初级产品为主的非洲经济而言无疑是利好消息。未来随着大宗商品价格的上升，非洲出口创汇将增多，将有更多的资金支持基础设施建设，使得非洲洲际、地区性以及国家层面的涉及基建的国家发展规划得以顺利实施。综合分析埃塞俄比亚、赞比亚、喀麦隆、阿尔及利亚等国的基建规划或优先发展选项，电力工程、工业建设、商业建筑、城市住宅、市政供水、污水处理、

公共医疗设施等将成为重点方向。另外，在非洲大陆自贸区起航运作的背景下，《非洲基础设施发展规划》第二阶段优先行动计划（PIDA PAR2）中的跨国和跨区域的互联互通基建大项目提上建设日程，涉及交通、运输、电力、工业园等领域，基础设施投资需求更加旺盛。

（三）鼓励外资和私营资本投资开发基础设施建设成为新趋势

近年来，非洲国家越发鼓励外资和私营部门投资，特别是采用 PPP（Public Private Partnership）等模式加大对当地基础设施的投资，稳步推进本国重大项目实施，支持企业在当地进行综合性开发。例如，科特迪瓦政府大力鼓励外资投资，积极推动 BOT（Build-Operate-Transfer）合作模式，在科特迪瓦已经成功运作的 BOT 或 PPP 项目有电力领域（主要为火电）项目，以及于 2015 年 12 月通车的法国布依格公司投资的阿比让第三大桥项目；埃塞俄比亚于 2018 年 7 月颁布《PPP 实施办法》，在 PPP 平台上提供政策、法律法规、指导方案供参加的企业参考，2019 年已通过了 17 个 PPP 项目，并要求各相关部门继续提交希望以 PPP 模式推进的项目；为减少对财政的依赖，肯尼亚公私合营部门积极推进私人投资基础设施建设项目，《公私合营法》中列出的公私合营的领域包括电站、港口、机场、铁路等，并为 PPP 模式推广提供了清晰的法律环境和保障措施，给予税收、投资收益汇兑的便利；乌干达实行投资自由化政策，对外国投资者开放大部分经济领域，并为外国投资者提供十年的免税期及相关工业园区所需的免费土地等；安哥拉鼓励以 PPP、BOT、BOOT、BTO 等模式发展基础设施和电力建设，未来社会资本参与电力、交通、供水等基础设施投资、建设和运营将是行业发展的主要趋势之一；喀麦隆尝试推广 PPP 或 BOT 模式，允许并鼓励外国投资者参与当地基础设施建设；吉布提正式开工建设自由贸易区；突尼斯取消了多个限制外资投资的行政许可，减少外资的投资障碍；刚果（金）大幅降低公司开设费用，并减免了企业在初创阶段的增值税；等等。

（四）中国企业面临更加激烈的国际竞争

非洲的基建市场竞争历来激烈。竞争压力不仅来自欧美发达国家，而且来自部分发展中国家。土耳其承包商在北非竞争力较强，土耳其政府与阿尔及利亚政府签订的外汇相关优惠政策，便利了土耳其企业转移外汇，同时土阿两国因有相似的历史、宗教、文化，便于两国沟通，阿尔及利亚政府更倾向于使用土耳其企业。印度也加强对非合作，加大对非优惠贷款和援助力度，支持非洲建设大量会议中心等标志性建筑。另外，近年来欧美发达国家强势回归非洲市场，通过加大对非援助、扩大投资、减免债务，支持本国企业利用技术优势、资金优势、价格优势等加快开拓非洲市场。2018 年下半年以来，美国调整对非事务政策，不仅出台对非新战略和新倡议，而且配套出台新法案、新的金融工具加以支撑。美国专门注资 600 亿美元，设立美国国际发展金融公司（IDFC），欲与中国"重资本、长周期"类型的非洲项目展开竞争。2021 年拜登上台后，于 6 月在英国召开的七国集团峰会上提出"重建更好世界"（Build Back Better World）倡议，试图建立美国领导的以西方价值观为导向的全球基础设施伙伴关系。日本仿效中国，连续举办东京非洲发展国家会议，积极参与非洲国家发展规划，介入基础设施建设和产能合作，宣称要在非洲建设"高质量基础设施"，暗中与中国角力。此外，法国、德国等欧洲国家对非投资热度上升。2021 年 12 月 1 日，欧盟推出"全球门户"（Global Gateway），拟在 2027 年前投入 3000 亿欧元用于协助包括非洲国家在内的全球基础设施建设。综上，世界大国的积极参与使中国企业面临更加激烈的国际竞争，其中电力、电信行业的竞争尤为激烈。此外，世界主要大国示好非洲，或使部分非洲国家出现复杂的投机心态，对中国合作的项目要价更高，中国标准、中国技术走进非洲更加困难。

（五）债务问题困扰中非基础设施合作，业务转型势在必行

近年来，非洲出现新一轮债务危机，新冠疫情的暴发更使非洲财政吃紧，债务风险趋升。在此背景下，中国企业以国家贷款为主要支撑参与非洲基础设施建设的 EPC+F 融资模式无法持续，必须探索新的融资模式。未来，面对新冠疫情防控常态化非洲基础设施建设的需求巨大，面对部分非洲国家攀升的债务风险，以及越来越激烈的国际竞争，中国企业应积极顺应非洲一体化、工业化和城市化的发展趋势，以及非洲基础设施建设急需外资投入和PPP 等合作模式新偏好，积极调整市场开发和经营策略，不断提升融资能力、投资能力、运营能力及风险控制等能力，开发投建营一体化项目、中非+第三方合作项目、综合类开发项目，加强多方合作，挖掘业务新增长点，进一步巩固中国企业在非洲市场的地位。值得指出的是，在内外压力下，已有部分中国企业开始业务转型，主要是实施"投建营一体化"项目，参与项目的设计、建造和运营管理等产业链全生命周期。例如，刚果（布）一号公路特许经营项目于 2019 年 3 月正式启动，内马铁路（肯尼亚内罗毕—马拉巴）一期于 2019 年 10 月开始正式运营，中国港湾控股投资的尼日利亚莱基港正式完成股权交割等。随着中非共建"一带一路"不断加强，一些中国基建企业通过 PPP、收购当地企业、与信息类企业合作等多种方式积极参与非洲"新基建"，"战略引领、模式创新、科技赋能、高质量可持续"，已经成为行业发展的共识。

二　中非基础设施合作面临的风险与挑战

（一）政局动荡和政策连续性的风险

非洲国家大多奉行多党民主制度，3～5 年一个频次的总统和议会选举使得国家领导人更换较快，导致一些国家政局动荡，相关的制度和政策缺乏连续性。例如，2011 年利比亚内战，中国 13 家央企损失惨重；2018 年 10 月，塞拉利昂总统比奥上台后，因国家财政困难取消了前总统参与促成的马马哈国际机场建设项目；2020 年 11 月，埃塞俄比亚由政治纷争演变成的军事冲突，在该国北部提格雷州作业的中国工人约 600 名被迫乘卡车向首都亚的斯亚贝巴撤离，北部的基建项目不得不中断。此外，一些非洲国家的经济政策、环保政策和法律法规变更频繁，法律保障性差，政府效能较低，企业与政府间缺乏有效沟通的机制，这使中国企业在非洲面临不小的风险。例如，2020 年 5 月埃及出于对能源产能过剩的担忧，再加上可再生能源日益受到关注，宣布无限期搁置由中国上海电气、东方电气以及埃及哈桑·阿勒姆建筑公司（Hassan Allam Construction）组成的联合体共同主导的 6.6 吉瓦的汉拉维恩煤电站项目。

（二）本币贬值的风险

诸多非洲国家一直存在外汇短缺的问题，尤其是在美元加息和大宗商品价格下跌的背景下，非洲外汇市场承压严重。2017年，除14个使用非洲法郎的国家实行盯住欧元的汇率制度之外，只有如博茨瓦纳、肯尼亚、摩洛哥、纳米比亚和赞比亚等国的货币经历升值，其余30多个国家的货币自2015年初以来对美元已贬值20%~40%，尤其是几个经济大国的货币贬值严重。在外汇极度短缺影响国内经济正常运行的背景下，埃及央行于2016年11月放弃固定汇率制，让埃镑根据市场供求自由浮动，之后埃镑进入快速贬值通道，通胀率从2015/2016年度的10.3%上升到2016/2017年度的23.3%。尼日利亚货币奈拉和安哥拉货币宽扎也持续贬值。南非货币兰特对美元汇率呈短期波动态势，2016年1月至2017年7月，南非兰特贬值近20%。① 非洲本币贬值对中国基建企业的原材料进口、生产运营、收益回流等产生了较大影响，并直接体现为加大了财务报表中的汇兑损失。如果非洲本币进一步贬值，将直接侵蚀承包项目经营利润，最终导致基础设施投资规模严重下降。

（三）债务违约风险

在全球发展融资格局发生变化、大宗商品价格下跌的大背景下，非洲债务危机再露端倪。非洲开发银行数据显示，非洲外债总额已经从2015年的5803亿美元增长到2016年的6408亿美元，外债占GDP的比值从2015年的25.3%提高到2016年的27.8%，与此同时，还本付息额占出口收入的比例从16.1%微升到16.9%。② 世界银行在《世界经济展望报告》中指出，2017年撒南非洲地区的政府债务指标继续恶化，负债率中值从2016年的48%上升至53%。③ 从国别层面来看，与中国进行设施联通对接的重点国家（莫桑比克、埃塞俄比亚、肯尼亚、安哥拉、赞比亚、津巴布韦）的债务加重，

---

① African Development Bank，*African Economic Outlook 2018*，January 2018，p. 188.

② African Development Bank，*AfDB Statistics Pocketbook 2017*，May 2017，pp. 16–17.

③ World Bank，*Global Economic Prospects*：*Broad-Based Upturn*，*but for How Long ?*，January 2018，p. 139.

而且将在 2020~2025 年进行集中还款，对我国政府和中资企业提出了更多的融资支持和要求，给中非合作带来了新的挑战。尤其是埃塞俄比亚受低公共储蓄率和高公共投资率影响，债务水平增加，亚吉铁路的还贷风险令人担忧。与此同时，中国政府和企业还受到某些外媒"中国加剧非洲债务负担"的指责，有些非洲国家受欧美舆情影响，对我国信任度降低，个别地区民众出现对华不满情绪。我国政府和企业亟待加强非洲发展融资及外债可持续性趋势研判，提出防范与应对之策。

（四）恐怖袭击和安全的风险

恐怖袭击风险主要潜伏在北部非洲、西部非洲，但近年来恐怖主义突破传统活动范围，出现向全非蔓延之势。在埃及活动的恐怖组织中危害较大的是"伊斯兰国"组织西奈分支。2016 年底以来该恐怖组织已策划多起针对国内科普特基督徒的大型恐怖袭击活动，造成数百人伤亡。埃及政府不得不在 2017 年 4 月宣布在全国范围内实行为期三个月的紧急状态，并在 2017 年 7 月和 10 月两次延长。即使在这样的高压态势下，2017 年 11 月 24 日埃及北西奈省一座清真寺再遭疑似极端组织"伊斯兰国"武装分子炸弹与开枪扫射袭击，造成至少 305 人死亡、128 人受伤，这是自美国"9·11"事件以来全球范围内死亡人数最多的恐怖袭击案件，令世界震惊，也给埃及的安全形势敲响了警钟。在尼日利亚，兴起于该国北部博尔诺州的宗教极端组织"博科圣地"是各种恐怖袭击活动的元凶，近年来已造成 2 万多人死亡、约 260 万人流离失所，成为尼日利亚政治和社会稳定的头号敌人。2020 年初新冠疫情蔓延到非洲后，烈性传染病、缺粮、失业等各类非传统安全同频共振、相互掣肘，加剧了非洲国家反恐的复杂性。从全年来看，乍得湖沿岸、肯尼亚东北部、马里的恐袭高发的时间段，基本与相关非洲国家国内疫情暴发的阶段大体重合，其中第一季度西非、萨赫勒地区的恐袭频次和强度均创近年来新高，被联合国称作当地"前所未有的暴恐"乱局。[1] 考虑到非洲在

---

① "'Unprecedented Terrorist Violence' in West Africa, Sahel Region," UN News, January 8, 2020, https://news.un.org/en/story/2020/01/1054981, accessed：2022-05-24.

短期内难以从疫情冲击下完全恢复，部分国家治理体系难以有效覆盖到空白角落，恐怖主义势力的反弹和扩散概率趋高。非洲如此严重的恐袭和治安问题，不仅对中国在非基建企业的资产和人员的生命安全构成威胁，而且制约着中非合作高质量发展。

（五）以国家贷款为支撑的基础设施承包建设模式难以持续

2013 年以来，中国建筑公司在中国进出口银行和国家开发银行的贷款支持下，在非洲承揽了许多大型的基础设施建设项目，虽然推动了非洲工业化与城市化发展，但并没有给东道国带来直接的财政收入，创造的就业岗位也都随着工程的完工而消失。更重要的是，新冠疫情的暴发使得国际基建投资缺口明显扩大，各金融机构对基建项目的融资条件也变得更为严苛，加上一些非洲国家政府在债务攀升的压力下，已经开始发生停建或缓建与中国签署的基建项目工程，拖欠工程承包商营收账款，使中国政策性银行产生了大量坏账。所以，面对新形势，中国建筑企业必须改变传统的以"EPC+F"为主的国际工程承包采购模式，开拓创新，探索国际化、市场化合作道路。

（六）中国在非基建企业的同质性较强，存在无序竞争问题

在非洲一些工程承包项目较为集中的热点国家或地区，中国同类型公司云集，参与项目存在较强的随机性和盲目性。许多中国公司往往挤在一起去竞标一些相对低端的工程承包项目，导致有的工程价格的利润空间很低，甚至发生低于标底的工程价格的情况，结果使中标企业在后来的施工中遭遇困境。究其原因主要是中国企业为了抢占市场、迎合上级部门追求新签工程合同额或完成营业额的需求，阻碍了企业自身的可持续发展，成为中国企业体制上难以克服的顽疾之一，使众多企业的参与优势转化为对外相互间竞争的劣势。为此，相关政府部门应加强对基建企业的跨境统筹管理，避免无序竞争、产业重叠、经营分散以及配套产业弱化、投资回报降低等问题。

（七）企业合规经营问题

中美贸易摩擦以来，新冠疫情下非洲的政治和法律风险趋高，中国企业面临的国际环境发生了重大变化。在全球产业链重构的同时，产业链竞争的规则也在重构。许多中资企业都面临合规经营、技术标准和知识产权等方面的挑战。非洲相关国家或地区在发展水平、法律体系、商业惯例、技术规则等方面存在差异，配套支持措施不足、能力建设机制缺失等，仍是中国企业参与非洲基础设施建设所面临的难题。

第六章 中非共建"一带一路"之 国际产能合作

　　国际产能合作是我国在"一带一路"合作框架下深化与其他发展中国家合作，实现互利互惠、合作共赢的顶层设计。对于中非合作而言，国际产能合作属于中非合作论坛约翰内斯堡峰会"十大合作计划"中的中非工业化合作计划，也属于中非合作论坛北京峰会"八大行动"中的产业促进行动。国际产能合作的内涵广泛、形式多样，覆盖能源矿产、制造业、服务业和产业园区合作等多个领域。国际产能合作的具体模式有狭义和广义两层含义。国际产能合作是一种国际产业转移与对外直接投资相结合的新模式，它强调合作国产业间的互通有无、调剂余缺和优势互补。狭义的产能合作就是指产能转移，推动国际产能合作就是要利用经济规模和巨大的潜在需求，通过对外投资及经济技术合作实现国家间的产能转移和产业梯次升级，主要强调过剩产能输出。广义的国际产能合作是指不同国家利用各自在技术、资本、资源等方面的优势开展合作，是一种典型的共生关系，前提是产业链上的互补和耦合，更强调互利共赢。[①] 本章节重点探究在习近平新时代中国特色社会主义思想的指引下，中非国际产能合作所取得的成就，以及其发展现状、未来前景。

---

① 国务院发展研究中心"一带一路"课题组：《构建"一带一路"产能合作网络》，中国发展出版社，2020，第 11 页。

第一节　习近平等党和国家领导人关于国际产能合作的论述及中非相关政策措施

一　习近平等党和国家领导人关于国际产能合作的论述及其指导意义

（一）习近平关于国际产能合作的论述

自 2013 年提出"一带一路"合作倡议以来，习近平总书记多次提出要通过开展国际产能合作为共建"一带一路"提质增效。

2016 年 6 月，习近平主席在出席上海合作组织成员国元首理事会第十六次会议时，就上海合作组织今后的发展提出了五点建议，其中第三点建议为扩大务实合作，拓展本组织发展之路。习近平主席提出，希望上海合作组织为"一带一路"建设同各国发展战略对接发挥积极作用。中方欢迎有关成员国继续推进产能合作，愿同各方一道研究促进贸易和投资便利化措施。①

2016 年 8 月，习近平总书记在出席推进"一带一路"建设工作座谈会时指出，以"一带一路"建设为契机，开展跨国互联互通，提高贸易和投资合作水平，推动国际产能和装备制造合作，本质上是通过提高有效供给来催生新的需求，实现世界经济再平衡。②

2017 年 5 月，习近平主席在出席"一带一路"国际合作高峰论坛开幕式时提出，我们要将"一带一路"建成繁荣之路。发展是解决一切问题的总钥匙。推进"一带一路"建设，要聚焦发展这个根本性问题，释放各国发展潜力，实现经济大融合、发展大联动、成果大共享。产业是经济之本。我们要深入开展产业合作，推动各国产业发展规划相互兼容、相互促进，抓好大项目建设，加强国际产能和装备制造合作，抓住新工业革命的发展新机

---

① 《习近平出席上海合作组织成员国元首理事会第十六次会议并发表重要讲话》，中国政府网，2016 年 6 月 24 日，http://www.gov.cn/xinwen/2016-06/24/content_5085256.htm，最后访问日期：2022 年 6 月 23 日。

② 习近平：《习近平谈治国理政》（第二卷），外文出版社，2017，第 504 页。

遇，培育新业态，保持经济增长活力。[①]

2018年8月，习近平总书记在出席推进"一带一路"建设工作5周年座谈会时指出，经过夯基垒台、立柱架梁的5年，共建"一带一路"正在向落地生根、持久发展的阶段迈进。我们要百尺竿头、更进一步，在保持健康良性发展势头的基础上，推动共建"一带一路"向高质量发展转变，这是下一阶段推进共建"一带一路"工作的基本要求。要坚持稳中求进工作总基调，贯彻新发展理念，集中力量、整合资源，以基础设施等重大项目建设和产能合作为重点，解决好重大项目、金融支撑、投资环境、风险管控、安全保障等关键问题，形成更多可视性成果，积土成山、积水成渊，推动这项工作不断走深走实。[②]

2019年4月，习近平主席在出席第二届"一带一路"国际合作高峰论坛开幕式时提出，要秉持共商共建共享原则，倡导多边主义，大家的事大家商量着办，推动各方各施所长、各尽所能，通过双边合作、三方合作、多边合作等各种形式，把大家的优势和潜能充分发挥出来。[③]

开展贸易和投资合作要统筹国际国内两个市场、两种资源，双向开放才能实现更好的利益融合；有序引导支持对外投资，开展优势产能、装备制造和基础设施建设合作，共同建好一批示范性经贸合作区，创新对外投资方式，以投资带动贸易发展、产业发展。[④] 可见，习近平总书记关于国际产能合作的重要指示既是在为落实"一带一路"倡议谋篇布局，也是在为我国经济加速对外开放、实现高质量发展指明前进方向。

习近平总书记特别提出要将国际产能合作打造为深化中非经贸合作的重要路径。在习近平总书记论述指引下，我国在中非合作论坛框架下探索构建中非国际产能合作机制，实现了我国优势产能与非洲整体发展需求的有机互

---

① 习近平：《习近平谈治国理政》（第二卷），外文出版社，2017，第511~512页。
② 习近平：《习近平谈治国理政》（第三卷），外文出版社，2020，第487~488页。
③ 习近平：《习近平谈治国理政》（第三卷），外文出版社，2020，第491页。
④ 中共中央宣传部编《习近平新时代中国特色社会主义思想三十讲》，学习出版社，2018，第305页。

补。2015 年 12 月，习近平主席在出席中非合作论坛约翰内斯堡峰会开幕式时提议做强和夯实"五大支柱"，其中第二项是坚持经济上合作共赢。习近平主席指出，中国人讲究"义利相兼，以义为先"。中非关系最大的"义"，就是用中国发展助力非洲的发展，最终实现互利共赢、共同发展。我们要充分发挥中非政治互信和经济互补的优势，以产能合作、三网一化为抓手，全面深化中非各领域合作，让中非人民共享双方合作发展成果。①

不仅如此，我国还通过推动与单一非洲国家达成产能合作协议，实现了与各非洲国家之间优势产能和发展需求的"点对点"对接。2013 年以来，习近平主席在与埃塞俄比亚、肯尼亚、刚果（金）、喀麦隆、南非、埃及、多哥等非洲国家的领导人会晤时，均提及要以落实中非合作论坛约翰内斯堡峰会和北京峰会成果为契机，积极发挥双边优势，以扩大贸易、投资和技术交流，强化产能合作和战略对接，实现共同发展。2016 年 1 月，习近平主席在埃及《金字塔报》上发表署名文章指出，中国拥有广阔市场、充裕资金、先进技术、优势产能，提出了创新、协调、绿色、开放、共享的发展理念。而阿拉伯国家处于现代化进程关键阶段，普遍把工业化作为促进发展、改善民生、增加就业的重要选择。双方可以通过共建"一带一路"，把各自发展战略对接起来，深化和拓展能源、贸易投资、基础设施建设、高技术等领域合作。我们欢迎埃及和其他阿拉伯国家搭乘中国发展的便车、快车，实现双方协同发展和联动增长。②

可以认为，习近平总书记关于中非国际产能合作的系统性论述，精准定位了中国与非洲在经济全球化新趋势下的产业结构优势和经济发展诉求，为中非双方持续深化互利共赢合作提供了切实可行的行动路线。在习近平总书记的论述指引下，我国正以国际产能合作为抓手，促使中非双方的发展机遇和发展诉求实现紧密融合，从而加速构建中非命运共同体。

---

① 习近平：《习近平谈治国理政》（第二卷），外文出版社，2017，第 456~457 页。
② 《习近平在埃及媒体发表署名文章》，新华网，2016 年 1 月 19 日，http://www.xinhuanet.com/world/2016-01/19/c_1117828196.htm，最后访问日期：2022 年 6 月 23 日。

（二）李克强等党和国家领导人关于国际产能合作的论述

在习近平总书记论述指引下，李克强等党和国家领导人也对与其他经济体开展国际产能合作进一步提出了具体工作要求。

2014 年，李克强总理在出访哈萨克斯坦时，与哈萨克斯坦总统纳扎尔巴耶夫、总理马西莫夫就双边关系深入交换意见，双方一致同意开展中哈产能合作。双方认为，中国有充足的、高水平的装备产能，性价比高，在哈萨克斯坦以多种方式建设哈方需要的钢铁、水泥、平板玻璃生产以及火电等大型基础设施项目，发展农产品深加工合作，有利于打造经济新增长点，应对经济下行压力，推进资源产业升级，助力哈萨克斯坦工业化进程，推动中国装备走出去，实现中哈双方的互利共赢和共同发展。哈方已为此作出较大规模资金准备，中方也愿提供必要融资支持。① 在访问期间，中哈双方就产能合作达成共识并签署框架协议，这为我国与其他国家开展产能合作打造了模范样板。

2015 年 7 月，李克强总理在经济合作与发展组织总部发表主旨演讲时提出，要开展国际产能合作。发展中国家有近 60 亿人口，对基础设施建设和装备有很大需求。中国已进入工业化中期，经济体量大，200 多种工业品产量居世界首位，装备水平处于全球产业链中端，性价比高。而发达国家处于工业化后期或后工业化阶段，拥有高端技术装备。中方愿将自身的装备与发展中国家的需求和发达国家的优势结合起来，推动国际产能合作。既采用发达国家先进技术设备，也面向发展中国家就地生产装配，还与金融机构进行融资合作，向全球市场提供物美价廉、节能环保的装备、产能以及有保障的金融服务，不仅可以提升发展中国家工业水平，也可以倒逼中国装备等产业升级，还可以带动发达国家核心技术和创意出口，实现"三赢"。这是促进南北合作、南南合作的新途径，也是应对气候变化和世界经济复苏乏力的

---

① 《中国与哈萨克斯坦就开展产能合作达成共识》，中国政府网，2014 年 12 月 16 日，http://www.gov.cn/guowuyuan/2014-12/16/content_2791651.htm，最后访问日期：2022 年 6 月 23 日。

一剂良方。①

2015 年 4 月，外交部部长王毅在第十一届"蓝厅论坛"上发表题为《推进产能合作，实现共同发展》的主旨演讲，详细阐述了中国在加强国际产能合作中的原则，即"坚持义利并举、坚持合作共赢、坚持开放包容、坚持市场运作"。王毅指出，中国加强国际产能合作，是自身经济加快转型升级的必由之路，符合广大发展中国家的现实需求，也是构建以合作共赢为核心新型国际关系在经济领域的一个重要方面。开展国际产能合作，有助于推动实现资源自由流动、市场贯通融合、成果广泛共享，是改变当前世界经济发展不平衡、资源配置不公平现状的有效途径。作为最大的发展中国家，中国有责任、有意愿也有能力为其他发展中国家加快发展提供助力，愿通过国际产能合作，为其他发展中国家带去新的投资机会，帮助他们完善基础设施建设，实现技术转让，创造更多就业，提升国家的自主发展能力，使发展中国家和人民真正获得发展机遇和切实利益。中方也愿通过国际产能合作，同世界各国实现优势互补，推动世界经济朝着更加开放、平衡、合理、普惠的方向发展，构筑你中有我、我中有你、深度交融的命运共同体和利益共同体。②

2021 年 1 月，国务委员兼外交部部长王毅访问非洲，在访问坦桑尼亚期间，王毅就推动中非合作提质升级提出七点构想，其中包括加强产能合作，推动中非项目合作向集群化、规模化、产业化、本土化升级，帮助非洲提升自主生产能力，共同打造"制造非洲"。③ 这为持续深化中非国际产能合作提供了具体指导。

---

① 《李克强在经济合作与发展组织发表演讲强调　聚焦发展　共创繁荣　以国际产能合作推动互利多赢》，中国政府网，2015 年 7 月 2 日，http：//www.gov.cn/guowuyuan/2015-07/02/content_2888513.htm，最后访问日期：2022 年 6 月 23 日。

② 《推进产能合作，实现共同发展——外交部长王毅在第十一届"蓝厅论坛"上的主旨演讲》，中华人民共和国外交部网站，2015 年 4 月 28 日，https：//www.mfa.gov.cn/web/zyxw/201504/t20150428_332585.shtml，最后访问日期：2022 年 6 月 23 日。

③ 《王毅就推动中非合作提质升级提出七点构想》，中新网，2021 年 1 月 9 日，https：//www.chinanews.com.cn/gn/2021/01-09/9382713.shtml，最后访问日期：2022 年 6 月 23 日。

总体来看，李克强等党和国家领导人对于国际产能合作的论述，进一步细化了国际产能合作的行动路线和实践模式，对内为我国产业结构转型升级提供了理论依据，对外为深化与其他国家的经贸合作提供了实质性举措。

（三）习近平等党和国家领导人的论述对中非国际产能合作的指导意义

习近平等党和国家领导人的论述高屋建瓴、意义深远，对开展中非国际产能合作有以下几方面指导意义。

首先，明确了国际产能合作是我国落实"一带一路"顶层设计的重要抓手。当今世界正面临百年未有之大变局，在"东升西降"的国际背景下，全球经济发展不确定性明显增大，以美国为首的西方国家在政治、经济等多方面对我国的打压力度持续加大。我国在习近平总书记论述指引下开始寻求与其他发展中经济体共建"一带一路"，旨在打破传统发达国家在全球经济体系中的绝对话语权。"一带一路"倡议通过深化我国与亚洲、非洲等发展中地区的合作，一方面巩固了我国在基建、制造业等领域的国际市场优势地位，另一方面保障了我国上游初级产品的供应和下游产品外部市场需求的稳定性，从而推动我国经济健康可持续发展。而国际产能合作这一模式恰恰可以有效地实现我国优势产能和其他国家发展需求的对接，因此开展国际产能合作将使"一带一路"倡议不断走深走实。

其次，明确了国际产能合作是我国与非洲国家开展全方位经贸合作的重要载体。纵向来看，中非经贸合作经历了"单一援助""贸易+工程承包"两个阶段，目前正向以贸易、投资、工程承包和技术交流等多种途径促进共同发展的"全方位合作"阶段迈进。从实际效果来看，国际产能合作充分考虑了非洲各国国情和实际需求，注重与当地政府和企业的互利合作，使我国对非部分合作实现了"输血式"向"造血式"的升级。具体而言，国际产能合作通过将资本、技术、设备等生产要素向非洲地区转移，不仅为我国优势产能拓展了国际市场，而且有力提升了当地经济水平、城镇化水平及工业化水平，受到了非洲各国政府和当地民众的普遍欢迎。因此，通过开展国际产能合作，中非双方经济依存度将不断提升，中非命运共同体将不断深化。

最后，明确了国际产能合作是促进国内经济发展和产业转型升级的有力工具。一方面，当前我国正处于由高速增长转向高质量发展的经济转型期，自2008年全球金融危机以来，欧美等发达国家推出"再工业化"战略吸引中高端制造业回流，东南亚等发展中地区利用劳动力、土地等生产要素优势加速发展劳动密集型产业，我国制造业所面临的竞争正日益加剧。另一方面，以信息技术、智能设备和新能源为主体的第四次工业革命正使国际分工和产业结构分布再度发生重构，这意味着未来全球供应链、产业链和价值链所面临的发展不确定性将持续加大。在此背景下，国际产能合作为我国企业开辟了新的海外市场，通过实现规模经济和范围经济的方式为基建、制造业、能源矿产等领域的转型升级提供了发展动力。

二　中国落实中非国际产能合作的政策措施

（一）中非合作相关会议、文件中与中非国际产能合作相关的论述

在习近平新时代中国特色社会主义思想的科学指引下，我国主要通过"一带一路"倡议和中非合作论坛两大顶层设计，自上而下推动中非国际产能合作落地。在"一带一路"倡议框架体系内，国家发展改革委、外交部和商务部于2015年联合发布《推动共建丝绸之路经济带和21世纪海上丝绸之路的愿景与行动》（以下简称《愿景与行动》），为中非国际产能合作提供了整体框架。《愿景与行动》建议拓展相互投资领域，开展农业、能矿业、服务业、新兴产业及海洋资源等领域合作，优化产业链分工布局，推动上下游产业链和关联产业协同发展，提升区域产业配套能力和综合竞争力。同时，建议探索投资合作新模式，鼓励合作建设境外经贸合作区、跨境经济合作区等各类产业园区，促进产业集群发展。①

2017年，"一带一路"国际合作高峰论坛召开并通过《"一带一路"国

---

① 《授权发布：推动共建丝绸之路经济带和21世纪海上丝绸之路的愿景与行动》，新华网，2015年3月28日，http://www.xinhuanet.com/world/2015-03/28/c_1114793986.htm，最后访问日期：2022年6月23日。

际合作高峰论坛圆桌峰会联合公报》。公报提出的合作目标中包括，在公平竞争和尊重市场规律与国际准则基础上，大力促进经济增长、扩大贸易和投资，欢迎推进产业合作、科技创新和区域经济一体化，推动中小微企业深入融入全球价值链。公报提出的合作举措中包括，推动全球价值链发展和供应链联接，增加双向投资，加强新兴产业、贸易、工业园区、跨境经济园区等领域合作。①

2019 年，第二届"一带一路"国际合作高峰论坛召开并通过《第二届"一带一路"国际合作高峰论坛圆桌峰会联合公报》。公报提出，支持各国在已有进展的基础上，继续建设经济走廊、经贸合作区和同"一带一路"相关的合作项目，加强价值链、产业链、供应链合作。②

2020 年，"一带一路"国际合作高级别视频会议发表了《"一带一路"国际合作高级别视频会议联合声明》。声明指出，愿同其他"一带一路"合作伙伴继续落实第二届高峰论坛共识，推进发展政策对接、基础设施投资、经济走廊、经贸合作区、产业园区、金融和贸易合作、创新和技术、海上合作、工商界联系、人文交流等领域的双边、三边和多边合作。鼓励各方为促进贸易、投资和产业合作提供良好的营商环境。③ 这标志着新形势下国际产能合作仍将是各国共建"一带一路"的主流合作模式。

在《愿景与行动》及两个联合公报所规划的国际产能合作范围内，我国政府进一步就推动海洋经济、能源资源、农业、绿色经济等领域国际产能合作发出倡议，得到了各方积极响应。在《推动丝绸之路经济带和 21 世纪海上丝绸之路能源合作愿景与行动》中，我国提出加强能源产能合作，开

---

① 《"一带一路"国际合作高峰论坛圆桌峰会联合公报（全文）》，中国政府网，2017 年 5 月 15 日，http://www.gov.cn/xinwen/2017-05/15/content_5194232.htm，最后访问日期：2022 年 6 月 23 日。

② 《第二届"一带一路"国际合作高峰论坛圆桌峰会联合公报（全文）》，中国政府网，2019 年 4 月 27 日，http://www.gov.cn/xinwen/2019-04/27/content_5386929.htm，最后访问日期：2022 年 6 月 23 日。

③ 《"一带一路"国际合作高级别视频会议联合声明》，中国一带一路网，2020 年 6 月 19 日，https://www.yidaiyilu.gov.cn/p/132782.html，最后访问日期：2022 年 6 月 23 日。

展能源装备和工程建设合作，共同提高能源全产业链发展水平，实现互惠互利。① 在《共同推进"一带一路"建设农业合作的愿景与行动》中，我国提出充分发挥各类企业的主体作用和市场在资源配置中的决定性作用，发挥沿线国家农业比较优势，促进沿线各国企业间开展产业合作，加大农业基础设施和生产、加工、储运、流通等全产业链环节投资，推进关键项目落地。② 在《"一带一路"建设海上合作设想》中，我国提出提升海洋产业合作水平，与沿线国共建海洋产业园区和经贸合作区，实施一批蓝色经济合作示范项目，推动产业对接与产能合作。③

除在具体领域发出国际产能合作倡议外，我国还相应提出了配套合作机制，旨在优化制度环境，推动国际产能合作落地。在《关于推进绿色"一带一路"建设的指导意见》中，我国建议将资源节约和环境友好原则融入国际产能和装备制造合作全过程，从而实现国际产能合作的可持续发展。④此外，《"一带一路"融资指导原则》以"平等参与、利益共享、风险共担"为原则，明确了"一带一路"项目融资标准，推动建立长期、稳定的多元化融资体系，进而加大对沿线国家产能合作项目的支持力度。⑤ 而《标准联通共建"一带一路"行动计划（2018—2020 年）》则提出通过三方面举措，推进国际产能合作：一是在石油天然气、核电等产能合作重点领域，引导和帮助企业积极采用科学适用的标准体系，助推国际产能合作重点项目落地；二是在建材、纺织、钢铁、有色金属、农业、家电等优势产

---

① 《推动丝绸之路经济带和 21 世纪海上丝绸之路能源合作愿景与行动》，中国一带一路网，2017 年 5 月 16 日，https：//www.yidaiyilu.gov.cn/p/13745.html，最后访问日期：2022 年 6 月 23 日。

② 《共同推进"一带一路"建设农业合作的愿景与行动》，中国一带一路网，2017 年 5 月 13 日，https：//www.yidaiyilu.gov.cn/p/12972.html，最后访问日期：2022 年 6 月 23 日。

③ 《受权发布：〈"一带一路"建设海上合作设想〉（七语言版本）》，中国一带一路网，2017 年 6 月 20 日，https：//www.yidaiyilu.gov.cn/p/16621.html，最后访问日期：2022 年 6 月 23 日。

④ 《关于推进绿色"一带一路"建设的指导意见》，中国一带一路网，2017 年 5 月 8 日，https：//www.yidaiyilu.gov.cn/p/12477.html，最后访问日期：2022 年 6 月 23 日。

⑤ 《"一带一路"融资指导原则》，中国一带一路网，2017 年 5 月 16 日，https：//www.yidaiyilu.gov.cn/p/13767.html，最后访问日期：2022 年 6 月 23 日。

能领域,帮助沿线重点国家完善标准体系,提供标准化信息服务;三是在航空、船舶、工程机械等装备制造领域,联合沿线国家共同制定国际标准,完善国际标准体系建设。①

在中非合作论坛框架体系内,"十大合作计划"和"八大行动"是我国开展对非国际产能合作的具体行动纲领。2015 年,习近平主席在中非合作论坛约翰内斯堡峰会上提出中非"十大合作计划",其中中非工业化合作计划的各项具体举措与中非国际产能合作实现了无缝对接。该计划指出,中方将积极推进中非产业对接和产能合作,鼓励支持中国企业赴非洲投资兴业,合作新建或升级一批工业园区,向非洲国家派遣政府高级专家顾问。设立一批区域职业教育中心和若干能力建设学院,为非洲培训 20 万名职业技术人才,提供 4 万个来华培训名额。② 2018 年,习近平主席在中非合作论坛北京峰会上宣布,中国将同非洲共同实施"八大行动",其中的产业促进行动涵盖了现阶段中非国际产能合作的大部分内容。具体而言,我国将加强政策引导,鼓励中国企业加强对非洲产业投资,特别是制造业、农业、数字经济等领域,支持非洲更好融入全球和区域价值链。同时,我国还将在政府层面为具有较好经济、社会效益的在非经贸合作区提供政策支持,完善配套服务,从而进一步发挥经贸合作区的产业聚集和辐射作用,带动非洲经济发展。此外,我国还将通过深化金融合作的方式为加强中非国际产能合作提供保障,包括设立中资银行在非机构、推动人民币在非国际化及发挥中非发展基金等对非投资平台引领作用等。③

除"十大合作计划"和"八大行动"外,我国还积极与非洲国家签署国际产能合作协议,推动中非国际产能合作对接。截至 2017 年,中国已同

---

① 《标准联通共建"一带一路"行动计划(2018—2020 年)》,中华人民共和国国务院新闻办公室网站,2018 年 1 月 19 日,http://www.scio.gov.cn/xwfbh/xwbfbh/wqfbh/37601/39274/xgzc39280/Document/1641459/1641459.htm,最后访问日期:2022 年 6 月 23 日。

② 习近平:《习近平谈治国理政》(第二卷),外文出版社,2017,第 457~458 页。

③ 《中非合作论坛北京峰会"八大行动"内容解读》,中华人民共和国商务部网站,2018 年 9 月 19 日,http://www.mofcom.gov.cn/article/ae/ai/201809/20180902788421.shtml? from = groupmessage,最后访问日期:2022 年 6 月 23 日。

40 多个国家和国际组织签署了合作协议，同 30 多个国家开展机制化产能合作。[①] 而在上述国家中，埃及、埃塞俄比亚、南非等非洲国家均为我国开展国际合作的重点国家。除此之外，我国在与非盟和其他非洲国家签署的"一带一路"合作框架协议中，也专门写明了加强国际产能合作的相关表述。可以认为，我国不仅通过"一带一路"倡议和中非合作论坛两大框架，形成了对非国际产能合作的机制化体系，而且通过与非洲各国签署国际产能合作文件，为国际产能合作落地提供了较为完善的政策环境。

（二）中国各级政府落实中非国际产能合作的相关政策

为落实习近平等党和国家领导人关于中非国际产能合作的指示精神，我国各级政府近年来先后出台了一系列有关中非国际产能合作的政策文件，自上而下系统性地保障了中非国际产能合作的平稳有序推进。2016 年，我国政府制定了"十三五"规划，规划提出要深入推进国际产能和装备制造合作，以钢铁、有色、建材、铁路、电力、化工、轻纺、汽车、通信、工程机械、航空航天、船舶和海洋工程等行业为重点，采用境外投资、工程承包、技术合作、装备出口等方式，推动装备、技术、标准、服务走出去。[②] 国际产能合作被写入"十三五"规划，标志着其已成为我国完善对外开放战略布局的重要一环。同时，规划还要求建立产能合作项目库，推动重大示范项目建设，引导企业集群式走出去，因地制宜建设产业集聚区。2021 年，我国在"十三五"规划基础上，深入研判全球宏观形势和国内经济发展需要，立足构建国内国际双循环发展格局和推动"一带一路"高质量发展两大目标，将深化国际产能合作纳入第十四个五年规划。"十四五"规划要求，坚持企业主体，创新境外投资方式，优化境外投资结构和布局，推动中国产品、服务、技术、品牌、标准走出去，支持企业融入全球产业链供应链，提高跨国经营能力和水平。规划还指出，要推动与共建"一带一路"国家贸

---

① 习近平：《习近平谈治国理政》（第二卷），外文出版社，2017，第 509 页。

② 《中华人民共和国国民经济和社会发展第十三个五年规划纲要》，中国政府网，2016 年 3 月 17 日，http//www.gov.cn/xinwen/2016-03/17/content_5054992.htm，最后访问日期：2022 年 12 月 15 日。

易投资合作优化升级，深化国际产能合作，构筑互利共赢的产业链供应链合作体系，扩大双向贸易和投资。① 可以认为，在当前环境下，开展国际产能合作符合我国内外部发展需求，在未来一段时间内，这一合作模式将作为我国对外开放战略的重要载体长期存在。

在两个五年规划顶层设计的基础上，中央政府就推动国际产能合作出台了两项指导文件，既为地方政府落实国际产能合作提供了政策依据，也为我国企业明确了开展国际产能合作的具体路径。

一是国务院于 2015 年发布的《关于推进国际产能和装备制造合作的指导意见》（以下简称《意见》）。《意见》指出，推进国际产能和装备制造合作是保持我国经济中高速增长和迈向中高端水平的重大举措、推动新一轮高水平对外开放的重要内容、开展互利合作的重要抓手，要坚持以企业为主体、市场为导向，以国际竞争优势明显、国际市场有需求的领域为重点，开展国际产能合作。《意见》还细化了"十三五"规划所确定的产能合作重点领域的具体路径，如在钢铁、有色领域，推动建设钢铁生产基地，并结合境外矿产资源开发，延伸下游产业链，开展有色金属冶炼和深加工；再如在建材领域，要建设水泥、平板玻璃、建筑卫生陶瓷、新型建材、新型房屋等生产线，提高所在国工业生产能力，增加当地市场供应等。② 从举措上看，尽管合作重点略有不同，但合作方式均集中在成套设备出口、投资并购、承包工程三类上。

二是国家发改委于 2016 年印发的《推进国际产能合作省市、企业与重点国别对接组合工作安排》（以下简称《安排》）。《安排》要求着眼国内国际两个大局，有效整合各方资源，推动重点项目合作。《安排》划定了 45 个国际产能合作重点国家，其中包括埃塞俄比亚、肯尼亚、坦桑尼亚、埃

---

① 《中华人民共和国国民经济和社会发展第十四个五年规划和 2035 年远景目标纲要》，中国政府网，2021 年 3 月 13 日，http://www.gov.cn/xinwen/2021-03/13/content_5592681.htm，最后访问日期：2022 年 6 月 23 日。

② 《国务院关于推进国际产能和装备制造合作的指导意见》，中国政府网，2015 年 5 月 13 日，http://www.gov.cn/zhengce/content/2015-05/16/content_9771.htm，最后访问日期：2022 年 6 月 23 日。

及、南非、安哥拉、阿尔及利亚、尼日利亚、苏丹、莫桑比克、刚果
(布)、乌干达、加纳、塞内加尔、赤道几内亚、利比里亚、喀麦隆17个非
洲国家,涉及119个重点项目,并由中国交建、中国有色等一大批优质国有
企业参与建设。《安排》要求逐步建立健全对外合作机制、内部协调机制、
上下联动机制三大运作机制,实现中央政府、地方政府、骨干企业、智库及
商会等各层级机构的高效沟通对接,减少我国企业对外投资障碍。①《安排》
发布后,各地方政府积极响应国家发改委协同机制,截至2016年末,已有
18个省份与国家发改委建立委省协同机制,基本覆盖了具有国际产能合作
需求的重点地区。

在中央政策指引下,省一级政府也积极出台一系列更具操作性的配套政
策和国际产能合作实施方案,为省内企业"走出去"提供了切实可行的行
动指南。以湖南省为例,2017年,湖南省人民政府印发《湖南省人民政府
关于加快推进国际产能合作的意见》,提出要从加大金融支持力度、加强财
税政策支持、打造开放合作平台、加强信息服务指导、加快人才队伍建设、
注重境外风险防控、做好对外宣传推介、完善政策措施八方面入手,推进湖
南省内优势产能与国际市场需求对接。② 2017年,湖南省研究制定《湖南省
推进国际产能和装备制造合作三年行动计划(2018—2020年)》,要求结合
省内产业结构特征,集中围绕工程机械、轨道交通等9个湖南省优势产业和
领域,以省内重点龙头企业为载体,有力有序有效推进国际产能合作。③ 该
计划还开创性地提出了阶段性的量化目标,要求对外投资和对外承包工程的

---

① 《国家发展改革委关于印发〈推进国际产能合作省市、企业与重点国别对接组合工作安排〉
　的通知》,江西省发展和改革委员会网站,2019年7月9日,http://drc.jiangxi.gov.cn/
　art/2019/7/9/art_20408_703628.html? from = groupmessage&isappinstalled = 0,最后访问日
　期:2022年6月23日。
② 《湖南省人民政府关于加快推进国际产能合作的意见》,湖南省人民政府网站,2017年3月
　3日,http://www.hunan.gov.cn/xxgk/wjk/szfwj/201703/t20170313_4824738.html,最后访
　问日期:2022年6月23日。
③ 《湖南省推进国际产能和装备制造合作三年行动计划(2018—2020年)》,中国一带一路
　网,2017年12月21日,https://www.yidaiyilu.gov.cn/p/40616.html,最后访问日期:
　2022年6月23日。

主要指标年均增长在 10% 以上，培育 20 家以上具有较大国内外影响力的重点企业，建立 5 个以上境外国际产能合作示范基地，这一举措对我国其他地方政府推进国际产能合作具有较强的示范效应和指导意义，未来或将成为各省市稳步推进国际产能合作的普遍做法。2020 年，湖南省发布《湖南省"一带一路"暨国际产能合作重大项目库》，项目库涵盖境外项目 57 个，其中非洲地区项目 20 个，突出了以重点企业、重大项目为主体开展国际产能合作的政策导向。[①]

除湖南省外，河北、四川、河南、江苏、重庆等省市也相继发布了行动规划、国际产能合作实施方案等相关指导文件。其中，四川省还于 2018 年将"建设国际产能合作示范省"的目标写入省委《关于全面推动高质量发展决定》中[②]，足以体现其对于开展国际产能合作的重视。通过比较各省市的政策可以看出，对国际产能合作持积极态度的省市大多处于内陆地区，不具备传统对外合作优势，自身积累的优势产能和国内市场需求存在一定程度的错配，亟须通过开展国际产能合作实现与国际市场的有效对接。

（三）中国各级政府落实中非国际产能合作的具体举措

如前所述，开展国际产能合作必须以重大项目、重点企业为依托，因此我国各级政府落实中非国际产能合作的举措基本围绕助力我国企业"走出去"展开。在中央政府层面，首先是持续完善双边合作机制，改善对非国际产能合作政策环境。这主要体现为邀请非洲国家共建"一带一路"、加入中非合作论坛机制，与其签署产能合作、经贸合作、自由贸易、税收优惠及其他各领域的双多边合作协议，从而为我国企业对非投资提供更为良好的经营环境，避免制度缺失导致的政策风险。

---

① 《关于发布〈湖南省"一带一路"暨国际产能合作重大项目库〉的通知》，湖南省发展和改革委员会网站，2020 年 9 月 23 日，http：//fgw.hunan.gov.cn/xxgk_70899/tzgg/202009/t20200923_13750723.html，最后访问日期：2022 年 6 月 23 日。

② 《四川加快建设国际产能合作示范省》，四川省发展和改革委员会网站，2018 年 12 月 12 日，http：//fgw.sc.gov.cn/sfgw/jwtz/2018/12/12/38cde7f3395642f99bdd29047c3fac9f.shtml，最后访问日期：2022 年 6 月 23 日。

其次是提供专项资金支持，解决我国企业对非合作后顾之忧。具体而言，资金支持可分为以下几类。一是为推动国际产能合作项目落地提供专项资金，如习近平主席在 2014 年宣布我国将出资 400 亿美元成立丝路基金[①]，为"一带一路"沿线国家产能合作项目提供融资支持；鼓励政策性金融机构、开发性金融机构、中非发展基金、中非产能合作基金和非洲中小企业发展专项贷款等加大对中非产能合作的支持力度，支持非洲工业化进程。[②] 这类资金具有明确的投资业务范围和运行职能，不仅为我国企业投资非洲提供了直接支持，而且在一定程度上对在非投资项目起到了筛选作用，从而提升了中非产能合作的精细化管理水平。二是为产能合作项目提供信贷融资，包括优惠性质贷款、出口信贷及出口信用保险额度支持。如 2018 年中非合作论坛北京峰会宣布提供的 200 亿美元的信贷资金额度，支持设立的 100 亿美元的中非开发性金融专项资金即属于这类资金支持。在此基础上，我国还进一步提高了优惠贷款的优惠度，并适当优化贷款条件，从而支持中非产能合作。[③] 三是强化双多边金融合作，包括同亚洲基础设施投资银行、新开发银行、世界银行及其他多边开发机构的合作，并与有关各方共同制定《"一带一路"融资指导原则》，从而对中非产能合作形成机制性融资支持。[④]

再次是持续打造多层次平台，为开展合作创造机遇。目前，中非合作主要平台包括"一带一路"国际合作高峰论坛、中非合作论坛、中非经贸博览会以及地方或区域层面的合作平台等，这为中非国际产能合作的供需双方

① 《习近平就一带一路提建议　出资 400 亿美元成立丝路基金》，中国一带一路网，2014 年 11 月 8 日，https://www.yidaiyilu.gov.cn/p/2049.html，最后访问日期：2022 年 6 月 23 日。

② 《中非合作论坛——北京行动计划（2019—2021 年）》，中华人民共和国国务院新闻办公室网站，2018 年 9 月 5 日，http://www.scio.gov.cn/xwfbh/xwbfbh/wqfbh/44687/47454/xgzc47460/Document/1716760/1716760.htm，最后访问日期：2022 年 12 月 15 日。

③ 《中非合作论坛——北京行动计划（2019—2021 年）》，中华人民共和国国务院新闻办公室网站，2018 年 9 月 5 日，http://www.scio.gov.cn/xwfbh/xwbfbh/wqfbh/44687/47454/xgzc47460/Document/1716760/1716760.htm，最后访问日期：2022 年 12 月 15 日。

④ 《中非合作论坛——北京行动计划（2019—2021 年）》，中华人民共和国国务院新闻办公室网站，2018 年 9 月 5 日，http://www.scio.gov.cn/xwfbh/xwbfbh/wqfbh/44687/47454/xgzc47460/Document/1716760/1716760.htm，最后访问日期：2022 年 12 月 15 日。

提供了符合自身需求定位的多样化对接途径。

最后是协调推动中非产能合作重大项目落地。如在中非合作论坛约翰内斯堡峰会召开前，习近平主席访问南非，并推动中南两国签署价值940亿兰特（约合419亿元人民币）的26项合作协议，涉及合作范围涵盖采矿、旅游、电力等各个领域[①]；再如在2018年中非合作论坛北京峰会期间，我国企业与非洲国家签署了埃及新首都中央商务区二期项目等一大批兼具战略意义和经济效益的产能合作项目。由此可见，我国政府充分利用现有合作机制，积极推动兼具财务效益和社会影响的合作项目落地，这对中非国际产能合作起到了显著性示范引领作用。

各地方政府也积极出台各项举措推动中非国际产能合作不断深化。地方政府与省内企业层级相近，因此其所出台的国际产能合作政策相较于中央政策往往具有更为直接的传导效应。首先，各地方政府在《意见》和国家发改委国际产能合作协调机制下，相继出台国际产能合作政策文件，包括前文提及的国际产能合作实施方案、阶段性行动计划等，部分省市还梳理汇总了国际产能合作重点企业和重大项目清单，并通过配套税收和投资优惠政策、简化审批流程等行政手段提升企业"走出去"的动力。其次，为使本地及周边地区优质企业与国际产能合作需求形成良性互动，部分省份牵头组织了国际产能合作论坛。如2016年甘肃省召开了2016中国西部国际产能合作论坛暨企业对接洽谈会[②]，邀请津巴布韦、科特迪瓦等非洲国家政府官员、金川集团公司等企业以及中国银行等金融机构参会，为西部地区开展国际产能合作搭建了产业对接和对话交流的信息共享平台；再如2018年湖北省召开中国中部国际产能合作论坛，吸引了94个国家的代表、1100多家中外企业参会，覆盖建筑工程、汽车、光电子、生物等10个产业领域，促成65个项

[①] 《"授非洲以鱼，也授之以渔" 中国900亿大单力挺南非经济》，环球网，2015年12月4日，https://world.huanqiu.com/article/9CaKrnJRZpF，最后访问日期：2022年6月23日。

[②] 《2016中国西部国际产能合作论坛暨企业对接洽谈会签约仪式在兰州举行》，中国经济网，2016年8月3日，http://12365.ce.cn/zlpd/jsxx/201608/03/t20160803_4128175.shtml，最后访问日期：2022年12月15日。

目签约，金额达 1427 亿元。①

可见，国内地方政府，尤其是中部、西部地方政府对于中非国际产能合作普遍持欢迎态度，这说明当地企业对于开展中非国际产能合作具有旺盛需求。预计未来各地方政府将继续出台政策推动国际产能合作不断深化，同时各地方政府还将立足自身产业优势，研究制定差异化举措，并主动对接相关市场，提升国际产能合作质效。

三　非洲对接中非国际产能合作的政策措施

（一）非盟对接中非国际产能合作的政策措施

目前，非洲对接我国国际产能合作的主要政策纲领是非盟《2063 年议程》。《2063 年议程》是非盟于 2015 年提出，旨在推动非洲实现工业化和现代化的发展愿景。根据《2063 年议程》，2063 年非洲国内生产总值增速将在 7% 以上，其中制造业增加值（MVA）② 将在现有基础上增长 5 倍以上，制造业占国内生产总值比重将在 50% 以上，并能吸收 50% 以上的新增劳动力。此外，《2063 年议程》还提出要将农业转型升级为现代化和高利润率产业，将农业和食品在非洲内部的贸易量占总贸易量的比重提高至 50%，从而摆脱对粮食进口的依赖，并消除非洲地区的饥饿和食物短缺问题。为增强《2063 年议程》的可操作性，非盟在发布《2063 年议程》时同期发布了《2063 年议程》第一个十年实施计划（2013—2023 年）③，实施计划进一步细化了《2063 年议程》的阶段性目标，包括非洲国内生产总值年均增长率至少达到 7% 等。④ 除具有框架性意义的《2063 年议程》外，非盟还专门出

---

① 《中国中部国际产能合作论坛闭幕　签约 1427 亿元》，湖北省人民政府网站，2018 年 10 月 21 日，http://www.hubei.gov.cn/zwgk/hbyw/hbywqb/201810/t20181021_1353749.shtml，最后访问日期：2022 年 6 月 22 日。

② 制造业增加值（MVA）是对一个经济体中所有制造业活动单位净产出的总估值，是反映经济体工业化发展水平的主要指标。

③ "The First-Ten Year Implementation Plan," African Union, https://au.int/en/agenda2063/ftyip, accessed：2022-12-15.

④ 李智彪：《非洲工业化战略与中非工业化合作战略思考》，《西亚非洲》2016 年第 5 期，第 107~137 页。

台了针对工业部门发展的《加速非洲工业化发展行动计划》，旨在通过提升工业化水平，推动非洲地区经济发展，该计划确定了 7 个优先发展领域，并据此制定了一系列更为详尽的实施方案。预计未来，非盟将依据上述各项文件进一步推动区域内工业化合作。①

（二）非洲国家对接中非国际产能合作的政策措施

除非盟出台了《2063 年议程》等政策文件外，非洲各国也通过出台专项政策或建立合作机制推动中非国际产能合作对接。下文将以安哥拉、埃塞俄比亚、赞比亚三个我国产能合作重点国家为例。安哥拉是我国在非洲最主要的石油进口来源地之一，长期将实现国内工业化作为国家经济发展的优先目标。近年来，安哥拉在"安哥拉 2025"目标框架内，相继出台了一系列对接国际产能合作的政策措施，其中包括于 2018 年制定的《2018—2022 年国家发展计划》，该计划侧重于发展制造业、建筑业等非石油部门；还有于 2019 年制定的《支持生产、出口多样化和进口替代的方案》，该方案旨在实现国内生产多样化和促进非石油部门出口。② 埃塞俄比亚是我国在东非地区的产能合作重点国家，双方合作重点覆盖制造业、产业园区、基础设施等领域，其于 2016 年实施《第二个增长和转型计划》（2015/2016—2019/2020 年），该计划将农业部门现代化以及发展纺织和服装、皮革制品、农产品加工和工业园区等出口制造业作为两大优先目标，继续以工业化和减贫为目标，力求使埃塞俄比亚宏观经济于 2025 年增长至中低收入水平。③ 赞比亚是我国在南部非洲的产能合作重点国家，2015 年赞比亚总统伦古访华期间，与习近平主席举行会谈，习近平主席强调要深化基础设施建设、矿业、农业、加工制造业、投资、贸易等领域互利合作。④ 作为高度依赖矿业出口的

---

① 姚桂梅：《从一体化视角看非洲工业化的新动力》，《西亚非洲》2016 年第 4 期，第 18~33 页。

② 《发展合作在中非产能合作中的作用——促进非洲可持续工业化》，联合国开发计划署驻华代表处，2020，第 26~27 页。

③ 《发展合作在中非产能合作中的作用——促进非洲可持续工业化》，联合国开发计划署驻华代表处，2020，第 37~38 页。

④ 《习近平同赞比亚总统伦古举行会谈》，中国政府网，2015 年 3 月 30 日，http：//www.gov.cn/xinwen/2015-03/30/content_2840254.htm，最后访问日期：2022 年 6 月 22 日。

资源型国家，赞比亚将实现产业结构多样化作为其经济发展的长期目标，并于 2006 年制定《2030 愿景》，计划在 2030 年形成多样化的工业部门、现代化农业部门以及高效且具有生产力的服务业部门。自中非国际产能合作概念提出以来，赞比亚在《2030 愿景》发展框架内，制定了《工业化和创造就业战略文件》《赞比亚发展机构战略》《国家生产力政策》和《国家工业政策及实施计划》等多项产能政策文件，为我国企业赴赞比亚开展产能合作提供了良好的政策环境。目前来看，与我国保持紧密经贸合作的大部分非洲国家均对中非国际产能合作给予高度重视和期待，在中非合作论坛框架下，非洲各国结合自身发展政策和产业结构现状，出台了一系列国际产能合作对接举措，为我国企业赴当地投资提供了较为良好的宏观政策环境。

四　中非国际产能合作的意义

国际产能合作的核心目标是使合作各方各取所需，实现互利共赢、共同发展。具体来说，就是我国通过贸易、工程承包及直接投资等方式，将优势产能和产品与其他发展中国家的实际发展需求相对接，从而充分发挥各方比较优势，一方面为我国优势产能寻找海外市场，助力我国转变发展模式，实现产业结构转型升级；另一方面帮助发展中国家完善基础设施和健全产业体系，加速国内工业化进程，并提升其在全球价值链体系中的地位。非洲经济所具有的比较优势集中在三个方面，即快速增长的市场需求、优越的资源禀赋和年轻态的劳动力人口结构。而我国经济最突出的比较优势在于强大的工业产能。我国是全球唯一拥有联合国产业分类中所列全部工业门类的国家，自改革开放以来，工业部门实现了跨越式增长。具体而言，制造业增加值由 2012 年的 16.98 万亿元增至 2021 年的 31.4 万亿元，自 2010 年以来连续十二年位居全球第一。[①] 进一步看，2021 年我国国内生产总值占全球国内生产

---

① 《我国制造业增加值连续 12 年世界第一》，中国政府网，2022 年 3 月 10 日，http://www.gov.cn/xinwen/2022-03/10/content_5678190.htm，最后访问日期：2022 年 12 月 14 日。

总值总量的 18.5%。① 而制造业增加值占全球总量比重却接近 30%②，这充分说明制造业已成为推动我国经济发展的最重要的产业部门，而强大的工业实力也为我国开展国际产能合作奠定了十分有利的客观基础。可以认为，中非双边经济结构存在优势互补性，且在产业发展阶段上呈现出层次递进关系，开展国际产能合作是中非双方为实现经济发展目标所作出的必然选择。

如前所述，开展国际产能合作的目标就是使合作双方实现互利共赢。对于非洲而言，中非国际产能合作将助力非洲地区加速实现工业化。近年来，非洲经济虽保持高速增长，但工业部门尤其是制造业部门却日益边缘化，撒南非洲制造业增加值占国内生产总值比重由 1980 年的约 16% 逐步下滑至 2015 年的 10.3%，而东亚和太平洋地区的这一数据同期增长近一倍，在 2017 年已达 23%。③ 不仅如此，非洲制造业的技术结构也有所恶化，中高技术制造业占制造业增加值总量比重由 2005 年的 21% 降至 2015 年的 19%。④ 工业化程度下降意味着非洲地区在制造业领域与东亚等其他发展中地区相比显著缺乏竞争力，导致非洲在全球价值链体系中的地位进一步下滑，更加难以摆脱对于初级产品出口的强烈依赖。为此，非洲在区域和国别层面出台了一系列政策举措加强与我国的国际产能合作对接。从数据上看，中非国际产能合作在推动非洲制造业发展方面取得了一定成效，撒南非洲制造业增加值占国内生产总值比重自 2015 年以来已小幅回升至 11%。⑤ 部分非洲国家的中高技术制造业发展也取得了显著成绩。但从整体上看，目前非洲工业化水平与《2063 年议程》所设定的目标相比仍然存在较大差距，因此未来非洲

---

① 《综合实力大幅跃升　国际影响力显著增强——党的十八大以来经济社会发展成就系列报告之十三》，国家统计局网站，2022 年 9 月 30 日，http：//www.stats.gov.cn/sj/sjjd/2023 02/t20230202_1896690.html，最后访问日期：2022 年 12 月 14 日。

② 《中国制造业综合实力持续提升　2021 年制造业增加值占全球比重近 30%》，中国日报网，2022 年 8 月 4 日，https：//cn.chinadaily.com.cn/a/202208/04/WS62eb6beda3101c3ee7ae2555.html，最后访问日期：2022 年 12 月 14 日。

③ *International Yearbook of Industrial Statistics 2019*，Cheltenham：Edward Elgar，2019，pp.61-77.

④ *International Yearbook of Industrial Statistics 2019*，Cheltenham：Edward Elgar，2019，pp.61-77.

⑤ *International Yearbook of Industrial Statistics 2019*，Cheltenham：Edward Elgar，2019，pp.61-77.

国家势必将持续深化与我国的国际产能合作对接，加快自身工业化发展步伐。

对于我国而言，中非国际产能合作的意义随着我国进入新发展阶段而愈加丰富。在"十三五"时期，中非国际产能合作的主要意义有两个。一是对外输出我国优势产能。进入 21 世纪，我国制造业经历"井喷式"增长，但受粗放式管理、2008 年全球金融危机、全球经济增速下滑等因素影响，制造业产能利用率出现一定程度下降，并引发工业产品销量下降、实体企业盈利缩水等现象。在此背景下，我国一方面从供给侧改革入手，整顿梳理制造业发展业态，推动工业部门实现产业结构转型升级；另一方面积极统筹利用两个市场、两种资源，在建材、有色、钢铁等领域探索对外合作，为我国优势产能和产品寻找包括非洲在内的海外市场，在使我国工业部门实现平稳可持续发展的同时，加速了海外市场的工业化发展。举例来看，河北是我国的钢铁大省，2018 年粗钢产量 2.37 亿吨①，约占全国总产量的 1/4②、世界钢产量的 1/8③，但省内钢铁企业也存在"两极分化"、产能富余、产业落后等问题。在此背景下，河北省一方面加强对省内钢铁企业的精细化管理，淘汰一批生产效能、质量均不达标的落后企业；另一方面开拓海外市场，于2018 年出台《河北省钢铁企业国际产能合作实施方案》④，将优势技术、设备、资金、人员等生产要素投入包括非洲国家在内的各发展中国家，通过发掘海外需求带动省内钢铁产业转型升级。二是全面提高对外开放水平。"十二五"时期，习近平总书记提出共建"一带一路"倡议，我国对外开放取得显

---

① 国家统计局网站，https：//data. stats. gov. cn/easyquery. htm？cn＝E0103，最后访问日期：2023年 8 月 11 日。

② 2018 我国粗钢产量为 9.29 亿吨。国家统计局网站，https：//data. stats. gov. cn/easyquery. htm？cn＝C01，最后访问日期：2023 年 8 月 11 日。

③ 2018 年全球粗钢产量为 18.09 亿吨。《2018 年全球粗钢产量增长 4.6%》，世界钢铁协会网站，2019 年 1 月 25 日，https：//worldsteel. org/zh－hans/media－centre/press－releases/2019/global－crude-steel-output-increases-by-4-6-in-2018/，最后访问日期：2023 年 8 月 11 日。

④ 《河北省印发钢企国际产能合作实施方案，两年内境外产能将翻倍》，澎湃新闻网站，2019年 2 月 18 日，https：//www. thepaper. cn/newsDetail_ forward_3001175，最后访问日期：2022年 6 月 23 日。

著进展，进出口贸易总额由 2010 年的 2.97 万亿美元增至 2015 年的 3.96 万亿美元[1]，对外投资总额首次超过吸引外资总额，但从绝对金额上看，对外开放仍存在较大增长空间。因此，在"十三五"规划中，我国进一步提出了"以'一带一路'建设为统领，丰富对外开放内涵，提高对外开放水平""开展国际产能和装备制造合作"等要求。[2]

自 2018 年以来，中国内外部宏观形势发生显著变化：一是全球经济增速放缓导致贸易保护主义抬头；二是美国特朗普政府、拜登政府上台，连番高调对华施压使中美矛盾持续升级；三是新冠疫情在全球肆虐使得全球供应链、产业链受到严重冲击。在"百年未有之大变局"的新形势下，中非国际产能合作被赋予了新的意义。一是保障我国供应链安全，摆脱"卡脖子"困境。我国虽是工业大国，但各类资源储备却相对有限，在当前国际市场不确定性明显加大的宏观背景下，保障我国战略资源供应成为我国开展对外投资的重点目标之一。"十四五"规划也明确提出，要"强化国家经济安全保障，强化经济安全风险预警，实现战略资源等关键领域安全可控"[3]。非洲不仅与我国经济联系紧密，而且还拥有十分丰富的能源和矿产资源，是我国传统意义上的能矿产业合作伙伴，由此可见，未来能源合作仍将是我国对非国际产能合作的重点领域。二是推进高水平对外开放，加快构建国内国际双循环相互促进的新发展格局。"十三五"时期，我国对外开放战略取得显著成绩，外贸、工程承包及投资"三驾马车"增长迅猛。但近年来以美国为首的西方国家提出了"制造业回流""新基建计划"等一系列新战略，意图在传统工业领域强化与我国企业的竞

---

① 国家统计局网站，https://data.stats.gov.cn/easyquery.htm? cn=C01，最后访问日期：2022 年 12 月 14 日。

② 《中华人民共和国国民经济和社会发展第十三个五年规划纲要》，中国政府网，2016 年 3 月 17 日，http://www.gov.cn/xinwen/2016 - 03/17/content_ 5054992.htm，最后访问日期：2022 年 6 月 23 日。

③ 《中华人民共和国国民经济和社会发展第十四个五年规划和 2035 年远景目标纲要》，中国政府网，2021 年 3 月 13 日，http://www.gov.cn/xinwen/2021 - 03/13/content_5592681.htm，最后访问日期：2022 年 6 月 23 日。

争。另外，东南亚等新兴经济体开始凭借土地及劳动力价格优势，积极承接新一轮国际产业转移。在此背景下，我国企业要想在国际市场中始终保持竞争优势，必须实现从劳动、资源密集型产业向资本、技术密集型产业的转型升级，而非洲经济的快速增长为我国企业提供了大量海外市场需求，使我国企业可以通过开展对非经贸合作巩固自身优势地位，同时加大技术研发创新力度。因此，预计在"十四五"时期，中非国际产能合作会逐渐由单纯追求绝对数额的"大进大出"模式转向兼顾合作规模和实际效果的"优进优出"模式，国际产能合作领域也将由装备制造业、能矿业、轨道交通、建筑建材等逐步拓展至农业现代化、数字经济、清洁能源、医疗、新基建等我国当前优先布局的新兴领域。

第二节 中非共建"一带一路"中国际产能合作的成就

一 中非共建"一带一路"中投资合作的发展成就

（一）中非共建"一带一路"中投资合作的总体情况

如前所述，投资合作是我国推进中非国际产能合作的主要途径。其原因在于，不同于双边贸易和工程承包这两种很大程度上依赖于非洲自身资源禀赋及资金实力的合作模式，投资合作可以通过我国企业向非洲国家提供用于发展的资金、技术和生产设备，在不增加其债务负担的前提下，充分发掘非洲本土市场的内生发展动力，是真正意义上的"造血式"合作模式。

在习近平等党和国家领导人的论述指引下，我国对非投资合作近年来实现了全方位发展，呈现整体向好态势。从存量上看，2013 年以来，我国对非直接投资实现稳步增长。商务部数据显示，2013 年我国对非直接投资存量为 261.9 亿美元，2019 年我国对非直接投资存量增至 443.9 亿美元，较2013 年增长近 70%，年平均增幅达 9.2%。从流量上看，我国每年的对非直接投资流量虽经历短期波动，但总体维持在 25 亿美元以上水平。2020 年，受新冠疫情和全球经济增速放缓的双重影响，撒南非洲国内生产总值萎缩

3.7%，出现了25年以来的首次经济衰退①，非洲吸引的外国直接投资流量也明显下滑，较2019年减少18%。与之相对，2020年我国对非全行业直接投资流量达29.6亿美元，企业新增投资覆盖非洲47国，对19国投资增幅超过10%②，这充分说明相较于其他国家对非投资而言，我国对非投资具有更强的逆周期调解能力和抗风险能力，基于双方实际发展需求和产业优势的国际产能合作模式已取得了明显成效。未来，随着新冠疫情逐步得到控制，包括非洲在内的全球各大经济体有望迎来反弹性复苏，而非洲大陆自贸区协定的运行正促成一个覆盖12亿人口、国内生产总值达2.5万亿美元的庞大市场。可以预见，作为中非国际产能合作的核心，中非投资合作正迎来重要的发展窗口期。

（二）中非共建"一带一路"中投资合作的主要特点

从投资领域看，中非投资合作目前集中在建筑、能源矿产领域。商务部数据显示，2019年我国对非投资存量排名前五位的行业依次为建筑业（30.6%）、采矿业（24.8%）、制造业（12.6%）、金融业（11.8%）、租赁和商务服务业（5.6%）。从投资目的地看，我国对非投资集中在能矿资源丰富的非洲国家。商务部数据显示，截至2019年末，中国对非投资存量排名前五位的国家分别是南非（61.5亿美元）、刚果（金）（56亿美元）、安哥拉（28.9亿美元）、赞比亚（28.6亿美元）、埃塞俄比亚（25.6亿美元），上述五国投资存量占我国对非投资存量的45%，而除埃塞俄比亚外，其他四国经济均对能矿部门具有一定程度依赖。③ 综合两方面特征可以看出，我国对非投资与双方比较优势基本匹配，但投资合作的多元化、分散化程度还有待提升。因此可以认为，中非投资合作还存在较大发展空间，有必

---

① International Monetary Fund，*World Economic Outlook*：*Managing Divergent Recoveries*，Washington，DC：International Monetary Fund，2021，pp. 2-10.

② 《2020年中非经贸合作综述》，中华人民共和国商务部网站，2021年4月12日，http：//xyf. mofcom. gov. cn/article/tj/zh/202104/20210403051448. shtml，最后访问日期：2022年6月23日。

③ 王胜文、邢厚媛主编《中国对外投资合作发展报告2020》，中华人民共和国商务部，2020，第71~76页。

要进一步在其他合作领域与非洲国家共同发掘投资潜力。

从投资主体看，我国中小型民营企业是开展中非投资合作的主体。数据显示，截至 2019 年末，我国企业在非洲 52 个国家开展投资，设立境外企业超过 3800 家。[①] 截至 2021 年 11 月，民营企业占中国在非企业数量的 90%，在中国企业对非直接投资规模中的占比约为 70%[②]。全球管理咨询公司麦肯锡于 2017 年发布的《龙狮共舞：中非经济合作现状如何，未来又将如何发展？》也推断，彼时在非洲开展业务的中资企业应在 1 万家以上，且 90% 是民营企业。[③] 相较于专注大项目、长周期、战略性的国有企业，民营企业投资模式灵活，运营效率相对更高，因此在对非投资过程中往往具有更强的盈利能力。但民营企业大多缺乏涉外经验，资金实力及抗风险能力均相对有限。不仅如此，此类企业资金体量普遍较小且部分业务属于非正式经济部门，因此，我国现有对非投资政策对于此类企业的激励作用相对较小。面对上述情况，预计我国各级政府将在现有政策基础上，进一步出台更为精准有效的投资激励措施，包括设立中小型企业专项贷款等，提升我国企业对非投资意愿。

二　中非共建"一带一路"中能矿业合作的成就

（一）中非共建"一带一路"中能矿业合作的总体情况

能矿业是中非国际产能合作的重点领域，也是中非最早开展双边合作的领域之一。自 20 世纪 90 年代以来，改革开放使我国工业生产力得到充分释放，我国对于能矿产品的需求也日益提升，铜、铁、铬等矿产资源缺口进一步扩大。在此背景下，我国开始寻求与自然资源丰富的非洲国家加

---

① 王胜文、邢厚媛主编《中国对外投资合作发展报告 2020》，中华人民共和国商务部，2020，第 71 页。

② 《驻塞舌尔大使郭玮谈中非合作论坛第八届部长级会议》，中华人民共和国驻塞舌尔大使馆网站，2021 年 12 月 10 日，http://sc.china-embassy.gov.cn/zxhd/202112/t20211210_10466653.htm，最后访问日期：2023 年 8 月 11 日。

③ 孙辕、Kartik Jayaram、Omid Kassiri：《龙狮共舞：中非经济合作现状如何，未来又将如何发展？》，麦肯锡公司，2017，第 10 页。

强合作，中非合作的主体也开始由国家层面逐渐下沉到企业层面，如1998年中国有色集团与赞比亚就谦比希铜矿项目达成合作，1996年中国钢铁工贸集团公司与南非合资设立铬矿冶炼加工厂，中国石油与苏丹、阿尔及利亚等国就油气开发达成多项合作，等等。① 进入21世纪，在中非合作论坛的整体框架下，我国矿企抓住巴里克黄金、自由港麦克莫兰等国际矿业公司剥离非洲资产的重要历史机遇，以投资并购、三方合作等方式，开发了一大批具有世界影响力的优质能矿项目，也使我国与非洲在能矿领域的国际产能合作进入了发展快车道。② 2012年，中国中铁股份有限公司、中国电力建设集团有限公司、浙江华友钴业股份有限公司和刚果（金）政府代表刚果（金）矿业总公司共同在刚果（金）成立华刚矿业股份有限公司（以下简称"华刚矿业"），以华刚矿业为主体开发刚果（金）科卢韦齐铜钴矿项目，不仅深化了中刚（金）矿业合作，而且还保障了投资收益回流当地，开创性地打造了中刚（金）双边"资源财政化一揽子合作模式"③。商务部数据显示，截至2019年，我国对非洲采矿业直接投资存量达110.2亿美元，占同期我国对非直接投资存量总额的24.8%，在所有行业中排名第二。包括中国石油、山东黄金、紫金矿业、中国五矿、洛阳钼业、江西铜业等在内的一大批我国能矿业龙头企业均开展有对非投资业务，足见能矿业合作在中非国际产能合作中占据的重要地位。

能矿业合作取得的积极进展与中非产业结构互补的客观现实密不可分。一方面，非洲自然资源非常丰富，有"世界资源库"之称，出产超过60种矿物，在油气资源领域，西非、北非及东非地区蕴藏大量油气资源，2019年非洲石油已探明储量达1258亿桶，占全球石油已探明总储量的7%左右，2018年全非洲石油产量为842万桶/日，占全球总产量的8.62%；在黑色

---

① 郭元飞、马润：《中非矿业合作的历史、现状与挑战》，《沧州师范学院学报》2016年第2期，第89~93页。

② 王秋舒等：《非洲矿业国际合作新趋势及对策建议》，《中国矿业》2019年第12期，第57~62页。

③ 华刚矿业股份有限公司网站，http://www.sicomines.com/cn/MainNews.aspx? NodeId = A2101&ParentId = A210，最后访问日期：2022年6月23日。

金属领域，南非、津巴布韦、加蓬等国拥有大量锰矿、铬矿资源，尤其是南非，拥有全球 25% 以上的锰矿储量（约 4 亿吨）、全球 80% 以上的铬矿储量（约 30 亿吨），此外，非洲铁矿资源储量超过 700 亿吨，仅次于巴西和澳洲，集中在西非、中非、南非等地区，且资源分布集中；在有色金属领域，非洲地区优势矿种包括铜钴矿、铝土矿、钛矿等，其中铜钴矿储量约 2 亿吨，占全球的 8%，铝土矿储量约 90 亿吨，占全球的 1/3，钛矿储量约 8000 万吨，占全球的 14%；在贵金属领域，非洲黄金资源储量 3.1 万吨，约占全球的 19%，主要分布在南非、加纳、马里、坦桑尼亚等国。另一方面，作为"世界工厂"，我国对于各类能矿产品的进口需求巨大，其中，2019 年我国石油进口量超过 1000 万桶/天，石油外部依存度达 70%；在我国 24 种战略性矿产中，铜、钴对外依存度超过 80%，铝土矿、钛、镍、铅、锌等对外依存度在 30% 以上。由此可见，我国与非洲在能矿产品国际市场中所处的客观供需地位决定了双方将长期开展能矿业合作。而从当前形势看，国际政经形势和全球产业格局正经历加速变革，因此，未来中非双方势必会在能矿业领域持续深化国际产能合作，非洲对于我国海外投资的战略意义将进一步凸显。

（二）中非共建"一带一路"中能矿业合作的代表性项目

1. 紫金矿业刚果（金）卡莫阿—卡库拉铜矿项目

铜在各类工业生产活动中应用广泛，是重要战略金属。刚果（金）卡莫阿—卡库拉铜矿（以下简称"卡莫阿铜矿"）是全球第四大、非洲第一大铜矿，也是近十年以来世界范围内发现的最大规模铜矿。卡莫阿铜矿原本由加拿大艾芬豪矿业有限公司持有，2015 年 5 月，紫金矿业敏锐抓住大宗商品国际市场价格低迷的窗口期，收购艾芬豪矿业有限公司旗下的卡莫阿控股有限公司股份，实现了对卡莫阿铜矿的控股，顺利成为我国控制海外金属矿产资源最多的企业之一。① 紫金矿业在介入该项目后，大力推动矿源勘探

---

① 《紫金矿业世界级铜矿卡莫阿–卡库拉建成投产》，中国黄金网，2021 年 5 月 28 日，https://www.gold.org.cn/ky1227/hw20171227/202105/t20210528_191714.html，最后访问日期：2022 年 12 月 14 日。

工作，先后在卡库拉、卡库拉西及卡莫阿北等地区取得重大突破，使卡莫阿铜矿已探明资源储量显著增加。2021 年，卡莫阿铜矿一期工程竣工投产，成为全球铜产量最高的铜矿之一。[1] 鉴于铜矿国际市场需求持续扩张，紫金矿业正开展卡莫阿铜矿扩建工作，目前进展顺利。[2]

卡莫阿铜矿项目是我国企业以投资并购方式开展对非国际产能合作的典型案例，具有三方面示范性意义。一是对于我国而言，卡莫阿铜矿项目可以很好地补充我国铜资源供应，巩固了中非之间的能源产品供应链。二是对于刚果（金）而言，卡莫阿铜矿项目为刚果（金）经济发展提供了大量税收资金和就业岗位，显著改善了当地用水、用电和道路交通情况，并且通过在当地兴建金属冶炼厂的方式延伸了资源部门产业链，在一定程度上促进了当地工业化发展。三是对于紫金矿业而言，投资建设卡莫阿铜矿一方面丰富了紫金矿业的投资组合和资源储备，为其业务发展带来了新的增长点，另一方面提升了其在国际矿业市场中的定价话语权，并且为其延伸了上下游产业链，充分发挥了规模经济和范围经济效应，并为我国企业海外并购提供了成功范例。值得一提的是，紫金矿业在投资卡莫阿铜矿项目的过程中还积极履行社会责任，推动"可持续民生计划"，包括提供职工素质教育、开展种植园项目和缝纫就业项目等。新冠疫情期间，紫金矿业等一大批中资矿企还积极向刚果（金）当地政府和民众宣传防疫措施，捐赠防疫物资，为缓解当地疫情提供助力。由此可见，我国企业在开展国际产能合作的过程中始终秉承习近平主席提出的真实亲诚对非政策理念和正确义利观，不仅在投资活动中实现了互利共赢，而且积极发挥投资的正外部性效应，在一定程度上推动了"一带一路"倡议"民心相通"目标的加速落实。

2. 中铝集团几内亚博法铝土矿项目

铝是工业生产中最常用的金属之一，也是地壳中含量最高的金属元素，

① 《紫金矿业卡库拉铜矿一序列采选工程整体施工已完成 90%》，中国矿业网，2021 年 4 月 13 日，http：//www. chinamining. org. cn/index. php？m = content&c = index&a = show&catid = 8&id = 35403，最后访问日期：2022 年 6 月 23 日。
② 《艾芬豪矿业将加快 Kamoa-Kakula 铜矿三期扩建步伐》，上海有色网，2021 年 3 月 31 日，https：//news. smm. cn/news/101435542，最后访问日期：2022 年 6 月 23 日。

在地壳中以铝土矿形式存在。数据显示，全球铝土矿资源储量约为300亿吨，其中储量排名前五位的国家分别为几内亚、澳大利亚、越南、巴西、牙买加。我国在铝土矿采掘和氧化铝冶炼领域产能优势明显，我国铝土矿年产量达全球总产量的20%[1]，对国际铝土矿价格具有举足轻重的影响，但与此同时，我国铝土矿资源储量仅占全球总储量的3%，对外依赖度超过60%，"强大产能"与"紧张资源"二者形成鲜明对比。在此背景下，与铝土矿储量全球第一的几内亚加强产能合作成为我国能源安全战略的必然选择。2016年10月，中铝集团与几内亚政府、几内亚国家矿业公司就几内亚博法铝土矿开发合作签署合作框架协议，双方开始就具体交易结构等内容进行协商。2018年6月，中铝集团与几内亚政府双方就项目开发达成一致，并正式签署合作协议。[2] 据悉，博法铝土矿项目储量为24.1亿吨，其中可利用可开发资源量约为17.5亿吨，可持续开采年限为60年以上。该项目是中铝集团首个海外大型铝项目，建成投产后将成为中铝集团海外铝土矿资源的重要来源。[3] 博法铝土矿项目于2018年10月开工建设，并于2019年10月启动现场采矿作业，截至2020年6月，铝土矿月产量已达110万吨，提前完成各项运营目标[4]，充分显示出我国企业在开展国际产能合作过程中的"中国速度"。

　　博法铝土矿项目是我国在几内亚投资建设的最大铝土矿项目，该项目由中铝集团负责从勘探到运输的全流程运营，实现了我国优势产能与几内亚丰富矿产资源的直接对接。该项目的成功运行有以下几方面的意义。一是为我国开辟了长期稳定的铝土矿海外进口来源，助力我国经济可持续发

---

① 《铝产业链全景解析》，新浪网，2021年1月15日，https://cj.sina.com.cn/articles/view/5160876646/1339cba66019021gbw，最后访问日期：2022年6月23日。

② 《中国铝业与几内亚政府签署Boffa项目矿业协议》，中国铝业集团有限公司网站，2018年6月10日，https://www.chinalco.com.cn/xwzx/tplb/202008/t20200826_9370.html，最后访问日期：2022年6月23日。

③ 《中国铝业首个海外大型铝项目——几内亚Boffa铝土矿项目开工建设》，中国铝业集团有限公司网站，2018年10月30日，https://www.chinalco.com.cn/xwzx/xwzx_gsyw/202008/t20200826_9605.html，最后访问日期：2022年6月23日。

④ 《我国在几内亚的最大铝土矿项目提前达产达标》，中国铝业集团有限公司网站，2020年6月19日，https://www.chinalco.com.cn/xwzx/xwzx_gsyw/202009/t20200907_14454.html，最后访问日期：2022年6月23日。

展。二是通过国际产能合作方式帮助几内亚发挥自身资源优势，实现经济发展，同时借助项目开发完善项目周边的道路交通、用水用电等方面的基础设施建设，改善当地居住环境。三是通过投资带动技术交流，如在博法铝土矿项目建设过程中，中铝集团先后雇用了超过 1500 名当地员工，在对其进行担任钢筋工、瓦工、矿卡司机等所需的知识和技能培训后再安排上岗工作。此类技能培训有效提高了当地居民技术能力和文化水平，为几内亚国内工业化发展提供了必要的技术性人才。[①] 四是为后续深化与几内亚的能矿业产能合作提供借鉴。2010 年中铝集团与力拓集团合作开发几内亚西芒杜铁矿项目，该矿总储量达 100 亿吨，铁矿石平均品位 65%，被认为是全球最大的未开采铁矿。但受项目规模过大、前期基础设施投入需求过多、几内亚政府要求苛刻等诸多现实因素限制，项目进展十分缓慢。随着博法铝土矿项目的财务效益逐渐显现，未来中铝集团或将以其作为成功范例，在西芒杜铁矿项目上向几内亚政府、力拓集团以及其他中企等寻求新的合作机会。

（三）中非共建"一带一路"中能矿业合作的其他项目

除上述能矿业项目外，中非双方在共建"一带一路"过程中，还合作建设了一批具有示范性意义的能矿业投资项目，为我国今后深化与非洲各国的能矿业合作积累了先进经验。例如，在能源领域，中国石油于 2013 年向意大利埃尼集团全资子公司埃尼东非公司收购莫桑比克 4 区块项目部分权益，从而实现了对莫桑比克海上油田的勘探、开采、基础设施建设、销售一体化投资运营，2022 年 11 月，该项目首批开发的科洛尔浮式液化天然气（LNG）项目实现首船液化天然气发运，莫桑比克正式进入液化天然气出口国行列；2014 年 6 月，中国石油在乍得南部进行的石油勘探开发项目二期建成，进一步深化了中乍双边能源合作。在有色金属领域，2016 年，洛阳钼业向自由港麦克莫兰公司收购了刚果（金）TFM 铜钴矿项目股权，加速

---

① 孟凡凯：《构建海外和谐发展新矿企——中铝几内亚博法项目工程建设纪实》，《中国有色金属》2020 年第 1 期，第 66~67 页。

实现其海外矿产资源布局；中国有色与刚果（金）国家矿业公司共同投资刚果（金）迪兹瓦铜钴矿项目并于 2020 年 1 月正式投产，该项目有力深化了中刚（金）关系，并进一步推动了刚果（金）工业化发展。在非金属矿产领域，中信建设于 2018 年和阿尔及利亚国家石油公司共同投资阿尔及利亚磷酸盐综合开发一体化项目，是中非合作论坛创建以来中方同非方合作的最大单体项目，也是阿尔及利亚近十年来规模最大的工程项目，双方将在阿尔及利亚东部建立四个工业区，进行磷矿的选矿、采矿及磷肥等磷矿产品的生产等一体化开发，项目建成后将充分释放阿尔及利亚磷矿产能，并为当地创造 3500 个就业岗位。

三　中非共建"一带一路"中制造业合作的成就

（一）中非共建"一带一路"中制造业合作的总体情况

制造业合作对于中非国际产能合作意义重大，是中非国际产能合作的主体内容。对于非洲而言，中非制造业产能合作不仅能有力推动当地工业化发展，而且为推动农业、建筑业、采矿业及服务业等上下游产业合作提供了良好的合作基础。此外，制造业合作还具有明显的正外部性，包括改善当地基础设施条件、吸纳大量待就业人口、提高劳动力素质、带动当地生产技术升级等，因此非洲各国长期致力于吸引外资来本土发展制造业。我国作为世界第一的制造大国[①]，在各制造业部门中具有大量优势产能，这使我国制造业产品长期具有旺盛的出口需求。相比之下，我国制造业企业对外投资则起步相对较晚，在我国对外投资总量中占比不高。截至 2009 年底，我国对外制造业投资额仅占我国对外直接投资存量总额的 5.5%。[②] 与此相对，我国同

[①] 《工信部："十三五"期间工业增加值达 31.71 万亿元　年均增长 5.9%》，中国新闻网，2020 年 10 月 23 日，https://www.chinanews.com.cn/shipin/cns/2020/10-23/news870969.shtml，最后访问日期：2022 年 6 月 23 日。

[②] 《2009 年度中国对外直接投资统计公报》，中国服务贸易指南网，2010 年 11 月 23 日，http://tradeinservices.mofcom.gov.cn/article/tongji/guonei/buweitj/swbtj/201011/17064.html，最后访问日期：2022 年 12 月 14 日。

期对非制造业投资额占对非直接投资存量总额比重达 22%[1]，显著高于我国对外投资的平均水平，这充分说明制造业合作在我国对非投资合作中占据更为重要的地位。值得一提的是，近年来我国对非制造业投资额在我国对非直接投资总量总额中的占比呈现逐年缓步下滑的趋势。截至 2021 年底，我国对非制造业直接投资存量达 59.3 亿美元，占我国对非直接投资存量的13.4%[2]，较 2009 年出现一定程度下滑。造成这一现象的原因是，相比建筑类项目、能矿资源类项目等大体量投资项目，制造业项目往往资金规模较小。伴随中非国际产能合作不断深化，我国对非各领域的投资在同步增加，对非制造业投资的占比长期处于较低水平甚至出现逐年下滑。但对非制造业投资项目数量和在非制造业企业数量均位居行业前列，充分说明了我国对非制造业投资的活跃程度。

从具体合作领域上看，我国对非制造业投资早期以服装纺织业为主，随后开始向汽车、家电、建材等领域拓展，呈现多元化发展趋势。[3] 在服装纺织业领域，非洲地区纺织技术落后，设备和人力均难以适应现代化生产需求，这为我国服装纺织业对非投资提供了机遇。2000 年，上海大龙制衣公司和江苏舜天集团在埃及塞得港自由区共同出资设立了尼罗纺织集团有限公司，并形成了从成衣生产到出口贸易的完整产业链，为我国纺织企业赴非投资起到了良好的示范作用。2011 年 11 月，我国著名女鞋生产商华坚集团依托埃塞俄比亚畜牧业优势和外商投资优惠政策，在埃塞俄比亚东方工业园成立华坚国际鞋城（埃塞俄比亚）有限公司，并在短短三个月内正式投产，使埃塞俄比亚皮革业出口收入大幅增长，同时为当地创造了大量就业岗位，成为中非服装纺织业合作的重要典范。在汽车及零配件行业领域，非洲汽车市场潜力巨大，其人口占全球总人口的 15%，但截至 2017 年整个非洲地区

---

[1] 《中国与非洲的经贸合作》，中国政府网，2010 年 12 月 23 日，http://www.gov.cn/zwgk/2010-12/23/content_1771638.htm，最后访问日期：2022 年 12 月 14 日。

[2] 中华人民共和国商务部、国家统计局、国家外汇管理局编《2021 年度中国对外直接投资统计公报》，中国商务出版社，2022，第 29 页。

[3] 于泯、周大启：《中非制造业合作前景广阔》，《中国国情国力》2015 年第 8 期，第 73~75 页。

汽车销量仅为 119.6 万辆,占全球汽车销量 1.2%。出于降低关税和运输成本,以及拓展非洲市场等多方面的考虑,我国自主品牌汽车企业开始赴非洲国家投资设厂。早在 20 世纪 90 年代,一汽解放牌、二汽东方牌卡车就赴坦桑尼亚、南非、乌干达等国开设卡车组装厂。2004 年,长城汽车、东风汽车、奇瑞汽车和华南摩托车公司与加纳企业在当地建立汽车生产基地,以配件组装方式生产卡车、轿车、摩托车等。随后,华晨、力帆、北汽福田、吉利等我国汽车制造企业纷纷通过各种方式在非投资,中非汽车制造业合作进入发展快车道。在家电业领域,非洲国家对于家电产品的需求快速增加,但自给率严重不足,本土产业尚未发展完善,导致家电市场长期依赖外部进口。我国家电企业自 20 世纪 90 年代开始在南非、埃及等经济相对发达、消费能力较高的国家设厂生产。1997 年底,海信在南非建成第一条彩电生产线,为其他家电企业对非投资树立典范。2001 年,海尔在尼日利亚设立合资工厂,生产冰箱、空调、洗衣机、彩电等,并将部分生产相关零配件的上游企业带到非洲。在建材领域,非洲巨大的基础设施需求为当地建材市场带来了持续性的发展机遇。中国建材工业在津巴布韦与当地企业合资组建华建水泥厂,设计年产能 20 万吨,以津巴布韦为基地,辐射安哥拉、纳米比亚、赞比亚等中南部非洲市场。随后,包括四川星河建材、中地海外等在内的一大批我国知名建材企业先后开始对非投资,有效填补了非洲当地建材市场空缺。自 2013 年"一带一路"倡议提出以来,我国制造业企业积极把握政策和市场发展机遇,进一步加大了对非投资力度。目前看来,中非制造业合作正进一步向通信设备、医疗物资等中高端制造业拓展,这无疑将有力推动非洲制造业的转型升级,进而加速其工业化进程。

(二)中非共建"一带一路"中制造业合作的代表性项目

1. 海信南非家电产业园项目

为更好提升当地制造业水平、满足南非在制造业领域的实际需求,2013 年 3 月,中非发展基金与海信集团签署投资合作协议,共同投资在南非实施海信南非家电产业园项目(以下简称"海信项目"),主要生产节能环保冰箱、智能 3D 高新电视等绿色高端产品,并在此基础上从品牌、运营、制造、研发、物流、售后、渠道等维度切入，通过分阶段发展，最终建立可提供整体解决方案的家电产业平台。截至 2020 年，海信项目年产冰箱 54 万台、电视 39 万台，生产的家电占据当地市场销售额首位，出口非洲十余个国家，于 2017 年获得南非最佳产品奖，项目的成功实施获得了南非政府领导人的高度评价。[①] 海信项目的成功实施产生了以下几方面的显著效益。一是持续推动当地经济发展。该项目通过资本金的方式在非洲投资设厂，实施本土化管理，在不增加政府负担的基础上，有力提升了当地制造业水平，推动南非国内制造业实现可持续发展。与此同时，海信在南非通过"传、帮、带"方式培养了一批当地员工，并与当地的学校合作建设"海信南非技术研发培训基地"，开展产品、技术研发和技术人员培训，从而提升南非劳动人口素质，增强其自身经济造血功能。二是改善当地就业。海信项目实施前，其所在地亚特兰蒂斯社区失业率高达 40%，结构性失业问题导致当地治安状况持续恶化，海信项目的实施则有效缓解了这一问题。海信项目一方面直接雇用当地员工 700 名（占员工总数的 90%），另一方面通过带动上下游产品和服务，间接创造了 2000 个就业岗位。资料显示，实施以来，海信项目极大改善了社区环境面貌，推动消除了社会不稳定因素，使社区 69000 名居民从中获益。三是打造了"产业+园区"的产业链模式，形成了以家电厂为核心的综合产业园区，利用集聚效应吸引了为园区企业提供配套服务的近 200 家企业，从而有效推动了当地制造业产能发展。海信项目的成功为这一产业链模式的可行性提供了充分的现实依据，未来"产业+园区"的产业链模式或将被陆续推广至与南非市场环境类似的其他非洲国家。

2. 南非曼巴水泥项目

南非曼巴水泥项目（以下简称"曼巴水泥项目"）是由冀东发展集团、中非发展基金、南非妇女投资基金以及南非梅丽莎家族信托公司共同出资设

---

① 《南南合作在行动——投资合作促进非洲可持续发展》，联合国南南合作办公室、中非发展基金，2020，第 27~29 页。

立的新型干法水泥熟料生产线项目。曼巴水泥项目是我国首个在非洲以融资方式运作的建材类项目，为我国企业"走出去"提供了崭新的融资模式。曼巴水泥项目位于南非林波波省，年熟料产能 87 万吨、水泥产能 100 万吨，在有效满足南非水泥建材市场需求的同时，为当地社区创造了 1500 个直接及间接就业岗位，有力推动了地区经济发展。[①] 冀东发展集团不仅是项目投资人，还是项目建设的总承包方及建成后的运营方，实现了对投资项目的全流程运营。2015 年 10 月，该项目仅用 15 个月就全面建成投产，较原定时间提前近 8 个月，成为非洲大陆建设速度最快的水泥厂，向南非人民展示了"中国速度"。对于我国而言，该项目带动了冀东发展集团所属装备公司的成套装备出口，使我国优势产能得到有效释放。[②] 在节能环保领域，该项目建设了南非首个水泥余热发电项目，每年可利用水泥生产过程中的余热发电 3300 万千瓦时，能够满足项目生产所需 30% 的电能，相当于每年减少工业用煤 1.7 万吨，减少二氧化碳排放 5 万吨，采取了高环保标准，高效节能措施。[③] 值得一提的是，曼巴水泥项目还是我国企业在南非的首个在资本项下实现人民币直接投资的项目，并在投资进入和资金退出两个环节中创新了人民币汇兑机制，为人民币直接投资和人民币国际化积累了宝贵经验。

3. 北汽南非汽车工厂项目

2015 年，北汽集团与南非工业发展公司（IDC）签署合资合作谅解备忘录，双方决定共同实施北汽南非汽车工厂项目（以下简称"北汽项目"）。该工厂是我国企业在南非及非洲投资规模最大的汽车工厂，也是南非四十年来投资规模最大的汽车工厂，规划产能为 10 万辆/年，全部投产后预计将带

---

① 《曼巴水泥浇筑中南友谊之花（中非共建一带一路）》，中国贸易报网站，2021 年 11 月 18 日，https://www.chinatradenews.com.cn/epaper/content/2021-11/18/content_75525.htm，最后访问日期：2022 年 6 月 23 日。

② 《产能合作造福中南人民》，人民网，2018 年 8 月 12 日，http://finance.people.com.cn/n1/2018/0812/c1004-30223500.html，最后访问日期：2022 年 6 月 23 日。

③ 《国际产能合作白皮书》，河北省发展和改革委员会，2019，第 25 页。

动当地1.5万人实现就业。① 北汽项目位于南非东开普省曼德拉市，工厂占地面积54.62公顷，厂区内布置焊装、涂装、总装三大生产工艺，生产车型全部由北汽集团自主研发设计，并且实现了对研发、采购、生产、销售和金融服务等各个环节的全产业链覆盖。项目按中国标准设计、南非标准深化施工，将中国设计运用到南非，成功实现了中国南非设计标准双向转化和运用，一期工程自开工建设到实现首车下线，只用了不到一年的时间，体现出中国制造的"南非速度"。② 值得一提的是，根据现有投资规划，其生产的汽车产品除在南非本土市场销售外，还将出口至南部非洲其他国家以及欧洲等地，出口量占总产量的60%，可有力带动南非出口贸易。可见，北汽项目很好地诠释了中非国际产能合作内涵，项目的实施不仅能帮助中国企业开拓非洲乃至全球其他地区汽车行业市场，实现中国企业的全球化布局，而且可有力带动南非国内经济发展，并有效解决当地就业问题，通过劳动培训的方式提升当地劳工素质，为南非下一步大力发展制造业打下基础。

4. 人福医药马里、埃塞俄比亚药厂项目

为落实对非"十大合作计划"中的"中非公共卫生合作计划"，2013年，人福医药集团（以下简称"人福医药"）与中非发展基金合作，在马里首都巴马科建设一座现代化药厂（人福非洲药业）。人福非洲药业设计规模为年产3000万瓶口服混悬液、4000万瓶大容量注射剂，是我国在西非地区投资额最多、生产规模最大的药厂，也是西非地区第一家采用最新GMP标准（药品生产质量管理规范）建设的现代化药厂。③ 2015年1月，人福非洲药业正式建成投产，使马里国内糖浆及大输液药品价格实现明显下降，极

① 《北汽集团与南非IDC签订协议，加深北汽南非项目合作》，新京报网站，2019年6月25日，https://www.bjnews.com.cn/detail/156143727314789.html，最后访问日期：2022年6月23日。
② 《北汽南非汽车工厂项目》，北京市住房和城乡建设委员会网站，2020年9月10日，http://zjw.beijing.gov.cn/bjjs/xxgk/ztzl/zggjfwmyjyhjzjxgly/jzjxggclyalzs/ydylgcjs/10862574/index.shtml，最后访问日期：2022年6月23日。
③ 《经典案例｜人福非洲药业股份有限公司 为西非制药行业树立标杆》，湖南日报网站，2019年6月26日，http://hunan.voc.com.cn/xhn/article/201906/201906260646539406.html，最后访问日期：2022年6月23日。

大缓解了马里乃至整个西非地区的药品短缺问题，并在一定程度上改善了当地居民的医疗卫生条件，成为兼具投资效益和民生效益的示范性项目。马里政府也对人福非洲药业给予了高度评价，2015 年，马里总统在出席项目竣工仪式时表示，人福非洲药业不仅使马里人民受益，而且使马里获得了药物生产能力，结束了其国内不能生产药品的历史。2018 年，马里授勋委员会向人福非洲药业总经理颁发马里国家级军官勋章，这代表着马里政府对于人福非洲药业在当地经营表现的充分认可。① 在人福非洲药业的成功基础上，2015 年，人福医药开始在埃塞俄比亚投资建厂。该项目位于埃塞俄比亚首都亚的斯亚贝巴东北部，占地 70000 平方米。该项目于 2015 年 8 月开始设计，2016 年 5 月开工建设，并于 2018 年投产。公司主要生产片剂、胶囊剂、水针、口服糖浆剂等 30 多种产品。该项目计划在五年内将埃塞俄比亚药品市场占有率提高到 20%，并通过发展上下游配套产业链推动埃塞俄比亚当地医药产业乃至整体国民经济的持续发展。② 两个药厂的建成投产，标志着人福医药在非洲"东西非联动，工商业并举"的战略布局初步形成，预计其未来将扩大在非投资，促进中非医药产业合作进一步向本土化发展。③

（三）中非共建"一带一路"中制造业合作的其他项目

除上述制造业项目外，中非双方在共建"一带一路"过程中还合作建设了一批具有示范性意义的制造业投资项目，为我国今后深化与非洲各国的制造业合作积累了先进经验。在农产品加工领域，国机集团中工国际工程股份有限公司于 2013 年在埃塞俄比亚投资建设了瓦尔凯特糖厂项目，该项目位于埃塞俄比亚北部提格雷地区，建设内容包括一座日处理甘蔗 24000 吨的糖厂、4×30 兆瓦蔗渣电站以及配套农业灌溉设施，有力带动了埃塞俄比亚

---

① 《人福医药：十年非洲情，开启药品"马里造"》，光明网，2020 年 6 月 16 日，https：//difang. gmw. cn/hb/2020-06/16/content_33916425. htm，最后访问日期：2022 年 6 月 23 日。
② 姚桂梅、郝睿、沈子弈、毛克：《中国与埃塞俄比亚的产能合作》，中国社会科学出版社，2022，第 80 页。
③ 肖家家：《卫生健康共同体——人福非洲药业实践注脚》，《中国投资》2021 年 4 月号第 7、8 期，第 36~43 页。

当地制糖业的工业化发展；中国山东国际经济技术合作公司于 2018 年在苏丹投资建设中国—苏丹农业合作开发区等一揽子农业项目，其中包括农产品加工、物流、贸易的全流程运营，帮助苏丹农业部门实现产业化、现代化和规模化生产。在服装纺织业领域，江苏阳光在埃塞俄比亚阿达玛市的工业园区内建立的纺织服装生产基地，可年产 1000 万米毛精纺面料、150 万套西服。在汽车制造业领域，吉利汽车集团于 2017 年与突尼斯本土企业祖阿里集团共同出资设立工厂，组装生产吉利 GC6 车型，2018 年 10 月，首辆"吉利"品牌汽车正式下线。在建材领域，中国武夷于 2016 年在肯尼亚投资建设了建筑工业化研发生产基地和建材仓储式超市项目，该项目位于肯尼亚首都内罗毕，为肯尼亚当地打造了集生产、销售、研发于一体的建材基地；帝缘陶瓷公司于 2016 年在埃塞俄比亚东方工业园投资建厂，占地面积 6 万多平方米，主要生产地砖、墙砖、卫生洁具和其他陶瓷产品，在助力打造埃塞俄比亚本土建材市场的同时，创造了 3000 多个工作岗位，有力解决了当地就业问题；临沂永运商贸有限公司于 2020 年在安哥拉投资实施年产 3 万吨陶瓷色釉料生产线项目。在通信制造领域，思米电子有限公司利用其手机产品在非洲占据高市场份额的优势，于 2015 年在埃塞俄比亚建立手机生产基地，2016 年初正式开工投产，并与埃塞俄比亚电信达成战略合作，为当地创造了 400 多个就业岗位，将"中国制造"转化为"非洲制造"。

四 中非共建"一带一路"中服务业合作的成就

（一）中非共建"一带一路"中服务业合作的总体情况

严格来说，能矿业、制造业等工业部门才是中非国际产能合作的主体，服务业部门并非传统意义上的中非产能合作领域。但由于服务业门类众多，且与全球价值链、供应链联系紧密，我国在开展对非产能合作的过程中不可避免地会涉及服务业项目合作。从绝对金额上看，中非服务业合作仍处于初级阶段，具体表现为我国对非服务业投资与我国服务业对外投资中的平均水平相比尚存在一定差距。目前，服务业部门在我国对外直接投资中占据绝对优势地位,其重要性远大于工业部门。截至 2019 年,服务业部门对外直接投资占我国对外直接投资总额的比重超过 80%。其中,租赁和商务服务业,批发和零售业,金融业,信息传输/软件和信息技术服务业四大类服务业的对外直接投资存量分别为 7340.8 亿美元、2955.4 亿美元、2545.3 亿美元、2022.1 亿美元,在 18 个行业大类的对外直接投资存量中位居前四,合计占我国对外直接投资存量总额的 70% 左右。[①] 相比之下,我国当前对非投资仍集中在建筑业、采矿业和制造业三大工业部门,中非服务业合作规模较小且层次相对较低,仍然具有较大发展空间。[②] 数据显示,在我国对非直接投资存量前五位的行业中仅有金融业、租赁和商务服务业属于服务业部门,截至 2019 年末,这两个行业的对非直接投资存量金额分别为 52.4 亿美元、24.9 亿美元,合计仅占我国对非直接投资存量的 17.4%。[③] 造成这一现象的原因有以下几方面:首先,大部分服务业部门对基础设施和营商环境的要求较高,但非洲地区工业化和城市化水平总体相对较低,从而对我国企业赴非开展服务业投资产生了一定负面影响;其次,服务业部门大多属于轻资产行业,项目投资规模远不及矿业、建筑业等资本密集型行业,因此虽有一大批我国服务业企业在非开展经营活动,但从投资总量上看仍远不及各工业部门;最后,非洲拥有十分庞大的非正式经济部门(Informal Economy),在商品贸易、物流运输等服务业部门中,非正式经济所占份额尤为突出[④],这就导致行业发展难以实现规范化运营,政府产业政策传导效率大打折扣,从而提高了我国及其他国家服务业企业进入非洲市场的难度。

---

① 中华人民共和国商务部、国家统计局、国家外汇管理局编《2019 年度中国对外直接投资统计公报》,中国商务出版社,2020,第 3~28 页。

② 张春宇、唐军:《非洲服务业发展与中非服务业合作》,《亚非纵横》2014 年第 5 期,第 16~29 页。

③ 中华人民共和国商务部、国家统计局、国家外汇管理局编《2019 年度中国对外直接投资统计公报》,中国商务出版社,2020,第 3~28 页。

④ 王战、周晨宇:《西非法语区非正式经济发展现状》,《中国投资》2019 年第 8 期,第 54~55 页。

从具体行业领域看，我国对非服务业投资规模虽然不大，但投资项目覆盖领域广泛，不仅涉及批发零售、餐饮住宿、运输物流等传统服务业，而且涉及金融、房地产、电信、旅游等新兴服务业和教育、医疗等公共服务业。早在"一带一路"倡议提出以前，我国企业就已在非洲投资了一批兼具示范效应和财务效益的服务业"明星"项目，为我国服务业"走出去"探索了路径。例如，2007 年，中国工商银行收购标准银行 20% 的股权，是该行第一大股东，这笔交易是中国工商银行金额最大的对外直接投资，也是我国金融机构对非投资的典型案例。[①] 自 2013 年"一带一路"倡议提出以来，我国服务业企业依托"八大行动""十大合作计划"等顶层设计，以技术合作、投资并购、参股等多种方式投资非洲市场，中非服务业产能合作迎来了发展新阶段。

（二）中非共建"一带一路"中服务业合作的代表性项目

1. 华大基因埃塞俄比亚"火眼"实验室项目

2020 年 6 月 17 日，习近平主席主持中非团结抗疫特别峰会，号召中非双方加强合作，凝心聚力共同应对新冠疫情。习近平主席提出："中方将继续全力支持非方抗疫行动，抓紧落实我在世界卫生大会开幕式上宣布的举措，继续向非洲国家提供物资援助、派遣医疗专家组、协助非方来华采购抗疫物资。中方将提前于年内开工建设非洲疾控中心总部，同非方一道实施好中非合作论坛框架内'健康卫生行动'，加快中非友好医院建设和中非对口医院合作，共同打造中非卫生健康共同体。"习近平主席还提出，我们要坚定不移推进中非合作。为克服疫情带来的冲击，我们要加强共建"一带一路"合作，加快落实中非合作论坛北京峰会成果，并将合作重点向健康卫

---

① 《工行 54.6 亿美元入主非洲标准银行》，中国工商银行网站，2007 年 10 月 26 日，https：//www.icbc.com.cn/icbc/%E5%B7%A5%E8%A1%8C%E9%A3%8E%E8%B2%8C/%E5%AA%92%E4%BD%93%E7%9C%8B%E5%B7%A5%E8%A1%8C/%E5%B7%A5%E8%A1%8C546%E4%BA%BF%E7%BE%8E%E5%85%83%E5%85%A5%E4%B8%BB%E9%9D%9E%E6%B4%B2%E6%A0%87%E5%87%86%E9%93%B6%E8%A1%8C.htm，最后访问日期：2022 年 6 月 23 日。

生、复工复产、改善民生领域倾斜。① 在习近平总书记论述指引下，华大基因依托其在埃塞俄比亚投资建设的新冠病毒核酸检测试剂盒生产厂，于2021年在埃塞俄比亚博莱国际机场投资建设"火眼"实验室，为机场旅客提供新冠病毒核酸检测，打造从试剂盒生产到检测使用的一体化产业链。该实验室于2021年4月正式投入使用，是埃塞俄比亚政府批准的首个外资独立投资运营的实验室，占地面积400平方米，由华大基因埃塞俄比亚子公司负责运营管理。实验室人员由中埃两国技术人员组成，日样本检测量最高可达1000份，并可在3个小时内完成整个航班300名乘客的核酸检测。② "火眼"实验室项目大幅提升了埃塞俄比亚本土新冠病毒核酸检测能力，为帮助非洲地区抗击新冠疫情提供了中国技术和中国智慧。不仅如此，待新冠疫情进入平稳状态后，"火眼"实验室还可继续在生育健康、传染病等领域为埃塞俄比亚当地居民提供医疗检测服务，为日后中非双方深化医疗卫生合作提供了成功范例。

2. 中远海运非洲物流项目

为助力中国企业和中国产品走进非洲，2016年中远集团与中国海运（集团）总公司重组，中远海运成立。两家公司在南非的业务重新整合，新成立的中远海运（非洲）公司专门从事我国与非洲间的航运物流业务。截至2019年2月，中远海运（非洲）公司已成为非洲最大的中资航运企业，业务量占非洲市场总份额的1/5③，业务成功覆盖了西非地区的尼日利亚阿帕帕港、多哥洛美港，东非地区的坦桑尼亚达累斯萨拉姆港、肯尼亚蒙巴萨港及南非地区的德班港等所有非洲主要港口。此外，中远海运还将"物

---

① 《习近平在中非团结抗疫特别峰会上的主旨讲话（全文）》，中国政府网，2020年6月17日，http://www.gov.cn/xinwen/2020-06/17/content_5520086.htm，最后访问日期：2022年6月23日。

② 《华大基因首个非洲机场"火眼"实验室在埃塞俄比亚正式运营》，新浪网，2021年4月19日，http://finance.sina.com.cn/stock/relnews/cn/2021-04-19/doc-ikmxzfmk7714461.shtml，最后访问日期：2022年6月23日。

③ 《"中国大船见证非中友谊不断升级"（共建一带一路）》，人民网，2019年2月22日，http://world.people.com.cn/n1/2019/0222/c1002-30895627.html，最后访问日期：2022年12月14日。

流服务+投资"的运营模式应用至非洲，如在 2017 年在埃及苏伊士经贸合作区投资建设占地 13 万平方米的国际保税物流园区，在完善网点建设的同时，进一步扩大了综合服务范围并向上延伸商贸物流产业链，提升了物流运输效率、扩大了区域辐射范围，为中非双方深化经贸合作提供了坚实保障。

（三）中非共建"一带一路"中服务业合作的其他项目

除上述服务业项目外，中非双方在共建"一带一路"过程中还合作建设了一批具有示范性意义的服务业投资项目，为我国今后深化与非洲各国的服务业合作积累了先进经验。在金融领域，中国建设银行于 2015 年在南非设立开普敦分行，该分行是中国建设银行在当地设立的第二家经营性机构，主营业务包括商业存贷款、贸易融资和外汇买卖等，为我国企业在南非投资提供了更为便捷的金融服务，并加速了人民币"走出去"的步伐。[①] 在物流运输领域，威海华坦供应链管理有限公司于 2020 年在坦桑尼亚达累斯萨拉姆建设东非商贸物流中心海外仓项目，该项目与其已投资的东非商贸物流中心和跨境电商平台共同形成兼具产品交易和展示、仓储物流、跨境电商和业务办理等功能的一体化物流供应链，推动中坦双边贸易提质增效，并有望打造东非地区最大的贸易物流桥头堡。在移动通信领域，华为公司凭借其自身强大的通信基础设施优势，已与非洲 40 多国本土运营商达成合作，为当地提供通信、宽带、物联网等数字化服务。2020年 7 月，在华为公司支持下，南非移动数据网络运营商 Rain 顺利发布非洲首个 5G 独立组网商用网络，成为非洲首个提供 5G 信号服务的电信运营商。[②]

---

① 《CCTV-13：南非：中国建设银行开普敦分行成立》，中国建设银行网站，2015 年 9 月 25 日，http：//www.ccb.com/cn/ccbtoday/media/20150925_1443166825.html，最后访问日期：2022 年 6 月 23 日。

② 《华为在南非参建非洲首个 5G 独立组网商用网络》，中国经济网，2020 年 7 月 29 日，http：//intl.ce.cn/sjjj/qy/202007/29/t20200729_35418203.shtml，最后访问日期：2022 年 6 月 23 日。

五 中非共建"一带一路"中产业园区合作的成就

(一)中非共建"一带一路"中产业园区合作的总体情况

1. 产业园区是中非投资合作的重要方式

产业园区这一概念的含义很宽泛。从园区功能上看,可以分为经济特区、经贸合作区、自由贸易区、商贸园区等;从产业部门上看,可以分为农业园区、工业园区、商贸园区等;从发展定位上看,可以分为市场需求型园区、出口导向型园区、资源开发型园区等。需要指出的是,非洲的产业园区并无明显的界定和区分,且所承担的功能大多存在一定程度上的重合。[①] 换言之,非洲产业园区的种类虽然各有不同,但其本质都是当地政府为实现经济发展、促进当地就业而出台优惠政策并主导经营的先行示范区。产业园区合作是推动中非国际产能合作的重要载体。一方面,我国在园区开发领域经验丰富。自改革开放以来,我国以地方政府为主导,建设开发了深圳蛇口工业区、苏州工业园区等一系列代表性项目,园区不仅自身财务效益良好,而且充分发挥经济辐射效应,带动了周边地区的经济发展和产业转型,因此,园区开发的"中国经验"对于非洲而言具有较强的指导意义。另一方面,产业园区的设立为我国企业赴非开展产业集群式投资创造了客观条件。相比于单个企业投资,产业园区投资具有多方面优势:一是使业务相似或者相关联的企业在开展对非投资过程中能够共享市场、分担风险,同时企业还能分摊电力、道路、安保等部分公共产品的使用成本,从而实现规模经济和范围经济;二是产业集群能有效降低企业间的信息收集成本,加速产业合作和项目对接,且集群式投资能够使企业实现一定程度的信用增级,从而为企业提供融资信贷支持;三是近年来非洲经济虽保持高速增长,但当地投资环境仍然相对落后,通过产业集群方式开展对非投资,可以提高企业与当地政府的议价能力,从而有效降低企业投资经营过程中可能面临的政策、市场乃至汇率等多方面风险。[②] 由此

---

① 王兴平主编《非洲产业园区发展与规划》,江苏人民出版社,2019,第10~11页。
② 高连和:《中非产能合作中的集群式投融资》,经济科学出版社,2017,第99~103页。

可见，开展产业园区合作不仅有利于推动非洲当地经济发展，而且能使我国企业降低投资风险，提升经营效率，促使我国企业加大对非投资力度。

2. 中非产业园区合作的基本情况

2006 年，在中非合作论坛北京峰会期间，我国宣布将产业园区合作纳入中非经贸合作范围，并在此后 3 年内在非洲国家建立 3~5 个境外经贸合作区①，这标志着中非产业园区合作进入了实质性发展阶段。2007 年商务部正式批准了 11 家境外经贸合作区，其中有 4 家为我国在非经贸合作区，包括赞比亚中国经济贸易合作区、埃塞俄比亚东方工业园、尼日利亚莱基自贸区和埃及苏伊士经贸合作区。四个产业园区依托自身区位优势，吸引我国企业赴非投资，不仅提升了当地经济发展水平，而且对周边地区起到了经济辐射效应，打造了中非产业园的重要"名片"。② 在四个经贸合作区的示范作用下，我国企业持续扩大对非园区投资，先后投资并建设了吉布提国际自贸区、中国—苏丹农业合作开发区、中国—乌干达境外经济贸易合作区、莫桑比克贝拉经贸合作区等一系列产业园区项目，有力带动了我国企业对非集群式投资，助力非洲提升本土化工业生产能力。商务部数据显示，截至 2019 年，我国已在非洲建立 25 个经贸合作区，吸引超过 430 家企业入园，带动投资金额累计超过 66 亿美元，雇用外籍员工 4 万人，为非洲国家创造税收收入近 10 亿美元。③ 预计未来我国将进一步加大对非洲的产业园区合作力度，并带动中非经贸合作迈上新台阶。

（二）中非共建"一带一路"中产业园区合作的代表性项目

1. 埃塞俄比亚德雷达瓦中土工业园项目

德雷达瓦中土工业园由中国土木工程集团有限公司（简称"中土集团"）于 2015 年投资建设，位于埃塞俄比亚德雷达瓦，紧靠亚吉铁路德雷达瓦车站

---

① 《中非合作论坛——北京行动计划（2007—2009 年）》，中非民间商会网站，2006 年 11 月 15 日，http：//www.cabc.org.cn/detail.php? id=197，最后访问日期：2022 年 6 月 23 日。

② 姚桂梅、许蔓：《中非合作与"一带一路"建设战略对接：现状与前景》，《国际经济合作》2019 年第 3 期，第 4~16 页。

③ 《中非经贸合作迈向高质量发展》，中国政府网，2019 年 7 月 9 日，http：//www.gov.cn/xinwen/2019-07/09/content_5407514.htm，最后访问日期：2022 年 6 月 23 日。

和旱港。园区由中土集团承建，规划面积 10 平方千米。其中，启动区又被称为"江苏昆山工业园"，面积达 3.1 平方千米，由昆山开发区负责招商管理，重点承接昆山开发区的服装纺织、食品加工及五金机械等轻工业的企业入园。[①] 园区计划分三期开发建设，完全建成后预计将为当地创造 4.2 万个就业岗位，其中项目一期占地 150 公顷，建设有 15 栋现代化厂房及服务大楼、购物中心等配套设施，并于 2020 年 10 月正式开园，已有来自美国、意大利等国的 4 家企业入驻。该项目不仅通过产业集聚效应带动了我国企业赴埃塞俄比亚投资，而且创造了中非城市间的国际产能合作模式，实现了昆山市与德雷达瓦市双边产业合作的直接对接，具有较强的示范效应。2018 年中非合作论坛北京峰会召开后，昆山开发区联合中土集团及双方政府机构，共同举办"中国（江苏）—埃塞俄比亚深化产能合作　共建'一带一路'投资发展对接会"，会议期间有 7 家昆山企业与德雷达瓦工业园签署投资意向书。[②] 埃塞俄比亚政府也高度重视德雷达瓦中土工业园项目。2020 年 10 月，埃塞俄比亚总理阿比出席工业园开园仪式并在致辞中表示，德雷达瓦是埃塞俄比亚东部地区的重要交通枢纽和商业中心，中土工业园的设立将激发当地经济潜力，并将促使中埃双边合作进一步深化。[③]

2. 华坚集团埃塞俄比亚轻工业园项目

2011 年，华坚集团在埃塞俄比亚投资建厂，专门从事鞋类制造。截至 2018 年 4 月，华坚集团已发展成为埃塞俄比亚当地最大的制鞋企业，年出口女鞋 240 万双，占埃塞俄比亚鞋业出口份额的 50% 以上，有力带动了皮革加工、物流运输等制造业上下游产业发展。[④] 2014 年 5 月，李克强总理在访

① 王兴平主编《非洲产业园区发展与规划》，江苏人民出版社，2019，第 42~43 页。
② 袁立、李其谚、王进杰：《助力非洲工业化——中非合作工业园探索》，中国商务出版社，2019，第 110 页。
③ 《埃塞总理阿比为中企承建德雷达瓦工业园揭牌》，人民网，2020 年 10 月 30 日，http://world.people.com.cn/n1/2020/1030/c1002-31912455.html，最后访问日期：2022 年 6 月 23 日。
④ 《华坚董事长张华荣：做鞋 34 年，成了"埃塞工业之父"》，中国经济网，2018 年 4 月 4 日，http://www.ce.cn/cysc/newmain/yc/jsxw/201804/04/t20180404_28712963 shtml，最后访问日期：2022 年 12 月 14 日。

问埃塞俄比亚期间,在埃塞俄比亚总理海尔马里亚姆陪同下,参观了华坚集团在当地的制鞋车间。[①] 2015 年,华坚集团充分利用埃塞俄比亚资源和市场优势,进一步加大了对埃塞俄比亚的投资,在埃塞俄比亚首都亚的斯亚贝巴投资建设华坚轻工业园。该项目以轻工业制造业为主,集出口加工、商贸、服务等功能于一体,总投资 20 亿美元,园区规划面积为 150 万平方米,预计每年可为埃塞俄比亚带来大量外汇收入,并创造 3 万~5 万个就业岗位。华坚集团既是轻工业园的投资方,也是园区的运营方,负责园区管理和日常运营。除华坚集团外,轻工业园已吸引入驻中资企业 30 余家,涉及钢材、制造、纺织、汽车组装等多个领域。下一步,华坚集团将充分利用其在埃塞俄比亚本土的制造业产能优势,将轻工业园由单纯的制造业园区打造升级为产业链条更长、覆盖领域更广的综合性产业园区。

3. 招商局集团吉布提国际自贸区项目

吉布提国际自贸区由吉布提政府、招商局集团(简称"招商局")和大连港集团三方投资,吉布提政府占 60% 股份,但是运营由中方主导。吉布提国际自贸区规划总面积为 48.2 平方千米,一期为 6 平方千米,先期开工建设的一期工程起步区为 2.4 平方千米,于 2017 年 1 月开工建设,2018年 7 月正式开园运营。[②] 自贸区重点吸引物流、贸易、汽车、机械、建材、海产加工、食品加工等领域的中国企业入园设厂。吉布提地处非洲之角,占据了红海通往印度洋的重要战略位置,是邻国埃塞俄比亚对外贸易的主要物流枢纽。2013 年 2 月,招商局通过其全资子公司招商局控股(吉布提)有限公司,参与吉布提港改制及运营。在此背景下,吉布提国际自贸区致力于充分发挥吉布提战略地位,依托埃塞俄比亚进出口市场需求和吉布提自由港,复制国内园区成功经验,采取"前港—中区—后城"的开发运营模式,旨在

---

① 《李克强出席埃塞首条高速公路竣工典礼并参观东方工业园》,中国政府网,2014 年 5 月 6日,https://www.gov.cn/guowuyuan/2014-05/06/content_2673338.htm,最后访问日期:2022 年 6 月 23 日。

② 《吉布提国际自贸区》,中国国际贸易促进委员会网站,https://oip.ccpit.org/ent/parks-introduces/67,最后访问日期:2022 年 12 月 15 日。

打造"非洲的蛇口",助力吉布提进一步扩大开放。吉布提国际自贸区项目还获得了吉布提政府的大力支持,包括给予自贸区企业所得税、个人所得税、增值税等方面的税收优惠,简化入园企业审批流程,放宽劳工雇佣限制等,这为吉布提国际自贸区的日常经营提供了一定程度上的政策红利。目前,吉布提国际自贸区招商引资工作正在稳步推进。[①] 值得一提的是,吉布提国际自贸区还开创性地将吉布提港口公司吸纳为自贸区资产管理公司的股东单位,不仅能使吉方充分享受园区增值所带来的收益,而且能通过使吉方参与园区经营管理,实现中吉双方企业在后续园区开发过程中的深度合作。

(三)中非共建"一带一路"中产业园区合作的其他项目

除上述各类项目外,中非双方在共建"一带一路"过程中还合作建设了一批具有示范性意义的产业园区项目,为我国今后深化与非洲各国的产业园区合作积累了先进经验。在经济特区领域,广东新南方集团与肯尼亚非洲经济特区有限公司于 2017 年合作建设肯尼亚珠江经济特区,该特区规划面积达 8 平方千米,以农产品和原材料加工为主,同时发展高新技术产业、轻工业等,正式运营后可为当地直接创造 4 万个就业岗位、间接创造 9 万个就业岗位。在工业园区领域,中土集团于 2015 年中标埃塞俄比亚阿瓦萨工业园项目,该项目由埃塞俄比亚政府主导投资,由中土集团负责设计、建设和运营,目前已成为非洲最大的纺织服装工业园。在商贸园区领域,在 2014 年,北京海山控股集团在安哥拉首都罗安达投资建设中安国际物流商贸园区项目,该项目占地面积约为 66 万平方米,全部建成后将有望把安哥拉打造为西南非物流枢纽,为中安双边贸易提供高效便捷的物流通道。2014 年 4 月,中国国际经贸投资集团联合多家中资企业,共同在刚果(金)首都金沙萨附近投资建设刚果(金)中国商贸工业城,其设有商贸园区等七个子园区,集购物、休闲娱乐、文化交流、餐饮服务等多项功能于一体,进一步完善了当地商业配套设施,刺激了服务业经济发展。

---

① 《吉布提国际自贸区隆重开园》,招商局集团网站,2018 年 7 月 6 日,https://www. cmhk.com/main/a/2018/g06/a36352_36737.shtml,最后访问日期:2022 年 6 月 23 日。

第三节　中非国际产能合作的问题与前景

一　中非国际产能合作存在的问题

从目前来看，中非国际产能合作已经取得了令人瞩目的成绩，且未来具备巨大的发展潜力。但不可否认的是，中非国际产能合作仍然存在多方面的问题，有待解决。

首先，非洲市场风险仍然较高，削弱了我国企业投资意愿。近年来非洲经济实现了跨越式增长，但开展对非投资活动仍然面临多方面风险，主要包括以下几个方面。一是政治风险。非洲整体政治安全形势平稳，但部分地区动荡局势有所加剧，如 2020 年 8 月马里爆发军事政变，推翻总统凯塔政权；2020 年 11 月埃塞俄比亚政府与"提人阵"发生武装冲突，导致北部提格雷地区陷入战乱；2021 年 4 月乍得总统代比胜选连任后在作战前线负伤去世，使国内安全形势持续恶化。这都为我国企业在当地开展生产经营活动带来了巨大的不确定性。二是政策和投资环境风险。尽管非洲各国政府均出台有各类优惠政策以吸引外商投资，但其实际效果并不理想，政府行政效率低下、基础设施落后、政策变动频繁等客观问题依然存在，根据世界银行发布的《2020 年营商环境报告》，非洲国家营商环境整体排名靠后，在全球 190 个经济体中，排名相对靠前的非洲国家仅有毛里求斯（第 13 位）、肯尼亚（第 56 位）、南非（第 84 位）和赞比亚（第 85 位），而排名最后的 10 个经济体中却有一半以上为非洲国家[①]，这使国际资本更倾向于东南亚、拉美等投资环境更优越的发展中地区。三是汇率风险。由于经济结构单一且高度依赖初级产品出口，非洲大部分国家的货币长期呈波动性贬值趋势，使在非投资企业被迫面临一定的汇兑损失。不仅如此，非洲国家为稳定本国货币汇率，均实施有一定程度的外汇管制，这导致我国企业在非洲当地获得的经营

---

① World Bank, *Doing Business 2020*, Washington, DC: World Bank, 2019, pp. 77-86.

利润难以汇回国内，进而削弱了企业赴非投资意愿。除上述风险外，我国企业在非投资还面临市场环境风险、声誉风险、违约风险等现有的或潜在的多重风险。因此中非双方政府仍需进一步加强合作，自上而下改善对非投资环境，保障我国企业在非利益。

其次，中非国际产能合作领域相对集中，多元化发展有待加强。我国对非国际产能合作集中在建筑业和能矿业两大领域，制造业和服务业占比仍然较低，这一现象可能引发一系列问题。例如，我国对非投资集中在刚果（金）、赞比亚、安哥拉等资源国家，这导致在某国发生政治动荡或者债务违约等事件时，我国企业在非投资所面临的不确定性风险在短时间内会快速上升，并可能进一步升级为影响我国对非经贸合作整体布局的系统性风险。再如，投资集中于建筑业和能矿业可能加大非洲国家对于自然资源的依赖，削弱其多元化发展动力。相较而言，制造业和服务业在非洲整体经济结构中的重要性程度更高，不仅能够吸纳大量的劳动人口，而且具有推动当地生产技术发展、提高劳动力素质、助力非洲加快融入全球市场体系等多方面的正外部性效应。因此，未来中非国际产能合作应基于现有合作，进一步扩大在制造业和服务业部门的合作，一方面带动我国更多企业开展对非投资业务，另一方面助力非洲打造更多元化、更可持续的产业经济结构。

最后，美西方国家争相"重返非洲"，中非国际产能合作面临的竞争将加剧。伴随中非经贸合作持续深化，美西方国家也加大了对非关注力度，旨在制衡我国对非影响力，从而巩固其所谓的"全球战略布局"。一方面，从现实情况看，中非国际产能合作的竞争压力正持续加大。以美国为例，2018年，美国特朗普政府提出"新非洲战略"①，重点关注对非经贸、安全、援助三大领域，并明确指出要向非洲提供与"一带一路"倡议完全不同的合作模式。在"新非洲战略"指引下，美国相继实施了一系列举措，包括通

---

① "Remarks by National Security Advisor Ambassador John R. Bolton on the The Trump Administration's New Africa Strategy," The White House, December 13, 2018, https：//trumpwhitehouse. archives. gov/briefings-statements/remarks-national-security-advisor-ambassador-john-r-bolton-trump-administrations-new-africa-strategy/, accessed：2022-06-23.

过《更好利用投资引导开发法案》（BUILD 法案）、成立美国国际发展金融公司（IDFC）、提出"繁荣非洲"倡议等，在对非经贸合作领域与我国企业形成了直接竞争关系。[①] 2022 年 6 月，以美国为首的七国集团提出"全球基础设施和投资伙伴关系"倡议，计划筹集 6000 亿美元，资助全球贫穷国家发展基础设施，这被视为美西方抗衡"一带一路"倡议的又一重大举措，其中涉及非洲国家的项目就包括在安哥拉的价值 20 亿美元的太阳能项目，连接新加坡和法国、途经埃及和非洲之角的价值 6 亿美元的海底电缆项目，在塞内加尔投资 330 万美元建造疫苗生产设施的技术援助项目，等等。另一方面，美西方国家还以媒体舆论为武器，先后提出了针对中国的所谓"债务陷阱论""新殖民主义""中国威胁论"等不实论调，诋毁中非合作所取得的积极进展。由此可见，未来伴随中美竞争不断升级，美西方国家或将进一步逼迫非洲国家"选边站队"，中非国际产能合作所面临的外部竞争压力将不断加大。

二 中非国际产能合作前景

习近平主席指出，中国是世界上最大的发展中国家，非洲是发展中国家最集中的大陆，中非早已结成休戚与共的命运共同体。[②] 目前全球政治经济局势持续动荡，新冠疫情使全球经济贸易体系发生深刻变化，新的国际秩序正加速构建。在世界百年未有之大变局的宏观背景下，中非合作势必将面临更多的机遇与挑战，但无论内外部环境如何变化，中非双方政治互信、经济互补、理念共享的客观事实始终不会改变，构建更加紧密的中非命运共同体是未来我国开展对非经贸合作的主基调。而作为中非经贸合作的有力抓手，未来中非国际产能合作的规模、范围和具体内涵势必将不断扩展，并推动各领域合作尤其是中非投资合作不断提质升级。习近平主席指出，要让经济全球化的正面效应更多释放出来，帮助新兴市场国家和发展中国家，特别是非

---

① 姚桂梅、郝睿：《美国"重返非洲"战略意图与影响分析》，《人民论坛》2019 年第 27 期，第 127～129 页。

② 习近平：《习近平谈治国理政》（第三卷），外文出版社，2020，第 449 页。

洲国家和最不发达国家有效参与国际产业分工，共享经济全球化的红利。[①]
相信伴随中非国际产能合作持续深化，非洲经济潜力将被充分激发，进而为
其突破发展瓶颈、改善人民生活水平提供新的动力。

　　不仅如此，结合当前形势看，随着中非双边关系越发紧密，未来中非国
际产能合作或将在多方面呈现新发展趋势。一是在合作区域方面，中非国际
产能合作将面向所有非洲国家，但会根据不同国家的国情特点，衍生能够精
准契合双边诉求的独特发展模式；二是在合作范围方面，中非国际产能合作
将由能矿业、建筑业、制造业等传统合作领域，逐步推展至金融科技、智能
物流、通信网络、云服务等新兴产业，使非洲能够充分利用第四次工业革命
契机，加速融入全球价值链体系，并推动自身实现工业化、现代化和数字化
发展；三是在合作主体方面，未来我国可能将在现有国际产能合作政策基础
上，进一步细化对非投资政策及配套投融资举措，并将一定的政策资源向中
小企业倾斜，合理引导我国各领域优势企业开展对非投资业务，以企业为主
体，加快推进中非经贸合作。总结而言，虽然在短期内中非国际产能合作可
能存在部分问题尚未解决，但从中长期来看，中非国际产能合作具有巨大的
发展潜力和明朗的发展前景，中非双方应该充分把握历史机遇，迈入构建更
加紧密的中非命运共同体的新时代。

---

① 习近平：《习近平谈治国理政》（第三卷），外文出版社，2020，第446页。

第七章　中非共建"一带一路"之绿色发展

世界银行将绿色发展定义为"一种将增长与对资源利用、碳排放和环境损害的依赖脱钩，通过创建新的绿色产品市场、技术、投资和改变消费与节约行为来促进增长的发展模式"①。党的十八届五中全会明确提出，绿色发展与创新发展、协调发展、开放发展和共享发展一起共同构成了新时期中国的五大发展理念，贯穿于当前中国经济社会发展的全过程，同时也是促进人类社会可持续发展、参与全球治理的重要理念。

在当今全球形势下，绿色发展亦是共建"一带一路"的重要内容。2015年，中国三部委联合发布《推动共建丝绸之路经济带和21世纪海上丝绸之路的愿景与行动》，明确提出要共建绿色丝绸之路。2017年，环境保护部等四部委发布了《关于推进绿色"一带一路"建设的指导意见》。意见系统阐述了建设绿色"一带一路"的重要意义，以及合作方式、目标，表明绿色发展已成为"一带一路"倡议的重要组成部分。在2017年举行的首届"一带一路"国际合作高峰论坛上，习近平主席在开幕式上明确指出："我们要践行绿色发展的新理念，倡导绿色、低碳、循环、可持续的生产生活方式，加强生态环保合作，建设生态文明，共同实现2030年可持续发展目标。"②"我们将设立生态环保大数据服务平台，倡议建立'一带一路'绿

---

① 许勤华：《"一带一路"绿色发展报告（2019）》，中国社会科学出版社，2020，第2页。
② 习近平：《习近平谈治国理政》（第二卷），外文出版社，2017，第513页。

色发展国际联盟,并为相关国家应对气候变化提供援助。"① 之后,绿色发展理念得到进一步夯实,绿色发展的国际合作不断开创新局面,已成为中非共建"一带一路"的重要内容和中非友好合作的重要领域。在此背景下,本章节对中非共建绿色"一带一路"的理念、政策及进程进行系统总结,并对现存挑战及前景进行了梳理和展望。

第一节　习近平关于绿色发展的论述、指导意义和落实政策

自党的十八大以来,以习近平同志为核心的党中央高度重视生态文明建设,坚持绿色发展,把生态文明建设融入经济建设、政治建设、文化建设、社会建设各方面和全过程,产生了一系列重要论述,并将其作为一种理念注入"一带一路"国际合作中,指明了今后中非合作的领域和方向,在当前的国际形势下更具引领意义。

一　习近平关于绿色发展理念的形成

2002 年 12 月 18 日,习近平在中共浙江省委十一届二次全体(扩大)会议上提出了建设"绿色浙江"的目标任务。2005 年 8 月 15 日,习近平在安吉考察时首次提出"绿水青山就是金山银山"这一科学论断。② 之后,在《浙江日报》的《之江新语》专栏,习近平发表多篇有关"绿水青山就是金山银山"的评论,指出"既要绿水青山,又要金山银山"③"破解经济发展和环境保护的'两难'悖论"④,对浙江经济社会发展提出了新要求。即只有立足于人与自然的和谐发展,处理好"两座山"关系,才能为未来发展奠定更好的基础。

---

① 习近平:《习近平谈治国理政》(第二卷),外文出版社,2017,第 515 页。
② 邓崴、严伟杰:《绿水青山就是金山银山——浙江践行这一科学论断十年纪事》,《浙江日报》2015 年 3 月 31 日,第 2 版。
③ 习近平:《之江新语》,浙江人民出版社,2007,第 153 页。
④ 习近平:《之江新语》,浙江人民出版社,2007,第 223 页。

2013 年 11 月 9 日,习近平总书记在中共十八届三中全会上关于《中共中央关于全面深化改革若干重大问题的决定》的说明中指出:"山水林田湖是一个生命共同体,人的命脉在田,田的命脉在水,水的命脉在山,山的命脉在土,土的命脉在树。用途管制和生态修复必须遵循自然规律……由一个部门负责领土范围内所有国土空间用途管制职责,对山水林田湖进行统一保护、统一修复是十分必要的。"①

2013 年 7 月 18 日,习近平总书记在致生态文明贵阳国际论坛 2013 年年会的贺信中指出:"走向生态文明新时代,建设美丽中国,是实现中华民族伟大复兴的中国梦的重要内容。中国将按照尊重自然、顺应自然、保护自然的理念,贯彻节约资源和保护环境的基本国策,更加自觉地推动绿色发展、循环发展、低碳发展,把生态文明建设融入经济建设、政治建设、文化建设、社会建设各方面和全过程,形成节约资源、保护环境的空间格局、产业结构、生产方式、生活方式,为子孙后代留下天蓝、地绿、水清的生产生活环境。保护生态环境,应对气候变化,维护能源资源安全,是全球面临的共同挑战。中国将继续承担应尽的国际义务,同世界各国深入开展生态文明领域的交流合作,推动成果分享,携手共建生态良好的地球美好家园。"②

2015 年 10 月 29 日,在中共十八届五中全会第二次全体会议的讲话中,习近平总书记提出了"创新、协调、绿色、开放、共享"的新发展理念,其中对绿色发展明确指出:"绿色发展注重的是解决人与自然和谐问题。绿色循环低碳发展,是当今时代科技革命和产业变革的方向,是最有前途的发展领域,我国在这方面的潜力相当大,可以形成很多新的经济增长点。我国资源约束趋紧、环境污染严重、生态系统退化的问题十分严峻,人民群众对清新空气、干净饮水、安全食品、优美环境的要求越来越强烈。为此,我们必须坚持节约资源和保护环境的基本国策,坚定走生产发展、生活富裕、生态良好的文明发展道路,加快建设资源节约型、环境友好型社会,推进美丽

---

① 习近平:《习近平谈治国理政》(第一卷),外文出版社,2018,第 85~86 页。
② 习近平:《习近平谈治国理政》(第一卷),外文出版社,2018,第 211~212 页。

中国建设，为全球生态安全作出新贡献。"①

2017年10月18日，如何推动生态文明建设迈向新阶段成为党的十九大报告的重要内容。习近平总书记在十九大报告中明确提出："我们要建设的现代化是人与自然和谐共生的现代化，既要创造更多物质财富和精神财富以满足人民日益增长的美好生活需要，也要提供更多优质生态产品以满足人民日益增长的优美生态环境需要。必须坚持节约优先、保护优先、自然恢复为主的方针，形成节约资源和保护环境的空间格局、产业结构、生产方式、生活方式，还自然以宁静、和谐、美丽。"② 习近平总书记就此提出四方面内容，首先就是推进绿色发展："加快建立绿色生产和消费的法律制度和政策导向，建立健全绿色低碳循环发展的经济体系。构建市场导向的绿色技术创新体系，发展绿色金融，壮大节能环保产业、清洁生产产业、清洁能源产业。推进能源生产和消费革命，构建清洁低碳、安全高效的能源体系。推进资源全面节约和循环利用，实施国家节水行动，降低能耗、物耗，实现生产系统和生活系统循环链接。倡导简约适度、绿色低碳的生活方式，反对奢侈浪费和不合理消费，开展创建节约型机关、绿色家庭、绿色学校、绿色社区和绿色出行等行动。"③

2018年5月18日，习近平总书记在全国生态环境保护大会上的讲话指出："生态环境是关系党的使命宗旨的重大政治问题，也是关系民生的重大社会问题。我们党历来高度重视生态环境保护，把节约资源和保护环境确立为基本国策，把可持续发展确立为国家战略。随着经济社会发展和实践深入，我们对中国特色社会主义总体布局的认识不断深化，从当年的'两个文明'到'三位一体'、'四位一体'，再到今天的'五位一体'，这是重大理论和实践创新，更带来了发展理念和发展方式的深刻转变。现在，随着我国社会主要矛盾转化为人民日益增长的美好生活需要和不平衡不充分的发展之间的矛盾，人民群众对优美生态环境需要已经成为这一矛盾的重要方面，

---

① 习近平：《习近平谈治国理政》（第二卷），外文出版社，2017，第198~199页。
② 习近平：《习近平谈治国理政》（第三卷），外文出版社，2020，第39~40页。
③ 习近平：《习近平谈治国理政》（第三卷），外文出版社，2020，第40页。

广大人民群众热切期盼加快提高生态环境质量。人民对美好生活的向往是我们党的奋斗目标,解决人民最关心最直接最现实的利益问题是执政党使命所在。人心是最大的政治。我们要积极回应人民群众所想、所盼、所急,大力推进生态文明建设,提供更多优质生态产品,不断满足人民日益增长的优美生态环境需要。人类是命运共同体,保护生态环境是全球面临的共同挑战和共同责任。"① 之后,习近平总书记还详细阐明了新时代推进生态文明建设的六个原则,其中就涉及全球生态文明建设:"生态文明建设关乎人类未来,建设绿色家园是人类的共同梦想,保护生态环境、应对气候变化需要世界各国同舟共济、共同努力,任何一国都无法置身事外、独善其身。我国已成为全球生态文明建设的重要参与者、贡献者、引领者,主张加快构筑尊崇自然、绿色发展的生态体系,共建清洁美丽的世界。要深度参与全球环境治理,增强我国在全球环境治理体系中的话语权和影响力,积极引导国际秩序变革方向,形成世界环境保护和可持续发展的解决方案。要坚持环境友好,引导应对气候变化国际合作。要推进'一带一路'建设,让生态文明的理念和实践造福沿线各国人民。"②

二 在国际合作领域建设绿色"一带一路"理念的形成

习近平主席于 2015 年 9 月 28 日出席第七十届联合国大会一般性辩论时,就"生态文明建设"这一话题指出:"我们要构筑尊崇自然、绿色发展的生态体系。人类可以利用自然、改造自然,但归根结底是自然的一部分,必须呵护自然,不能凌驾于自然之上。我们要解决好工业文明带来的矛盾,以人与自然和谐相处为目标,实现世界的可持续发展和人的全面发展。建设生态文明关乎人类未来。国际社会应该携手同行,共谋全球生态文明建设之路,牢固树立尊重自然、顺应自然、保护自然的意识,坚持走绿色、低碳、循环、可持续发展之路。在这方面,中国责无旁贷,将继续作出自己的贡

---

① 习近平:《习近平谈治国理政》(第三卷),外文出版社,2020,第359~360页。
② 习近平:《习近平谈治国理政》(第三卷),外文出版社,2020,第364页。

献。同时，我们敦促发达国家承担历史性责任，兑现减排承诺，并帮助发展中国家减缓和适应气候变化。"①

在 2015 年 11 月 30 日联合国气候变化巴黎大会开幕式上讲话时，习近平主席在阐述中国绿色发展理念的同时，提出了中国参与全球气候治理的举措："中国坚持正确义利观，积极参与气候变化国际合作。多年来，中国政府认真落实气候变化领域南南合作政策承诺，支持发展中国家特别是最不发达国家、内陆发展中国家、小岛屿发展中国家应对气候变化挑战。为加大支持力度，中国在今年 9 月宣布设立 200 亿元人民币的中国气候变化南南合作基金。中国将于明年启动在发展中国家开展 10 个低碳示范区、100 个减缓和适应气候变化项目及 1000 个应对气候变化培训名额的合作项目，继续推进清洁能源、防灾减灾、生态保护、气候适应型农业、低碳智慧型城市建设等领域的国际合作，并帮助他们提高融资能力。"②

在 2015 年 12 月 4 日中非合作论坛约翰内斯堡峰会开幕式上致辞时，习近平主席表示，为推进中非全面战略合作伙伴关系建设，未来 3 年将同非方重点实施"十大合作计划"，其中第五项为中非绿色发展合作计划："中方将支持非洲增强绿色、低碳、可持续发展能力，支持非洲实施 100 个清洁能源和野生动植物保护项目、环境友好型农业项目和智慧型城市建设项目。中非合作绝不以牺牲非洲生态环境和长远利益为代价。"③

此外，习近平主席在 2017 年 1 月 18 日在联合国总部的演讲中指出："坚持绿色低碳，建设一个清洁美丽的世界。人与自然共生共存，伤害自然最终将伤及人类。空气、水、土壤、蓝天等自然资源用之不觉、失之难续。工业化创造了前所未有的物质财富，也产生了难以弥补的生态创伤。我们不能吃祖宗饭、断子孙路，用破坏性方式搞发展。绿水青山就是金山银山。我们应该遵循天人合一、道法自然的理念，寻求永续发展之路。我们要倡导绿色、低碳、循环、可持续的生产生活方式，平衡推进 2030 年可持续发展议

---

① 习近平：《习近平谈治国理政》（第二卷），外文出版社，2017，第 525 页。
② 习近平：《习近平谈治国理政》（第二卷），外文出版社，2017，第 530～531 页。
③ 习近平：《习近平谈治国理政》（第二卷），外文出版社，2017，第 458 页。

程，不断开拓生产发展、生活富裕、生态良好的文明发展道路。《巴黎协定》的达成是全球气候治理史上的里程碑。我们不能让这一成果付诸东流。各方要共同推动协定实施。中国将继续采取行动应对气候变化，百分之百承担自己的义务。"①

在 2017 年 5 月 14 日"一带一路"国际合作高峰论坛开幕式上的演讲中，习近平主席提出了共建绿色"一带一路"的主张："我们要践行绿色发展的新理念，倡导绿色、低碳、循环、可持续的生产生活方式，加强生态环保合作，建设生态文明，共同实现 2030 年可持续发展目标。""我们将设立生态环保大数据服务平台，倡议建立'一带一路'绿色发展国际联盟，并为相关国家应对气候变化提供援助。"②

之后，在 2017 年 12 月 1 日举办的中国共产党与世界政党高层对话会上，习近平主席继续向世界阐述了中国保护生态环境、建设生态文明的理念。他强调："我们要努力建设一个山清水秀、清洁美丽的世界。地球是人类的共同家园，也是人类到目前为止唯一的家园。现在，有人正在外太空为人类寻找新的家园，但这还是一个遥远的梦想。在可预见的将来，人类都要生活在地球之上。这是一个不可改变的事实。我们应该共同呵护好地球家园，为了我们自己，也为了子孙后代。我们应该坚持人与自然共生共存的理念，像对待生命一样对待生态环境，对自然心存敬畏，尊重自然、顺应自然、保护自然，共同保护不可替代的地球家园，共同医治生态环境的累累伤痕，共同营造和谐宜居的人类家园，让自然生态休养生息，让人人都享有绿水青山。"③

在 2018 年中非合作论坛北京峰会开幕式上发表主旨讲话时，习近平主席阐述了今后与非洲国家共谋绿色发展的主张，并提出了相关行动计划："携手打造和谐共生的中非命运共同体。地球是人类唯一的家园。中国愿同非洲一道，倡导绿色、低碳、循环、可持续的发展方式，共同保护青山绿水和万物生灵。中国愿同非洲加强在应对气候变化、应用清洁能源、防控荒漠

① 习近平：《习近平谈治国理政》（第二卷），外文出版社，2017，第 544 页。
② 习近平：《习近平谈治国理政》（第二卷），外文出版社，2017，第 513、515 页。
③ 习近平：《习近平谈治国理政》（第三卷），外文出版社，2020，第 434~435 页。

230

化和水土流失、保护野生动植物等生态环保领域交流合作，让中国和非洲都成为人与自然和睦相处的美好家园。"① 中国愿以打造新时代更加紧密的中非命运共同体为指引，在推进中非"十大合作计划"基础上，同非洲国家密切配合，未来 3 年和今后一段时间重点实施"八大行动"，其中就包含实施绿色发展行动，即"中国决定为非洲实施 50 个绿色发展和生态环保援助项目，重点加强在应对气候变化、海洋合作、荒漠化防治、野生动物和植物保护等方面的交流合作；推进中非环境合作中心建设，加强环境政策交流对话和环境问题联合研究；开展中非绿色使者计划，在环保管理、污染防治、绿色经济等领域为非洲培养专业人才；建设中非竹子中心，帮助非洲开发竹藤产业；开展环境保护宣传教育合作"②。讲话详细指明了今后中非合作的领域和方向。

在 2019 年第二届"一带一路"国际合作高峰论坛上，绿色发展理念得到进一步夯实，绿色发展的国际合作不断取得新局面。习近平主席强调，"我们要坚持开放、绿色、廉洁理念，不搞封闭排他的小圈子，把绿色作为底色，推动绿色基础设施建设、绿色投资、绿色金融，保护好我们赖以生存的共同家园"；"在共建'一带一路'过程中，要始终从发展的视角看问题，将可持续发展理念融入项目选择、实施、管理的方方面面"；"我们同各方共建'一带一路'可持续城市联盟、绿色发展国际联盟，制定《"一带一路"绿色投资原则》"；"我们启动共建'一带一路'生态环保大数据服务平台，将继续实施绿色丝路使者计划，并同有关国家一道，实施'一带一路'应对气候变化南南合作计划。我们还将深化农业、卫生、减灾、水资源等领域合作，同联合国在发展领域加强合作，努力缩小发展差距"③。

随后，在 2019 年 4 月 28 日世界园艺博览会开幕式上的主旨讲话中，习近平主席继续表达了携手各国共谋绿色发展的理念："我们应该追求携手合作应对。建设美丽家园是人类的共同梦想。面对生态环境挑战，人类是一

---

① 习近平：《习近平谈治国理政》（第三卷），外文出版社，2020，第 450 页。
② 习近平：《习近平谈治国理政》（第三卷），外文出版社，2020，第 452 页。
③ 习近平：《习近平谈治国理政》（第三卷），外文出版社，2020，第 491、493 页。

荣俱荣、一损俱损的命运共同体，没有哪个国家能独善其身。唯有携手合作，我们才能有效应对气候变化、海洋污染、生物保护等全球性环境问题，实现联合国 2030 年可持续发展目标。只有并肩同行，才能让绿色发展理念深入人心、全球生态文明之路行稳致远。昨天，第二届'一带一路'国际合作高峰论坛成功闭幕，在座许多嘉宾出席了论坛。共建'一带一路'就是要建设一条开放发展之路，同时也必须是一条绿色发展之路。这是与会各方达成的重要共识。中国愿同各国一道，共同建设美丽地球家园，共同构建人类命运共同体。"①

2021 年 4 月 22 日，习近平主席在以视频方式出席领导人气候峰会时发表题为《共同构建人与自然生命共同体》的重要讲话。他指出："坚持绿色发展。绿水青山就是金山银山。保护生态环境就是保护生产力，改善生态环境就是发展生产力，这是朴素的真理。我们要摒弃损害甚至破坏生态环境的发展模式，摒弃以牺牲环境换取一时发展的短视做法。要顺应当代科技革命和产业变革大方向，抓住绿色转型带来的巨大发展机遇，以创新为驱动，大力推进经济、能源、产业结构转型升级，让良好生态环境成为全球经济社会可持续发展的支撑。"② 在参与全球气候治理方面，习近平指出："作为全球生态文明建设的参与者、贡献者、引领者，中国坚定践行多边主义，努力推动构建公平合理、合作共赢的全球环境治理体系。中方将在今年 10 月承办《生物多样性公约》第十五次缔约方大会，同各方一道推动全球生物多样性治理迈上新台阶，支持《联合国气候变化框架公约》第二十六次缔约方会议取得积极成果。中方秉持'授人以渔'理念，通过多种形式的南南务实合作，尽己所能帮助发展中国家提高应对气候变化能力。从非洲的气候遥感卫星，到东南亚的低碳示范区，再到小岛国的节能灯，中国应对气候变化南南合作成果看得见、摸得着、有实效。中方还将生态文明领域合作作为共建'一带一路'重点内容，发起了系列绿色行动倡议，采取绿色基建、绿色能

① 习近平：《习近平谈治国理政》（第三卷），外文出版社，2020，第 375~376 页。
② 习近平：《习近平外交演讲集》（第二卷），中央文献出版社，2022，第 345 页。

源、绿色交通、绿色金融等一系列举措，持续造福参与共建'一带一路'的各国人民。"①

三　习近平绿色发展理念在"一带一路"倡议中的指导意义

（一）绿色发展是当前全球气候治理与全球能源转型的客观需要

随着人类社会的发展，气候变化问题逐渐成为人类当前亟须解决的重要议题之一，而其中主要原因是化石燃料的大量使用使得二氧化碳含量急剧上升，引起全球温室效应。1992 年联合国大会上通过的《联合国气候变化框架公约》，提出了各国进行碳减排的目标，并确定了世界各国在环保问题上的合作机制，使各国开始通报和关注自身的温室气体排放问题，具有划时代的意义。1997 年 12 月，在日本京都由联合国气候变化框架公约参加国三次会议对《联合国气候变化框架公约》做了升级补充，达成了《京都议定书》，将减排由之前的"倡导"变成了"义务"，并为各国制定了减排任务。之后又历经了哥本哈根气候峰会、多哈气候峰会、华沙气候峰会和利马会议，于 2015 年形成了《巴黎协定》，中国是缔约国之一。协定指出，各方将加强对气候变化威胁的全球应对，把全球平均气温较工业化前水平升高控制在 2 摄氏度之内，并为把升温控制在 1.5 摄氏度之内努力。只有全球尽快实现温室气体排放达到峰值，21 世纪下半叶实现温室气体净零排放，才能降低气候变化给地球带来的生态风险以及给人类带来的生存危机。从全人类发展的角度看，《巴黎协定》将世界上所有国家都纳入了保护地球生态环境的命运共同体中，其按照共同但有区别的责任原则、公平原则和各自能力原则，进一步加强《联合国气候变化框架公约》的全面、有效和持续实施。而《巴黎协定》的签署也加速了全球能源的第三次转型。

纵观历史，人类经历了两次能源转型，第一次发生在 18 世纪后半叶，煤炭替代薪柴成为主要燃料并带来第一次工业革命；第二次发生在 19 世纪

---

① 习近平：《习近平外交演讲集》（第二卷），中央文献出版社，2022，第 347～348 页。

末，石油取代煤炭成为主要能源并带来第二次工业革命。进入 21 世纪以来，全球性环境污染、气候变化等问题开始逐步显性化，引发了各国发展"绿色"能源的需求，而《巴黎协定》的各缔约国均面临履行气候治理承诺的压力，须减少化石能源消耗、限制温室气体排放，进而加速了全球各国第三次能源转型的进程。

目前全球能源结构正在发生改变，清洁能源在整体能源消费中的占比不断上升，化石能源占比不断下降。例如从 1967 年到 2017 年，清洁能源消费占总能源消费的比重从 7% 上升到 14.5%，化石能源的消费也呈现"清洁化"特征，表现为天然气消费占比大幅上升，从 16% 上升到 23%，而石油消费占比从 45% 下降为 35%，煤炭消费从 35% 下降为 28%。[①] 在此背景下，中国政府提出"一带一路"绿色发展理念，满足当前全球气候治理与全球能源转型的客观需要。尤其是在当前单边主义抬头、全球环境容量趋紧等困境下，中国政府积极推进绿色"一带一路"建设，展现负责大国担当，在全球气候治理领域发挥引领作用，并积极作出中国贡献。

（二）绿色发展是中国自身发展的内在要求

自党的十一届三中全会开始，经过 40 多年的改革开放，中国取得了令世界瞩目的发展成绩，人民物质生活水平极大提高，幸福指数也迅速攀升，综合国力显著增强，目前已经成为仅次于美国的世界第二大经济体。40 多年发展的成绩有目共睹，但生态环境保护方面存在较大问题。人们生活水平虽极大提升，但从总体来看，生态环境持续恶化，大气污染、水体污染、土地荒漠化等问题频繁出现。特别是近十年来，水污染、空气污染呈高发态势；草原退化、土地沙化、水土流失情况严重，耕地面积逼近 18 亿亩生态红线；部分地区还存在持续过度开发、盲目开发、无视生态环境保护现象，致使能源资源环境承载能力接近极限。故中国须探索一条兼顾生态环境保护与经济社会发展的新型发展道路。

---

① 殷红、张静文：《第三次能源转型与银行业应对》，《中国金融》2019 年第 6 期，第 76~78 页。

如何实现人与自然和谐共处是目前世界各国思考和亟须破解的难题。自党的十八大以来，中国着力以生态文明建设引领经济社会发展与发展模式转型，构建了完善的思想理论体系。2012 年，党的十八大报告将中国特色社会主义事业总体布局在原经济建设、政治建设、文化建设、社会建设的基础上增加了生态文明建设，由"四位一体"扩充至"五位一体"，把生态文明建设置于经济社会发展的突出位置。2015 年 3 月中央政治局会议在"新型工业化、城镇化、信息化、农业现代化"战略任务之后加上"绿色化"，并将其定性为新的战略任务，将"四化"扩充为"五化"。2015 年 10 月，中共十八届五中全会提出"创新、协调、绿色、开放、共享"五大发展理念，强调经济发展与生态环保相协调。2017 年，党的十九大报告明确提出我国社会主要矛盾已经转化为"人民日益增长的美好生活需要和不平衡不充分的发展之间的矛盾"，其中生态环境保护工作任重道远。在明确以生态文明思想与绿色发展理念指导国内生态环境保护工作的同时，中国在全球气候治理中发挥积极作用，为区域与全球绿色发展提供公共产品，贡献中国智慧和中国力量，着力统筹国内国际两个大局。在此背景下，全国各地也将绿色发展理念与生态文明建设确立为经济社会发展的指导思想，将绿色发展理念贯穿地区经济社会发展的政策制定与实施过程。

"十四五"规划明确指出，今后要"加快发展方式绿色转型"，"坚持生态优先、绿色发展，推进资源总量管理、科学配置、全面节约、循环利用，协同推进经济高质量发展和生态环境高水平保护"。全面提高资源利用效率、构建资源循环利用体系、大力发展绿色经济、构建绿色发展政策体系。故倡导绿色发展理念，推进绿色"一带一路"建设，是中国当前自身发展道路的内在要求，与中国产业结构升级、发展绿色经济及保护生态环境的导向相契合。

（三）绿色发展契合"一带一路"沿线国家的发展诉求

一方面，"一带一路"沿线国家大多为亚非地区的发展中国家，在推动本国经济发展进程的同时，还须应对发展经济带来的自身环境问题以及全球气候变化，风险与挑战较大。"一带一路"绿色发展理念的提出与实施，为相关国家在复杂多变的国内外形势下同时处理好环境保护和经济发展两方面问题提供了新路径，帮助其找到适合本国国情、优化资源利用效率的绿色增长路径，避免走"先污染、后治理"的老路。尤其是在能源开发领域，共建绿色"一带一路"促进新能源技术在"一带一路"沿线国家的推广和应用，在帮助沿线国家节能减排及经济发展的同时，推动了全球能源新治理格局的形成。

另一方面，"一带一路"沿线国家普遍生态环境复杂、脆弱，环境适应能力较差，容易受到极端天气及气候灾害的影响。同时，伴随人口增长、城市化与工业化进程的加快，相关区域内环境问题加剧，尤其是水污染与大气环境问题，严重威胁其居民的生活与健康。在相关国家缺乏应对与解决该类问题能力的状况下，共建绿色"一带一路"为此提供了解决方案，贡献了中国智慧，充分满足了"一带一路"沿线国家发展的诉求。

四　共建绿色"一带一路"的落地政策

2015 年 3 月，国家发改委、外交部、商务部联合发布《推动共建丝绸之路经济带和 21 世纪海上丝绸之路的愿景与行动》，明确提出要"加强能源基础设施互联互通合作"，在煤炭、油气、可再生能源等领域广泛合作，又强调投资建设要突出生态文明理念，加强应对气候变化的合作。[1]

在 2016 年 9 月的 G20 杭州峰会上，中国提出"绿色金融"，并于 2016 年底成为世界上最大的绿色债券市场。[2] 2015 年 12 月，习近平主席在巴黎气候大会上宣布设立 200 亿元人民币的中国气候变化南南合作基金，并启动"十百千"项目，即在发展中国家开展 10 个低碳示范区、100 个减缓和适应

---

[1] 《国家发展改革委、外交部、商务部联合发布〈推动共建丝绸之路经济带和 21 世纪海上丝绸之路的愿景与行动〉》，中华人民共和国商务部网站，2015 年 3 月 31 日，http://www.mofcom.gov.cn/article/ae/ai/201503/20150300928878.shtml，最后访问日期：2021 年 5 月 1 日。

[2] 柳立：《发展绿色金融是实现绿色发展的重要举措》，《金融时报》2017 年 10 月 23 日，第 12 版。

气候变化项目及 1000 个应对气候变化培训名额的合作项目。[①]

2017 年 5 月 27 日，环境保护部、外交部、国家发改委、商务部联合发布了《关于推进绿色"一带一路"建设的指导意见》。意见系统阐述了建设绿色"一带一路"的重要意义，要求以和平合作、开放包容、互学互鉴、互利共赢的"丝绸之路"精神为指引，牢固树立创新、协调、绿色、开放、共享发展理念，坚持各国共商、共建、共享，遵循平等、追求互利，全面推进"五通"绿色化进程。意见提出，用 3~5 年时间，建成务实高效的生态环保合作交流体系、支撑与服务平台和产业技术合作基地，制定落实一系列生态环境风险防范政策和措施；用 5~10 年时间，建成较为完善的生态环保服务、支撑、保障体系，实施一批重要生态环保项目，并取得良好效果。意见从加强交流和宣传、保障投资活动生态环境安全、搭建绿色合作平台、完善政策措施、发挥地方优势等方面作出了详细安排。[②]

2017 年 5 月，环境保护部出台了《"一带一路"生态环境保护合作规划》。规划进一步明确"生态环保合作是绿色'一带一路'建设的根本要求"，制定了"一带一路" 2030 年具体规划目标，即到 2025 年推进生态文明和绿色发展理念融入"一带一路"建设，形成与沿线国家的生态环保合作良好格局；到 2030 年"共同推动实现 2030 年可持续发展目标、继续深化生态环保合作领域、全面提升合作水平"，并提出开展六个方面的重点工作：一是突出生态文明理念，加强生态环保政策沟通；二是促进国际产能合作与基础设施建设的绿色化；三是推动可持续生产与消费，发展绿色贸易；四是加大支撑力度，推动绿色资金融通；五是推动基础设施绿色低碳化建设和运营管理，落实基础设施建设标准规范的生态环保要求，推广绿色交通、绿色建筑、绿色能源等行业的环保标准和实践，提升基础设施运营、管理和

---

① 王健生、王砾尧：《气候大会应体现包容和公平原则》，《中国改革报》2016 年 11 月 9 日，第 2 版。

② 《关于推进绿色"一带一路"建设的指导意见》，中华人民共和国生态环境部网站，2017 年 4 月 26 日，http://www.mee.gov.cn/gkml/hbb/bwj/201705/t20170505_413602.htm，最后访问日期：2021 年 5 月 1 日。

维护过程中的绿色化、低碳化水平；六是引导企业使用低碳、节能、环保的材料与技术工艺，推进循环利用，减少在生产、服务和产品使用过程中污染物的产生和排放。[①]

2017 年 12 月，推进"一带一路"建设工作领导小组办公室印发了《标准联通共建"一带一路"行动计划（2018—2020 年）》，旨在加强"一带一路"绿色标准的制定和深化节能领域标准化合作。计划提出，未来 3 年，将"加快绿色产品评价标准的研究制定，推动产品标准体系构建，加强绿色产品标准、认证认可合作交流，推广绿色产品标准，推动绿色产品认证与标识的国际互认，减少绿色贸易壁垒，促进绿色贸易发展。推进绿色基础设施的标准化建设，以标准提升基础设施运营、管理和维护过程中的绿色化、低碳化水平，强化生态环境质量保障"，同时"推动与区域重点国家节能标准的协调，开展制冷空调、照明产品等节能标准化合作研究，支撑绿色产业和生态环保合作项目建设"。[②]

第二节 中非共建"一带一路"中绿色发展合作成就

绿色发展合作是中非共建"一带一路"的重要内容和中非友好合作的重要领域。在 20 多年中非合作论坛的引领与推动下，中国与非洲在绿色发展合作领域已经取得了丰硕的成果，主要体现在开展绿色发展项目和环境保护两个方面。

一 绿色发展项目合作

中非共建绿色"一带一路"重点就是中国与非洲在绿色能源和产业项

---

① 《〈"一带一路"生态环境保护合作规划〉确定六个方面重点工作》，《节能与环保》2017 年第 6 期，第 32 页。

② 《标准联通共建"一带一路"行动计划（2018—2020 年）》，中华人民共和国国务院新闻办公室网站，2018 年 1 月 19 日，http://www.scio.gov.cn/xwfbh/wqfbh/3760/39274/xgzc39280/Documett/1641459/1641459.htm，最后访问日期：2022 年 12 月 16 日。

目上的合作，主要集中在水电、光伏能源、风力发电、垃圾发电和竹藤等领域，具体情况如下。

（一）水电领域合作

非洲是水能资源非常丰富的地区。国际能源署认为水力发电是许多非洲国家电力系统中最重要的一个组成部分，也是运用最广泛的可再生能源资源（不包括生物质能）。国际能源署评估的非洲水力发电的技术可开发潜能是283吉兆，年均发电量可达到1200太瓦时，这一数字占全球水电技术可开发资源的8%，但是目前整个非洲大陆的水能利用率仍然很低，实际开发率只有9%，而且一多半都集中在中部非洲和东部非洲地区，尤其是集中在喀麦隆、刚果（布）、刚果（金）以及埃塞俄比亚等国。[①] 水能资源是清洁可再生能源，水电项目既能提供电能又可以保护环境，同时有利于防洪减灾，促进人和自然和谐共处。故水电合作是中非共建绿色"一带一路"的重点合作项目。

中国与非洲在水资源领域开展了各项合作。截至2018年9月，中国水利部已与南非、尼日利亚、莱索托、埃塞俄比亚、摩洛哥、津巴布韦、埃及7个非洲国家签署了合作谅解备忘录，与南非、埃及等国水利设施行政主管部门建立了定期交流机制。中国与非洲水资源合作的重点为水电项目，当前在建和已经完成的主要水电项目包括埃塞俄比亚的吉布3水电站、复兴大坝和泰克泽水电站，苏丹的麦洛维水电站，几内亚的凯乐塔水电站，赤道几内亚的吉布洛水电站，安哥拉的卡库洛卡巴萨水电站，津巴布韦的卡里巴南岸水电站扩建工程，乌干达的卡鲁玛水电站，尼日利亚的蒙贝拉水电站和宗格鲁水电站，赞比亚的下凯富峡水电站，加纳的布维水电站，科特迪瓦的苏布雷水电站，刚果（布）的利韦索水电站，刚果（金）的布桑加水电站，等等。其中典型的水电领域合作案例有以下4个。

水电领域合作代表项目1：几内亚凯乐塔水电站项目。几内亚凯乐塔水电站位于几内亚的西部，是孔库雷河流域布置的第三个梯级电站，距离首都

[①] 《非洲水电资源开发利用概况》，北极星水力发电网，2017年6月13日，https：//news.bjx.com.cn/html/20170613/830791.shtml，最后访问日期：2021年5月2日。

科纳克里 140 千米，由中国水利水电第三工程局有限公司建设。凯乐塔水电站总装机容量 24.5 万千瓦，电站于 2012 年 4 月 18 日开工，三台机组分别于 2015 年 5 月 28 日、2015 年 6 月 23 日、2015 年 8 月 29 日相继投产发电，建成后的年平均发电量达 9.65 亿千瓦时。中国水利水电第三工程局有限公司施工时完全采用中国标准，通过加强组织管理和过程控制，积极采用"四新"技术，克服了雨季长、埃博拉病毒暴发等困难，按期实现了发电目标。电站的落成有效缓解了几内亚发电难、用电贵、污染重的问题，是几内亚重点基础设施，重要民生工程，也是几内亚国内规模最大的水电站，它让几内亚大部分民众首次实现持续用电。凯乐塔水利枢纽工程形象登上了几内亚货币，印到了其最大面值 20000 几内亚法郎的纸币上，被誉为几内亚的"三峡大坝"，同时被几内亚总统称为"与中国牢固伙伴关系的印证"。此外，该工程还荣获 2018 年度中国建设工程鲁班奖（境外工程），成为中国工程在非洲一道靓丽的"名片"。①

水电领域合作代表项目 2：埃塞俄比亚吉布 3 水电站项目。埃塞俄比亚号称"东非水塔"，具有丰富的水力资源，吉布 3 水电站是近年来中国公司在非洲承担的最大水电项目，位于埃塞俄比亚西南部，距其首都亚的斯亚贝巴约 360 千米，为奥姆欧河梯级开发中的第三级电站。项目于 2011 年开工，由中国电建成都院承担机电金结设计、水电八局负责安装。2015 年 10 月，吉布 3 水电站项目首台机组正式并网发电，2016 年 8 月底，最后一台机组投运。吉布 3 水电站项目的建成投产使埃塞俄比亚全国发电装机容量翻倍，达到 424.5 万千瓦，其中吉布 3 水电站单个项目占比 44%。以前，埃塞俄比亚备受电力短缺的困扰，即便是在首都亚的斯亚贝巴，停电也是常事，而吉布 3 水电站不仅使埃塞俄比亚告别了电力短缺的历史，而且还使其相当一部分电力用于出口，赚取外汇，切实实现了环境效益、社会效益与经济效益三者并存。②

---

① 田若楠：《几内亚凯乐塔水电站工程》，《陕西日报》2020 年 1 月 14 日，第 11 版。
② 《中国水电八局承建的埃塞俄比亚 最大吉布 3 水电站机组全部投产》，北极星水力发电网，2016 年 9 月 25 日，https://news.bjx.com.cn/html/20160925/775625.shtml，最后访问日期：2021 年 5 月 2 日。

水电领域合作代表项目3：刚果（布）利韦索水电站项目。利韦索水电站是中方在刚果（布）承建的第三座水电站，距离其首都布拉柴维尔750千米，水库总库容为1.1亿立方米，装机容量19.2兆瓦，由3台水轮发电机组构成。该项目是葛洲坝集团在刚果（布）中标的首个EPC施工总承包项目，该项目总装机容量19.2兆瓦，电站安装3台6.64兆瓦混流式机组，于2012年6月开工，在2016年8月实现3台机组并网发电，并于2017年5月29日举行竣工典礼，刚果（布）总统萨苏偕夫人出席并为水电站项目剪彩。作为葛洲坝集团在刚果（布）的首个项目，利韦索水电站备受各界关注。在项目开工、截流等重大建设节点，刚果（布）总统萨苏及政府要员也多次莅临施工现场。利韦索水电站在竣工之后，有效解决了刚果（布）北部地区电力供应短缺问题，促进了当地经济社会发展，成为刚果（布）当地最重要的民生工程之一，也为中国企业进入刚果（布）基建市场开创了良好的局面。[①]

水电领域合作代表项目4：科特迪瓦苏布雷水电站项目。苏布雷水电站位于西非国家科特迪瓦西南部，是科特迪瓦国家能源平衡战略的核心项目。该项目由中国电力建设集团承包建设，是目前西非共同体国家中最大的一个EPC总承包项目，也已成为中科合作的又一标志性工程。该电站最大坝高20米，大坝全长4.5千米，水库总库容8300万立方米，总装机容量27.5万千瓦，年发电量1190千兆瓦时。它是科特迪瓦最大的水电站，也是西非地区规模最大的水电站，有"西非灯塔"的美誉。项目于2013年9月24日开工，于2017年5月25日实现首台机组并网发电，比合同工期提前了8个多月，之后在2017年11月2日正式竣工。该项目正式交付给科方后，科特迪瓦全国发电能力提高近14%，并进一步平衡了以火电为主导的混合能源结构，把科特迪瓦能源结构中的可再生能源份额提高到45%。这不仅满足了科特迪瓦巨大的电力需求，还极大地提高了科特电力出口量，惠及周边国

[①] 《刚果（布）利韦索水电站工程验收移交》，国务院国有资产监督管理委员会网站，2018年7月2日，http://www.sasac.gov.cn/n2588025/n2588124/c9193030/content.html，最后访问日期：2021年5月2日。

家，成为助力西非经济发展的新引擎。[①]

（二）光伏能源领域合作

除水资源外，非洲还拥有丰富的太阳能资源，其 3/4 的土地可接受太阳垂直照射，据相关研究机构测算，非洲接受太阳能的数据量占到全世界的 49%，其太阳能资源主要集中在北部、东部和南部非洲。[②] 中国与非洲在太阳能资源利用方面也已经进行了广泛的合作。随着中非合作的深入开展，尤其是在共建绿色"一带一路"框架下，光伏合作逐步成为中非绿色能源合作的一大亮点。一方面，中国先后为尼日尔、摩洛哥、莱索托、塞内加尔、加纳等国援建了太阳能路灯，完成了百余项援建太阳能路灯和培训项目。另一方面，中国企业在非洲开展相关光伏产业合作。近年来中国在非洲建成和在建的光伏项目主要包括阿尔及利亚 233 兆瓦光伏电站项目、埃及本班光伏产业园项目、莱索托 70 兆瓦光伏项目、肯尼亚加里萨光伏发电站项目、马里卡蒂 40 兆瓦光伏电站项目，以及阿尔及利亚 25 兆瓦光伏电站交钥匙工程和中非 15 兆瓦班吉光伏电站项目等。中国不仅提供产品与技术来照亮非洲各国，同时提供人才培训、建立可再生能源合作发展促进中心等能力建设，创建技术转移机制，为当地培养光伏产业人才。以下几个为近年来已交付的影响力较大的光伏产业项目。

光伏能源领域合作代表项目 1：阿尔及利亚 233 兆瓦光伏电站项目。该项目由中国水电建设集团国际工程有限公司、中国水电工程顾问集团有限公司和英利能源（中国）有限公司联合中标，并委托中国电建市政建设集团有限公司和中国水电工程顾问集团有限公司组成 233 兆瓦联营体（简称"联营体"）以标段整体分包方式实施。阿尔及利亚 233 兆瓦光伏电站项目部共 3 个标段 15 个电站，各个电站分布相对分散，从北部沿海到中部高原

---

① 《萨桑德拉河上的"灯塔"——写在科特迪瓦苏布雷水电站获鲁班奖之际》，中国电建集团网站，2019 年 12 月 9 日，https://www.powerchina.cn/art/2019/12/19/art_7450_721003.html，最后访问日期：2021 年 5 月 2 日。

② 《非洲发展太阳能发电潜力巨大可晋升全球第一》，世纪新能源网，2015 年 4 月 9 日，https://www.ne21.com/news/show-65386.html，最后访问日期：2021 年 5 月 2 日。

再到南部沙漠，纵贯阿尔及利亚全境，点多、面广、战线长、管控难度大。项目克服高温、沙尘暴、雷暴等极端天气，严格要求施工工艺，坚持质量控制程序，最终于 2018 年 1 月 18 日顺利并网发电。该项目是阿尔及利亚国内首个大规模光伏电站，已成为中阿开启"一带一路"合作的标志性工程，荣获了 2018 年度中国建设工程鲁班奖（境外工程）。此外，该项目还组织了 12 批阿尔及利亚业主、技术人员共计百余人到中国学习培训光伏电站建设技术、运行维护管理等，为阿尔及利亚光伏电站储备了大量技术人才。[1]

光伏能源领域合作代表项目 2：埃及本班光伏产业园项目。本班光伏产业园位于阿斯旺省首府阿斯旺市北部，占地 37 平方公里，该项目于 2018 年 4 月开工建设，2019 年 6 月投入运营。其中，浙江正泰新能源开发有限公司承建和特变电工新疆新能源股份有限公司分别承建其中的 165.5 兆瓦和 186 兆瓦两个项目。该项目既为埃及提供了大量清洁能源，又给当地增加了约 5000 个就业岗位，切切实实惠及了当地社会。[2]

光伏能源领域合作代表项目 3：肯尼亚加里萨光伏发电站项目。加里萨光伏发电站位于肯尼亚东北部的加里萨郡。该电站由肯尼亚能源部筹建，中国进出口银行融资，中国能建东电一公司承担施工的总承包建设，中国江西国际经济技术合作有限公司与晶科能源控股有限公司组成联合体，负责设计、采购、施工、安装及培训，于 2016 年开工建设，在 2019 年底竣工并网发电。该项目装机量为 50 兆瓦，年均发电量预计为 7646.7 万千瓦时，预计年减少二氧化碳排放 6.419 万吨，在环保的同时可以满足肯尼亚 7 万户家庭超过 38 万人的用电需求，将有力缓解长期困扰肯尼亚的"用电荒"难题。此外，该项目的建成有助于在肯尼亚培养本地光伏人才，未来也将成为东非

---

[1] 《阿尔及利亚首个大规模光伏电站并网发电　中国电建承建》，国务院国有资产监督管理委员会网站，2018 年 1 月 23 日，http://www.sasac.gov.cn/n2588025/n2588124/c8515880/content.html，最后访问日期：2021 年 5 月 3 日。

[2] 《埃及：光伏发电项目推动中埃新能源合作》，《一带一路报道》2018 年第 3 期，第 10 页。

地区光伏发电行业人才培训和示范基地。[①]

（三）其他清洁能源领域合作

除水电项目与光伏项目，中国还在风力发电和垃圾发电等绿色能源领域与非洲国家开展了一系列的合作项目，尤其是在风力发电领域合作项目进展顺利。长期被电力短缺困扰的非洲其实拥有着巨大的风能资源，占到地球风能总量的 32%，潜力巨大。[②] 相对于其他发电形式，风电的成本更低，尤其是在南非、埃塞俄比亚、肯尼亚等国。上述领域中非合作的典型案例如下。

其他清洁能源领域合作代表项目 1：埃塞俄比亚阿达玛二期风电项目。已经竣工投产的阿达玛一期风电项目是中国第一个技术、标准、管理、设备整体"走出去"的风电项目，主要为埃塞俄比亚首都亚的斯亚贝巴新落成的非盟会议中心供应电力。阿达玛二期风电项目是继一期项目之后，利用中国优惠买方信贷持续支持建设的第二个风电项目，由中国水电工程顾问集团有限公司和中地海外建设集团有限公司合作承建。项目位于埃塞俄比亚中部地区，距首都亚的斯亚贝巴约 90 公里，工程安装 102 台机组，单机容量1500 千瓦，总装机容量为 153 兆瓦，于 2016 年 5 月 24 日移交给埃塞俄比亚电力公司。该项目采用中国贷款、中国技术、中国标准、中国设备和中国承包商，是我国风电"走出去"的第一个完整的新能源工程项目。阿达玛二期风电场的建成投产，有效缓解了当地电力紧缺的局面，弥补了当地的电力缺口，广受埃塞俄比亚人民好评。

其他清洁能源领域合作代表项目 2：南非德阿风电项目。德阿风电项目是中国在非洲投资建设运营的首个风电项目。2013 年，国家能源集团下属的龙源南非公司与当地合作伙伴参与了该项目的招标并胜出，项目地点位于南非北开普省德阿镇附近，总投资约为 25 亿元，分两期建设。2017 年 11月 17 日，该项目顺利竣工并投产发电。该项目分两期建设，装机容量分别

---

① 《肯尼亚加里萨 50 兆瓦光伏发电项目投运　中国能建承建》，一带一路能源合作网，2019 年12 月 17 日，http://obor.nea.gov.cn/detail2/11065.html，最后访问日期：2021 年 5 月 3 日。
② 《风能大洲正是缺电大洲　中非携手合作前景广阔》，东方风力发电网，2019 年 8 月 29 日，http://www.eastwp.net/news/show.php?itemid=55835，最后访问日期：2021 年 5 月 3 日。

为 10.05 万千瓦和 14.4 万千瓦。该项目投产发电后，每年可输送清洁电力 6.44 亿千瓦时，相当于节约标准煤 21.58 万吨，减排二氧化碳 61.99 万吨，能够满足当地 8.5 万户居民的用电需求。此外，该项目为当地创造了 700 多个就业岗位，在建设过程中积极使用当地设计与施工企业，为当地经济社会发展带来了众多机遇。①

其他清洁能源领域合作代表项目 3：埃塞俄比亚莱比垃圾发电厂项目。该项目位于亚的斯亚贝巴西南郊，是中国在非洲承建的第一座垃圾发电厂，也是中国电力工程公司在"一带一路"合作国家建成的绿色、低碳示范电厂。2015 年 12 月 12 日，电厂正式开工建设，业主为埃塞俄比亚电力公司，中国电建集团湖北工程公司为主体工程施工单位。该电厂总装机容量为 500 千瓦，相当于一座中型火力发电厂的水平，每天可处理垃圾 1200 吨。2017 年 9 月，该项目正式竣工投产，预计每年发电总量可达 1.85 亿千瓦时，可保证亚的斯亚贝巴 1/3 家庭的照明用电。② 莱比垃圾发电厂在为埃塞俄比亚创造经济效益和社会效益的同时，也将绿色发展经验、技术传播到非洲各地。

（四）竹藤项目合作

在 2018 年中非合作论坛北京峰会上，中国明确提出要帮助非洲"建设中非竹子中心，帮助非洲开发竹藤产业"。非洲竹藤产业发展潜力巨大，但由于技术与资金等多方面的限制，无法产生出应有的经济效益。中非合作论坛北京峰会后，相关工作相继有序展开。2018 年 9 月，受国家国际发展合作署委托，国家林业和草原局调查规划设计院与北京市建筑设计研究院有限公司、国际竹藤中心等单位联合组成项目组，赴埃塞俄比亚亚的斯亚贝巴开展了中非竹子中心项目的前期调研工作。③ 2019 年 11 月 1 日至 11 日，埃塞

---

① 高原：《中国首个在非洲投资建设运营的风电项目投产发电》，《内蒙古日报》2017 年 11 月 19 日，第 4 版。

② 景玥、黄培昭：《"垃圾发电让我们的生活有了盼头"——中企承建的埃塞俄比亚莱比垃圾发电厂造福当地百姓》，《人民日报》2019 年 11 月 21 日，第 17 版。

③ 《规划院完成中非竹子中心项目前期调研工作》，国家林业和草原局网站，2018 年 9 月 19 日，http://www.forestry.gov.cn/main/112/20180919/160012952841581.html，最后访问日期：2021 年 5 月 3 日。

俄比亚环境林业及气候变化委员会官员应中国国家林业和草原局的邀请,来华交流访问,在埃方详细考察中国竹子产业时,双方就尽快完成中非竹子中心选址,推动中国企业去埃塞俄比亚投资竹藤产业进行了详细磋商。此外,2019 年 7 月,中国政府还为加纳、塞内加尔和喀麦隆,以及中非、卢旺达、刚果(金)和几内亚等 8 个法语国家的学员举办了竹子种植与加工技术培训班,该培训班由商务部主办、国家林业和草原局竹子研究开发中心承办。① 通过培训传授竹子产业知识和技能,有助于提升非洲参培人员竹业技术能力,为后续中非竹产业合作打下了良好的基础。

二 环境保护领域合作

近年来,中非在环境保护方面的合作主要包括以下三个领域。

第一,推动中非环境合作中心建设。2015 年 12 月,中非合作论坛约翰内斯堡峰会提出要设立中非环境合作中心。在 2017 年 12 月举行的第三届联合国环境大会期间,中国环境保护部同肯尼亚环境部和联合国环境规划署,在肯尼亚内罗毕共同签署合作意向书,决定设立中非环境合作中心,以实现联合国 2030 年可持续发展议程、非盟《2063 年议程》,以及共建绿色"一带一路"。② 2018 年 8 月 17 日,中非环境合作中心临时秘书处在内罗毕揭牌;在同年 9 月召开的中非合作论坛北京峰会上,中国表示将继续"共同推进中非环境合作中心建设,通过加强环境政策交流对话、推动环境产业与技术信息交流合作、开展环境问题联合研究等多种形式,深化中非环境合作"③。2020 年 11 月 24 日,中非环境合作中心启动活动在北京举行,这是

---

① 《2019 年非洲法语国家竹子种植与加工技术培训班闭幕》,中国林业科学研究院网站,2019 年 9 月 12 日,http://www.caf.ac.cn/info/1255/24355.htm,最后访问日期:2021 年 5 月 3 日。

② 李霞、卢笛音、陈雅翔:《共筑绿色发展和谐共生的中非命运共同体》,《中国环境报》2018 年 9 月 7 日,第 3 版。

③ 《中非合作论坛北京峰会生态环境领域取得成果》,"生态环境部"百家号,2018 年 9 月 10 日,https://baijiahao.baidu.com/s? id=1611211261857630016&wfr=spider&for=pc,最后访问日期:2022 年 6 月 23 日。

落实习近平主席 2018 年在中非合作论坛北京峰会上提出"推进中非环境合作中心建设"① 倡议的具体行动,为中非环境合作搭建了平台,标志着中非环境合作不断走深走实。

第二,实施对非环境援助工作。近年来,中国与非洲国家间的双边环保合作项目已逐渐铺开,中国积极与非洲国家分享环境治理的成果和成熟经验,通过援助的形式,重点加强非洲在应对气候变化、海洋合作、荒漠化防治、地质矿产调查、野生动植物保护等方面的能力,维护非洲区域生态安全。② 值得注意的是,中国对非洲国家的援助除常规形式外,还利用自身技术上的优势对非洲国家进行绿色技术援助,而近年来在共建绿色"一带一路"领域最为典型的案例就是中国赠埃塞俄比亚微小卫星项目和中国援助实施"非洲绿色长城"计划项目。

环境保护领域合作代表项目 1:中国赠埃塞俄比亚微小卫星项目。2019年 12 月 2 日,国家应对气候变化南南合作项目——援埃塞俄比亚微小卫星项目交付仪式在北京航天城顺利举行,赠埃塞俄比亚的微小卫星约 65 公斤,设计寿命两年,主要装载多光谱宽幅相机,能够获取农林水利、防灾减灾等领域多光谱遥感数据,支撑埃塞俄比亚开展应对气候变化研究,可为埃塞俄比亚农业现代化创造有利条件。2019 年 12 月 20 日,援埃塞俄比亚微小卫星在太原成功发射。这是埃塞俄比亚历史上第一颗人造卫星。通过卫星项目,埃塞俄比亚获得了大量遥感图像作为应对气候变化的可信分析依据③;同时,埃塞俄比亚国内青年也借此机会开始了解航天、关注航天、学习航天,并在中国帮助下获得来华学习航天技术和气象知识的机会。该项目对于提升应对气候变化南南合作的影响力、积极服务绿色"一带一路"建设,具有十分重要的意义。

---

① 《中非环境合作中心启动活动在京举行》,澎湃,2020 年 11 月 24 日,https://m. thepaper. cn/baijiahao_ 10131814,最后访问日期:2022 年 6 月 23 日。

② 李霞、卢笛音、陈雅翔:《共筑绿色发展和谐共生的中非命运共同体》,《中国环境报》2018 年 9 月 7 日,第 3 版。

③ 钟鹏华、许萌、谢诚、杨栋、陈元伟:《赠埃塞俄比亚遥感微小卫星工程项目及其意义》,《卫星应用》2020 年第 11 期,第 23~26 页。

环境保护领域合作代表项目2：中国援助实施"非洲绿色长城"计划项目。2017年9月，中国科学院新疆生态与地理研究所和"非洲绿色长城"组织签订协议。根据合作备忘录，双方将为泛非绿色长城组织成员国实施"非洲绿色长城"工程提供科技支撑；对地区农林牧生态系统在监测、评估以及可持续管理等方面开展培训、研究和科学技术成果转移转化；加强人员互访和交流；加强地理信息系统及遥感技术在荒漠化防治方面的应用。该项目以"非洲绿色长城"建设关键技术需求为着眼点，诊断关键技术问题，在非洲建立中国绿色技术展示区，在转移和传播中国治沙防沙技术的同时，带动中国荒漠化防治领域的企业材料、产品"走出去"，提升非洲绿色长城成员国荒漠化防治能力，进而辐射非洲其他典型荒漠化国家，促进中非绿色"一带一路"合作，为非洲的荒漠化防治工作贡献中国智慧。[1]

第三，实施中非绿色使者计划。2015年12月通过的《中非合作论坛——约翰内斯堡行动计划（2016—2018年）》明确提出，"为加强中非环境合作，促进非洲国家绿色发展，中方将在'中国南南环境合作—绿色使者计划'框架内，推出'中非绿色使者计划'"[2]。2018年中非合作论坛北京峰会上，明确中非间的绿色发展行动是"在环保管理、污染防治、绿色经济等领域为非洲培养专业人才"[3]；此外，中非将重点开展"在应对气候变化、海洋合作、荒漠化防治、野生动物和植物保护等方面的交流合作"[4]。

---

[1] 《雷加强：中国技术走进非洲"绿色长城"》，中国发展门户网，2018年12月18日，http://cn.chinagate.cn/news/2018-12/18/content_74239157.htm，最后访问日期：2021年5月3日。

[2] 《共筑绿色发展和谐共生的中非命运共同体》，中国网，2018年9月7日，http://www.china.com.cn/opinion/theory/2018-09/07/content_62749790.htm，最后访问日期：2022年6月23日。

[3] 《划重点！习近平在中非合作论坛北京峰会上的讲话传递这些重要信息》，"央广网"百家号，2018年9月5日，https://baijiahao.baidu.com/s?id=1610753595748526022&wfr=spider&for=pc，最后访问日期：2022年6月23日。

[4] 《中非合作论坛——北京行动计划（2019—2021年）》，中华人民共和国外交部网站，2018年9月5日，http://spainembassy.fmprc.gov.cn/wjb_673085/zzjg_673183/fzs_673445/dqzzhzjz_673449/zfhzlt_673563/zywj_673575/201809/t20180905_7618588.shtml，最后访问日期：2022年6月23日。

据统计,从 2005 年到 2018 年中非合作论坛北京峰会前夕,在中非合作论坛推动下,利用中国政府的援外资金资助,由中国商务部举办、生态环境部等相关机构承办的中非环境管理研修班在北京已成功举办 40 余期,培训了来自非洲大陆的 700 多位政府官员。[①] 2018 年 9 月中非合作论坛北京峰会过后,中国政府继续实施中非绿色使者计划,仅在 2019 年就举办了非洲国家内陆水体水环境保护与管理培训班、非洲野生动物保护管理与履约官员研修班和非洲法语国家清洁能源应用技术培训班等多场培训活动。总体来看,中非环保人员培训领域合作进展顺利,效果颇为显著。

第三节 中非绿色发展合作存在的问题及前景

中非绿色"一带一路"合作涉及新能源开发与利用、绿色经济开发、绿色技术转移、环保培训等多个领域,已取得众多标志性成果,广受非洲国家好评,进一步实现了中国绿色发展理念在全球的引领与示范作用。但出于发展模式、发展阶段和资金与技术等多方面的因素,中非绿色"一带一路"合作仍面临一些问题和挑战,需要我们进一步应对。

第一,众多国家的经济社会发展阶段存在差别。非洲是世界上不发达国家最为集中的大洲,54 个国家中有 33 个为联合国认定的最不发达国家。中国与非洲各国虽同为发展中国家,但当前所处的经济发展阶段不同,非洲大多数国家才刚刚开始工业化进程,尤其是未来一段时间内制造业有望快速增长,这将给非洲的自然环境带来一定的压力。此外,传统观念亦认为保护生态环境与发展经济存在冲突,因而处于不同发展阶段的"一带一路"国家,各自进行生态文明建设的力度也存在一定的差别。另外,个别非洲国家仍然处于政局动荡的局面,国家政局不稳,政策多变,稳定持续地参与共建绿色"一带一路"合作的能力较弱。

---

① 周国梅、张洁清、卢笛音、陈雅翔:《推进中非环境合作 促进可持续发展》,《中国环境保护》2018 年 9 月 4 日,第 3 版。

第二,新冠疫情对中非共建绿色"一带一路"产生了较大影响。自2020年初新冠疫情暴发后,非洲国家尤其是撒哈拉以南的非洲国家,面临疫情防控和经济发展的双重挑战。国际货币基金组织(IMF)2020年预测,撒哈拉以南非洲地区经济当年增长率为-1.6%,为历史最低水平,比6个月前的预测值下降5.2个百分点。① 在新冠疫情影响下,一方面,之前众多中非绿色合作项目受到干扰,如绿色经济合作计划、环保人才培训项目等;另一方面,新冠疫情带来的经济下行压力也使一些非洲国家改变经济发展策略,使绿色发展理念推广遇到阻力,也给中非绿色发展合作项目带来负面影响。

第三,人才短缺制约中非绿色发展合作的深入。人才短缺是制约中非绿色发展合作的一个重要因素。近年来,中非绿色发展合作项目涉及的大多为国际前沿技术,而非洲国家受历史、社会发展等多重因素影响,高等教育水平有限,众多高科技领域人才难以自己培养。绿色发展合作项目涉及多行业、多部门,尽管中国已通过中非绿色使者计划为非洲培养了大量专业技术人员和管理人才,但还远无法解决非洲绿色发展领域人才短缺的问题。

第四,中非绿色发展合作还存在融资难问题。近年来,在建或达成合作意愿的众多新能源项目,如光伏、风能、垃圾发电站等绿色能源项目,一般都需要大规模资金支持。从既有经验来看,在非洲建设大型绿色能源项目,最困难的环节是前期融资。就当前合作难点来看,一方面,非洲国家普遍存在政府收入不足和财政赤字问题,尤其是在新冠疫情影响下,众多非洲国家经济陷入困境,受此影响其债务问题颇为严重,难以在环境保护上投入太多资金;另一方面,非洲国家自身融资能力有限,且融资成本较高,但若相关合作完全依靠中方融资,则会给中国造成巨大的资金压力,因此在融资问题上,还需进一步研究与设计相关方案,使其能够妥善解决中非绿色发展合作项目融资难问题。

---

① 《IMF预测今年撒哈拉以南非洲非洲经济萎缩1.6%》,中华人民共和国商务部网站,2020年4月16日,http://www.mofcom.gov.cn/article/i/jyjl/k/202004/20200402956088.shtml,最后访问日期:2021年5月3日。

　　总体来讲，尽管当前中非绿色发展合作面临一些挑战，但前景依然无限光明。非洲本身拥有十分充足且优越的绿色能源，其中水能、太阳能、风能理论蕴藏量分别占全球的 11%、40% 和 32%，且当前开发率很低。[①] 同时，非洲新能源市场潜力无限，非洲大陆人口数量超过 12 亿，约 50% 地区缺乏电力覆盖，全球近 70% 的缺电人口位于非洲。[②] 其农村地区用电价格昂贵，一些村庄甚至无法与国家电网连接。太阳能、风能、小型水力发电等清洁能源技术是解决电力短缺问题的重要抓手。而中国在绿色发展领域积累了较多经验，且中国的风能、太阳能等清洁能源技术世界领先，无论是在经验上还是技术上，都能够为非洲绿色能源发展提供有益的借鉴。在中非合作论坛机制以及"一带一路"倡议下，中非将在绿色发展上开展更多卓有成效的合作，继续推动中非合作走深走实。

---

① 刘振亚：《全球能源互联网》，中国电力出版社，2015，第 21~32 页。
② 《扩大清洁能源投资　持续开展国际合作　非洲国家积极推动能源绿色转型（国际观点）》，山西新闻网，2021 年 1 月 12 日，http://news.sxrb.com/GB/314065/9670880.html，最后访问日期：2021 年 5 月 3 日。

第八章 中非共建"一带一路"之和平安全问题合作

一个和平安全的国际环境是推进"一带一路"建设的重要保障。习近平主席指出:"'一带一路'建设离不开和平安宁的环境。"① 当今世界,地区热点持续动荡,恐怖主义蔓延肆虐。和平赤字、发展赤字、治理赤字,是摆在全人类面前的严峻挑战。面对错综复杂的国际安全局势,习近平主席从人类命运共同体的高度提出了共同、综合、合作、可持续的安全观,并呼吁世界各国平等合作,共同参与,营造共建共享的安全新格局。2022 年 4 月 21 日,习近平主席在博鳌亚洲论坛 2022 年年会开幕式上以视频方式发表题为《携手迎接挑战 合作开创未来》的主旨演讲,提出"全球安全倡议"。② 习近平主席关于和平与安全的重要论述超越传统安全思维,具有鲜明的时代进步意义。在习近平主席关于和平与安全重要论述的指导下,中国对非洲开展的和平安全合作取得了很大的成就,缓和了非洲安全形势,维护了非洲和世界的和平,为中非共建"一带一路"提供了有力的安全保障。

---

① 习近平:《携手推进"一带一路"建设——在"一带一路"国际合作高峰论坛开幕式上的演讲》,《人民日报》2017 年 5 月 15 日,第 3 版。

② 《携手迎接挑战 合作开创未来——在博鳌亚洲论坛 2022 年年会开幕式上的主旨演讲》,"新华网"百家号,2022 年 4 月 22 日,https://baijiahao.baidu.com/s? id = 173073624025 5001738&wfr = spider&for = pc,最后访问日期:2022 年 6 月 21 日。

第一节　习近平关于和平与安全的
重要论述和政策落实

　　和平与发展是人类社会的两个永恒主题，也是当今时代的主题。同时，和平与发展也是当前非洲面临的历史性任务，而这两者往往相互影响，此消彼长。在中非关系发展进程中，和平与安全事务是中非关系的一个重要领域。自新中国建立以来，中国一直是非洲和平与安全的积极维护者与建设性参与者。进入 21 世纪，中非在和平与安全事务领域的合作日益密切。随着"一带一路"倡议的提出和实施，安全成为"一带一路"倡议下的重要议题。习近平主席在国际安全战略上高屋建瓴，提出了构建人类命运共同体，实现共享共赢，为世界和平与发展贡献了中国方案。

一　人类命运共同体理念与习近平和平与安全重要论述的耦合性

　　人类命运共同体理念是习近平总书记在当前复杂的国际形势下针对世界和平与安全提出的中国方案。正如习近平总书记在中国共产党第十九次全国代表大会的报告中所指出的："世界正处于大发展大变革大调整时期，和平与发展仍然是时代主题。世界多极化、经济全球化、社会信息化、文化多样化深入发展，全球治理体系和国际秩序变革加速推进，各国相互联系和依存日益加深，国际力量对比更趋平衡，和平发展大势不可逆转。同时，世界面临的不稳定性不确定性突出，世界经济增长动能不足，贫富分化日益严重，地区热点问题此起彼伏，恐怖主义、网络安全、重大传染性疾病、气候变化等非传统安全威胁持续蔓延，人类面临许多共同挑战。"[1]而极少数大国在应对全球性问题时仍然抱着冷战思维，以邻为壑。这种冷战思维不仅无助于全球性问题的解决，反而加剧了全球发展的不平衡与地区局势的紧张。

---

　　①　习近平：《习近平谈治国理政》（第三卷），外文出版社，2020，第 45 页。

　　自 17 世纪威斯特伐利亚体系建立以来的数百年间，国际事务及国际规则的主导权掌握在某些少数西方国家手中。它们奉行的是弱肉强食的社会达尔文主义。即使民主原则在西方国家国内政治中发轫也没有传导到国际政治中，西方所谓的"自由民主"国家在国际事务中为了谋取自身的重大利益而追求强权政治。① 因此，国际政治中出现了荒谬绝伦、令人讽刺的一幕：某些西方国家一边高喊着自由、平等、博爱，一边殖民、压榨、欺凌其他弱小民族或国家。第二次世界大战结束之后，帝国主义、殖民主义看似结束，然而强权政治却以更加隐蔽的形式存在。西方大国对于弱小国家的控制从直接控制的帝国主义、殖民主义转变为间接控制的新殖民主义。进入 21 世纪，随着全球化的深入发展，面对全球化产生的全球性问题，西方少数国家以贸易保护主义、单边主义、以邻为壑等"逆全球化"的方式来应对。这不仅是开历史的倒车，更是无益于全球性问题的解决。2020 年新冠疫情全球肆虐更是戳破了西方国家一贯以来自我标榜的自由、平等、博爱、人权的神话。以邻为壑、单边主义、保护主义、"疫苗民族主义"成为西方一些国家应对全球新冠疫情的主要方式。

　　在这一时代背景下，习近平主席提出人类命运共同体理念为应对纷繁复杂的国际安全局势及解决全球问题贡献了中国智慧和中国方案。2015 年 9 月 28 日，在纪念联合国成立 70 周年的联大一般性辩论中，习近平主席指出，构建以合作共赢为核心的新型国际关系，打造人类命运共同体，我们要建立平等相待、互商互谅的伙伴关系，我们要营造公道正义、共建共享的安全格局，我们要谋求开放创新、包容互惠的发展前景，我们要促进和而不同、兼收并蓄的文明交流，我们要构筑尊崇自然、绿色发展的生态体系。② 2017 年 1 月 18 日，习近平主席在联合国日内瓦总部发表演讲指出，构建人类命运共同体，关键在行动，我们要坚持对话协商，建设一个持久和平的世界；坚持共建共享，建设一个普遍安全的世界；坚持合作共赢，建设一个共

---

① 〔英〕戴维·赫尔德：《民主与全球秩序——从现代国家到世界主义治理》，胡伟等译，上海人民出版社，2003，第 78~79 页。

② 习近平：《论坚持推动构建人类命运共同体》，中央文献出版社，2018，第 254~256 页。

同繁荣的世界;坚持交流互鉴,建设一个开放包容的世界;坚持绿色低碳,建设一个清洁美丽的世界。①

习近平人类命运共同体理念是一个重要的理论体系,涵盖了政治、经济、安全、文化等诸多领域。人类是一个命运共同体,相互联系,相互融合,命运与共,休戚相关。因此,为了实现人类社会的共享共赢,人类社会必须坚持构建政治上平等互信、经济上合作共赢、文化上交流互鉴、安全上合作共建、生态上绿色可持续的命运共同体。习近平人类命运共同体理念既是对马克思列宁主义、毛泽东思想、邓小平理论的继承与发展,也推动了中国特色社会主义外交战略和国际关系理论的新发展。

二 习近平关于和平与安全的重要论述

当今世界面临的安全挑战复杂多变,需要世界各国携手应对。基于"人类命运共同体"理念,习近平主席对于世界和平与安全提出了高屋建瓴、具有前瞻性的安全观,为世界和平与安全贡献了中国方案。在"人类命运共同体"理念指导下,中国追求的安全是全体国家的安全,是普遍的安全,而非"一国一民"的安全,更不是建立在"以邻为壑"基础上的安全。

2012 年 7 月 7 日,时任国家副主席习近平在"世界和平论坛"开幕式上发表了题为《携手合作 共同维护世界和平与安全》的致辞。在致辞中,习近平指出,当今世界,不同制度、不同类型、不同发展阶段的国家利益交融、相互依存日益紧密。各国不仅利益与共,而且安危与共。在这样的新形势下,安全问题的内涵既远远超越了冷战时期对峙平衡的安全,也超越了传统意义上的军事安全,同时也超越了一国一域的安全。各国必须坚持以合作的胸怀、创新的精神、负责任的态度,同舟共济、合作共赢,共同应对各种问题和挑战,携手营造和谐稳定的国际和地区安全环境。为此,习近平提出世界应该恪守的五项理念和原则:①必须以发展求安全;②必须以平等求安

---

① 习近平:《共同构建人类命运共同体》,《求是》2021 年第 1 期,第 4~13 页。

全；③必须以互信求安全；④必须以合作求安全；⑤必须以创新求安全。[①]

2014 年 5 月 20 日至 21 日，亚洲相互协作与信任措施会议第四次峰会在上海举行。习近平主席主持会议并发表题为《积极树立亚洲安全观 共创安全合作新局面》的主旨讲话。习近平主席指出："要跟上时代前进步伐，就不能身体已进入 21 世纪，而脑袋还停留在冷战思维、零和博弈的旧时代。我们认为，应该积极倡导共同、综合、合作、可持续的亚洲安全观，创新安全理念，搭建地区安全和合作新架构，努力走出一条共建、共享、共赢的亚洲安全之路。"[②]

习近平主席对共同、综合、合作、可持续的亚洲安全观进行了进一步阐释。

共同，就是要尊重和保障每一个国家安全。安全应该是普遍的、平等的、包容的。不能一个国家安全而其他国家不安全，一部分国家安全而另一部分国家不安全，更不能牺牲别国安全谋求自身所谓绝对安全。要恪守尊重主权、独立和领土完整、互不干涉内政等国际关系基本准则，尊重各国自主选择的社会制度和发展道路，尊重并照顾各方合理安全关切。

综合，就是要统筹维护传统领域和非传统领域安全。通盘考虑亚洲安全问题的历史经纬和现实状况，多管齐下、综合施策，协调推进地区安全治理。对"三股势力"，必须采取零容忍态度，加强国际和地区合作，加大打击力度。

合作，就是要通过对话合作，促进各国和本地区安全。要通过坦诚深入的对话沟通，增进战略互信，以合作谋和平、以合作促安全，以和平方式解决争端。亚洲人民有能力、有智慧通过加强合作实现亚洲和平稳定。欢迎各方为亚洲安全和合作发挥积极和建设性作用。

可持续，就是要发展和安全并重以实现持久安全。发展是安全的基础，

---

① 习近平：《携手合作 共同维护世界和平与安全——在"世界和平论坛"开幕式上的致辞》，《人民日报》2012 年 7 月 8 日，第 2 版。

② 习近平：《积极树立亚洲安全观 共创安全合作新局面——在亚洲相互协作与信任措施会议第四次峰会上的讲话》，《人民日报》2014 年 5 月 22 日，第 2 版。

安全是发展的条件。贫瘠的土地上长不成和平的大树，连天的烽火中结不出发展的硕果。对亚洲大多数国家来说，发展就是最大安全，也是解决地区安全问题的"总钥匙"。要聚焦发展主题，积极改善民生，缩小贫富差距，不断夯实安全根基。要推动共同发展和区域一体化进程，以可持续发展促进可持续安全。①

2022年4月21日，习近平主席在博鳌亚洲论坛2022年年会开幕式上以视频方式发表题为《携手迎接挑战　合作开创未来》的主旨演讲，首次提出全球安全倡议。全球安全倡议核心要义是"六个坚持"：坚持共同、综合、合作、可持续的安全观，共同维护世界和平和安全；坚持尊重各国主权、领土完整，不干涉别国内政，尊重各国人民自主选择的发展道路和社会制度；坚持遵守联合国宪章宗旨和原则，摒弃冷战思维，反对单边主义，不搞集团政治和阵营对抗；坚持重视各国合理安全关切，秉持安全不可分割原则，构建均衡、有效、可持续的安全架构，反对把本国安全建立在他国不安全的基础之上；坚持通过对话协商以和平方式解决国家间的分歧和争端，支持一切有利于和平解决危机的努力，不能搞双重标准，反对滥用单边制裁和"长臂管辖"；坚持统筹维护传统领域和非传统领域安全，共同应对地区争端和恐怖主义、气候变化、网络安全、生物安全等全球性问题。②

正如学者刘江永所指出的，习近平主席提出的共同、综合、合作、可持续的安全观，是在总结二战后特别是21世纪以来人类社会在国际安全、国际政治、国际战略问题上的经验教训基础上提出的中国方案。这一科学安全观包括四项原则：共同、综合、合作、可持续。它是当代中国根据国内国际安全形势发展变化、站在构建可持续发展与可持续安全的人类命运共同体的高度提出的重要思想，也是对和平共处五项原则的

---

① 习近平：《积极树立亚洲安全观　共创安全合作新局面——在亚洲相互协作与信任措施会议第四次峰会上的讲话》，《人民日报》2014年5月22日，第2版。
② 《携手迎接挑战　合作开创未来——在博鳌亚洲论坛2022年年会开幕式上的主旨演讲》，"新华网"百家号，2022年4月22日，https://baijiahao.baidu.com/s？id=173073624025 5001738&wfr=spider&for=pc，最后访问日期：2022年6月21日。

继承和发展。① 全球安全倡议的提出则明确回答了"世界需要什么样的安全理念、各国怎样实现共同安全"的时代课题,充分彰显了习近平主席心系世界和平发展事业的国际主义情怀和大国领袖风范,为弥补人类和平赤字贡献了中国智慧,为应对国际安全挑战提供了中国方案。②

三 习近平关于和平与安全重要论述指导下中国参与非洲和平与安全事务的政策落实

习近平主席一直关注非洲,重视与非洲国家发展友好关系。2013 年 3 月,习近平在就任国家主席后首次出访非洲时用"真、实、亲、诚"概括中非友好关系,并提出中非"命运共同体"概念,为中非关系的发展指明了方向。习近平主席在多个场合强调阐释中非友谊、中非合作共赢及中非命运共同体理念。习近平主席指出:"中非从来都是命运共同体,共同的历史遭遇、共同的发展任务、共同的战略利益把我们紧紧联系在一起。我们都把对方的发展视为自己的机遇,都在积极通过加强合作促进共同发展繁荣。"③ 2018 年举行的中非合作论坛北京峰会,习近平主席在开幕式上提出,中非要携手打造中非命运共同体。

冷战结束之后,一些被两极争霸体制掩盖的宗教、民族矛盾和领土纠纷全面爆发,酿成了剧烈的冲突和局部战争。非洲发生的冲突出现了新的特点,面临新的挑战,其中一个最重要的特点是冷战结束后非洲冲突多以国内冲突为主,且冲突具有外溢效应和示范效应,会造成冲突的扩散和蔓延,从而导致地区或区域的局势动荡。此外,传统政治、军事、主权安全的威胁比

---

① 刘江永:《可持续安全观是照亮世界和平的一盏明灯——深入学习习近平同志关于树立共同、综合、合作、可持续安全观的重要论述》,人民网,2017 年 3 月 16 日,http://theory. people. com. cn/n1/2017/0316/c40531-29148225. html,最后访问日期:2022 年 4 月 23 日。

② 王毅:《落实全球安全倡议,守护世界和平安宁》,《人民日报》2022 年 4 月 24 日,第 6 版。

③ 习近平:《永远做可靠朋友和真诚伙伴——在坦桑尼亚尼雷尔国际会议中心的演讲》,《人民日报》2013 年 3 月 26 日,第 2 版。

重在下降，而恐怖主义、跨国犯罪、海盗、经济金融安全等非传统安全的威胁在上升。

第二次世界大战结束后，国际社会对于世界和平与安全领域给予了极大的关注，也形成了一些国际冲突和危机管理的机制与理念。然而，这些机制和理念主要关注如何让冲突各方停火并脱离接触，极少触及冲突根源的解决。冲突的根源易成为冲突再次爆发的定时炸弹。习近平主席提倡的全球安全倡议既关注冲突的解决，又关注冲突的根源，既治标又治本。在习近平主席关于和平与安全重要论述的指导下，中国政府形成了具有中国特色的应对当前国际安全局势的政策、方针和原则。

（一）主张非洲的和平与安全关乎世界的和平与安全

中国一再强调非洲的和平与安全是世界和平与安全的重要组成部分，维护非洲的和平与安全就是维护世界的和平与安全。这实际上也是习近平总书记提出的构建人类命运共同体理念的重要体现。在这一理念的指导下，中国持续加大对非洲和平与安全事务的参与力度。中国不仅是联合国安理会常任理事国中出兵最多的国家，也是联合国维和费用的第二大出资国。在2015年召开的中非合作论坛约翰内斯堡峰会上，习近平主席提出了"十大合作计划"，其中就包括中非和平与安全合作计划。中方将向非洲联盟提供6000万美元无偿援助，支持非洲常备军和危机应对快速反应部队建设和运作。中方将继续参与联合国在非洲的维和行动；支持非洲国家加强国防、反恐、防暴、海关监管、移民管控等方面的能力建设。[①] 在2018年中非合作论坛北京峰会上，习近平主席宣布重点实施"八大行动"，其中亦包括和平安全行动。为此，中国决定设立中非和平安全合作基金，支持中非开展和平安全和维和维稳合作，继续向非洲联盟提供无偿军事援助。[②] 在可预见的未来，中国将持

---

① 《开启中非合作共赢、共同发展的新时代——在中非合作论坛约翰内斯堡峰会开幕式上的致辞》，人民网，2015年12月4日，http://politics.people.com.cn/n/2015/1204/c1001-27892314.html，最新访问日期：2023年6月15日。

② 《习近平：未来对非重点实施"八大行动"》，中华人民共和国司法部网站，2018年9月3日，http://www.moj.gov.cn/pub/sfbgw/gwxw/ttxg/201809/t20180903_166139.html，最后访问日期：2022年6月21日。

续加大对非洲和平与安全事务的参与力度，维护非洲及世界的和平与安全。

（二）主张平等对待非洲国家，尊重非洲国家的意愿和主导权

中国与非洲都是发展中国家，对于西方列强的侵略和干预均感同身受。西方国家从自己的价值观出发，对非洲事务动辄进行制裁或干预，严重侵犯了非洲国家的尊严和主权。其行为方式在某种程度上并不受非洲国家的欢迎。中国则更加重视非洲国家意愿，支持非洲联盟和次地区组织加强能力建设，开展自主维和。中国强调联合国在讨论非洲问题的时候需尊重非洲联盟和其他非洲地区组织的意见；在非洲相关问题的决议案中，对于联合国安理会未考虑非盟意见的相关决议案，中国往往通过投弃权票表示反对。[①] 近年来，安理会议程上的多数议题都与非洲有关，联合国维和行动大多数也都部署在非洲。中国政府认为，要实现世界的和平与稳定，必须解决非洲热点问题，实现非洲的安全稳定；国际社会应当更加注意倾听非洲的呼声，照顾非洲的关切，尊重非洲国家的意愿与选择；安理会应该进一步加强与非盟的协调与配合，采取更加积极的举措帮助非洲解决热点问题，并同其他联合国有关机构一道，给予非洲国家更多的援助。[②] 2015 年《中非合作论坛约翰内斯堡峰会宣言》指出，非洲作为重要、强大、具有活力和影响力的国际力量和伙伴，积极、平等参与全球事务至关重要。中国和非洲赞赏非洲联盟在解决、预防和管控冲突中发挥的关键作用，积极评价非洲国家、非洲联盟和区域经济体自主解决地区冲突和维护地区和平与稳定的努力。双方重申危机和争端必须通过政治手段和平解决，倡导共同、综合、合作、可持续的安全观。

（三）主张安全问题与发展问题相关联，标本兼治

习近平主席指出："可持续，就是要发展和安全并重以实现持久安全。'求木之长者，必固其根本；欲流之远者，必浚其泉源。'发展是安全的基

---

① 邓子立、王翠文：《冷战后中国何以参与非洲维和行动》，《国际政治科学》2012 年第 2 期，第 33 页。

② 温家宝：《实现共同安全　缔造持久和平——在安理会首脑会议上的讲话》，《新华月报》2010 年第 20 期，第 92~93 页。

础，安全是发展的条件。贫瘠的土地上长不成和平的大树，连天的烽火中结不出发展的硕果。发展就是最大安全，也是解决地区安全问题的'总钥匙'。"[1] 近年来非洲的安全与发展也验证了这一理念。进入 21 世纪，随着非洲安全局势总体缓和，非洲国家经济也出现了快速增长。1999 年至 2008 年，非洲经济年均增长率为 4.9%，是此前十年的两倍。中国历来重视非洲发展，通过与非洲加强经贸往来，推动非洲发展，冀图通过发展来消除动乱与冲突。2018 年，中非合作论坛北京峰会决定将"一带一路"建设与联合国 2030 年可持续发展议程、非盟《2063 年议程》以及非洲各国发展战略进行对接，期望推动中非共同发展。

（四）主张多边主义，坚持在联合国和非洲地区组织框架下解决非洲冲突

多边主义是第二次世界大战后国际关系民主化的体现，是多边机制运作和发展的基础，是推进全球治理的必然要求，是维护世界和平、促进共同发展的有效途径。多边主义的基本原则是，国际上的事情要由各国商量着办，要按大家同意的规则办，兼顾各国正当利益和合理关切。[2] 近年来，西方新干预主义在非洲有所抬头。与赤裸裸的传统军事干预不同，西方新干预主义出现于冷战结束之后，是指当前国际环境下以人道主义或捍卫西方共同价值观为借口，以武力干涉为手段，以推行霸权主义和利于西方的国际秩序为目的的思潮与模式。[3] 西方新干预主义影响了非洲政治局势的稳定。中国一贯坚持多边主义，反对单边主义、强权主义，支持"非洲问题非洲人解决"。习近平主席指出："我们要坚持多边主义，不搞单边主义；要奉行双赢、多赢、共赢的新理念，扔掉我赢你输、赢者通吃的旧思维。协商是民主的重要形式，也应该成为现代国际治理的重要方法，要倡导以对话解争端、以协商化分歧。我们要在国际和区域层面建设全球伙伴关系，走出一条'对话而

---

① 习近平：《习近平外交演讲集》（第一卷），中央文献出版社，2022，第 136 页。

② 《以习近平外交思想为指引深入推进中国特色多边主义》，求是网，2019 年 10 月 25 日，http://www.qstheory.cn/llwx/2019-10/25/c_1125151043.htm，最后访问日期：2022 年 5 月 30 日。

③ 袁智兵：《新干预主义"新"在哪里》，《人民日报》1999 年 7 月 26 日，第 6 版。

不对抗，结伴而不结盟'的国与国交往新路。大国之间相处，要不冲突、不对抗、相互尊重、合作共赢。大国与小国相处，要平等相待，践行正确义利观，义利相兼，义重于利。"①

（五）坚持政治对话和平等协商，以和平方式解决冲突

中国一贯主张，和平解决国际争端是国际法的一项主要的基本原则。在相互联系、彼此影响的国际社会中，各国只有和睦相处、和平友好，才能求得共同的发展和繁荣。斡旋、调停、调解、谈判是国际法中和平解决国际争端的一般途径。和平解决国际争端，从原则上讲，应当严格遵守《联合国宪章》的宗旨和原则，不得违反国际关系的基本原则，这样才能保证国际争端的解决既是和平的，又是合理的。② 习近平主席一再呼吁国际社会通过政治对话的方式和平解决争端与冲突。2016 年 4 月 28 日，习近平主席在亚信第五次外长会议开幕式上的致辞中指出："'恃德者昌，恃力者亡。'弱肉强食有违时代潮流，穷兵黩武缔造不了和平，互谅互让才能带来稳定，坚守道义才能赢得持久安全。我们要坚持通过对话协商，依据国际法，坚持以和平方式解决争议问题，以对话增互信，以对话解纷争，以对话促安全。针对复杂的地区热点问题，有关各方要保持冷静、坚守和平，避免采取使局势升级的行动，通过建立规则机制管控危机，通过增进互信缓和紧张，通过政治手段化解危机，逐步推动问题解决。"③ 非洲内部冲突背后的根源错综复杂，涉及历史、民族、种族、宗教、社会等诸多方面的矛盾，通过武力威胁或使用武力解决冲突有的时候会适得其反。

第二节　中非共建"一带一路"中和平与安全合作成就

"一带一路"倡议是以习近平同志为核心的党中央，在国际经济形势复

① 习近平：《共同构建人类命运共同体》，《求是》2021 年第 1 期，第 31 页。
② 王虔华：《论我国和平解决国际争端的理论与实践》，《河南师范大学学报》（哲学社会科学版）2002 年第 4 期，第 29 页。
③ 习近平：《论坚持推动构建人类命运共同体》，中央文献出版社，2018，第 334 页。

杂严峻和全球经济格局面临深刻调整的大背景下，集体统筹国内国际两个大局作出的重大决策，是我国实行新一轮对外开放的重大倡议，是科学谋划我国全方位开放、增强我对周边区域经济辐射力、强化与周边国家外交和安全合作、推动形成以我为主的区域经济分工合作体系的新思维和新举措。"一带一路"倡议，以共商、共建、共享为原则，以和平合作、开放包容、互学互鉴、互利共赢的丝路精神为指引，构建利益共同体、责任共同体、命运共同体。"一带一路"倡议本质上是一个合作之路、发展之路、共赢之路。"一带一路"倡议得到了非洲国家的积极响应。2018 年，中非合作论坛北京峰会决定将"一带一路"建设与联合国 2030 年可持续发展议程、非盟《2063 年议程》以及非洲各国发展战略进行对接。截至 2021 年 1 月，45 个非洲国家与中国签署了"一带一路"合作文件。然而，非洲某些区域局势仍不稳定，联合国大部分维和行动仍在非洲开展。为了保障"一带一路"建设的安全，中国持续加大对非洲和平与安全事务的参与。

一　中国参与非洲和平与安全事务

非洲是发展中国家最多的大陆，中国是最大的发展中国家。中非关系一直是双方非常重视的双边关系之一。中国参与非洲和平与安全事务符合双方的利益，也有利于维护世界和平。作为最大的发展中国家，中国亦有意愿参与非洲和平与安全事务。冷战结束之后，中国逐渐加大了对非洲安全事务的投入，在非洲和平与安全领域发挥越来越重要的作用。习近平当选国家主席以来，中国通过多层次、多方位、多领域参与非洲的和平与安全事务，为非洲以及世界的和平与稳定作出了自己的贡献。

（一）向非洲提供军事与安全援助

中国主要是通过军事援助和人员培训加强非洲国家自身军事能力建设。早在非洲国家争取民族解放的武装斗争中，中国就开始向非洲国家提供军事援助。1958 年，中国开始向阿尔及利亚提供军事援助，随后又向几内亚提供军事援助。冷战结束之后，中国仍用各种方式向非洲国家提供军事援助，并向非洲国家提供院校教育、军事训练、扫雷技术等方面的培训。例如，中国分别为安哥拉、莫桑比克、乍得、布隆迪、几内亚比绍以及苏丹北南方培训扫雷技术人员，并无偿向上述国家和埃及捐赠扫雷器材，向埃塞俄比亚提供地雷行动资金。2010年，中国人民解放军工程兵指挥学院为苏丹扫雷人员提供了六周的课程培训。①

习近平当选国家主席以来，中国进一步加大对非洲军事援助。2015年9月28日，习近平主席在纽约联合国总部出席联合国维和峰会时宣布，此后5年，中国将向非盟提供总额为1亿美元的无偿军事援助，以支持非洲常备军和危机应对快速反应部队建设。② 2015年12月，习近平主席在中非合作论坛约翰内斯堡峰会上提出中非"十大合作计划"，其中和平与安全合作计划是向非洲联盟提供6000万美元无偿援助，支持非洲常备军和危机应对快速反应部队建设和运作。中方将继续参与联合国在非洲的维和行动；支持非洲国家加强国防、反恐、防暴、海关监管、移民管控等方面能力建设。③ 在2018年中非合作论坛北京峰会上，习近平主席宣布中国将实施中非合作"八大行动"。其中在和平安全行动中，中国决定设立中非和平安全合作基金，支持中非开展和平安全和维和维稳合作，继续向非洲联盟提供无偿军事援助；支持萨赫勒、亚丁湾、几内亚湾等地区国家维护地区安全和反恐努力；设立中非和平安全论坛，为中非在和平安全领域加强交流提供平台；在共建"一带一路"、社会治安、联合国维和、打击海盗、反恐等领域推动实施50个安全援助项目。④

---

① 王学军：《中国参与非洲和平与安全建设的回顾与反思》，《国际问题研究》2012年第1期，第34页。

② 习近平：《携手构建合作共赢新伙伴 同心打造人类命运共同体——在第七十届联合国大会一般性辩论时的讲话》，中国政府网，2015年9月28日，https://www.gov.cn/xinwen/2015-09/29/content_2940088.htm? eqid=e94d47320000eba60000000464633b22，最新访问日期：2023年6月28日。

③ 《中非合作：亚非关系的楷模——驻加纳大使孙保红在加纳大学人文学院系列对话会上的主旨演讲》，中华人民共和国外交部网站，2016年10月22日，http://newyork.fmprc.gov.cn/gjhdq_676201/gj_676203/fz_677316/1206_677776/1206x2_677796/201610/t20161023_8022511.shtml，最后访问日期：2022年6月21日。

④ 《习近平在2018年中非合作论坛北京峰会开幕式上的主旨讲话》，中非合作论坛网，2018年9月3日，http://focacsummit.mfa.gov.cn/chn/zt/201809/t20180903_5857768.htm，最后访问日期：2023年7月5日。

（二）参与联合国维持和平行动与建设和平行动

中国参与联合国在非洲的维和行动始于 20 世纪 80 年代末，经历了一个循序渐进的过程。中国对联合国在非洲的维和行动经历了接触（1989~1991年）、观望（1991~1999 年）、恢复（1999~2003 年）、扩大（2003 年至今）四个阶段。[①] 自 1990 年起，中国军队先后参加了 25 项联合国维和行动，累计派出维和官兵 4 万余人次，16 名中国官兵为了和平事业献出了宝贵生命。2020 年 8 月，2521 名中国官兵正在 8 个维和特派团和联合国总部执行任务。[②]其中大部分维和行动都是部署在非洲。中国是联合国安理会常任理事国中派出维和人员最多的国家和联合国维和经费第二大出资国，也是发展中国家中分摊维和经费最多的国家。特别是从 2013 年开始，中国加大了在维和行动上的参与力度，向联合国维和部队派遣成建制的作战部队。2013 年，中国首次派出安全警卫部队赴马里维和。之前，中国一直向联合国维和部队提供医疗、工程等后勤维和人员。这亦可视为中国加强中非安全合作的一个积极迹象。

2015 年 9 月 28 日，习近平主席出席联合国维和峰会，宣布支持联合国维和行动的 6 项承诺。中国政府和军队坚决贯彻落实习近平主席决策部署，言必信、行必果，以实际行动履行相关承诺，取得了一系列重要成果。5 年来，中国维和部队构成从单一军种为主向多军兵种拓展，任务类型从支援保障向综合多能转型，行动目标从制止武装冲突向建设持久和平延伸，维和能力进一步提升。2017 年 9 月，中国军队完成 8000 人规模维和待命部队在联合国的注册，包括步兵、工兵、运输、医疗、警卫、快反、直升机、运输机、无人机、水面舰艇 10 类专业力量 28 支分队。2018年 10 月，13 支维和待命分队通过联合国组织的考察评估，晋升为二级待

---

① 邓子立、王翠文：《冷战后中国何以参与非洲维和行动》，《国际政治科学》2012 年第 2 期，第 3~5 页。

② 《〈中国军队参加联合国维和行动 30 年〉白皮书》，中国政府网，2020 年 9 月 18 日，http://www.gov.cn/zhengce/2020-09/18/content_5544398.htm，最后访问日期：2022 年 12月 16 日。

命部队。① 2019 年至 2020 年，先后有 6 支维和待命分队由二级晋升为三级
待命部队。中国维和待命部队按照联合国标准严格施训，始终保持规定待命
状态，是一支训练有素、装备精良、纪律严明的专业力量。中国已成为联合
国维和待命部队数量最多、分队种类最齐全的国家。2021 年，中国军队组
织"共同命运-2021"国际维和实兵演习、"共同使命-2021"维和特派团
指挥所联合推演，举办线上维和经验交流会、线上维和人员国际日招待会、
线上维和展览，发布维和宣传片等系列活动，展现了中方维护以联合国为核
心的国际体系的坚定决心。2023 年 4 月，苏丹国内爆发武装冲突后，中国
赴阿卜耶伊维和直升机分队应联合国阿卜耶伊临时安全部队要求，派遣一架
直升机赴苏丹卡杜格利，协助撤离联合国滞留工作人员，并为留守人员送去
给养。此外，公安部于 2016 年 6 月率先组建了全球首支成建制常备维和警
队，该警队 2019 年 10 月晋升为快速部署等级。

自 2015 年联合国维和峰会以来，中国军队积极响应联合国维和行动在
工程保障、医疗救治等方面的力量需求，先后派遣 25 批维和工兵和医疗分
队共 7001 人，参加在刚果（金）、南苏丹、苏丹达尔富尔、马里、黎巴嫩
的维和行动。2020 年 8 月，中国军队有 6 支工兵分队 1188 人、4 支医疗分
队 199 人正在遂行联合国维和任务。他们在危险动荡和艰苦环境下修路架
桥、扫雷排爆、救死扶伤、支援重建，圆满完成了联合国赋予的各项任务，
为当地和平进程作出积极贡献，树立了联合国维和部队的良好形象。②

中国秉持资源共享、合作共赢的精神，积极帮助其他出兵国提高训练水
平，增强其应对复杂环境的能力，以更好遂行联合国维和任务。5 年来，先
后举办了保护平民、维和特派团高级官员、维和教官、维和军事专业人员、
女性维和军官等 20 批专业培训，为 60 多个国家训练维和人员 1500 余人。

---

① 《〈中国军队参加联合国维和行动 30 年〉白皮书》，中国政府网，2020 年 9 月 18 日，
http://www.gov.cn/zhengce/2020-09/18/content_5544398.htm，最后访问日期：2022 年 12
月 16 日。

② 《〈中国军队参加联合国维和行动 30 年〉白皮书》，中国政府网，2020 年 9 月 18 日，
http://www.gov.cn/zhengce/2020-09/18/content_5544398.htm，最后访问日期：2022 年 12
月 16 日。

中国军队开展扫雷援助项目，为柬埔寨、老挝、埃塞俄比亚、苏丹、赞比亚、津巴布韦等国培训扫雷人员 300 余人。此外，公安部培训多国维和警务人员 1000 余人。①

为更好支持联合国和平事业，促进多边合作，中国设立了中国-联合国和平与发展基金。2016 年至 2019 年，中国-联合国和平与发展基金在和平安全领域共开展了 52 个项目，使用资金约 3362 万美元。其中 23 个项目涉及支持联合国维和行动，使用资金约 1038 万美元，包括联合国维和行动统筹规划、非洲维和能力建设、维和人员安保、在苏丹达尔富尔与马里等维和行动中的民生项目等。②

（三）支持非洲自主安全能力建设

中国是非洲和平与安全事务的建设性参与者，一贯致力于支持非洲人以非洲方式解决非洲问题，坚持标本兼治，坚持合作共赢，支持非洲国家和非盟在非洲和平安全事务中发挥主导作用，支持非洲提升自主维和、维稳和反恐能力，支持非洲国家和非盟等地区组织落实"消弭枪声"倡议，支持联合国为非盟自主维和行动提供资金支持。中国在充分尊重非洲意愿、不干涉内政、恪守国际关系基本准则基础上，积极探索建设性参与非洲和平与安全事务。中国通过联演联训、舰艇互访等多种方式，支持非洲国家加强国防和军队建设，支持萨赫勒、亚丁湾、几内亚湾等地区国家维护地区安全和反恐努力，在共建"一带一路"、社会治安、联合国维和、打击海盗、反恐等领域推动实施安全援助项目并帮助非洲国家培训军事人员。③

2012 年，中国政府提出了"中非和平安全合作伙伴倡议"，对非盟的支

---

① 《〈中国军队参加联合国维和行动 30 年〉白皮书》，2020 年 9 月 18 日，中国政府网，https：//www.gov.cn/zhengce/2020-09/18/content_5544398.htm，最后访问日期：2022 年 6 月 21 日。

② 《〈中国军队参加联合国维和行动 30 年〉白皮书》，中国政府网，2020 年 9 月 18 日，http：//www.gov.cn/zhengce/2020-09/18/content_5544398.htm，最后访问日期：2022 年 12 月 16 日。

③ 《〈新时代的中非合作〉白皮书》，中国政府网，2021 年 11 月 26 日，http：//www.gov.cn/zhengce/2021-11/26/content_5653540.htm，最后访问日期：2022 年 7 月 26 日。

持和平行动、"非洲和平与安全框架"建设、和平与安全领域人员交流与培训、非洲冲突预防、管理与解决以及冲突后重建与发展提供资金和技术支持。2015 年 9 月，习近平主席在联合国维和峰会上宣布向非盟提供 1 亿美元的无偿军事援助；2018 年习近平主席在中非合作论坛北京峰会上宣布实施"和平安全行动"，决定设立中非和平合作安全基金，加大支持非洲常备军、危机应对快速反应部队等建设。中非合作论坛北京峰会后，中国积极落实对非盟 1 亿美元无偿军事援助和新增 8000 万美元军事援助，帮助非洲加强自主能力建设，并提供 3 亿元军事援助，用于支持萨赫勒五国集团联合部队的建设。[①] 中国-联合国和平与发展基金自设立以来，将加强维和能力建设作为重点领域。2016 年以来，支持了 10 余项维和能力建设相关项目，包括成建制警察分队培训、急救能力培训、维和人员安全问题研究等。基金重点资助非洲出兵国的维和能力建设项目，2018 年开展 8 期培训，受训人数200 余人，2019 年进一步扩大至 15 期。[②] 此外，中非不断深化和平安全领域的交流与对话，2019 年以来，中国先后举行中非实施和平安全行动对话会、首届中非和平安全论坛、中非和平安全论坛军事医学专题视频会议，并积极参与非洲国家举行的和平安全领域重要会议或论坛。[③]

（四）参与斡旋、调解非洲冲突

以 2007 年中国设立非洲事务特别代表为标志，中国开始建设性地参与非洲冲突的斡旋与调解。特使作为中国政府首脑的私人代表，承接了在正式外交渠道之外的特殊使命，积极斡旋非洲热点问题，如在达尔富尔问题、南北苏丹关系、马里政治危机、南苏丹内战、索马里难民救助、埃塞俄比亚提格雷冲突等问题上，听取利益攸关方的看法，并同各方交换意见，起到了信

---

① 《〈新时代的中非合作〉白皮书》，中国政府网，2021 年 11 月 26 日，http：//www.gov.cn/zhengce/2021-11/26/content_5653540.htm，最后访问日期：2022 年 7 月 26 日。

② 《马朝旭大使在安理会联合国维和行动问题公开辩论会的发言》，中国驻联合国代表团网站，2019 年 5 月 7 日，http：//un.china-mission.gov.cn/zgylhg/jjalh/alhzh/whxd/201905/t20190508_8365068.htm，最后访问日期：2022 年 6 月 29 日。

③ 《〈新时代的中非合作〉白皮书》，中国政府网，2021 年 11 月 26 日，http：//www.gov.cn/zhengce/2021-11/26/content_5653540.htm，最后访问日期：2022 年 7 月 26 日。

息传递与沟通乃至调解与化解分歧的作用。[1] 2013 年，中国政府非洲事务特别代表钟建华大使，在非洲来回穿梭十多次，在多个非洲国家进行斡旋调停工作。2013 年 12 月，南苏丹发生内部冲突，钟建华大使访问南苏丹，会见冲突双方，主动介入调解争端；12 月 27 日，钟建华参与伊加特组织首脑峰会，支持伊加特组织对南苏丹开展调解和斡旋工作。2015 年 1 月，在中国的斡旋下，外长王毅在苏丹喀土穆召集"支持伊加特南苏丹和平进程专门磋商"会议并发表主旨讲话，就解决南苏丹冲突提出 4 点倡议：摒弃武力，全面停火；尽快组建过渡政府；坚定支持东非政府间发展组织（伊加特）发挥斡旋主渠道作用；尽快缓解南苏丹人道主义形势。许镜湖特使于 2017 年 5 月出席在伦敦举行的索马里问题国际会议时，围绕索马里安全体系建设、政治进程、经济复苏、人道主义危机和新型伙伴关系五大议题展开商讨。2020 年 11 月，埃塞俄比亚爆发内战。中国积极调解冲突，支持埃塞俄比亚各方通过中方所提"非洲之角和平发展构想"倡议实现国家和平、团结和发展；呼吁国际社会增加对埃塞俄比亚的人道主义援助，取消单边制裁并支持重建。中国在非洲冲突中积极而富有建设性的外交斡旋得到冲突各方的认可和非洲国家的称赞。

（五）与非洲加强非传统安全合作

近年来，随着非洲安全形势的缓和，一些非传统安全方面的问题成为非洲新的安全威胁，如索马里海盗问题、恐怖主义活动加剧、跨国犯罪、粮食安全、卫生安全等。中国积极支持非洲解决类似问题。2008 年以来，索马里海盗活动日益猖獗，对亚丁湾国际水域的安全构成严重威胁。中国根据联合国决议和相关国际法，派遣海军舰艇编队在亚丁湾和索马里海域执行护航任务，仅至 2014 年已派出 16 批舰艇编队，共为 5300 多艘船只提供护航，维护了这片海域的和平安宁，保障了各国船只的航行安全。[2] 2006 年颁布的

---

[1]　安春英：《非传统安全视阈下的中非安全合作》，《当代世界》2018 年第 5 期，第 52 页。

[2]　王毅：《中国是非洲和平安全事务的积极参与者》，中国政府网，2014 年 1 月 8 日，http：//www.gov.cn/gzdt/2014-01/08/content_ 2561823. htm，最后访问日期：2022 年 6 月 21 日。

《中国对非政策文件》指出，中国将与非洲"加强情报交流，探讨在打击恐怖主义、小武器走私、贩毒、跨国经济犯罪等非传统安全领域深化合作的有效途径和方式，共同提高应对非传统安全威胁的能力"。

除了打击海盗和反恐等领域的合作，中国在粮食安全、公共卫生安全、打击跨国犯罪等领域也积极加强与非洲的合作。在粮食安全保障方面，中方通过援建农业技术示范中心、举办农业管理与技术培训班（如"非洲农村教育官员能力建设研修班"）等方式，开展农业技术试验示范、培训与推广、管理经验传授，努力提升非洲国家农业发展的能力建设。在完善公共卫生保障体系方面，针对非洲缺医少药的情势，中国参与非洲疾控中心等公共卫生防控体系和能力建设，除了援非医疗队、抗疟中心的中方医护人员在当地继续传授治疗经验、服务病患以外，从 2015 年 12 月起，中方开始启动"中非公共卫生合作计划"，支持中非各 20 所医院开展示范合作，加强专业科室建设，继续派遣医疗队员，共同开发卫生人力资源。① 中非支持扩大双方人员有序往来，不断加强领事合作，推动执法部门合作，共同打击各类跨国犯罪。中国支持非洲国家加强执法能力建设，2018 年以来为非洲国家培训 2000 余名执法人员，并提供警用物资。中国在联合国框架下向非洲任务区派出维和警察，在国际刑警组织框架下同非洲国家积极开展案件协作、情报交流、经验分享、联合行动，共同打击跨国犯罪。②

（六）积极参与非洲国家冲突后重建

进入 21 世纪，大部分非洲国家国内冲突平息，安全形势有所缓和。非洲和平与安全事务的主要挑战和威胁来自战后重建。一个国家内部冲突结束的最初阶段是冲突后国家最脆弱的阶段，冲突随时可能再次爆发。2006 年 8 月，联合国秘书长工作报告指出，根据统计，那些摆脱战争的国家有 1/3 至 1/2 于五年内会再度爆发战争。因此冲突后重建不仅被视为一个国家巩固持久和平的举措，亦被视为冲突预防的一个重要手段。然而，由于多年战乱，

① 安春英：《非传统安全视阈下的中非安全合作》，《当代世界》2018 年第 5 期，第 52 页。
② 《〈新时代的中非合作〉白皮书》，中国政府网，2021 年 11 月 26 日，http：//www.gov.cn/zhengce/2021-11/26/content_5653540.htm，最后访问日期：2022 年 7 月 26 日。

冲突后国家一般缺乏重建国家的资源和能力。战乱削弱了冲突国家的政府机构，以致它们几乎没有能力执行一些传统的职能；内战导致基础设施损毁殆尽，经济濒临崩溃使得国家没有足够的财政收入来源，财政收入甚至无法维持政府正常运转；政府工作人员因收入低而贪污腐败，工作效率低下；加之持续多年的战争导致重建需要的人才匮乏。这一切给冲突后国家的重建带来巨大挑战，令冲突后国家无力完成重建任务，急需国际社会的帮助。

中国向非洲冲突后国家提供各类援助，帮助非洲国家渡过难关。中国对非洲冲突后国家的投资并不仅局限于安哥拉、苏丹、刚果（金）这样的资源富国，还包括像利比里亚这样资源贫瘠的国家。2010 年中国对利比里亚的援助和投资达 90 亿美元。在安哥拉，中国向安哥拉提供 45 亿美元的信贷用于公路、铁路、港口、住房等基础设施的建设。2012 年，中信建设参与安哥拉住房建设过程中累计雇用 5.5 万名安哥拉工人，并在当地建立起一系列的建材配套产业。中国对冲突后国家经济重建的参与推动了冲突后国家基础设施的恢复，创造了大量的就业机会，促进了东道国经济增长，为非洲的和平与发展作出了重要贡献。中国还向刚果（金）等国家恢复派遣援外医疗队和农业专家组，帮助当地居民摆脱疾病和饥饿的困扰。2014 年初，西非几内亚、利比里亚和塞拉利昂三国相继暴发严重的埃博拉出血热疫情，中国先后提供了 4 轮总价值约 7.5 亿元的紧急援助，在非洲建设了首个生物安全防护三级实验室（P3 实验室），并组织派遣了 16 批临床和公共卫生专家组赴疫情国，开展大规模公共卫生培训，加强当地的疫情防控能力，累计派出各类人员 27 个团组超过 1000 人次。中国医疗卫生人员在当地与埃博拉病毒进行"零距离"接触，以大义担当道义，谱写了中非友谊新赞歌。

二　中非和平安全合作的成就

（一）促进了非洲的和平与稳定

20 世纪 90 年代以来，中国通过多种方式加大了对非洲和平与安全事务的投入，为非洲的和平与安全作出了巨大贡献。近年来，中国已经成为非洲和平与安全领域的重要建设性力量。在维和领域，中国是联合国维和行动中出兵最多的常任理事国。自1990年参加联合国维和行动以来，中国派出的维和人员有超过80%部署在非洲，累计向非洲派出3万余人次，在17个联合国维和任务区执行任务。2021年11月，中国共有1800余名维和人员在马里、刚果（金）、阿布耶伊、南苏丹、西撒哈拉5个非洲任务区执行联合国维和任务。[①] 此外，中国对非洲联盟和次地区组织的支持亦有利于非洲和平与稳定。随着非盟和次地区组织通过非盟和平与安全理事会、非洲常备军等机制在和平与安全问题上发挥的作用日益增强，非洲的多边政治图景在过去十年里发生了许多变化。尽管仍面临能力不足、资源有限及有时政治意愿不充分等问题，但地区和次地区性机制的作用和影响力仍在缓慢上升。中国正逐渐与这些机制接触，并为其维和行动提供了一定的财政支持。[②] 中国在非洲内部冲突中发挥的建设性作用对于促进非洲和平与安全具有积极且重要的意义。

（二）缓和非洲安全形势，推动非洲社会经济发展

20世纪90年代，内部冲突在生命财产和经济社会发展方面给非洲带来了深重的灾难。据估计，1990年至2005年，非洲有23个国家经历了武装冲突，因此而遭受的损失高达2840亿美元，与同期流入非洲的援助相当。这相当于这些国家的国内生产总值年均损失15%。非洲武装冲突使非洲每年遭受180亿美元的损失。[③] 中国近年来参与非洲冲突后国家的重建对于非洲和平与安全具有重要意义。通过与非洲的贸易、投资和发展合作，中国正为非洲的经济增长作出贡献。要否定其积极意义是很难的，特别是在基础设施被破坏、缺乏投资和就业机会的刚走出冲突的国家中，中国的建设性作用

① 《〈新时代的中非合作〉白皮书》，中国政府网，2021年11月26日，http://www.gov.cn/zhengce/2021-11/26/content_5653540.htm，最后访问日期：2022年7月26日。

② 克里斯·阿尔登、张春、贝尔纳多·马里亚尼、丹尼尔·拉吉：《非洲冲突后重建：中国日益增长的作用》，《国际展望》2011年第6期，第110页。

③ Hillier, D., "Africa's Missing Billions: International Arms Flows and the Cost of Conflict," IANSA, Oxfam and Saferworld, 2007, pp. 8-9.

更加明显。[①] 中国与刚果（金）的资源换项目协议中，项目价值 90 亿美元，有 60 亿美元用于投资刚果（金）基础设施建设。其中包括修建数千公里的公路和铁路、32 家医院、145 个健康中心以及 2 所大学。[②] 中国参与非洲冲突后国家重建为非洲和平稳定和社会经济发展作出了巨大贡献。

（三）推动全球安全治理的发展

安全议题历来是全球治理的一个重要议题。全球安全治理是一种多边、多层次、多行为体的综合性解决安全问题的合作方式。从联合国组织（包括联合国附属机构、专门机构、相关机构）到各区域组织、非正式集团组织以及与安全相关的非政府组织、研究机构、媒体、企业商业部门等，都是全球安全治理体系的组成部分。[③] 近年来，全球安全治理仍然处于探索阶段，西方国家是主要推动者，占有主导性的话语权。中国参与了非洲多层次的安全治理，方式和手段多样化，包括参与联合国维和行动、支持非盟提升能力并开展自主维和、打击索马里海盗、斡旋和调解冲突以及中国公司参与非洲冲突后国家的战后重建。中国和非洲国家间的安全合作为非西方国家的全球安全治理探索提供了自身独特的元素，有利于全球安全治理向着更加公正合理的方向发展。

（四）推动了南南合作新发展

中国在参与非洲冲突后国家经济重建时，坚持互利共赢和正确的义利观，不附带任何条件，推动了南南合作的新发展。互利共赢是我国外交政策的基本宗旨。它既是时代的要求，也是中非合作可持续发展的需要。中国同非洲开展合作当然要追求自身的利益，为中国经济发展开拓广阔市场，提供能源、资源保障。但同时，中国也要让非洲得利，将中国自身发展目标同非洲发展需要相对接，让非洲的发展从中国发展中受益，让中国的发展成为非

---

① 《中国中铁股份有限公司对外投资公告》，2008 年 4 月 23 日，http：//www.crecg.com/c_admin/images/200842474626.pdf，最后访问日期：2022 年 6 月 21 日。

② Tim Whewell，"China to Seal ＄9bn DR Congo Deal，" BBC News，April 14，2008，http：//news.bbc.co.uk/2/hi/programmes/newsnight/7343060.stm，accessed：2022−06−25.

③ 李东燕：《全球安全治理与中国的选择》，《世界政治与经济》2013 年第 4 期，第 46 页。

洲发展的机遇。中国在参与非洲冲突后国家重建的过程中，通过"资源换项目"帮助非洲冲突后国家进行基础设施建设，将开发资源与发展冲突后国家的国计民生事业结合起来，既开发了资源，又推动了当地经济的发展，惠及冲突后国家人民。此外，中国还向冲突后国家提供在农业、减贫、教育、疾病防治等方面的各种援助。

第三节　中非和平安全合作面临的挑战及未来前景

一　面临的挑战

2019 年 3 月 26 日，习近平主席在巴黎出席中法全球治理论坛闭幕式，并发表题为《为建设更加美好的地球家园贡献智慧和力量》的重要讲话。在讲话中，习近平主席指出当今世界存在四大"赤字"：治理赤字、信任赤字、和平赤字和发展赤字。这对世界和平与发展构成严重挑战。这四大赤字从某个角度也诠释了非洲目前存在和平与安全挑战。对于和平赤字，习近平主席指出："人类今天所处的安全环境仍然堪忧，地区冲突和局部战争持续不断，恐怖主义仍然猖獗，不少国家民众特别是儿童饱受战火摧残。……我们要秉持共同、综合、合作、可持续的新安全观，摒弃冷战思维、零和博弈的旧思维，摒弃弱肉强食的丛林法则，以合作谋和平、以合作促安全，坚持以和平方式解决争端，反对动辄使用武力或以武力相威胁，反对为一己之私挑起事端、激化矛盾，反对以邻为壑、损人利己，各国一起走和平发展道路，实现世界长久和平。"[1] 对此，习近平主席指出世界各国要同舟共济，破解和平赤字。[2] 非洲面临的和平与安全问题更加复杂，既有历史上殖民主义种下的恶果，也有当前现代国家构建出现的问题。非洲和平与安全问题也

---

① 习近平：《习近平外交演讲集》（第二卷），中央文献出版社，2022，第 176 页。

② 《为建设更加美好的地球家园贡献智慧和力量——在中法全球治理论坛闭幕式上的讲话》，"大众日报"百家号，2019 年 3 月 26 日，https：//baijiahao. baidu. com/s？id = 16291123938 22626025&wfr = spider&for = pc，最后访问日期：2023 年 6 月 20 日。

是习近平主席提出的全球治理的四大"赤字"的重要体现。因此，从某个角度而言，中非共建"一带一路"开展和平与安全合作面临的诸多挑战实际上也是破解这四大"赤字"带来的挑战。

（一）非洲国家治理"赤字"带来的挑战

进入 21 世纪，非洲的大规模内部冲突基本上已平息，安全局势得到了很大的缓解。然而，由国家治理"赤字"导致的社会问题所引发的社会冲突，一些已转变为内部暴力冲突。值得关注的是，这些冲突也是目前非洲一些非传统安全威胁的重要来源，如恐怖主义、海盗问题等。国家治理能力问题既有殖民主义的历史原因，也有一些国家自身的原因。殖民主义统治时期，一方面，殖民列强根据自己实力，用三角板和直尺划分非洲边界，导致一些历史上鲜有联系的人群或民族被划分到一个国家；另一方面，为了维护自己的统治，殖民者对于非洲国家采取"分而治之"的政策，导致非洲国家内部各民族之间产生了仇恨。这成为非洲很多国家内部族群冲突的历史根源。

治理出现"赤字"的另一个原因是非洲现代国家构建的不顺畅。非洲国家独立之后，主要学习世界各种先进的现代政治制度。然而，由于社会经济发展水平滞后，很多现代政治制度在非洲"水土不服"，或出现制度变异。自独立以来，非洲国家也进行过建设国家的道路探索。然而，20 世纪 80 年代末 90 年代初，苏联东欧阵营瓦解，冷战结束。美国为首的西方国家携冷战胜利之余威，试图将非洲国家纳入西方主导的国际政治经济秩序。这也是 20 世纪 90 年代以来非洲民主化浪潮的主要动因之一。虽然众多非洲国家采取了西方式多党民主制度，但是并未从根本上解决治理"赤字"问题，其原因在于非洲国家仍需要探索适合自身国情的政治经济发展模式。

综上，非洲国家治理"赤字"是历史因素和现实原因交织所致。这导致非洲国家大多数冲突根源错综复杂，给冲突与危机的管理和解决带来了巨大的挑战。正因为如此，它才凸显了习近平主席关于和平与安全重要论述的可贵。近年来，现有国际冲突与管理机制在应对冷战后爆发的冲突时软弱无力，导致各种改革的呼声高涨。习近平主席关于和平与安全的重要论述无疑给全球安全治理带来了一股清新的潮流。例如，习近平主席重视安全与发展之间互为因果的联系，一再强调没有安全就没有发展，没有发展就无法保障安全。① 虽然西方早有学者意识到两者之间的关系，但是真正将之作为一种政策推行的是习近平主席领导下的中国。而且非洲也有越来越多国家认可安全与发展之间的关联。此外，近年来，中国共产党和中国政府与非洲党政部门积极开展"治国理政"交流。这对促进双方治理能力的提升发挥了积极而富有建设性的作用。

（二）大国之间的竞争

作为最大的发展中国家，中国与非洲国家有着相似的历史境遇。在历史上中国也曾经遭到列强的侵略和不平等待遇。因此，中国对发展中国家遭遇的不幸感同身受，也反对以制裁或武力威胁作为解决冲突的主要手段，主张通过政治对话和和平协商解决冲突。由于身份和立场的差异，中国对非安全政策与美欧等西方大国存在较大的差异。西方对非安全合作是一种不对等的方式，根源于殖民历史、非洲现实和西方的安全逻辑②，实际上就是强权逻辑。其对非洲的冲突更多采用"封锁—制裁—军事介入"三部曲来解决。然而，当前以欧美为首的西方国家仍主导着国际社会的话语权，它们一直通过自己的话语权优势来影响中非和平安全合作。

此外，2017 年 12 月，美国出台新的《美国国家安全战略报告》。该报告不再将恐怖主义视为美国最大的威胁，将中国和俄罗斯视为现有国际秩序的"修正主义"国家，并认为中国、俄罗斯是美国最大的竞争对手。虽然非洲不是美国战略的重点地区，但是美国仍致力在非洲掣肘中国，干扰中非关系的发展。此外，近年来，印度、俄罗斯、巴西、土耳其等新兴国家也对非洲表现出浓厚的兴趣，纷纷加强对非外交和经贸关系。美国、欧洲以及新兴国家加强对非关系，一方面有利于非洲国家在大国竞争中获得更有利的地

---

① 习近平：《习近平外交演讲集》（第二卷），中央文献出版社，2022，第 176 页。
② 黎文涛：《非洲安全治理特点及对中非安全合作的思考》，载于张宏明主编《非洲发展报告No. 15（2012~2013）》，社会科学文献出版社，2013，第 137 页。

位，另一方面可能会加剧非洲政治局势的不稳定。

（三）全球安全倡议落地成为机制尚需时日

全球安全倡议是习近平主席关于和平与安全重要论述的高度概括与浓缩，是中国在新时期的全球安全治理观。从观念的角度看，全球安全倡议是中国对全球安全议题的认知、信仰和追求所产生的知识系统和价值判断，并以"倡议"这一关键词表达出来。全球安全倡议不仅是中国的全球安全治理观的拓展延伸，更是推动全球安全治理的一场观念变革。全球安全倡议反映了中国在全球安全治理领域所呈现的重大观念变革。换言之，全球安全倡议既是中国自身国际安全观的变革，也是对西方绝对安全观的扬弃。① 然而，任何观念的革新、新制度的创建都会对现有国际秩序既得利益者的利益构成冲击。大部分国际安全理念由西方提出并且得到许多非洲国家的认同，中国在国际安全规则的制定方面仍然处于相对弱势地位。美国等西方国家出于维护自身优势地位的角度出发，会干扰、阻挠全球安全倡议成为全球共识。2023 年 2 月，中国政府发布了《全球安全倡议概念文件》，让全球安全倡议从观念向实践迈出了坚实的第一步。然而，作为一种安全的新理念，全球安全倡议从观念变成具有全球共识的机制需要一段时间的实践与制度建设。

二 中非和平安全合作的前景

20 世纪 90 年代，非洲经历了多场大规模的内部冲突，给非洲国家和人民造成了深重的灾难。进入 21 世纪，随着非洲安全局势总体缓和，非洲人民人心思定，渴望发展。习近平主席关于和平安全的理念将各国人民的共同利益联结起来，重视普遍、共同的安全，提倡各国共建、共享公平正义的安全格局。虽然中非共建"一带一路"开展的和平与安全合作面临诸多挑战，但是未来前景依然可期。

---

① 王明国：《从观念变革到制度构建：全球安全倡议的实施路径》，《东北亚论坛》2022 年第 5 期，第 4 页。

首先，全球安全倡议具有鲜明的时代进步意义，将进一步提升中非和平安全合作。面对传统安全威胁和非传统安全威胁相互交织的复杂安全形势，中国坚定维护以联合国为核心的国际体系、以国际法为基础的国际秩序，践行多边主义，倡导国际事务共商共建，推动实现国际关系民主化。全球安全倡议倡导共同、综合、合作、可持续的新安全观，营造公平正义、共建共享的安全格局。面对日益复杂化、综合化的安全威胁，单打独斗不行，迷信武力更不行。中国倡导树立"共同、综合、合作、可持续"的新安全观，主张尊重各国安全与发展诉求，坚持通过经济交往、政治谈判和文明交流等和平方式实现共同安全，营造公道正义、共建共享的安全格局。[①] 近年来，传统国际关系理论越来越难以解释今天的世界，崇尚实力、零和博弈等观点也越来越不符合时代前进的方向。习近平外交思想把中国发展和世界发展结合起来，把中国人民的利益同世界人民的共同和根本利益结合起来，提出构建人类命运共同体，建设持久和平、普遍安全、共同繁荣、开放包容、清洁美丽的世界，构建相互尊重、公平正义、合作共赢的新型国际关系，超越了一国一域的狭隘范畴，超越了传统现实主义国际关系理论，站在了人类社会发展进步的道义制高点上。[②] 习近平主席提出的全球治理观、安全观、发展观、文明观、正确义利观等新型理念，反映了世界各国追求发展进步的共同愿望，既具有鲜明的中国特色，又蕴含人类共同价值，凝聚了各国人民共同建设美好世界的最大公约数。[③] 全球安全倡议所涵盖的精神具体到在非洲和平安全事务中，充分体现了中国尊重非洲国家的主导权，平等对待非洲国家，真诚希望帮助非洲国家实现和平。因此，习近平主席关于和平与安

[①] 张伟鹏：《【传习录】习近平外交思想对推动全球安全治理的引领意义》，中国网，2021年1月28日，http://www.china.com.cn/opinion2020/2021-01/28/content_77164157.shtml，最后访问日期：2022年6月29日。

[②] 王晓辉：《学习习近平外交思想，构建中国话语体系》，中国网，2021年11月11日，http://www.china.com.cn/opinion/2021-11/11/content_77866608.html，最新访问日期：2023年6月19日。

[③] 王毅：《深入学习贯彻习近平外交思想　不断开创中国特色大国外交新局面》，《求是》2020年第15期，第20页。

全重要论述指导下的中非安全合作将会得到越来越多的非洲国家和人民的支持与欢迎。

其次，非洲人民人心思定是推动中非和平安全合作深入发展的基石。20世纪90年代，非洲爆发了多场大规模内战，给国家和人民带来了深重的灾难。进入21世纪，非洲总体安全局势得到了极大的缓和。非洲人民珍惜来之不易的和平，渴望享受和平带来的红利，希望通过发展来改变命运、改善生活。因此，非洲人民人心思定，渴望和平，希望发展。中国深刻地认识到，非洲地区动荡的根源在于其发展滞后。因此，为了从根本上消除非洲地区动乱的根源，中国提议将"一带一路"倡议与联合国2030年可持续发展议程、非盟《2063年议程》以及非洲国家发展战略对接，加大对非洲的投资和援助力度，帮助非洲国家实现减贫，改善当地民生，促进社会稳定。中非共建"一带一路"为非洲带来了发展机遇，中非和平安全合作为非洲发展提供了稳定的内外环境，保障了非洲发展的成果。因此，中非和平安全合作具有强大的生命力。

最后，中非和平安全合作符合双方利益，充分展示中非从来都是命运共同体这一根本命题。随着近年来中非关系全方位深入发展，中非之间人民来往与利益交融日益加深。因此，非洲的和平与安全与中非双方利益息息相关。非洲安全局势恶化，既不符合非洲国家和人民的利益，也不符合中国和中国人民的利益。中非和平安全合作是建立在平等与相互尊重的基础上的，是中非传统友谊的体现与延续。习近平主席倡导的全球安全倡议将进一步推动新时代中非和平安全合作的深入发展，共同打造安全共筑的中非命运共同体。

第九章　中非共建"一带一路"之健康卫生合作

　　"一带一路"倡议是中国在新的国际格局下参与全球开放合作、促进全球共同发展繁荣、推动和构建人类命运共同体的重大方案和举措。非洲是中国"一带一路"倡议的重要合作伙伴，"一带一路"倡议给中非关系各个方面都赋予了新的内涵，提出了新的命题，提供了新的机遇，也带来了新的挑战。作为中非传统友好项目，中非健康卫生合作借助共建"一带一路"的契机进入快速发展时期。

　　中非健康卫生合作肇始于1963年，当年中国向非洲派遣了第一支援非医疗队，在随后的几十年里，这种合作从未间断。2000年，中非合作论坛启动，该论坛不仅成为中国和非洲国家集体对话的平台和促进务实合作的机制，还推动了中非健康卫生合作进入"快车道"，投入规模增长迅速，援助与合作内容更加丰富，参与主体更为多元，合作方式更为多样。特别是2013年以来，随着"一带一路"倡议的提出，构建中非"健康丝绸之路"以及"中非卫生健康共同体"的概念被提出，这不仅关乎中国和非洲的卫生安全，而且成为全球卫生安全的重要组成部分。在2015年中非合作论坛约翰内斯堡峰会提出的"中非公共卫生合作计划"以及2018年中非合作论坛北京峰会"中非健康卫生行动"的框架下，中非卫生健康合作在原有基础上又取得了一系列重要进展，同时也面临新的机遇与挑战。

第一节　习近平关于健康卫生合作的论述

健康卫生合作是共建"一带一路"的重要内容。近年来，习近平主席在高层出访、领导人会晤、国际组织会议、中非合作论坛等重要场合多次提到全球健康卫生问题，提出了"健康丝绸之路""中非卫生健康共同体"等理念，强调以"健康丝绸之路"为主线，加强全球公共卫生治理，携手打造人类卫生健康共同体。

一　习近平关于健康卫生合作的论述、指导意义和政策落实

2016 年 6 月 22 日，习近平主席在对乌兹别克斯坦进行国事访问时，在乌兹别克斯坦最高会议立法院发表了题为《携手共创丝绸之路新辉煌》的演讲，首次提出了"健康丝绸之路"这一概念。他呼吁携手打造"健康丝绸之路"，着力深化医疗卫生合作，加强在传染病疫情通报、疾病防控、医疗救援、传统医药领域互利合作。[①] 健康卫生合作由此被纳入"一带一路"建设中，成为共建"一带一路"的重要组成部分。2016 年 7 月 25 日，习近平主席在会见世界卫生组织总干事陈冯富珍时再次表达了中国"积极支持世界卫生组织在全球、区域、国家层面推动落实 2030 年可持续发展议程卫生相关目标，也愿在'一带一路'框架下开展医疗卫生合作"的意愿。[②]

2017 年 1 月，中国政府和世界卫生组织签署了《关于"一带一路"卫生领域合作的谅解备忘录》，共同致力于与"一带一路"沿线国家在卫生应急、传染病防治、传统医学等有关领域加强合作，共建"健康丝绸之路"。[③]

[①] 《习近平在乌兹别克斯坦最高会议立法院的演讲》，新华网，2016 年 6 月 23 日，http://www.xinhuanet.com/world/2016-06/23/c_1119094900.htm，最后访问日期：2022 年 6 月 28 日。

[②] 《习近平会见世界卫生组织总干事陈冯富珍》，新华网，2016 年 7 月 25 日，http://www.xinhuanet.com/politics/2016-07/25/c_1119277843.htm，最后访问日期：2022 年 6 月 28 日。

[③] 何农：《今年是中国卫生领域国际合作的丰收年》，《光明日报》2017 年 5 月 23 日，第 10 版。

2020 年 3 月 21 日，习近平主席在向法国总统马克龙致慰问电时，首次提出打造"人类卫生健康共同体"的新倡议，以完善全球公共卫生治理。① 在 2020 年 5 月 18 日举行的第 73 届世界卫生大会视频会议开幕式上，习近平主席再次提出"共同构建人类卫生健康共同体"，其中特别提到了"加大对非洲国家支持"。他指出，发展中国家特别是非洲国家公共卫生体系薄弱，帮助它们筑牢防线是国际抗疫斗争重中之重。世界应该向非洲国家提供更多物资、技术、人力支持。中国已向 50 多个非洲国家和非盟交付了大量医疗援助物资，专门派出了 5 个医疗专家组。在过去 70 年中，中国派往非洲的医疗队为 2 亿多人次非洲人民提供了医疗服务。2020 年，常驻非洲的 46 支中国医疗队正在投入当地的抗疫行动。②

2020 年 6 月 17 日，习近平主席在中非团结抗疫特别峰会上发表了题为《团结抗疫　共克时艰》的主旨讲话。他强调，面对疫情，中非相互声援、并肩战斗，中非更加团结，友好互信更加巩固。中方珍视中非传统友谊，无论国际风云如何变幻，中方加强中非团结合作的决心绝不会动摇。中方将继续全力支持非洲抗疫行动，继续向非洲国家提供物资援助、派遣医疗专家组、协助非方来华采购抗疫物资。中方将提前于年内开工建设非洲疾控中心总部，同非方一道实施好中非合作论坛框架内"健康卫生行动"，加快中非友好医院建设和中非对口医院合作，共同打造中非卫生健康共同体。中方承诺，新冠疫苗研发完成并投入使用后，愿率先惠及非洲国家。③ 这使得中非"一带一路"建设的内涵更加丰富，也将中非卫生安全置于全球卫生安全的重要位置。

2020 年 10 月 29 日，中国共产党第十九届中央委员会第五次全体会议通过《中共中央关于制定国民经济和社会发展第十四个五年规划和二〇三

① 刘恩东：《打造人类卫生健康共同体的时代价值》，《学习时报》2020 年 3 月 27 日，第 A1 版。

② 《习近平在第 73 届世界卫生大会视频会议开幕式上的致辞》，新华网，2020 年 5 月 18 日，http://www.xinhuanet.com/politics/leaders/2020-05/18/c_1126001593.htm，最后访问日期：2022 年 6 月 28 日。

③ 《习近平主持中非团结抗疫特别峰会并发表主旨讲话》，《人民日报》2020 年 6 月 18 日，第 1 版。

五年远景目标的建议》。该文件高度重视"一带一路"建设，强调"推动共建'一带一路'高质量发展""深化公共卫生合作""积极参与重大传染病防控国际合作，推动构建人类卫生健康共同体"。①

在 2021 年 4 月 20 日召开的博鳌亚洲论坛 2021 年年会开幕式上，习近平主席以视频方式发表题为《同舟共济克时艰，命运与共创未来》的主旨演讲，再次强调卫生国际合作、构建人类卫生健康共同体的重要性。他指出，我们要同舟共济，开创健康安全的未来。我们要加强信息共享和联防联控，加强新冠疫苗国际合作，全面加强全球公共卫生安全治理，共同构建人类卫生健康共同体。②

二 历届中非合作论坛会议中有关中非健康卫生合作的内容

自 2000 年中非合作论坛（FOCAC）成立以来，中非医疗卫生合作步入机制化轨道。3 年一届的中非合作论坛每次均会推出多项加强双方医疗卫生合作的举措，写入"宣言"和"行动计划"中，并积极落实，不断开创卫生援非新局面。中非合作论坛会议中有关中非健康卫生合作的内容如下。

2000 年 10 月在中国北京召开的第一届部长级会议指出，中国向非洲派遣医疗队；向非洲国家提供医疗器械、设备和药品；加强对非洲医务人员的培训；促进中非传统医药合作；在降低婴儿、孕产妇死亡率，预防艾滋病，治疗疟疾、热带病及其他疾病方面开展合作。

2003 年 12 月在埃塞俄比亚亚的斯亚贝巴召开的第二届部长级会议指出，中国继续向非洲派遣医疗队，尽量满足非洲国家有关医疗队构成方面的要求；非洲国家承诺向中国医疗队员提供合适的工作及生活条件；双方加强公共卫生应急机制方面的合作，应对艾滋病、疟疾、肺结核、埃博拉和非典型肺炎等传染病在世界的蔓延，大力开展卫生和医学交流；继续向

---

① 《中共中央关于制定国民经济和社会发展第十四个五年规划和二〇三五年远景目标的建议》，《人民日报》2020 年 11 月 4 日，第 1 版。

② 《习近平在博鳌亚洲论坛 2021 年年会开幕式上发表主旨演讲》，《人民日报》2021 年 4 月 21 日，第 1 版。

非洲国家无偿提供部分药品、医疗器械和医用材料；培训非洲受援国医务人员。

2006 年 11 月在中国北京举行的首届峰会暨第三届部长级会议中，有关医疗卫生合作的举措更为具体，包括为非洲援建 30 所医院和 30 个抗疟中心，向非洲无偿捐赠 3 亿元抗疟药品；继续向非洲派遣医疗队，与非洲国家共同探索派遣医疗队的新方式；继续向非洲提供所需药品和医疗物资；帮助非洲国家建立和改善医疗设施，培训医疗人员。

2009 年 11 月在埃及沙姆沙伊赫召开的第四届部长级会议指出，加强双方在公共卫生应急机制方面的交流与合作，共同防治重大传染性疾病如艾滋病、疟疾、肺结核、禽流感和甲型 H1N1 流感等；中国为援非 30 所医院和 30 个疟疾防治中心提供价值 5 亿元的医疗设备和抗疫物资；为援非疟疾防治中心的受援国专业技术人员提供培训，助力抗疟中心可持续发展；3 年内为非洲国家培训 3000 名医生、护士和管理人员。

2012 年 7 月在中国北京召开的第五届部长级会议中有关中非医疗卫生合作的举措包括：扩大在艾滋病、疟疾、肺结核等重大传染性疾病防治领域的合作；加强口岸防控、卫生人员培训、妇幼保健、卫生体系建设和公共卫生政策方面的交流；为中国援建的医疗设施提供支持，提升援建医院和实验室的现代化水平，实现项目可持续发展；继续培训非洲国家医生、护士、公共卫生人员和管理人员；在非洲开展"光明行"活动，为非洲白内障患者提供免费治疗；继续做好援非医疗队工作，3 年内派遣 1500 名医疗队员。

2015 年 12 月在南非约翰内斯堡举办的第二届峰会暨第六届部长级会议指出，支持非洲埃博拉疫区公共卫生重建；援建非盟非洲疾控中心，支持非洲健全公共卫生体系和政策；继续改善非洲卫生基础设施，支持中非各 20 所医院开展示范合作，加强非洲医院专业科室建设；继续向非洲派遣医疗队和短期医疗专家组，继续在非洲开展"光明行"和妇幼保健活动；鼓励中国药企赴非投资生产，鼓励中国医疗机构和企业赴非合作经营医院；建立中非卫生领域高层对话机制。

2018 年 9 月在中国北京举行的第三届峰会暨第七届部长级会议上，中国承诺将优化升级 50 个医疗卫生援非项目，重点援建非洲疾控中心总部、中非友好医院等旗舰项目；加强公共卫生交流和信息合作，实施中非新发再发传染病、血吸虫、艾滋病、疟疾等疾控合作项目；为非洲培养更多专科医生；继续派遣并优化援非医疗队；在非洲开展"光明行""爱心行""微笑行"等医疗巡诊活动；实施面向弱势群体的妇幼心连心工程。

三　习近平关于推动国际传统医药发展合作的论述

习近平主席非常重视传统医药的发展，在多个场合对中医药给予高度评价，并表示要促进中西医结合，推动中医药在海外发展，推动国际传统医药合作。特别是在近年新冠疫情全球肆虐的背景下，积极利用人类医学发展成就抗击疫情，已经成为全世界的当务之急。加强传统医药领域的交流与合作，将为中国与"一带一路"伙伴国传统文化的互学互鉴搭建新的平台，推进构筑更加紧密的人类命运共同体。

早在 2013 年 8 月 20 日，习近平主席在会见世界卫生组织总干事陈冯富珍时就表示，中方重视世界卫生组织的重要作用，愿继续加强双方合作，促进中西医结合及中医药在海外发展，推动更多中国生产的医药产品进入国际市场，共同帮助非洲国家开展疾病防治和卫生体系建设，为促进全球卫生事业、实现联合国千年发展目标作出更大贡献。[①]

2015 年 12 月 22 日，习近平总书记在致信祝贺中国中医科学院成立 60 周年时指出，"中医药学是中国古代科学的瑰宝，也是打开中华文明宝库的钥匙"，要"深入发掘中医药宝库中的精华，充分发挥中医药的独特优势，推进中医药现代化，推动中医药走向世界"[②]。

---

① 《习近平会见世界卫生组织总干事陈冯富珍》，新华网，2013 年 8 月 20 日，http://www.xinhuanet.com/politics/2013-08/20/c_117021590.htm，最后访问日期：2022 年 6 月 28 日。

② 《习近平致中国中医科学院成立 60 周年贺信》，人民网，2015 年 12 月 22 日，http://politics.people.com.cn/n1/2015/1222/c1024-27962865.html，最后访问日期：2022 年 6 月 28 日。

2016 年 12 月 6 日，国务院发表《中国的中医药》白皮书，中医药事业进入新的历史发展时期。白皮书指出，中医药已成为中国与东盟、欧盟、非洲、中东欧等组织和地区卫生经贸合作的重要内容，成为中国与世界各国开展人文交流、促进东西方文明交流互鉴的重要内容，成为中国与各国共同维护世界和平、增进人类福祉、建设人类命运共同体的重要载体。中国政府致力于推动国际传统医药发展，与世界卫生组织保持密切合作，为全球传统医学发展作出贡献。中国在致力于自身发展的同时，坚持向发展中国家提供力所能及的援助，承担相应国际义务。截至 2016 年 12 月，中国已向亚洲、非洲、拉丁美洲的 70 多个国家派遣了医疗队，基本上每个医疗队中都有中医药人员，约占医务人员总数的 10%。在非洲国家启动建设中国中医中心，在科威特、阿尔及利亚、突尼斯、摩洛哥、马耳他、纳米比亚等国家还设有专门的中医医疗队（点）。截至 2016 年 12 月，中国政府在海外支持建立了 10 个中医药中心。近年来，中国加强在发展中国家特别是非洲国家开展艾滋病、疟疾等疾病防治，先后派出中医技术人员 400 余名，分赴坦桑尼亚、科摩罗、印度尼西亚等 40 多个国家。援外医疗队采用中药、针灸、推拿以及中西医结合方法治疗了不少疑难重症，挽救了许多垂危病人的生命，得到了受援国政府和人民的充分肯定。[①]

2019 年 10 月，习近平总书记对中医药工作作出重要指示，指出"中医药学包含着中华民族几千年的健康养生理念及其实践经验，是中华文明的一个瑰宝"，"要遵循中医药发展规律，传承精华，守正创新，加快推进中医药现代化、产业化，坚持中西医并重"，"推动中医药走向世界"[②]。

2020 年 11 月 17 日，在金砖国家领导人第十二次会晤中，习近平主席倡议五国召开传统医药研讨会，探索传统医药在新冠肺炎防治方面的作用，

---

① 《〈中国的中医药〉白皮书》，新华网，2016 年 12 月 6 日，http：//www.xinhuanet.com//politics/2016-12/06/c_1120064848.htm，最后访问日期：2022 年 6 月 28 日。

② 《习近平对中医药工作作出重要指示强调 传承精华守正创新 为建设健康中国贡献力量 李克强作出批示》，新华网，2019 年 10 月 25 日，http：//www.xinhuanet.com/politics/leaders/2019-10/25/c_1125151959.htm，最后访问日期：2022 年 6 月 28 日。

为全球疫情防控增添有力武器。①

2021 年 4 月 20 日召开的博鳌亚洲论坛 2021 年年会开幕式上，习近平主席再次倡导同"一带一路"伙伴国加强在传统医药领域的合作，共同护佑各国人民生命安全和身体健康。②

第二节 中非共建"一带一路"中健康卫生合作成就

中非健康卫生领域的合作已有 60 年的历史，已形成包括派遣援外医疗队、援建医院和疟疾防治中心、赠送药品和医疗器械、双边卫生人员交流培训、疾病防控体系建设等的多层次、宽领域的工作模式。

一 形成了对口援助模式的医疗队派遣机制

1962 年，阿尔及利亚经过长期的反法武装斗争赢得独立，随即便面临法籍医生全部撤走、全民缺医少药的困境，并因此向全世界求救。在此背景下，中国第一个作出回应，宣布向阿尔及利亚派遣医疗队。1963 年 3 月中旬，由湖北、上海、天津等地的 13 名医务人员组成的医疗队在北京饭店受到周恩来总理的接见，4 月 6 日踏上了赴北非的行程，由此开启了中国医疗队援非的序幕，并在随后逐渐演变为国内的每一个省、自治区或直辖市对口至少一个非洲国家，向对口受援国派驻医疗队的模式。绝大多数医生由三级医院（即中国内地医院等级划分中最高级别的医院）派遣，通常以内科、外科、妇科、儿科、眼科、口腔科等临床科室为主，西医与中医兼具，几乎全部具有中高级职称，每届医疗队任期两年（近年来一些国家的医疗队任期缩短为半年至一年半不等）。截至 2021 年 11 月，中国已先后向非洲 47 个

① 《习近平在金砖国家领导人第十二次会晤上的讲话》，新华网，2020 年 11 月 17 日，http：//www.xinhuanet.com/politics/leaders/2020－11/17/c_1126752059.htm，最后访问日期：2022 年 6 月 30 日。
② 《习近平在博鳌亚洲论坛 2021 年年会开幕式上的视频主旨演讲》，新华网，2021 年 4 月 20 日，http：//www.xinhuanet.com/politics/leaders/2021－04/20/c_1127350811.htm，最后访问日期：2022 年 6 月 30 日。

国家派遣医疗队员 2.3 万人次，救治患者约 2.3 亿人次①，并为非洲培训了数以万计的医护人员，其间除因受援国与中国断交或受援国内乱等"不可抗"因素而撤离以外，从未由于自身原因中断援外医疗工作，而且一旦条件允许，受援国需要，便立即复派。

二 打造了"光明行"等品牌项目

近年来，中非健康卫生合作更加注重灵活性、针对性、实效性，注重差异化的国别政策，以及专科医学的交流与合作，打造了一批具有品牌影响力的项目和行动，主要表现为以下几种形式。

其一，"光明行""爱心行""微笑行"等短期巡诊活动。截至 2020 年 1 月，中国为非洲人民实施免费白内障手术的"光明行"项目已在 27 个非洲国家得以落实，包括津巴布韦、马拉维、赞比亚、莫桑比克、埃塞俄比亚、塞拉利昂、苏丹、吉布提、科摩罗、博茨瓦纳、加纳、厄立特里亚、刚果（布）、布隆迪、摩洛哥、喀麦隆、多哥、毛里塔尼亚、塞内加尔、纳米比亚、冈比亚、马达加斯加、布基纳法索、几内亚比绍、中非、乍得、马里。它直接惠及普通百姓，使上万名白内障患者重见光明，成为名副其实的"民心工程"与品牌项目。与之相提并论的还有 2015 年启动的"爱心行"项目，即心脏病手术义诊活动，已在加纳、坦桑尼亚、尼日尔开展，创下了多个"非洲纪录"。"微笑行"，即唇腭裂手术义诊活动也在非洲多国持续进行中。

其二，妇幼保健等专项医疗援助。2015 年中非合作论坛约翰内斯堡峰会后，中国进一步加大了对非洲的专科医疗援助力度，特别是在妇幼保健等非洲急需领域进行义诊咨询和疑难病例会诊等医疗活动。同时通过在中国举办各种形式的妇幼健康培训班加强双方在该领域的交流与合作，培养具有较强实践能力的高素质卫生专业技术人员，变"输血"为"造血"，切实提升

---

① 《〈新时代的中非合作〉白皮书》，中华人民共和国国务院新闻办公室，2021 年 11 月，http://www.scio.gov.cn/ztk/dtzt/44689/47462/index.htm，最后访问日期：2023 年 4 月 5 日。

非洲国家妇幼保健服务能力与急危重症救治能力，助力非洲妇幼卫生事业的改革与发展。

三 开展了专科中心及对口医院合作

截至 2021 年，中国已帮助 18 个非洲国家建立 20 个专科中心，涉及心脏、重症医学、创伤、腔镜等专业，同 40 个非洲国家 45 所非方医院建立对口合作机制，为非洲各国培训各类医务人才 2 万人次。[①] 通过技术交流和转移、医护培训、加强专业科室建设，在非洲空白的高层次专业技术领域，提升非洲国家临床专科治疗水平，同时在设备维护、医院运营管理等方面开展支援合作。例如在尼日尔乃至西非地区最大的医院之一——尼日尔综合示范医院，通过开展对口合作，中方帮助尼方建成了心脏科和神经科中心，并捐赠了先进的医疗器械、药品及耗材，还通过持续的技术培训，帮助尼方提高临床诊治能力。在津巴布韦首都哈拉雷，中国—津巴布韦中医针灸中心开展中医理论和实践培训，助力培养当地中医针灸人才。2022 年初，历时近 3 年的中几友好医院神经医学中心建设项目在几内亚科纳克里结项，中方还举办了培训班，为当地培养多名神经医学业务骨干。2023 年 2 月，中非对口医院合作机制利比里亚项目启动，双方将开展心内科建设合作项目。当前，中国与津巴布韦呼吸与危重症医学专科对口合作建设项目也正有序开展。[②]

四 帮助非洲提高传染病防控水平，加强公共卫生能力建设

中国在疟疾、血吸虫病、艾滋病、结核病等疾病防控领域一直同非洲进行合作。2007~2014 年，在科摩罗启动"青蒿素复方快速控制疟疾项目"，八年内将疟疾死亡人数降低到零，发病率下降了 98%；在坦桑尼亚的桑给巴尔开展的血吸虫病防控试点项目，将血吸虫病人群感染率从之前最高的 8.92%降至 0.64%；在艾滋病防控方面，中国与非洲各国及有关国际组织和专业机构一道，通过社会动员、公益宣传、防控人才培训、资金援助等多种

---

① 《携手构建中非卫生健康共同体》，《人民日报》2023 年 6 月 12 日，第 3 版。
② 《携手构建中非卫生健康共同体》，《人民日报》2023 年 6 月 12 日，第 3 版。

方式积极开展合作，共同推进艾滋病防控，并着力帮助受艾滋病影响的妇女和儿童。

近年来，非洲地区新发再发传染病和突发公共卫生事件不断出现，中国都是第一时间向有关国家提供紧急医疗救助和公共卫生国际应急援助。2014年在西非的埃博拉疫情中，中国向疫区先后提供了5轮总价值约7.5亿元的紧急援助，建设了首个生物安全防护三级实验室（P3实验室），并组织派遣了30余批公共卫生、临床医疗和实验室检测专家组，超过1000人次赴疫情国，开展大规模公共卫生培训，加强当地的疫情防控能力。自2016年以来，中国专家分别赴安哥拉、马达加斯加、刚果（金）、乌干达等国，帮助防控黄热病、鼠疫、埃博拉等疫情，有效遏制了各类疫情蔓延。2023年1月，中国援建的非洲疾控中心总部项目（一期）竣工，非洲疾控中心的建立，对于提升非洲疾病预防、监测和疫情应急反应速度意义重大。新冠疫情发生后，中非双方守望相助，中国向17个非洲国家派出抗疫医疗专家组或短期抗疫医疗队，并指导长期派驻在40多个非洲国家的援外医疗队，共同构筑守护当地民众生命健康的屏障。中国多次承诺，新冠疫苗研发完成并投入使用后，将率先惠及非洲国家。截至2022年底，中国向非洲53个国家和非盟委员会提供超过1.8亿剂新冠疫苗，为非洲国家抗击疫情发挥了重要作用。

五 建立了"中非部长级卫生合作发展会议"等相关对话平台

为落实中非合作论坛相关行动计划，"中非部长级卫生合作发展会议""中非部长级医药卫生合作会议"等相关机制平台先后成立。其议题设置紧跟全球可持续发展议程，并契合中非人民当下对健康生活的新要求和中非双方卫生事业发展的新趋势。

其一，推动中非健康卫生合作向机制化迈进。以往中国与非洲国家间不存在卫生领域的多边定期会晤机制。面向全非的医疗卫生合作政策，多是中国领导人不定期出访非洲，或在会晤来访的非洲国家领导人时提出，具有一定的随机性或随意性。"中非部长级卫生合作发展会议"等平台的建立使中非医疗卫生合作步入机制化轨道。借助中非医疗卫生合作领域一系列机制平台，中国政府在维系对非健康卫生合作政策的理念和原则连续性的基础上，对中非医疗卫生合作进行了几年为限的前期总体规划。在先后召开的两届"中非部长级卫生合作发展会议"上，中方陆续出台了一系列惠及非洲国家的新政策和新举措，帮助其提高医疗卫生水平以及自主发展能力，使得中非医疗卫生合作无论是在深度或广度还是在数量或质量上都达到了前所未有的水平。

其二，促进中非多边医疗外交的发展。以往中非之间多为一对一的双边健康卫生合作，"中非部长级卫生合作发展会议"等机制启动后，中非间医疗卫生合作的多边性质更为突出，形成了多、双边磋商机制相互促进的格局，推动了中国与世界卫生组织、联合国艾滋病规划署、联合国人口基金、联合国儿童基金会、世界银行、全球基金（抗击艾滋病、结核病和疟疾全球基金）、全球疫苗免疫联盟等国际组织和非盟及非洲次区域组织间的合作。这无疑有助于中非双方借助部长级卫生合作发展会议平台，通过集体协商，发挥中非双方的智慧，共同应对卫生领域的挑战。

第三节　中非健康卫生合作的意义与影响

60 年来，以援非医疗队为主体的中国对非医疗卫生援助，服务于外交大局，捍卫国家利益；服务于民生福祉，维护国家形象；服务于全球卫生，保卫国家安全，为增进我国与广大非洲国家民心相通、民意相融，树立良好的国家形象，构建人类卫生健康共同体，服务中国特色大国外交，支撑"一带一路"建设，维护对我有利的外部发展环境，发挥了不可替代的作用。世界卫生组织在评价中国对世界医疗的贡献时，一般会强调两点：一是中国的"赤脚医生"制度对于解决边远地区医疗卫生问题的示范作用；二是援外医疗队对世界不发达国家医疗保障的贡献。具体而言，中国对非医疗卫生援助的意义和影响主要体现在下述几点。

一 促进了受援国医疗卫生事业的发展

一批批医疗队员远离祖国和家人，克服气候、疾病、战乱、生活、语言等诸多困难，在非洲受援国从事艰辛的救死扶伤工作。20 世纪七八十年代，医疗队员自制设备，或利用技术上的优势弥补设备上的不足开展临床救治；进入 21 世纪，医疗队员凭借诸如超声乳化白内障复明、心脏搭桥、内窥镜微创和关节置换手术等现代医疗技术与手段，为受援国病人提供更为广泛的医疗服务。援非医疗队在心脏手术、巨大肿瘤摘除、断肢再植、大面积烧伤植皮手术、修补整形等多个领域填补了受援国的医疗空白，并为非洲各国培训医护人员，完善医疗体系，建立起一批"永远不走的医疗队"。半个多世纪以来，中国为非洲各国培训各类医务人员 2 万多人次，其中在华培训 1.6 万人次；为非洲援建各类医疗卫生基础设施，包括综合医院、专科医院、卫生诊所（中心）、疟疾防治中心等，截至 2020 年 11 月，中国在非洲援建了至少 130 个医疗设施。在非洲医院专业科室建设方面，中方为非洲对口医院援建了重症医学中心、心脏中心、中医中心（针灸科）、微创外科中心、眼科中心、泌尿科、创伤治疗和妇幼健康中心等。同时，中国持续向受援国提供医用耗材、高端医疗设备、移动和固定生物安全实验室、运输车辆等医疗物资援助，每年在非洲健康方面的项目支出约 1.5 亿美元。

60 年来，医疗队员以高超的医术和为病人服务的职业精神赢得了非洲国家政府和民众的高度赞扬，被受援国政府和人民誉为"白衣使者"、"南南合作的典范"和"最受欢迎的人"。习近平主席在 2013 年看望援刚果（布）医疗队时首次提炼总结出中国医疗队精神，即"不畏艰苦，甘于奉献，救死扶伤，大爱无疆"。① 可以说，中国对非医疗卫生援助为受援国医疗卫生事业的发展和所在国人民健康水平的提高作出了贡献。

---

① 《习近平为中刚友好医院剪彩 赞医疗队大爱无疆》，央视网，2013 年 4 月 1 日，http://news. cntv. cn/2013/04/01/ARTI1364754473893627. shtml，最后访问时间：2023 年 8 月 22 日。

二　增进了中非民间友好关系

医疗援助属于国际人道主义援助的范畴，这使它没有军事援助背后的角力因素，也没有经济援助容易引发的诸如劳资纠纷、人权、环保等问题带来的负面影响，而是以维持生命的最基本需要为出发点，以普通民众为主要服务对象，传递救死扶伤精神和民生关切之情，具有"接地气"的天然优势，最容易博得受援国人民的信任与好感，从而促进中非民间交往。

在缺医少药的非洲，许多国家的中国医疗队员是所在城市仅有的两三家综合性医院中的主要医疗卫生力量，许多科别的中国医生是该国仅有的几名该领域的专科医生之一，因此，对于很多非洲人来说，中国医生不仅仅是他们健康的依靠，更是他们心理和情感的寄托。中国医疗队不仅仅救助生命，更承载着帮助受援国民众提升生存质量的梦想。它为受援国提供公共卫生产品而不求经济利益回报的利他性行为，以及它超越国界、民族、种族、社会制度，对人类社会发展理想的追求与担当，淡化了它的官方背景和"国家利益性"，最能获得民心，赢得民意，也因此被非洲人誉为"公认争议和负面评价最少、收获荣誉和掌声最多的中国援非项目"。在非洲很多国家，民众不认识当地的中国外交官，却认识中国医疗队员。美国皮尤研究中心的调查显示，很多非洲国家对中国的好感正与日俱增，而中国在非洲获得这种成就的方式之一就是提供公共医疗援助。

医疗卫生关乎每一个人的生存、健康等最基本问题，援非医疗队除了在医院开展工作，接触普通民众，还为部分受援国总统、总理、部长等政界高层提供医疗保健服务，也有机会广泛接触受援国各行各业及各个阶层的人士，并积极参与各类活动。这不仅改变了国际社会对中国人"封闭、保守"的固有偏见，展现国人开放、自信的风貌，而且还成为援非医疗队于"润物细无声"中进行民间外交的绝好契机。

三　促进了中非文化交流

中非医疗卫生合作，不仅利用现代医疗技术救死扶伤，而且还将中国传统医药、针灸、按摩以及中西医结合的诊疗方法用于一系列西医束手无策的疑难杂症，创造了诸多"医学奇迹"，在治病的同时将中国的传统文化融入非洲人民的生活，推动了中非民间文化交流。正如很多接受过中医治疗的非洲患者所言的："中国医疗队不仅让我们了解了中医，也让我们认识了中国人和中国文化。"

尤其是针灸，对环境、设备要求不高，却收效快、功效奇，又特别适合在非洲的自然环境和生活习惯下多发的风湿病、关节炎、腰膝酸痛等病症的缓解和治疗，不仅普通民众认可、接受、喜爱，许多受援国高层也对其关注有加。大多数非洲国家，都有 3~4 种医疗传统构成本国当前的医疗体系，分别是源于非洲本土宗教的医疗传统、源于欧洲的西方医疗传统，以及源于中国的中华医疗传统（有些国家还有源于阿拉伯的医疗传统），并且把中华医学视为已有成文典范、规范的科学医学。众所周知，非洲国家受欧洲文化影响颇深，中国传统医学能够与西方医学并立于非洲医疗体系之中，可以说与中国医疗队几十年来对其的推广、使用密切相关。由于中国医疗队在传播中华文化方面的杰出贡献，其在 2014 年荣获由文化部等多家机构共同颁发的第三届"中华之光——传播中华文化年度人物"集体奖。

第四节　中非健康卫生合作的问题与对策

近年来，非洲国家不断加强卫生领域的改革，通过动员和整合各方资源着力解决卫生领域中最薄弱的环节，诸如公共卫生体系建设、全民健康覆盖等，加快基于本土及自有方案应对健康与发展挑战的进程。非洲的卫生改革恰逢中国的"一带一路"倡议以及"健康中国 2030"纲要启动，中非健康卫生合作面临前所未有的机遇，但同时也面临着一些问题与挑战。为巩固中非健康卫生合作成果，进一步扩大合作的有效性及影响力，实现中非双方卫生领域的互利共赢，中国应有针对性地调整工作思路，着眼长远，有所作为。在国际风云变幻的今天，中非双方构建更加紧密的中非卫生健康共同体，不仅可以提升中非合作的层次，而且有利于提升发展中国家在全球治理体系中的地位。

一　中非健康卫生合作面临的问题与挑战

（一）援非医务人员选派困难

医务人员是对外医疗援助的主体，然而选派难却成为近年来困扰中国援非医疗队的一大难题，这之中既有客观原因，也有主观因素。首先，援非医疗队待遇较低。从时间轴上纵向相比，十几年前援非医疗队员的工资收入总和相当于其在国内收入的数倍，而现在基本上差别不大，甚或还不如在国内工作的收入多；横向来看，与国内外类似的官方派出机构，例如使馆、经商处、孔子学院、国外援非医疗队等相比，中国援非医疗队在薪金待遇、休假制度、家属随任等方面也存在较大差距。其次，医疗队员在非洲需要面对气候炎热、传染病多发、医疗设备简陋、蔬菜稀缺、停水断电、网络不通畅、孤单寂寞等工作和生活中的问题，队员的身体素质和心理素质都要经受极大的考验。

（二）援非医疗队的专业优势、援助效率难以释放

在一些受援国，医疗队员没有在当地薄弱的、高技术含量的领域发挥作用，反而是将大量时间、精力用于基础性的临床工作中，使得援助效果大打折扣，造成这一现象的原因主要有三点。其一，医疗队目标、定位不明确。中国医生是以专家的身份进行援助，仅处理疑难杂症，还是进行一般的临床诊疗，如果这一目标定位不明确，医疗队员就很容易流于日常诊疗，重复处理本地医务人员就可以处理的一般性疾病，仅仅缓解了当地医务人员的不足，而没有使医疗队与受援国医院的医疗资源形成优势互补。其二，受援国医疗条件落后。非洲国家医疗条件落后，缺少最基本的诊疗设备，手术设备更是缺乏。受制于落后的医疗条件，很多诊疗和手术开展不了，中国医生空有一身技艺而无法施展。其三，中非间语言、文化存在差异。中非间存在巨大的语言文化差异，容易造成双方医务人员间沟通理解的困难，甚至造成误解，一定程度上也影响了医疗队的援助效率以及专业优势的发挥。

（三）部分援助项目效果欠佳

中非健康卫生合作中相当一部分为援助项目，一些援助项目效果欠佳，主要表现在下述两个方面。其一，援助模式"以我为主"，不考虑国家差异、受援国民众习惯以及当地环境特点。例如药品说明书没有翻译成受援国语言；药品名录不能根据受援国主要疾病种类的变化进行调整；将非准入药纳入援助范畴等。其二，基础设施援助不符合当地和国际标准，且缺乏设备配套与后续管理，使得援助物资的寿命和使用效率大打折扣，项目不具有可持续性。

（四）中国医药产品并未进入非洲主流医药市场

近些年来，尽管我国医药产业在努力拓展非洲市场，但迄今为止我国仍然不是非洲医药市场的主要进口国。医药产品进入非洲主流医药市场的入场券是通过世界卫生组织的预认证（PQ 认证）。难以通过世界卫生组织的预认证，是目前中国医药产品进军非洲主流医药市场的最大障碍，造成这一现象的原因主要有两点。其一，技术性壁垒。一方面，我国制药行业的药品生产质量、管理标准不能与国际对接；另一方面，我国企业与国际组织接触不多，对国际招投标程序与规则认知有限，缺乏足够的经验。其二，企业自身的原因。世界卫生组织预认证周期较长，一般需要 3~5 年，加之非洲主流医药市场药品采购招标价格不断压低，产品几乎没有利润而言，导致中国企业对于申请世界卫生组织预认证的内生动力不足。

二　深化推动中非健康卫生合作的对策建议

（一）制定和完善对援非派遣人员的制度引导

强调大局、奉献的同时，要正视医务人员自身的利益诉求。例如，医疗队待遇（包括薪金待遇、休假制度、家属随任等）应随时代变更进行更加务实、人性化的政策调整，不应该与其他官方派出机构（例如使馆、孔子学院等）差距过大。医务人员在国外的薪金待遇相对于他们在国内的整体收入要有一定比例的提升，不应因为待遇过低而打击了医务人员特别是医术高的医务人员参加医疗队的积极性。同时，加大政策保障、落实力度，对于参加援非医疗队的医务人员，在职称晋升、岗位聘用等方面应有一定的政策倾斜，并通过自上而下由各级人事部门下发正式文件的方式予以落实。

（二）在非洲试点建立中国医院

鉴于目前援非医疗队安插在受援国本地医院中，管理体制、医疗设备、语言、文化等方面的差异，影响了医疗队的专业优势和援助效率，建议在有条件的非洲国家建立中国标准的医院，由中国有关部门主导和管理，按照中国的标准建设，以中国医生为主体，配备中国的医疗设备，定位为接收疑难杂症和会诊型医院，普通疾病仍分诊到非洲本地医院，从而减少合作过程中的不必要的磨合与消耗，充分发挥中国医生的优势，解决受援国无法解决的高层技术上的问题，特别是填补受援国医疗领域的空白，提高援非医疗队效用，提升中国援非医疗队的影响力。在没有条件建立中国标准的医院的地方可以先在非洲本地医院中建立"中国病房"或"中国手术室"，作为中国模式的试点，在感染率、治愈率等方面与非洲医生主导的病房或手术室形成对比，从而突出中国医疗队的作用。

（三）在中非公共卫生合作方面加大投入

公共卫生安全是人类面临的共同挑战，中非需从短板处着手，加强双方的公共卫生合作。首先，加强非洲公共卫生体系建设和人才培养。通过参与非洲疾控中心建设，支持非盟及各个非洲国家建立健全重大疫情防控体制机制、公共卫生应急管理体系；邀请非洲公共卫生人员来华进修，并派遣中国专家赴非洲国家开展工作，培训当地专业人员；在疟疾、血吸虫病等传染病，以及妇幼保健等方面帮助非洲提高应对能力。其次，推动中非之间临床医疗和公共卫生合作的整合。公共卫生重在通过预防、检测、宣教等方式促进公共健康，因此除了技术输出，还应通过中国医疗队开展健康促进、健康教育活动，在医院里增设传染病、慢性非传染病防控知识讲座，进行传染病防控演练。最后，加强对重大传染病和新发传染病的联合研究。在非洲的几大区域、几个重点国家建立集医、研、防于一体的中非传染病联合研究基地，通过多学科、跨部门、跨地区、跨国家的有效合作，开展药物和疫苗的联合研发，建立中非防疫体系。

（四）提升卫生援助项目的效用、效果与影响力

援助项目需要结合各国国情，从实际出发。中国与非洲国家政府间应加强合作项目的前期调研、过程监督、结果评估和社会影响评价，以确保项目的实用性与可行性，资源利用的最大化与有效性，项目效果反馈的及时性与准确性。在医疗设备、设施的设计和建设上，一定要属地化，按照当地标准或国际标准进行援助，要为设备、设施在当地的后续维护使用提供便利，不能仅仅立足于中国当前的产能转移。援助的器械必须是经过实践检验证明是成熟的、经得住考验的，不能因质量低劣的援助器械砸了援非医疗队的牌子。此外，除了与受援国政府进行协调，还应加强与卫生援助领域其他机构的沟通与交流，包括国际组织、地区性组织、非政府组织、慈善机构、企业等，以体现发展的责任，消除误解，增进共识，营造良好的外部环境。事实上，合作项目本身的质量固然重要，但只有在项目之外的部分也得高分，才能获得更大的影响力与可持续的竞争优势。

（五）提升中国药企的国际竞争力

在政府层面，中国政府应联合行业商会共同为企业搭建平台，建立企业与国际组织、非政府组织、非洲区域性组织、非洲卫生和药监部门的联系，在医药产品世界卫生组织预认证、招投标和非洲各国药政动向、市场准入条件、投资政策等方面为企业提供信息和指导，以及提供必要的金融、语言、文化、法律方面的咨询和培训，同时帮助建立企业之间的联系，使之形成合力。在医药产品投资领域，将医药产业作为中非产能合作的重点领域，让持续升温的中非产能合作成为拉动中国医药产品走进非洲的引擎。

在企业层面，中国企业应站在更高更广阔的视角定位其发展战略，创造机会让国际组织等机构参与企业的运营，与之建立稳定与信任的关系。同时，中国企业应尽快熟悉世界卫生组织预认证的流程与注意事项，确保药品生产过程、临床试验、生物等效性研究等遵循国际规范，以达到世界卫生组织预认证的要求。

第十章　中非共建"一带一路"之数字经济合作

数字丝绸之路是全球数字经济融合发展与"一带一路"倡议的结合，是人类社会数字化趋势和全球化趋势的结合，正在成为数字时代构建人类命运共同体的新方案。中非数字经济合作、共建数字丝绸之路，就是要通过数字化发展支持非洲发展，开展平等、互利合作，在"一带一路"倡议下构建造福中非人民的共同繁荣之路。

进入 21 世纪，全球数字经济发展驶入"快车道"。2019 年全球 47 个国家数字经济增加值达 31.8 万亿美元，占 GDP 的比重达41.5%。[1] 近期面对愈加不确定的世界经济复杂局面，数字经济展现了顽强的韧性。发展数字经济是包括非洲各国在内的国际社会应对新冠疫情影响、推动经济复苏的关键举措，已成为世界经济增长潜力所在。在以习近平同志为核心的党中央的领导下，中国数字经济发展取得卓越成效，2020 年中国数字经济增加值达 39.2 万亿元，占 GDP 的比重达 38.6%，数字经济已成为推动国民经济持续稳定增长的新动力，有效支撑了新冠疫情防控和经济社会发展。[2]

---

[1] 《全球数字经济新图景（2020 年）——大变局下的可持续发展新动能》，2020 年 10 月，http：//www.caict.ac.cn/kxyj/qwfb/bps/202010/P020201014373499777 701.pdf，最后访问日期：2022 年 6 月 22 日。

[2] 《中国数字经济发展白皮书》，2021 年 4 月，http：//www.caict.ac.cn/kxyj/qwfb/bps/202104/P020210424737615413306.pdf，最后访问日期：2022 年 6 月 22 日。

在经济全球化和数字全球化趋势的带动下，非洲数字经济驶入快车道，高效促进了非洲经济的可持续、多元化、一体化发展，以数字化方式助力了非洲民众融入现代经济社会。经历约二十年快速发展，非洲成功跨越 PC 互联网时代进入移动互联网时代，数字经济在新冠疫情全球肆虐期间成为防控疫情、推动复苏的"新引擎"。[①]

中国在数字基础设施、电子商务、移动互联网、数字化转型、数字能力建设等领域积累了丰富的经验。通过数字经济合作和共建数字丝绸之路，中国在数字经济领域的技术、能力、模式优势可为广大非洲国家提供可靠支持，促进其实现非盟《2063 年议程》和联合国 2030 年可持续发展议程，实现中非共同繁荣。

第一节 习近平关于数字经济的论述

如何在数字时代促进经济可持续、包容性、高质量发展，是国际社会共同关注的重要议题。近年来，经济全球化和数字全球化两大趋势相互交织、相互促进，发展数字经济成为包括中国和非洲国家在内的全球各国的领导人的共识。习近平主席于 2013 年提出的"一带一路"倡议，为全球数字经济合作与发展注入了正能量。与此同时，个别国家推行保护主义、单边主义和霸权主义，给全球数字经济发展增加了不确定性。中非合作底蕴深厚、历久弥新，在"一带一路"倡议下加强数字经济合作、共建数字丝绸之路，为推动中非全面战略合作伙伴关系高质量发展创造新机遇、提供新动能，进一步丰富中非命运共同体内涵。

一 习近平和国际社会领导人高度重视数字经济发展

（一）习近平在多个重要场合强调发展数字经济的重要性

习近平主席在多个重要场合强调发展数字经济的重要性。在 2017 年首

---

① 张泰伦、陈晓涵、叶勇：《非洲数字经济驶入"快车道"》，《世界知识》2022 年第 5 期，第 54~55 页。

届"一带一路"国际合作高峰论坛开幕式上的主旨演讲中，习近平主席指出：我们要坚持创新驱动发展，加强在数字经济、人工智能、纳米技术、量子计算机等前沿领域合作，推动大数据、云计算、智慧城市建设，连接成21世纪的数字丝绸之路。①

在2018年全国网络安全和信息化工作会议上，习近平总书记强调：要以"一带一路"建设等为契机，加强同沿线国家特别是发展中国家在网络基础设施建设、数字经济、网络安全等方面的合作，建设21世纪数字丝绸之路。② 在2018年首届中国国际进口博览会开幕式上，习近平主席指出：各国应该把握新一轮科技革命和产业变革带来的机遇，加强数字经济、人工智能、纳米技术等前沿领域合作，共同打造新技术、新产业、新业态、新模式。③ 在2018年致世界互联网大会的贺信中，习近平主席强调，世界各国虽然国情不同、互联网发展阶段不同、面临的现实挑战不同，但推动数字经济发展的愿望相同、应对网络安全挑战的利益相同、加强网络空间治理的需求相同。各国应该深化务实合作，以共进为动力、以共赢为目标，走出一条互信共治之路，让网络空间命运共同体更具生机活力。④

在2019年二十国集团领导人峰会上，习近平主席在关于世界经济形势和贸易问题的发言中提出建议：我们要找准切入点，大力推进结构性改革，通过发展数字经济、促进互联互通、完善社会保障措施等，建设适应未来发展趋势的产业结构、政策框架、管理体系，提升经济运行效率和韧性，努力实现高质量发展。⑤ 习近平主席在致2019中国国际数字经济博览会的贺信中强调：中国高度重视发展数字经济，在创新、协调、绿色、开放、共享的新发展理念指引下，中国正积极推进数字产业化、产业数字化，引导数字经

---

① 习近平：《习近平谈治国理政》（第二卷），外文出版社，2017，第513页。
② 习近平：《习近平谈治国理政》（第三卷），外文出版社，2020，第308页。
③ 习近平：《习近平谈治国理政》（第三卷），外文出版社，2020，第201页。
④ 《习近平向第五届世界互联网大会致贺信》，共产党员网，2018年11月7日，https://www.12371.cn/2018/11/07/ARTI1541566581795305.shtml，最后访问日期：2022年6月26日。
⑤ 习近平：《习近平谈治国理政》（第三卷），外文出版社，2020，第474页。

济和实体经济深度融合，推动经济高质量发展。① 在 2019 年第二届"一带一路"国际合作高峰论坛上的主旨演讲中，习近平主席指出：我们要顺应第四次工业革命发展趋势，共同把握数字化、网络化、智能化发展机遇，共同探索新技术、新业态、新模式，探寻新的增长动能和发展路径，建设数字丝绸之路、创新丝绸之路。②

在 2020 年二十国集团领导人第十五次峰会第一阶段会议上，习近平主席在讲话中建议，发挥数字经济的推动作用：我们要主动应变、化危为机，深化结构性改革，以科技创新和数字化变革催生新的发展动能；我们要为数字经济营造有利发展环境，加强数据安全合作和数字基础设施建设，为各国科技企业创造公平竞争环境；同时，要解决数字经济给就业、税收以及社会弱势群体带来的挑战，弥合数字鸿沟。习近平主席还指出，二十国集团应在推动数字经济健康发展方面发挥更大引领作用。我们要携手打造开放、公平、公正、非歧视的数字发展环境。中方提出了《全球数据安全倡议》，愿同各方探讨并制定全球数字治理规则。中方支持围绕人工智能加强对话，倡议适时召开专题会议，推动落实二十国集团人工智能原则，引领全球人工智能健康发展。二十国集团还要以开放和包容方式探讨制定法定数字货币标准和原则，在共同推动国际货币体系向前发展过程中，妥善应对各类风险挑战。③

在 2022 年金砖国家领导人第十四次会晤上，习近平主席在重要讲话中指出：我们要坚持开拓创新，激发合作潜能和活力。谁能把握大数据、人工智能等新经济发展机遇，谁就把准了时代脉搏。企图通过搞科技垄断、封锁、壁垒，干扰别国创新发展，维护自身霸权地位，注定行不通。我们要推

---

① 《习近平向 2019 中国国际数字经济博览会致贺信》，共产党员网，2019 年 10 月 11 日，https：//www.12371.cn/2019/10/11/ARTI1570765912530803.shtml，最后访问日期：2022 年 6 月 26 日。
② 习近平：《习近平谈治国理政》（第三卷），外文出版社，2020，第 493 页。
③ 《习近平在二十国集团领导人第十五次峰会第一阶段会议上的讲话》，共产党员网，2020 年 11 月 22 日，https：//www.12371.cn/2020/11/22/ARTI16060 11253068442.shtml，最后访问日期：2022 年 6 月 26 日。

动完善全球科技治理，让科技成果为更多人所及所享。今年，我们加快金砖国家新工业革命伙伴关系厦门创新基地建设，举办工业互联网与数字制造发展论坛、可持续发展大数据论坛，达成数字经济伙伴关系框架，发布制造业数字化转型合作倡议，建立技术转移中心网络、航天合作机制，为五国加强产业政策对接开辟了新航路。我们着眼数字时代人才需要，建立职业教育联盟，开展职业技能大赛、女性创新大赛，为加强创新创业合作打造人才库。①在 2022 年全球发展高层对话会上，习近平主席在重要讲话中指出：中国将同各方携手推进重点领域合作……提高全民数字素养和技能，加快工业化转型升级，推动数字时代互联互通，为各国发展注入新动力。②

为贯彻习近平总书记关于发展数字经济的指导方针，在《中华人民共和国国民经济和社会发展第十四个五年规划和 2035 年远景目标纲要》中，多次出现了发展数字经济的相关规划：迎接数字时代，激活数据要素潜能，推进网络强国建设，加快建设数字经济、数字社会、数字政府，以数字化转型整体驱动生产方式、生活方式和治理方式变革（第五篇）；充分发挥海量数据和丰富应用场景优势，促进数字技术与实体经济深度融合，赋能传统产业转型升级，催生新产业新业态新模式，壮大经济发展新引擎（第十五章）；坚持放管并重，促进发展与规范管理相统一，构建数字规则体系，营造开放、健康、安全的数字生态（第十八章）。③

习近平主席高度重视中非数字经济合作。他在 2018 年中非合作论坛北京峰会开幕式上的主旨讲话中指出：实施设施联通行动……支持中国企业以投建营一体化等模式参与非洲基础设施建设，重点加强能源、交通、

---

① 《习近平在金砖国家领导人第十四次会晤上的讲话》，共产党员网，2022 年 6 月 23 日，https：//www.12371.cn/2022/06/23/ARTI1655992220251893.shtml，最后访问日期：2022 年 6 月 26 日。

② 《习近平在全球发展高层对话会上的讲话》，共产党员网，2022 年 6 月 24 日，https：//www.12371.cn/2022/06/24/ARTI165607 5363637854.shtml，最后访问日期：2022 年 6 月 26 日。

③ 《中华人民共和国国民经济和社会发展第十四个五年规划和 2035 年远景目标纲要》，中国政府网，2021 年 3 月 13 日，http：//www.gov.cn/xinwen/2021-03/13/content_5592681.htm，最后访问日期：2022 年 6 月 22 日。

信息通信、跨境水资源等合作，同非方一道实施一批互联互通重点项目。①
习近平主席于 2019 年 6 月在大阪会见南非总统马塔梅拉·西里尔·拉马
福萨（Matamela Cyril Ramaphosa）时强调，双方要深化数字经济等领域合
作。拉马福萨表示，南方欢迎并支持华为等中国企业在南投资经营，愿
同中方密切在二十国集团、金砖国家等多边框架内的沟通协调。② 习近平
主席于 2020 年 6 月主持中非团结抗疫特别峰会并发表主旨讲话，指出中
方愿同非方共同拓展数字经济、智慧城市、清洁能源、5G 等新业态
合作。③

（二）联合国积极倡导数字经济发展与合作

联合国秘书长数字合作高级别小组于 2019 年 6 月在纽约联合国总部发
布《2019 年数字经济报告》。报告呼吁，建设包容性数字经济和社会，实现
跨领域的数字技术国际合作。联合国秘书长安东尼奥·古特雷斯（António
Guterres）召集多国驻联合国大使会议，推荐并介绍该数字经济报告。④ 联
合国副秘书长法布里齐奥·霍克希尔德（Fabrizio Hochschild）在 2020 年中
国发展高层论坛经济峰会上表示，在疫情恢复过程之中要重视数字经济的重
要性。远程教育、医疗服务等数字技术让经济仍然能够运行下去。在疫情之
后，应该让所有人都能够获得数字服务，不能让某些人落在后面，无法与世
界连接。已经连接的人群也面临信息和数据安全的问题，以及被虚假信息欺
骗和利用的风险，这些也是需要我们重视的。这呼吁我们要进一步加强国际
合作，共同规划开放、包容的数字未来。⑤ 联合国副秘书长刘振民于 2020
年 11 月在第 15 届联合国互联网治理论坛开幕致辞中表示，新冠疫情凸显了

---

① 习近平：《习近平谈治国理政》（第三卷），外文出版社，2020，第 451 页。
② 《习近平会见南非总统拉马福萨》，共产党员网，2019 年 6 月 28 日，https://www.12371.cn/
2019/06/28/ARTI1561708827084336.shtml，最后访问日期：2022 年 6 月 26 日。
③ 《习近平在中非团结抗疫特别峰会上的主旨讲话》，共产党员网，2020 年 6 月 17 日，https://
www.12371.cn/2020/06/17/ARTI1592406716148337.shtml，最后访问日期：2022 年 6 月 26 日。
④ 《联合国发布世界数字经济报告》，人民网，2019 年 6 月 11 日，http://world.people.com.cn/
n1/2019/0611/c1002-31130112.html，最后访问日期：2022 年 6 月 22 日。
⑤ 《观点集锦 | 数字经济，是短暂繁荣还是加速转型?》，腾讯网，2020 年 11 月 23 日，https://
new.qq.com/omn/20201123/20201123A0C6O800.html，最后访问日期：2022 年 6 月 22 日。

互联网的重要性以及现存不平等，呼吁各国努力为弥合数字鸿沟寻找解决方案。刘振民表示，过去数月，全球发生了大规模数字化转型，这一加速数字化的趋势很可能将持续下去。刘振民还呼吁与会者要关注四大问题，包括重视弥合数字鸿沟、消除"性别数字鸿沟"、确保互联网"让所有人都能负担得起"以及"立即增加数字知识和能力方面的投资"。①

联合国非洲经济委员会技术、气候变化和自然资源管理部主任让-保罗·亚当（Jean-Paul Adam）在 2020 年信息社会世界峰会论坛（WSIS 论坛）上指出："信息和通信技术是实现可持续发展目标的重要引擎。然而，非洲面临着数字鸿沟挑战，不解决整个非洲大陆互联互通问题，我们将无法实现 2030 年的目标。"联合国非洲经济委员会在会后发表声明强调，数字化转型对于非洲大陆在 21 世纪提升全球竞争力至关重要。"它不仅有助于非洲一体化，促进包容性增长，创造就业机会，还能消除日益扩大的数字鸿沟，助力非洲消除贫困，使非洲人民受益。"② 联合国非洲经济委员会负责人奥利弗·钦甘亚（Oliver Chinganya）在 2019 年第十四届全球人居环境论坛年会上强调，"大约三分之一的非洲人使用互联网，一半的人拥有手机。在速度、容量和可靠性方面，数字基础设施远非世界上最好的。据估计，非洲每年需要大约 50 亿美元的 ICT 基础设施投资"。会议通过了《亚的斯亚贝巴宣言》，该宣言呼吁：数字技术应用与数字经济的发展应坚持以人为本，安全第一。智慧城市发展的基础是整合数据、互通共享、深度开发。采用适用的、负担得起的数字技术为城市规划、建设和管理服务，确保人人共享数字技术带来的益处。③ 联合国非洲经济委员会执行秘书薇拉·松圭

---

① 《联合国副秘书长呼吁各国为弥合数字鸿沟寻找解决方案》，"新华社"百家号，2020 年 11 月 10 日，https：//baijiahao. baidu. com/s？id=1682974018950227340&wfr=spider&for=pc，最后访问日期：2022 年 12 月 15 日。

② 《财经观察｜中非合作助力非洲数字经济在疫情中加速发展》，"环球网"百家号，2020 年 9 月 26 日，https：//baijiahao. baidu. com/s？id=1678886154696838344&wfr=spider&for=pc，最后访问日期：2022 年 12 月 15 日。

③ 《第十四届全球人居环境论坛呼吁：用数字技术促进城市可持续繁荣》，环球网，2019 年 9 月 11 日，https：//3w. huanqiu. com/a/ad925e/9CaKrnKmM9v？p=3，最后访问日期：2022 年 6 月 22 日。

（Vera Songwe）于 2021 年 3 月在接受中国驻非盟使团捐赠抗疫物资的交接仪式上的讲话中，感谢了中国政府为支持非洲各国以及在非联合国系统抗击疫情提供的持续援助，还对 2020 年与中国企业在电子商务领域开展的合作表示赞赏，称从中看到了持续对外开放非洲市场的可能性，希望中非在贸易领域，特别是电子商务领域能够继续加强合作，为非洲大陆自贸区建设注入新动力。①

国际金融公司首席运营官斯蒂芬妮·冯·弗里德堡（Stephanie von Friedeburg）表示："数字经济可以而且应该改变非洲历史的进程。非洲创业公司应抓住机遇，提出解决方案，以增加获得教育、医疗保健和金融服务的机会，推动经济复苏，使非洲成为数字创新等领域的领导者。"② 世界银行主管非洲地区事务的副行长哈菲兹·加尼姆（Hafez Ghanem）在 2018 年第四届对非投资论坛上表示，非洲巨大的市场充满机遇，中国企业对非投资，在数字经济等领域有更多的机会。他指出可通过 PPP 的方式投资非洲数字化基础设施和数字经济领域。③

2018 年 8 月，时任国际电信联盟秘书长赵厚麟表示，中非在信息通信方面的合作还远远没有到饱和阶段，从各方面看，中非合作潜力巨大，未来中非合作一定会上一个更高的台阶。许多非洲国家强烈希望非洲大陆的经济最终实现自主发展、自力更生，并希望中小企业在这个过程中发挥重要作用，尤其是在非洲的信息通信基础设施建设和利用方面。中国在中小企业利用信息通信技术方面经验丰富，这也有助于中非开展相关合作。下一步希望中非在区域性合作、多边合作方面更进一步，为区

---

① 《联合国非洲经济委员会执行秘书：期待与中国在疫苗和电子商务领域开展深入合作》，环球网，2021 年 3 月 25 日，https://world.huanqiu.com/article/42S0EMQrvaQ，最后访问日期：2022 年 6 月 22 日。

② Ishioma Emi, "Africa to Generate ＄712 Billion from Internet Economy by 2050, Google-IFC 2020 Report," Ventures Africa, November 13, 2020, https://venturesafrica.com/africas-internet-economys-712-billion-contributions-2050-google-ifc-2020-report/, accessed：2022-06-22.

③ 《世行副行长：中企对非投资在三大领域机会更多》，中国政府网，2018 年 9 月 7 日，http://www.gov.cn/xinwen/2018-09/07/content_5320172.htm，最后访问日期：2022 年 6 月 22 日。

域性互联、国与国互通提供更大的支持，未来将探讨国际电联、中国、非洲区域或国家三方加强合作。[1]

（三）非洲国家和非盟期望通过数字经济合作推动非洲发展

吉布提经济、财政与工业部部长伊利亚斯·穆萨·达瓦莱（Ilyas Moussa Dawaleh）在 2018 年第四届对非投资论坛上表示，"我们需要来自中国的合作。我们可以最大限度地和中方交流，去获得中国在信息通信技术、计算机方面的经验，也可以发掘更多合作机遇和可能"[2]。坦桑尼亚政府首席发言人哈桑·阿巴斯（Hassan Abbas）于 2020 年 9 月表示，中方提出的"全球数据安全倡议"有利于促进全球在数据安全领域的治理与合作。阿巴斯说，该倡议有利于维护国家主权，打击非法获取、拦截用户数据的行为，坦方对此表示欢迎。阿巴斯表示，倡议符合国际法基本准则，全球应在数据治理领域弘扬多边主义。坦方愿同国际社会一道，共同维护数据安全、促进数字经济发展，以惠及更多民众。[3]

2017 年 7 月，非盟委员会副主席托马斯·奎西·夸蒂（Thomas Kwesi Quartey）表示，在数字经济时代，发展信息通信技术对于促进非洲经济增长、提高教育水平至关重要，非洲应加大创新力度以跨越数字鸿沟，克服发展不足等问题。此外，非洲有望通过加强与中国合作，扩大信息通信技术基础设施建设规模来推动数字企业的发展，创造更多就业岗位。[4]

习近平主席和多国领导人在不同场合下均强调了发展数字经济的重要

---

[1] 《专访：中非电信合作潜力巨大——访国际电信联盟秘书长赵厚麟》，中国政府网，2018 年 8 月 22 日，http://www.gov.cn/xinwen/2018-08/22/content_5315647.htm，最后访问日期：2022 年 6 月 22 日。

[2] 《数字经济拓宽中非合作之路》，"新华社"百家号，2018 年 9 月 10 日，https://baijiahao.baidu.com/s?id=1611188602195472230&wfr=spider&for=pc，最后访问日期：2022 年 6 月 22 日。

[3] 《坦桑尼亚官员：〈全球数据安全倡议〉有利于促进全球数据安全领域治理与合作》，"新华社"百家号，2020 年 9 月 17 日，https://baijiahao.baidu.com/s?id=1678078811411794605&wfr=spider&for=pc，最后访问日期：2022 年 6 月 22 日。

[4] "ICT Development Offers Great Opportunities to Advance Africa's Digital Economy, Says African Union Commission Deputy Chairperson," African Union, August 2, 2017, https://au.int/fr/node/32738, accessed: 2022-06-22.

性,提纲挈领地在数字时代为共建"一带一路"、加强中非合作指明了前进方向,为南南合作与南北对话指明了努力方向,提振了国际社会进一步推动经济全球化和数字全球化的信心,势必将引领全球各国携手共创数字经济开放合作新局面,以数字化思维有力推进中非共建"一带一路"。

二 中国关于中非数字经济合作的相关政策措施

(一)中非合作论坛关于中非数字经济合作的主要内容

2021 年中非合作论坛第八届部长级会议成果文件《中非合作 2035 年愿景》提出了中非数字经济合作相关内容:"数字合作驱动非洲加速转型。中非拓展在频谱管理、5G、卫星互联网、大数据、电子商务、智慧城市、航空航天、卫星遥感应用等领域合作,支持非洲建设新型基础设施,发展数字产业,弥合数字鸿沟。"①《中非合作论坛第八届部长级会议达喀尔宣言》第 26 条指出:"我们认为,互联网有助于促进贸易、创造就业和推动发展,特别是对女性赋权具有积极意义。我们同意加强科技合作,支持非洲加快数字经济发展,特别是促进非洲高速互联网接入、泛非电子网络、卫星和航天技术发展。我们同意扩大在远程医疗、电子商务、远程教育、5G、未来遥感和大数据等数字通信领域交流合作并提供融资支持,支持非洲建设'智慧城市',加强和平利用外太空国际合作。我们注意到并将积极考虑加入中方发起的'全球数据安全倡议',愿以此为基础推动制定全球数字治理规则,呼吁国际社会一道努力,共同构建和平、安全、开放、合作、有序的网络空间,携手构建网络空间命运共同体。"②《中非合作论坛——达喀尔行动计划(2022—2024)》,在产业对接与产能合作(3.3)、投资与经济合作(3.4)、数字经济(3.7)、教育与人力资源

---

① 《中非合作 2035 年愿景》,中非合作论坛官网,2021 年 12 月 8 日,http://www.focac.org/zywx/zywj/202112/t20211208_10464357.htm,最后访问日期:2022 年 6 月 23 日。

② 《中非合作论坛第八届部长级会议达喀尔宣言(全文)》,中非合作论坛官网,2021 年 12 月 2 日,http://www.focac.org/zywx/zywj/202112/t20211202_10461230.htm,最后访问日期:2022 年 6 月 23 日。

开发（4.3）、网络安全合作（4.6）等部分均提出中非数字经济合作相关内容。①

2018 年中非合作论坛北京峰会成果文件《中非合作论坛——北京行动计划（2019—2021 年）》，多次提及中非数字经济合作相关内容：支持中国企业以投建营一体化等模式参与非洲基础设施建设，重点加强能源、交通、信息通信、跨境水资源等合作，同非方共同实施一批互联互通重点项目（3.3.2）；双方认识到信息通信技术对经济社会发展发挥着战略性和全局性影响，将加强主管部门交流合作，分享信息通信发展经验，共同把握数字经济发展机遇，鼓励企业在信息通信基础设施、互联网、数字经济等领域开展合作（3.3.5）；双方将积极探讨和促进云计算、大数据、移动互联网等新技术应用，中方愿支持非洲国家建设"智慧城市"，提升信息通信技术在维护社会治安、反恐和打击犯罪等方面的作用，与非方共同维护信息安全（3.3.6）；双方鼓励和支持各自企业合作参与非洲国家光缆骨干网、跨境互联互通、国际海缆、新一代移动通信网络、数据中心等通信基础设施建设，并在相关基础设施建设、运营、服务等方面开展互利合作（3.3.7）；双方愿加强在国际电信联盟等国际组织中的合作，促进在人员培训、网络互联互通、创新中心建设等方面的协作。双方愿就信息通信技术政策和发展开展战略咨询，共同努力缩小非洲数字鸿沟，推进非洲信息社会建设（3.3.8）。②

（二）中国各相关部委落实中非数字经济合作的相关举措

1. 工业和信息化部的相关举措

工业和信息化部副部长张云明在国际电信联盟 2022 年全权代表大会期

---

① 《中非合作论坛——达喀尔行动计划（2022—2024）》，中非合作论坛官网，2021 年 12 月 2 日，http://www.focac.org/zywx/zywj/202112/t20211202_10461216.htm，最后访问日期：2022 年 6 月 23 日。

② 《中非合作论坛——北京行动计划（2019—2021 年）》，中非合作论坛官网，2018 年 9 月 5 日，http://www.focac.org/zywx/zywj/201809/t20180905_7875851.htm，最后访问日期：2022 年 6 月 23 日。

间，与南非通信和数字技术部部长签署了中南信息通信领域双边合作谅解备忘录。①

工业和信息化部为推动"八大行动"中的数字经济相关工作，与国际电信联盟于2018年12月共同主办"落实中非合作论坛北京峰会成果，加强中非信息通信合作"研讨会。时任工业和信息化部副部长陈肇雄、国际电信联盟秘书长赵厚麟出席会议并致辞。陈肇雄指出，加强中非信息通信领域合作，是落实中非合作论坛北京峰会成果的重要举措。希望与会各方加强沟通协调，形成工作合力，推进落实论坛峰会成果，全面提升中非信息通信合作水平。一是对接非洲需求，积极拓展信息通信合作领域。支持企业以投建营一体化模式参与非洲基础设施建设，在移动互联网、数字经济、智慧城市、电子商务等领域开拓新的合作空间。二是强化产业联合，不断开创企业合作共赢新局面。鼓励支持网络建设、设备制造、业务运营、互联网应用、金融服务等产业链上下游企业协同发展、抱团出海。三是发挥平台作用，全方位推进三方合作交流。利用好中非政府间信息通信双边、多边合作机制，发挥好国际电信联盟多边平台作用，加强与非洲国家的政策沟通、设施联通、贸易畅通。赵厚麟表示，中非合作论坛北京峰会明确提出加强中非信息通信领域合作和发挥国际电信联盟作用，各方对中国、国际电信联盟、非洲国家三方合作抱有很高期待，希望通过此次会议动员各单位力量，研提合作项目建议，推动中非信息通信合作取得实效。②

2018年9月，时任工业和信息化部副部长陈肇雄参加在南非德班举办的世界电信展时强调，当前，5G作为新一代信息通信技术的主要发展方向，将为万物互联构筑新的网络基础。全球5G发展已进入商用部署的关键时期，迫切需要全球业界携手合作，共同推进5G频谱资源高效利用、

---

① 《中国成功连任国际电信联盟理事国》，工信微报微信公众号，2022年10月3日，https://mp.weixin.qq.com/s/ckTSVSAAbd2xhdFB8o-csA，最后访问日期：2022年12月15日。

② 《陈肇雄出席"落实中非合作论坛北京峰会成果，加强中非信息通信合作"研讨会》，工业和信息化部网站，2018年12月13日，https://www.miit.gov.cn/jgsj/gjs/fzhz/art/2020/art_a00539b19b004bdab307758846fae49a.html，最后访问日期：2022年6月23日。

产业协同发展、技术普及应用，让广大用户早日分享 5G 发展成果。他表示，南非是中国重要合作伙伴之一，近年来，两国务实合作不断取得新的进展，在信息通信领域，双方合作范围不断拓展、合作层次不断提升、合作规模不断扩大，为进一步合作打下了良好基础。工业和信息化部将进一步加强与南非通信主管部门的合作，共同推动中南两国信息通信领域合作不断迈上新的台阶。①

2. 外交部的相关举措

国务委员兼外交部部长王毅于 2021 年 1 月同坦桑尼亚外长帕拉马甘巴·卡布迪（Palamagamba Kabudi）共同会见记者，在谈及对新一届论坛会议有何期待时表示，我们将加强数字合作，发挥中国技术优势，帮助非洲抓住信息革命机遇，共同打造"数字非洲"。② 同月，王毅在访问尼日利亚时表示，中方愿与尼方分享数字经济经验和技术，开展绿色经济合作，共同应对气候变化挑战。王毅与尼日利亚外长杰弗里·奥尼亚马（Geoffrey Onyeama）举行会谈并达成"我们将不断拓展合作空间，打造数字经济、绿色经济新亮点，实现多元化发展"等七点重要共识。③ 外交部部长助理邓励在 2020 年中非合作论坛第十四届高官会开幕式上的讲话中建议，中非要在数字经济等领域深挖合作潜力。④ 中国政府非洲事务特别代表许镜湖于 2021 年 1 月表示，未来，"数字经济、电子商务、投融资的提质增效，还有产业

---

① 《陈肇雄出席 2018 年世界电信展》，中华人民共和国工业和信息化部网站，2018 年 9 月 12 日，https：//www. miit. gov. cn/xwdt/gxdt/ldhd/art/2020/art_ 6d61a6514d1f4e33a215636c038f8 463. html，最后访问日期：2022 年 6 月 23 日。

② 《王毅谈推动中非合作提质升级的七点构想》，"人民网"百家号，2021 年 1 月 9 日，https：//baijiahao. baidu. com/s? id = 1688355782954665218&wfr = spider&for = pc，最后访问日期：2022 年 12 月 15 日。

③ 《王毅访问尼日利亚，外交部：推动中尼战略伙伴关系向前发展》，"澎湃新闻"百家号，2021 年 1 月 6 日，https：//baijiahao. baidu. com/s? id = 1688126192161567323&wfr = spid er&for = pc，最后访问日期：2022 年 6 月 23 日。

④ 《外交部部长助理邓励在中非合作论坛第十四届高官会开幕式上的讲话》，中华人民共和国外交部网站，2020 年 12 月 10 日，https：//www. fmprc. gov. cn/web/wjb_ 673085/zzjg_ 673183/fzs_673445/xwlb_673447/202012/t20201210_7617338. shtml，最后访问日期：2022 年 12 月 15 日。

链供应链的融合、5G 通信等方面，都可成为双方合作的新亮点"①。

中国驻坦桑尼亚大使陈明健于 2022 年 6 月在达累斯萨拉姆会见坦桑尼亚新闻、通信和信息技术部部长恩纳乌耶，双方就加强两国在数字经济领域合作进行了交流。陈明健大使表示，今年是落实中非合作论坛第八届部长级会议成果的关键一年。中方愿与坦方一道，以推动"九项工程"落实为契机，与坦方加强数字经济战略对接，共同维护开放安全的网络安全空间，实施好"数字创新工程"，商讨在 5G 通信网络等数字领域开展合作，共同打造中坦共赢合作新典范。恩纳乌耶表示，目前，移动互联网等新兴数字领域在坦桑尼亚呈现快速发展势头，坦桑尼亚政府已制定了数字经济领域国家规划，计划使坦桑尼亚农村地区能够连接互联网服务，提高互联网普及率。坦方愿与中方在数字领域加强合作，以弥合数字鸿沟，进一步巩固和发展两国友好合作关系。②

中国驻埃及大使廖力强于 2022 年 3 月与埃及通信和信息技术部部长塔拉特举行会见，双方就加强中埃通信领域合作等问题交换意见。塔拉特表示，埃中友好关系源远流长，在两国元首的关心和引领下，双方在通信技术领域的合作成果丰硕，中国企业为埃及通信技术发展、人才培养和数字化转型等作出巨大贡献。埃方愿进一步拓展和深化同中方在通信技术领域的合作，不断发掘合作新机遇，推动埃中关系取得更大发展。廖力强表示，近年来中埃政治互信不断巩固，务实合作成效显著。中方愿与埃方一道共同落实好两国元首达成的战略共识和会见成果，深化中埃数字经济、通信技术等领域合作，鼓励和推动有实力、信誉好的中国企业来埃及开展合作，助力埃及数字化发展和经济社会转型。③

---

① 《专访中国政府非洲事务特别代表许镜湖：数字经济、电子商务等有望成中非合作新亮点》，国际在线网站，2021 年 1 月 4 日，http://news.cri.cn/2021-01-04/a69790c9-3fad-d2b5-c3cf-964dab3a8886.html，最后访问日期：2022 年 6 月 23 日。

② 《驻坦桑尼亚大使会见坦新闻、通信和信息技术部部长恩纳乌耶》，中非合作论坛官网，2022 年 6 月 16 日，http://www.focac.org/chn/zfgx/zzjw/202206/t20220616_10704453.htm，最后访问日期：2022 年 6 月 23 日。

③ 《埃及愿深化与中方通信技术合作》，新华网，2022 年 3 月 26 日，http://www.xinhuanet.com/world/2022-03/26/c_1128506387.htm，最后访问日期：2022 年 6 月 23 日。

中国驻南非大使陈晓东于 2020 年 11 月在"华为-Rain-金山大学 5G 实验室"揭牌仪式上表示，该实验室是中南两国科技和数字经济领域合作最新成果，是中南通信基础设施合作向产业链上游延伸的成功例证，是产学研结合、探索解决南非本土问题的创新方案，在 5G 应用开发方面具有重要的示范意义和引领作用。信息技术产业基础设施建设和互联互通是中南务实合作的重要内容，也是南非迎接第四次工业革命的重要基础。中方坚定支持南非将数字经济作为推动国家发展的核心动力，探索自主发展道路。中方鼓励以华为为代表的中国高科技企业，依托 5G 技术的领先优势，在电子商务、在线教育、区块链等数字经济领域加强与南非企业合作，助力彼此经济复苏，实现互利共赢。①

中国驻肯尼亚大使周平剑于 2020 年 9 月会见肯尼亚信息通信、创新和青年事务部部长乔·穆切鲁（Joe Mucheru）时表示，中肯关系处于历史最好时期，双方在信息通信等领域合作成果丰富，走在中非合作前列。肯方对两国在信息通信等领域的合作成果感到满意，衷心感谢中方在中非合作论坛框架下实施卫星电视"万村通"等项目。中国电信设备质量和价格均极具竞争力，双方电信企业开展广泛深入合作，有力推动了肯尼亚数字经济发展和数字化进程。肯方支持中方不久前提出的"全球数据安全倡议"，认为该倡议代表了维护全球数据安全的正确方向。②

中国驻南非大使陈晓东于 2020 年 10 月在"中非发展新维度：贸易、基础设施和第四次工业革命"线上研讨会上表示，第四次工业革命是中非合作的崭新契机，中方愿同非方拓展 5G、大数据中心、人工智能等新基建，以及数字经济、智慧城市、清洁能源、电子商务等新业态合作，深入开展联

---

① 《驻南非大使陈晓东在"华为-Rain-金山大学 5G 实验室"揭牌仪式上发表视频致辞》，中华人民共和国外交部网站，2020 年 11 月 2 日，https：//www.fmprc.gov.cn/web/gjhdq_676201/gj_676203/fz_677316/1206_678284/1206x2_678304/202011/t20201102_9320354.shtml，最后访问日期：2022 年 6 月 23 日。
② 《驻肯尼亚大使周平剑会见肯信息通信部长穆切鲁》，中华人民共和国外交部网站，2020 年 9 月 24 日，https：//www.fmprc.gov.cn/web/gjhdq_676201/gj_676203/fz_677316/1206_677946/1206x2_677966/202009/t20200924_9314605.shtml，最后访问日期：2022 年 12 月 15 日。

合研究、技术培训、科技抗疫等，共同打造合作共赢、惠及民生的数字丝绸之路。①

中国驻南非大使林松添于 2020 年 2 月在"向东看还是向西看：第四次工业革命在南非"研讨会上表示，中国作为第四次工业革命引领者之一，在数字经济、电子商务、5G 技术等领域取得的重大进展，以及利用技术创新应用实现的数字化疫情防控，为抗击新冠疫情提供了强大的科技助力。第四次工业革命已经来临，中国和非洲都在发生深刻变化，我们必须加强合作；中国已成为非洲信息通信产业基础设施发展的主要贡献者，非洲约80%的骨干网络基础设施是由中国公司融资建设的。中非围绕第四次工业革命的合作潜力巨大，大有可为；南非是非洲综合实力首强，我们愿同南非等非洲国家一道，加强战略对接，发挥互补优势，共同把握和推进第四次工业革命。②

中国驻埃及大使廖力强于 2019 年 7 月在埃及中东通讯社发表署名文章《登高望远，命运与共》。他表示，华为是中国一家民营企业，华为的 5G 技术是发展中国家数字化进程实现快速飞跃的一条捷径。现在，华为在埃及的手机市场份额位居第二，同时在埃及启动了北非开放实验室，目的是与北非地区的产业联盟和合作伙伴一起，共同应对行业数字化转型。华为通过公平的市场竞争，赢得了埃及市场的广泛认可，为埃及通信和数字经济发展提供了助力。③

中国驻尼日利亚大使周平剑于 2018 年 6 月在"中非信息技术和数字经济合作的前景展望"研讨会上指出，中方致力于在中非合作论坛框架

---

① 《中国驻南非大使：把握发展新维度，打造中非合作新高度》，人民网，2020 年 10 月 14 日，http://world.people.com.cn/n1/2020/1014/c1002-31891320.html，最后访问日期：2022 年 6 月 23 日。

② 《中非携手迎接第四次工业革命——驻南非大使林松添出席金山大学研讨会》，"中国新闻网"百家号，2020 年 2 月 22 日，https://baijiahao.baidu.com/s?id=16591954481788193 90&wfr=spider&for=pc，最后访问日期：2022 年 12 月 15 日。

③ 《驻埃及大使廖力强发表署名文章：登高望远，命运与共》，中国一带一路网，2019 年 7 月 3 日，https://www.yidaiyilu.gov.cn/ghsl/gnzjgd/95606.htm，最后访问日期：2022 年 12 月 15 日。

下，与非方不断加强在信息通信技术和数字经济领域合作。尼日利亚总统通讯事务高级特别助理奥什博诺表示，感谢中国对包括尼日利亚在内的广大非洲国家加强能力建设、促进经济发展给予坚定支持，呼吁继续加强中非各领域务实合作。与会学者敦促非洲各国政府加快制定政策与"一带一路"倡议对接，实现非洲信息技术发展，助力工业化进程和经济转型。①

（三）中国地方政府和各类机构落实中非数字经济合作精神的措施

浙江、湖南等省份采取务实措施，积极落实中非数字经济合作精神。浙江省商务厅于 2019 年 3 月在浙江对非经贸合作交流会上发布了《浙江省加快推进对非经贸合作行动计划》。浙江省商务厅厅长盛秋平指出："民营企业和数字经济是浙江对非合作优势，浙商要发挥'四千精神'，让数字经济在非洲'生根发芽'。"他表示，该行动计划明确浙江将加强产业对接，参与非洲基础设施联通，促进贸易畅通，推动数字经济合作，深化人文交流。② 浙江省政府代表团于 2019 年 9 月对卢旺达进行了友好访问。浙江省省长袁家军在会见卢旺达总统保罗·卡加梅（Paul Kagame）时表示，将促进双方在数字经济、农村电商、装备制造、现代农业、人文旅游、基础设施、营商环境等领域加强务实合作，为构建中卢、中非命运共同体贡献更多浙江力量。卡加梅总统希望在"一带一路"框架内，不断开辟新的合作领域，欢迎更多浙江企业在电商等领域扩大投资，助力卢旺达制造业发展和"智慧城市"建设。访卢期间，袁家军出席了中国（浙江）·卢旺达数字经济发展合作论坛并指出，数字革命让中非命运共同体更加紧密，面对数字革命浪潮，浙江愿与卢旺达一道，着眼数字产业化、产业数字化，全面加强数字经济发展合作，进而带动数字社会、数字政府建设。要深化世界电子贸易

---

① 《驻尼日利亚大使周平剑出席"中非信息技术和数字经济合作的前景展望"专题研讨会》，中尼梦之桥微信公众号，2018 年 6 月 29 日，https：//mp. weixin. qq. com/s/0Wr8vsMWLN qpuQvXXreJog，最后访问日期：2022 年 12 月 15 日。

② 《浙非经贸合作行动计划发布 力争对非贸易破 400 亿美元》，中国新闻网，2019 年 3 月 1 日，http：//www. chinanews. com/cj/2019/03-01/8768868. shtml，最后访问日期：2022 年 6 月 23 日。

平台（eWTP）、智能制造和智慧治理合作，因地制宜推广浙江"淘宝村"等农村电商模式，助力卢旺达以数字化技术改造提升纺织、服装、化工、装备制造等传统产业。要加强在智慧城市、数字政府、社会治理等方面的合作，不断推动双方共赢发展。论坛上共签订了 7 个合作项目，涉及跨境电商、工业园区建设等领域。①

浙江省代表性数字经济企业阿里巴巴于 2018 年 9 月先后接待了到访的南非总统和塞内加尔总统，并探讨如何更好地帮助非洲年轻人和企业拥抱数字经济。南非总统拉马福萨邀请阿里巴巴为南非建立数字培训中心，为年轻人提供关于数字经济的教育，并承诺这是"总统工程"。②

2018 年 9 月第四届对非投资论坛在湖南长沙举办。在"数字经济与创新"主题论坛上，与会嘉宾认为，数字经济是非洲实现跨越式发展的新引擎，要积极拥抱数字经济的崭新蓝海，助力非洲经济腾飞。吉布提经济、财政与工业部部长达瓦莱指出，要将数字化引入农业生产、流通和销售的全领域，为更多非洲低收入人群提供就业和致富机会。南非财政部部长恩兰拉·奈内（Nhlanhla Nene）表示，数字经济的发展有助于释放非洲的"人口红利"，建议非洲各国要增加有关数字化的教育机会，加大对非洲人尤其是年轻人的技能培训，让更多的非洲年轻人掌握数字技能。他表示，"拥有信息技术的大批非洲青年，一定能成为非洲数字经济发展的活力源泉"③。位于湖南长沙的中非直播电商孵化中心暨芒果公共直播基地于 2020 年 12 月正式启动。该中心面积约 12000 平方米，在中国（湖南）自由贸易试验区长沙片区的中非经贸合作促进创新示范园内，依托"中非经贸深度合作先行区"

---

① 《袁家军率团访问卢旺达　为中非命运共同体贡献更多浙江力量》，浙江省人民政府网，2019 年 9 月 9 日，http://www.zj.gov.cn/art/2019/9/9/art_1545482_37896063.html，最后访问日期：2022 年 6 月 23 日。

② 《南非总统拉马福萨访华：吃惊天猫双 11 销售额，争取简化签证》，澎湃新闻网，2018 年 9 月 6 日，https://www.thepaper.cn/newsDetail_forward_2415782，最后访问日期：2022 年 6 月 23 日。

③ 《第四届对非投资论坛嘉宾建议：积极拥抱数字经济的崭新蓝海》，湖南省人民政府网站，2018 年 9 月 8 日，http://www.hunan.gov.cn/topic/dftzlt/ztlt/201809/t20180908_5090541.html，最后访问日期：2022 年 6 月 23 日。

政策优势，打造一站式直播电商服务平台。①

2020年11月中非智库论坛第九届会议在北京举办。中国信息通信研究院张泰伦以《中非合作助力非洲数字化转型》为题作了发言。他介绍，非洲数字产业已形成以电信运营商为核心，以ICT设备和技术供应企业为依托，以数据中心、云服务等数字基础设施运营企业为支撑，以金融科技和电子商务企业等为延伸，以数字终端企业为枝叶，以创新创业企业为新增长点的发展格局，来自中国的标准、技术、设备、企业在非洲通信网络建设、移动终端普及和能力建设中发挥了重要作用。在新时期，预计数字主权化趋势将成为越来越多非洲国家的重点关切，进一步提升数字包容性、发展数字经济是非洲数字化发展的主旋律，3G、4G网络建设是主要趋势，5G的测试和试点将逐步展开，民众对数字终端尤其是智能手机的需求将日益提高。②

三　非方欢迎和支持中非数字经济合作

（一）非盟通过顶层规划促进中非数字经济合作

2020年12月，中国与非盟签署了《中华人民共和国政府与非洲联盟关于共同推进"一带一路"建设的合作规划》，为中非数字经济合作及共建数字丝绸之路创造了新机遇。此外，非盟正同中国合作编制《中非基础设施合作规划》，支持中国企业以投建营一体化模式参与非洲基础设施建设，加强信息通信等领域合作，同非方共同实施一批互联互通重点项目，这为中非数字经济合作、增强"数字互联互通"创造有利条件。

（二）非洲国家积极支持中非数字经济合作

埃及总统阿卜杜勒·法塔赫·塞西（Abdel Fattah al Sisi）于2018年3

---

① 《长沙：中非直播电商孵化中心启动》，新华网，2020年12月25日，http://m.xinhuanet.com/2020-12/25/c_1126907907.htm，最后访问日期：2022年6月23日。
② 《中国信通院参加中非智库论坛第九届会议并发言：中非合作助力非洲数字化转型》，中国信通院CAICT微信公众号，2020年11月10日，https://mp.weixin.qq.com/s/agV1QM6TonGb2SKdQI1D3w，最后访问日期：2022年6月23日。

月会见了华为轮值 CEO 等高管，称赞埃及政府与华为间的战略伙伴关系。塞西希望在未来一段时间内加强与华为的合作，增加华为对埃及的参与。华为轮值 CEO 表示，鉴于埃及经济持续增长和国家正在实施的大型项目，华为非常希望与埃及政府加强合作，并表示计划在埃及建立第二个国际技术支持中心，为非洲和中东地区提供技术支持。① 埃及总理穆斯塔法·马德布利（Mostafa Madbouy）于 2019 年 4 月会晤了华为公司监事会主席李杰，双方就智慧城市技术投入、各行业基于实践的 ICT 教育培训合作等方面进行了深入交流，双方期待在 5G、AI 等技术领域进行合作。马德布利称赞埃及与中国当前的合作水平，强调华为加大在埃及投资的重要性，尤其在智慧城市技术和其他政府关注领域的技术投入。埃及通信与信息技术部部长阿姆鲁·塔拉阿特（Amr Talaat）强调，埃及有兴趣在第五代通信技术和人工智能等领域与华为探讨合作。华为表示重视埃及市场战略地位，将致力于更加积极配合埃及政府和市场需求，为促进埃及的数字经济发展作出贡献，并承诺在人才培养，促进政府数字化转型方面加大投入。② 埃及通信与信息技术部与科大讯飞于 2020 年 7 举办了联合研发阿拉伯语汉语翻译系统的网上签约仪式。驻埃及大使廖力强赞赏埃及通信与信息技术部在推动埃及数字港建设、社会数字化转型方面所做的努力，表示中埃在通信与信息技术领域的合作大有可为，该项目对中埃在人工智能技术领域携手创新具有积极的示范效应。塔拉阿特表示，通信与信息技术领域的发展，对埃及社会数字化转型和经济发展有非常重要的驱动作用，埃方一直期待与中方加强科技合作。双方此次联合开发翻译系统是埃及中长期致力于传播文明和科学知识，造福人类取得的又一贡献，超越了埃中双边合作的范畴，对帮助阿拉伯国家与中国共同进步，实现各自

① "Egypt's President Lauds 'Strategic Partnership' with China's Huawei," People's Daily Online, March 4, 2018, http://en.people.cn/n3/2018/0304/c90000-9432662.html, accessed：2022-06-23.
② 《华为高层会见埃及总理，促进埃及数字化生态发展》，华为官网，2019 年 4 月 22 日，https://www.huawei.com/cn/news/2019/4/huawei-egyptian-prime-minister-digital-ecosystem-egypt，最后访问日期：2022 年 6 月 23 日。

的发展目标有重要意义。① 埃及电信公司于 2020 年 11 月表示，作为政府"数字埃及"计划的组成部分，将建设埃及最大的国际数据中心，助力埃及成为连接亚洲、非洲和欧洲的国际数字走廊。塔拉阿特表示，埃方非常重视中国数字技术发展的成就和经验，愿推进两国在数字经济和通信领域加强合作。②

肯尼亚计划采用创新方式促进旅游业发展，包括通过 TikTok 等短视频社交软件进行旅游和出口产品宣传。肯尼亚出口促进与品牌局首席执行官威尔弗雷德·马鲁贝（Wilfred Marube）于 2020 年 9 月表示，TikTok 在全球拥有十亿级用户，给人们提供了绝佳的创新和互动平台，正是肯尼亚旅游和出口业进行创新和技术多元化所需要的。这个平台适合肯尼亚数量庞大的年轻人口，相信能给肯尼亚旅游业带来转机。③ 科特迪瓦数字经济与邮政部部长马马杜·萨诺果（Mamadou Sanogo）和华为于 2020 年 10 月签署了信息通信技术产业合作备忘录，重申战略合作伙伴关系，以扩大和加强双方的合作。萨诺果重申希望借助华为的专业技术来发展国家 ICT 事业，并邀请华为参与、制定和实施科特迪瓦国家数字经济的发展战略，促进国家数字经济的包容性发展。他强调，华为是科特迪瓦数字部的忠实合作伙伴，一直以来，双方合作密切，希望华为继续投入，促进"数字科特迪瓦 2030"战略目标实现。华为方面表示，经过二十年的努力，华为已在非洲大陆部署了超过 20 万公里的光纤，未来几年打算努力部署尽可能多的光纤连接非洲。④

---

① 《廖力强大使出席埃及通信与信息技术部与科大讯飞公司网上签约仪式》，中国驻埃及大使馆微信公众号，2020 年 7 月 23 日，https：//mp. weixin. qq. com/s/d8Zw6zz8yRjvB5Tr5kv Omw？ scene = 25#wechat_ redirect，最后访问日期：2022 年 6 月 23 日。

② 《埃及加快数字化建设步伐》，新华丝路网，2020 年 11 月 17 日，https：//www. imsilkroad. com/news/p/434728. html，最后访问日期：2022 年 6 月 23 日。

③ 《肯尼亚将利用 TikTok 推广肯旅游和出口产品》，中国驻肯尼亚大使馆微信公众号，2020 年 9 月 16 日，https：//mp. weixin. qq. com/s/UQX3QM － 75g0UhFcoMrC2Sg？ scene = 25 # wechat_ redirect，最后访问日期：2022 年 6 月 23 日。

④ "Cote d'Ivoire Strengthens ICT Sector with Huawei," China Daily, October 13, 2020, https：// global. chinadaily. com. cn/a/202010/13/WS5f84f183a31024ad0ba7e397. html，accessed：2022 － 06 － 23.

第二届塞内加尔数字论坛于 2020 年 11 月召开，塞内加尔总统麦基·萨勒（Macky Sall）在论坛开幕式上作主旨发言，重申塞着力打造"数字2025"计划的雄心。萨勒总统还前往华为等参展商展台前互动。①

卢旺达驻华大使詹姆斯·基莫尼奥（James Kimonyo）于 2021 年 12 月访问了北京字节跳动科技有限公司，双方就未来的合作进行了商讨。字节跳动代表向大使介绍了公司的经营模式，双方就维持良好的交流与拓展合作机会达成共识。②

四　数字经济合作是对中非共建"一带一路"的丰富和发展

（一）中非数字经济合作是数字生产力供需对接共赢

中非数字经济合作、共建数字丝绸之路的本质，是中方先进的数字生产力供给和非洲强烈的数字化发展需求的对接共赢。其中，中方拥有的全球范围内领先的数字生产力，是中非数字经济合作的主要推动要素。

中非数字经济合作、共建数字丝绸之路的路径，是"连点成线，连线成面"。经过近二十年的耕耘，中非在通信网络建设、手机等领域已形成坚实合作基础、取得丰富合作成果。近年来，随着非洲数字化发展进程加速、中国数字经济逐步走上国际舞台，中非数字合作逐渐拓展到云服务、互联网内容平台、电商平台等领域。中非应进一步广泛拓展合作领域，提供有当地特点的、符合所在国监管要求的数字服务或平台。综上，立足已有优势领域并积极扩大合作圈，是增强中非数字经济合作的有效路径。

（二）中非数字经济合作要将"中国智慧"与非洲实际密切结合

中非数字经济合作、共建数字丝绸之路的规律，是将"中国智慧""中

---

① 《肖晗大使出席第二届塞内加尔数字论坛》，中华人民共和国商务部网站，2020 年 11 月 30 日，http://senegal.mofcom.gov.cn/article/c/202012/20201203020476.shtml，最后访问日期：2022 年 6 月 23 日。

② 《卢旺达与字节跳动共商合作机会》，卢旺达驻华官微微信公众号，2021 年 12 月 23 日，https://mp.weixin.qq.com/s/vtTrex26luwf4z7CGbMT4w?scene=25#wechat_redirect，最后访问日期：2022 年 6 月 23 日。

国方案""中国模式"与非洲实际情况和特点相结合，通过政府间合作推动政策对接、通过智库间合作推动能力建设合作、通过企业间合作推动务实合作，统筹推动新型基础设施、电子商务、移动互联网、数字化转型、数字能力建设等领域的互利共赢合作。

一是发挥"中国智慧"作用，推进数字政策和数字能力建设合作。中方以数字领域法规和标准为代表的较完善的数字政策体系，如"十四五"规划相关内容、《网络安全法》、《电子商务法》、《个人信息保护法》、《数据安全法》等，可为非方制定数字化发展政策提供参考，非方可借助"中国智慧"提升数字政策水平、开展能力建设，并与中方共同加强对全球数字治理的参与。

二是发挥"中国方案"作用，推进数字基础设施合作。中方以 5G 为代表的先进数字技术体系，可高效赋能和支撑非方数字基础设施发展，有力推动非洲移动宽带网络、海缆陆缆、数据中心和云服务等领域的投建营，并加速智能手机的普及，非方可借助"中国方案"提高数字服务的包容性、可及性和可负担性，缩小"数字鸿沟"。

三是发挥"中国模式"作用，推进电子商务、移动互联网、数字化转型等合作。中方可提供人才、能力、技术、资本等要素促进中非数字经济实现融合发展，非方可借助这些要素加快自身数字经济发展、促进数字创新，同时可运用数字技术赋能中非实体经济合作。

（三）中非数字经济合作在数字时代为中非合作提供新动能

1. 共建数字丝绸之路推动非洲数字化发展

非洲的现代化和数字化是相互交织和促进的历史进程，中非数字经济合作、共建数字丝绸之路正在加速该进程，并为非洲正在经历的其他重大进程提供赋能和支撑，如城市化、工业化、自主化等。非洲乃至全球正在进入以数字化生产力为主要标志的数字时代，适应和引领数字化发展，是中非共同面临的机遇和挑战。通过在中非合作论坛上共商数字经济合作规划、共建兴盛繁荣的数字丝绸之路、共享数字经济做大做强的"蛋糕"，数字经济合作会在数字时代为中非合作提供新动能。

2. 共建数字丝绸之路促进非洲经济多元化和包容化发展

"资源诅咒"、经济结构单一、抵御风险能力弱是困扰众多非洲国家乃至全球发展中国家的难题。通过中非数字经济合作、共建数字丝绸之路,数字经济有望成为非洲经济发展重要新动力。2019 年,移动产业占撒哈拉以南非洲地区 GDP 的 9%,增长潜力巨大。发展中国家接入宽带的人口每增加 10%,GDP 就会提高 1.38%。[1] 此外,移动通信网络覆盖大范围延展、手机的普及、移动钱包(Mobile Money)的兴起将大量偏远和农村地区民众纳入现代经济体系,促进了非洲经济包容化发展。

3. 共建数字丝绸之路提高新冠疫情下的中非合作韧性

中国在数字化抗疫和复工方面已形成较丰富的经验积累、较全面的能力发展、较领先的系统建设。疫情期间,中非数字经济合作迎来了快速发展契机,中国企业积极通过多双边渠道,与非方分享利用数字技术支持"云抗疫"、发展"云经济"的经验。各类数字合作平台、线上推介会、直播带货等新业态合作蓬勃发展,有效服务中非企业对接,带动非洲特色产品对华出口。[2]

肯尼亚圣保罗大学经济学讲师爱德华·库塞瓦说:"中非电子商务合作正在助力非洲实现数字梦想,并帮助非洲提升创新、技术和竞争能力。"赞比亚社会经济学家凯文·奇桑加表示,非洲逐渐意识到,通过与中国建立伙伴关系,可以降低非洲国家数字化转型成本。[3]

数字生产力的发展是人类社会在数字时代进步发展的重要标志。中非数

---

[1] Michael Minges, "Exploring the Relationship Between Broadband and Economic Growth," Official Website of the World Bank, January 31, 2016, https://documents1.worldbank.org/curated/en/178701467988875888/pdf/102955-WP-Box394845B-PUBLIC-WDR16-BP-Exploring-the-Relationship-between-Broadband-and-Economic-Growth-Minges.pdf, accessed: 2022-06-23.

[2] 《记者观察:非洲数字经济发展的挑战与机遇 中非合作带来新动力》,人民网,2020 年 10 月 9 日,http://world.people.com.cn/n1/2020/1009/c1002-31885264.html,最后访问日期:2022 年 6 月 23 日。

[3] 《财经观察:中非合作助力非洲数字经济在疫情中加速发展》,"环球网"百家号,2020 年 9 月 26 日,https://baijiahao.baidu.com/s?id=1678886154696838344&wfr=spider&for=pc,最后访问日期:2022 年 12 月 15 日。

字经济合作、共建数字丝绸之路，有效促进了非洲数字生产力的发展、加速了非洲数字化转型，为南南数字经济合作乃至全球数字经济合作树立典范。中非数字经济的互利共赢合作，是对中非命运共同体理念的积极响应和践行，必将进一步增强国际社会对"一带一路"倡议和人类命运共同体理念的信心和支持。

第二节　中非共建"一带一路"中数字经济合作的成就

非洲数字经济，正成为非洲经济发展多元化的重要发力点，是非洲实现非盟《2063年议程》和联合国2030年可持续发展议程的关键途径之一。非洲现代化和数字化两大趋势齐头并进，数字基础设施发展、行业数字化转型、数字化技术和绿色技术融合发展、数字创新创业、数字抗疫和疫后恢复等需求旺盛，中非数字合作正处于宝贵的机遇期。[①]

非洲数字经济建设的发力方向，非盟《2063年议程》指出，要建设与世界其他地区相当的信息化社会，要建设一体化的电子经济体，还要建设泛非宽带通信网络，这为非洲数字经济建设指明了发力方向。近年来，非洲数字经济建设的重点领域是数字基础设施、电子商务、移动互联网、数字化转型和数字能力建设，面临的主要挑战是经济发展相对落后、基础设施薄弱和数字产业发展水平有限。

2018年，撒哈拉以南非洲的移动互联网用户仅占其总人口的23%，到2025年，这一比例预计上升到39%，并且连接到5G网络的设备预计达到2800万台，智能手机将占到撒哈拉以南非洲移动连接的66%。[②] 到2025年，非洲互联网经济产值预计达到非洲GDP的5.2%，为非洲经济贡献近1800

---

① 《中非数字基础设施开发及数字经济合作研讨会成功举办》，"人民网"百家号，2021年11月28日，https://baijiahao.baidu.com/s?id=1717635864718207740&wfr=spider&for=pc，最后访问日期：2022年6月25日。

② 《GSMA非洲负责人：5G不可避免　但不迫在眉睫》，讯石光通讯网，2020年5月19日，http://www.iccsz.com/site/cn/News/2020/05/19/20200519022018200557.htm，最后访问日期：2022年6月23日。

亿美元,主要驱动因素包括互联网用户和连接增加、城市人口迅速扩大、科技人才增长、创业生态成长和非洲大陆自由贸易区建设等。[①] 非洲的数字创业公司正在成为数字经济新生力量并推动各行业的创新,包括电子商务、金融科技、数字物流、数字医疗、音视频平台等,2021 年的股权融资额达到创纪录的 52 亿美元。[②] 由此可见,非洲的现代化与数字化是相互促进、相互交织的历史进程,增强中非数字经济合作有力推进了这一进程。自习近平主席提出建设数字丝绸之路指导方针后,中非数字经济合作日趋紧密。一方面,中国是非洲最大的贸易合作伙伴、非洲基础设施建设最大的投资国,非洲数字经济发展离不开中国的支持;另一方面,非洲数字经济蓬勃发展,是全球最后一片数字蓝海,中国数字经济"走出去"寻求更大发展空间也离不开非洲。一批有远见、有勇气、有激情的中资企业在习近平主席共建"一带一路"、构建中非命运共同体重要指示精神的激励和指引下,经过二十年的耕耘和努力,取得了中非共建数字丝绸之路的卓越成果。

一 中非数字基础设施发展合作助力打造非洲数字神经网络

(一)中方成为非洲"数字经济筑路者"

非洲数字经济正处于"大基建时代"。截至 2018 年 6 月,非洲地区处于运营中的光纤里程达到 93.6 万公里,另有 13.3 万公里的光纤正在敷设中;撒哈拉以南非洲地区约 54.2% 的人口居住于光纤节点 25 公里范围内。[③] 例如,南非主要的网络运营商正逐渐将网络敷设到城市郊区和大的乡镇,使南非光纤连通范围持续扩大。根据南非 ICT 行业状况报告(The State of the ICT Sector Report),

---

① "New Gocgle-IFC Report Estimates Africa's Internet Economy could Be Worth \$180 Billion by 2025," IFC, November 11, 2020, https://pressroom.ifc.org/all/pages/PressDetail.aspx? ID = 26066, accessed: 2022-06-23.

② "2021 Africa Tech Venture Capital Report," Partech Partners, February 3, 2022, https://partechpart-ners.com/2021-africa-tech-venture-capital-report/, accessed: 2022-06-23.

③ 《数字赋能非洲(上):数字网络蓄势待发》,数字非洲观察微信公众号,2020 年 2 月 9 日,https://mp.weixin.qq.com/s?__biz = MzkyMjI5MzM2MQ = = &mid = 2247486058&idx = 3&sn = ce8cde0bcfdabfcf7ea49cebf54a5685&source = 41#wechat_redirect,最后访问日期:2022 年 6 月 23 日。

从 2015 年到 2019 年，南非光纤到户数（FTTH）和光纤到企业数（FTTB）增长了 5000%。[①]

非洲人口约占全球的 17%，但数据中心容量不到全球的 1%，截至 2020 年约为 200 兆瓦，明显供不应求。[②] 为顺应"数字主权"趋势、填补"数据中心赤字"，未来十年，非洲至少需要增加 120 兆瓦数据中心容量才能满足当前市场需求。整个非洲需要增加近 1000 兆瓦容量和 700 个数据中心，才能与当前南非的发展水平持平。同时，非洲应提供 150 万~350 万平方米位置优越且配置充分的土地，以保障数据中心建设。[③]

2020 年以来，新冠疫情全球肆虐显著地刺激了数据流量的增加，到 2025 年，非洲数据中心市场规模预计将超过 30 亿美元，在预测期内以超过 12% 的复合年增长率增长。预计到 2025 年，在非洲运营的机构将有超过 70% 上云。南非、肯尼亚、摩洛哥、埃及和尼日利亚等国云服务采用率较好。电信运营商和托管商主导了非洲数据中心的大部分投资，其次是企业和政府机构。[④]

观察家研究基金会的阿比谢克·米什拉认为，承认一个现实很重要，那就是非洲也需要数字经济技术。他说："非洲需要网络基础设施，中国就出现在那里，负责非洲大陆约 70% 的网络基础设施。非洲民众还需要能买得

① 《南非光纤网络正快速扩大》，数字非洲观察微信公众号，2021 年 3 月 10 日，https：//mp. weixin. qq. com/s?＿＿biz＝MzkyMjI5MzM2MQ＝＝&mid＝2247486233&idx＝1&sn＝9f8fa 6527 b94dc3cabc87f3f9bd3fb7e&source＝41#wechat_redirect，最后访问日期：2022 年 6 月 23 日。

② "Financial Times：Cabling Africa：The Great Data Race to Serve the Last Billion," Gateway Fund，February 2021，https：//gatewayfund. net/journal/financial - times - cabling - africa - the - great-data-race-to-serve-the-last-billion/，accessed：2022-12-15.

③ Abigail Opiah，"ADCA Says Africa Needs 700 Data Centres to Cope with Demand," Capacity Media，February 15，2021，https：//www. capacitymedia. com/articles/3827706/adca - says - africa-needs-700-data-centres-to-cope-with-demand，accessed：2022-06-23.

④ 《到 2025 年，非洲数据中心市场规模将达到 30 亿美元以上》，数字非洲观察微信公众号，2020 年 8 月 17 日，https：//mp. weixin. qq. com/s?＿＿biz＝MzkyMjI5MzM2MQ＝＝&mid＝2247486138&idx＝1&sn＝278d05ede2dca0dcd1b71054b887d175&source＝41#wechat_redirect，最后访问日期：2022 年 6 月 23 日。

起的手机，而中国生产了非洲大陆约 50% 的手机。"[1]

非洲数字基础设施的发力方向是为非洲的数字化发展提供广泛、适宜、普惠和安全的基础条件，目前以光纤骨干网、宽带移动网络、数据中心和云服务为重点，面临的主要挑战是本地经济水平和消费能力有限以及"数字霸权主义"带来的干扰。

中非数字基础设施合作的本质是中方先进的技术和充沛的产能供给与非方强烈的建设需求的共赢结合，是中非共建数字丝绸之路的坚固支撑。习近平主席指出："丝绸之路首先得要有路，有路才能人畅其行、物畅其流。"设施联通是合作发展的基础，也是"一带一路"建设的优先领域。[2] 为贯彻习近平主席重要指示精神，借助中非合作论坛等多双边机制，在"十大合作计划"和"八大行动"引领下，中资企业在非洲通信网络和数据中心的设备提供、项目实施、技术支持等方面扮演重要角色，从数字化发展角度有力推动了非洲内部和中非间"设施联通"，获得了非方的赞许和肯定，有效拉动了我国数字产业链"走出去"。中资企业为非洲数字基础设施建设作出了重大贡献，成为非洲"数字经济筑路者"。例如，中兴为非洲超过 50 个国家的 140 家运营商提供设备和服务，战略合作伙伴包括了 MTN、Airtel、Ooredoo、Vodacom 等跨国电信集团。[3]

（二）中非通信网络和数据中心领域合作成果丰富

1. 非洲使用中方技术推出 5G 网络

南非总统拉马福萨于 2019 年 7 月在约翰内斯堡召开的南非第四次工业革命数字经济峰会上表示，欢迎中国华为公司为南非带来 5G 技术。拉马福萨说，南

---

① 《港媒文章："数字丝路"助力非洲数字转型》，"参考消息"百家号，2021 年 12 月 28 日，https：//baijiahao. baidu. com/s? id = 1720361728120706530&wfr = spider&for = pc，最后访问日期：2022 年 6 月 25 日。

② 《设施联通："一带一路"合作发展的基础》，求是网，2017 年 5 月 31 日，http：//www. qstheory. cn/dukan/qs/2017-05/31/c_1121047808. htm，最后访问日期：2022 年 6 月 23 日。

③ Chris Kelly，"ZTE：Digital Transformation Will Fast Track Africa's Response to the COVID - 19 Pandemic，"ITP. net，September 27，2020，https：//www. itp. net/news/93953-zte-digital-transformation-will-fast-track-africas-response-to-the-covid-19-pandemic，accessed：2022-06-23。

非多家电信运营商此前致信他说,封杀华为不但会阻碍南非 5G 网络建设,还会对现有的 3G 与 4G 网络造成影响。他说:"我们需要 5G,只有华为才能为我们带来 5G。我们支持可以给我们国家以及这个世界带来更好技术的公司。"① 通过与华为合作,运营商 Rain 于 2019 年 9 月在南非部署了非洲首个可用的商用 5G 网络,于 11 月底推出了智能 5G 传输网络。为助力抗疫,中兴于 2020 年 6 月为南非运营商在西开普地区完成 5G 站点的商用开通。2020 年 7 月,华为助力 Rain 在南非发布非洲首个 5G 独立组网商用网络;同月,中兴通讯与泛非电信运营商 MTN 合作,在南非推出其首款 5G 无线路由器。②

通过与中兴合作,运营商 MTN 于 2020 年 1 月在乌干达举办 5G 试验启动仪式。乌干达总理鲁哈卡纳·鲁贡达(Ruhakana Rugunda)、乌干达通信委员会执行董事戈弗雷·穆塔巴齐(Godfrey Mutabazi)、MTN 首席执行官维姆·范赫尔皮特(Wim Vanhelleputte)、中兴南部非洲片区高管出席仪式。鲁贡达在仪式上致辞表示,乌干达政府全力支持发展新技术,用于解决人们生活中的困难和挑战。他认为 5G 技术将促进乌干达的经济发展。穆塔巴齐表示,乌干达的通信行业监管者正在努力搭建基础架构来支持 5G 在乌干达的发展。③

2020 年 9 月,华为与摩洛哥电信运营商达成 5G 网络建设合作,华为将尽快部署和开发本地数字生态系统。④

---

① 《南非总统表示欢迎华为带来 5G 技术》,"新华网"百家号,2019 年 7 月 6 日,https://baijiahao.baidu.com/s?id=1638277735687758210&wfr=spider&for=pc,最后访问日期:2022 年 6 月 23 日。

② 《中兴通讯在南非推出首款 5G 室内路由器 MC801A》,"环球网"百家号,2020 年 7 月 13 日,https://baijiahao.baidu.com/s?id=1672072270830871720&wfr=spider&for=pc,最后访问日期:2022 年 6 月 24 日。

③ 《中兴通讯与乌干达电信运营商合作开展 5G 试验》,新浪科技网,2020 年 1 月 19 日,https://tech.sina.com.cn/roll/2020-01-19/doc-iihnzhha3435273.shtml,最后访问日期:2022 年 6 月 24 日。

④ 《击败爱立信,华为成功拿下摩洛哥 5G 订单》,OFweek 光通讯网,2020 年 9 月 22 日,https://fiber.ofweek.com/2020-09/ART-8100-2100-30460615.html,最后访问日期:2022 年 6 月 24 日。

2. 非洲骨干网络发展得到中企有力支持

中国移动国际有限公司等 9 家机构于 2020 年 5 月宣布将合作投资 2Africa 环非海底光缆系统以服务非洲和中东，并经由东非与其他海缆相连进一步延伸至亚洲。2Africa 全长 37000 公里，在非洲 16 个国家有 21 个登陆点，是全球最大的海缆项目之一，也是非洲覆盖面最广的海缆，建成后将极大提升整个非洲和中东的连接性，预计于 2023 年或 2024 年投入使用，其容量将超过当前非洲全部海底电缆的总容量，为满足上亿用户对 4G、5G 和固定宽带接入的需求打下坚实的基础。[①] 2Africa 海缆将直接刺激 21 个登陆点乃至非洲各国的数据中心和云服务建设，并为非洲移动互联网应用和数字终端设备的发展创造有利条件，还将利用中国移动的全球网络资源进一步向亚洲扩展，有机会成为连接亚非大陆数字生态的重要设施。

亨通广电旗下华为海洋于 2020 年 4 月宣布承建塞内加尔非洲之角区域快线 SHARE 海缆系统。该系统作为首条非洲大陆到佛得角离岛的大容量直连海缆，全长约 720 公里，于 2021 年 1 月完工，将推动塞内加尔作为西部非洲信息通信技术区域中心建设的进程。[②]

由华为实施的几内亚光纤骨干网项目于 2020 年 9 月正式启动商用，几内亚总统阿尔法·孔戴（Alpha Condé）发表视频讲话，衷心感谢中国政府为几内亚光纤骨干网项目提供的宝贵融资支持，强调几方视中国为最重要的战略合作伙伴，期待进一步深化两国务实合作，更好实现互利共赢。[③]

中兴于 2018 年 8 月开始进行毛里塔尼亚国家宽带网络项目的建设，项

[①] 《全球合作伙伴宣布共建 2Africa 海底电缆，变革非洲互联网连接发展》，"中国日报"百家号，2020 年 5 月 14 日，https：//baijiahao. baidu. com/s？id = 1666663577199587114&wfr = spider&for = pc，最后访问日期：2022 年 6 月 24 日。

[②] 《华为海洋将承建塞内加尔非洲之角区域快线海缆系统》，通信世界网，2020 年 4 月 29 日，http：//www. cww. net. cn/article？from = timeline&id = 469209&isappinstalled = 0，最后访问日期：2022 年 6 月 24 日。

[③] 《驻几内亚大使黄巍出席几光纤骨干网商用启动仪式》，中华人民共和国外交部网站，2020 年 9 月 12 日，https：//www. fmprc. gov. cn/web/gjhdq_676201/gj_676203/fz_677316/1206_677728/120 6x2_677748/202009/t20200912_8021252. shtml，最后访问日期：2022 年 12 月 15 日。

目于 2020 年 12 月通过验收，包含 1760 公里光纤线路的骨干网和城域网，有力提高了毛里塔尼亚数字化水平。

中国信息通信科技集团旗下烽火国际作为光通信专家，于 2017 年与运营商阿尔及利亚电信深入合作，累计提供上万公里的光缆。从 2017 年到 2021 年 2 月底，烽火国际陆续为阿尔及利亚电信建成逾 60 个站点，覆盖阿尔及利亚西部 22 个省份，并将在未来为阿尔及利亚实现 20 万接入用户的宽带提速，赢得运营商和用户的高度赞许。

3. 中企助力非洲数据中心建设

由中方支持建设的津巴布韦国家数据中心于 2021 年 2 月在首都哈拉雷正式启用，这一项目旨在提升津巴布韦政府的数字化和信息化水平，助力该国吸引外来投资、促进经济转型升级。津巴布韦总统埃默森·姆南加古瓦（Emmerson Mnangagwa）、副总统康斯坦丁诺·奇温加（Constantino Chiwenga）、副总统肯博·莫哈迪（Kembo Mohadi）等官员当天参观了国家数据中心，中国驻津巴布韦大使郭少春通过视频方式出席启用仪式。姆南加古瓦表示，国家数据中心的启用是津巴布韦提升信息通信技术基建水平的重要一环，对津巴布韦改善政府管理能力、降低施政成本具有重大意义，津巴布韦政府将继续加大对信息通信技术领域的投入。奇温加表示，中国政府为津巴布韦国家数据中心项目提供了大力支持，没有中国的支持，这一项目不可能顺利完成，津巴布韦政府对中国政府表示由衷感谢。[①]

在喀麦隆首都雅温得，由中国进出口银行贷款支持、中沈国际建设、华为提供技术和设备支持的数据中心"Zamengoe"于 2020 年 7 月揭幕。该数据中心由喀麦隆国有电信公司喀麦隆电信（CAMTEL）所有，当局称这是中非地区最大的数据中心。喀麦隆电信部部长米内特·黎波·李·理肯（Minette Libom Li Likeng）对电信公司建设该项目表示欢迎。他指出，"这个数据中心将满足喀麦隆对数据存储日益增长的需求。在国内保存数据，也

---

① 《津巴布韦启动国家数据中心》，光明网，2021 年 2 月 25 日，https：//m.gmw.cn/baijia/2021-02/25/1302132441.html，最后访问日期：2022 年 6 月 24 日。

是保障喀麦隆主权的一个举措"①。此外，喀麦隆国家高等电子教育网数据中心项目是由四川通信建设总包、中沈国际建设的。

博茨瓦纳通讯、知识与技术部部长图拉汗约·塞霍科于 2022 年 5 月 31 日考察中国江西国际承建的博茨瓦纳国家数据中心项目。塞霍科部长表示，博茨瓦纳国家数据中心是政府维护博茨瓦纳信息安全和发展信息通信产业的重大工程，在改善博茨瓦纳信息通信领域服务质量上发挥了关键作用。考察期间，当得知项目全体员工克服工期短、结构复杂、安全性要求高以及新冠疫情等多重困难，已完成项目主体结构施工时，塞霍科部长对公司及项目全体建设者展现的不惧挑战的精神风貌由衷钦佩，希望公司继续保持好的状态和战斗力，再接再厉，尽早完工。②

肯尼亚"2030 年远景规划"重大战略项目孔扎科技新城（Konza Technopolis）的数据中心和智慧城市项目由中资企业承建，建成后将为孔扎科技新城政府部门、学校、企业等提供数字基础设施，对于提升肯尼亚数字化水平、打造东非智慧城市样板具有积极意义。③

此外，很多出海非洲的中资企业，受限于当地数字基础设施和服务发展水平，只能自己购买服务器托管到当地 IDC 机房，维护成本比较高、沟通效率比较低，迫切希望有中方公有云服务商在非洲提供云服务。中国云服务商优刻得（UCloud）于 2018 年 9 月在尼日利亚拉各斯上线了数据中心，覆盖尼日利亚市场，并搭配伦敦节点辐射肯尼亚、南非等国家，有力支撑了多家中资企业。

（三）中非数字基础设施合作有力支撑非洲数字化发展

中非数字基础设施合作有力支撑了非洲的数字化发展。一是有利于加快

---

① "Cameroon Welcomes a Newly Constructed Tier III Data Center," Construction Review Online, August 14, 2021, https://constructionreviewonline.com/news/cameroon - welcomes - a - newly - constructed-tier-iii-data-center/, accessed：2022-06-24.

② 《博茨瓦纳通讯部长点赞江西国际》，中国江西国际经济技术合作有限公司网站，2022 年 6 月 2 日，https://www.cjic.cn/group/37575.jhtml，最后访问日期：2022 年 6 月 24 日。

③ 《中国进出口银行与多国政府及企业签署项目贷款协议》，中国一带一路网，2019 年 4 月 30 日，https://www.yidaiyilu.gov.cn/xwzx/gnxw/88725.htm，最后访问日期：2022 年 6 月 24 日。

非洲数字网络建设。将中方数字基础设施技术、系统和能力与非方网络建设需求精准对接，以光纤骨干网络、移动宽带网络、数据中心和云服务为代表的非洲数字神经网络建设可获得强劲发展动力，加快非洲数字化、网络化、智能化进程，全面支撑非洲经济社会现代化进程和数字化发展。二是有利于引领中非产业合作模式升级。中非数字基础设施合作正处于"新旧模式转换期"，将中方在数字基础设施建设环节的优势向上游投资环节和下游运营环节延展，发挥中方银行、投资机构和数字企业的资本优势，加大对业务运营的参与力度，可打造投建营一体化模式，从而更有效地促进中非数字经济融合发展。三是有利于为全球发展中国家提供示范。非洲是发展中国家最集中的大陆，对数字基础设施的需求也最为迫切，中国是数字基础设施建设最领先的发展中国家，中非数字基础设施合作可打造一批标杆示范项目，为全球南南数字合作提供借鉴参考。

二　中非电子商务合作促进中非经济大循环

（一）电子商务推动中非经贸合作数字化发展

自 2010 年以来，非洲大陆的消费者支出连续十年以 5% 左右的速度增长。非洲经济增长潜力、巨大的人口基数、中产阶级的崛起和消费文化共同铸造了非洲充满活力的消费市场，使非洲有可能成为电子商务发展的沃土。[①] 2017 年，非洲电商市场规模已达 160 亿美元，到 2022 年预计将达到 220 亿美元。在 2025 年之前，能为非洲创造约 300 万个新就业岗位。随着更多非洲人接入互联网，到 2025 年，网上购物预计占零售总额的 10%，未来十年非洲网络零售额预计以每年 40% 的速度增长。[②] 2019 年，肯尼亚的消费者支出总额约为 760 亿美元，南非约 2110 亿美元。非洲电商创业团队主

---

① 黄梅波、段秋韵：《"数字丝路"背景下的中非电子商务合作》，《西亚非洲》2021 年第 1
　期，第 48~72 页。
② 《到 2022 年非洲电商市场规模预计将达到 220 亿美元》，国家互联网信息办公室网站，2019
　年 12 月 12 日，http://www.cac.gov.cn/2019-12/12/c_1577686237807823.htm，最后访问
　日期：2022 年 6 月 24 日。

要集中在尼日利亚、南非、肯尼亚等国家。[①]

中国与卢旺达于 2018 年 7 月签署了《中华人民共和国商务部和卢旺达共和国贸工部关于电子商务合作的谅解备忘录》。根据该备忘录,中卢双方将建立电子商务合作机制,共同为电子商务创造良好的发展环境,加强政策沟通和协调,鼓励两国企业开展电子商务合作。[②]

中国与埃及于 2017 年 1 月签署了《关于加强"网上丝绸之路"建设合作促进信息互联互通的谅解备忘录》,开启了中埃两国数字经济合作的序幕,双方将在"一带一路"框架下,加强在智慧城市、电子商务、"互联网+"等领域的交流合作。[③]

非洲电子商务的发力方向,是以数字化方式整合全球及非洲内部供应链并打造可持续的数字商业闭环,近年来以 B2C 电子商务和分类信息为重点。非洲电子商务面临的主要挑战,是商品本地化供给程度不高和脆弱的基础设施。中非电子商务合作的本质,是通过电商平台、金融科技和数字贸易等方式推动中非经贸合作数字化发展,是中非共建数字丝绸之路的市场价值呈现。为落实习近平主席关于"中非共建'一带一路',是造福中非人民的共同繁荣之路"[④] 的重要指示精神,促进中非"贸易畅通"和"资金融通",一批中资电商企业已经出海非洲并在多国落地生根。面对拥有巨大潜力的市场空间和充满挑战的经营条件,贴近当地用户消费习惯、发挥中国供应链优势、打通支付环节、建设物流基础设施、铺设线下自提网络、实现员工高度

---

① Oxford Economics, "Africa's Emerging Role as a Global Consumer Powerhouse," February 13, 2020, https://cdn2.hubspot.net/hubfs/2240363/Africa%20-%20Africas%20emerging%20role%20as%20a%20global%20consumer%20powerhouse%20RB%20OE%20LOGO-1.pdf, accessed: 2022-06-24.

② 《中国和卢旺达签署〈关于电子商务合作的谅解备忘录〉》,中华人民共和国商务部网站,2018 年 7 月 23 日,http://www.mofcom.gov.cn/article/ae/ai/201807/20180702768882.shtml,最后访问日期:2022 年 6 月 24 日。

③ 《发展改革委与埃及通信和信息技术部签署关于加强"网上丝绸之路"建设合作促进信息互联互通的谅解备忘录》,中国政府网,2017 年 1 月 22 日,http://www.gov.cn/xinwen/2017-01/22/content_5162147.htm,最后访问日期:2022 年 6 月 24 日。

④ 《习近平出席中非领导人与工商界代表高层对话会暨第六届中非企业家大会开幕式并发表主旨演讲》,共产党员网,2018 年 9 月 3 日,https://www.12371.cn/2018/09/03/ARTI1535955292256421.shtml,最后访问日期:2022 年 6 月 26 日。

本地化等举措已成为中资电商企业快速成长的秘诀。这些电商平台充分贯彻习近平主席"坚持实事求是，就是坚持一切从实际出发来研究和解决问题"[①] 的思想路线，坚持理论联系实际，它们没有在遥远的非洲热土套用中国电商模式，而是将中国电商发展的方法论与非洲具体情况相结合，争取"一国一策"甚至"一城一策"，逐步走出一条有非洲特色的中非电商发展之路，并在中非团结抗疫背景下展现出强大生命力。此外，中非商品还通过阿里巴巴、Jumia 等电商平台实现双向流通，跨境电商已成为中非特色商品双向推广的重要途径，成为疫情下中非经贸合作数字化发展的新亮点。

（二）中非跨境电商和金融科技领域合作成果丰富

1. 中资跨境电商平台在非洲落地生根

总部位于湖南长沙的长沙非拓信息技术有限公司（Kilimall）创办于2014 年，借助中国电商发展经验和供应链优势，致力于以数字化方式促进中非经贸合作，愿景是成为非洲数字经济赋能者。历经七年发展，相继建成了 Kilimall 电商交易平台、Kiliexpress 仓储物流体系、LipaPay 在线支付体系以及超过 1000 个 Kilishop 社区自提点，贯通了电商全链路体系，已成为东部非洲领先的电商平台之一。2019 年，Kilimall 总成交订单数约为 1000 万单。2020 年疫情期间，Kilimall 线上"宅经济"受热捧，电视机、游戏机、投影仪、笔记本、手机、厨卫用品、健身器材等需求不断上升，口罩、洗手液等防疫物资销量大幅度提高。[②] Kilimall 在肯尼亚、乌干达、尼日利亚三国运营，非洲雇员占比约 95% 以上，其成功是基于数字化与本土化两大特

---

① 《坚持一切从实际出发来研究和解决问题——〈反对本本主义〉的深刻内涵与现实启示》，人民网，2020 年 5 月 13 日，http：//theory.people.com.cn/n1/2020/0513/c40531 - 31707216. html，最后访问日期：2022 年 6 月 24 日。

② 《长沙企业打造非洲版"淘宝" 总部位于长沙的跨境电商平台 Kilimall 主打非洲市场，占据当地 50% 以上的线上销售额》，长沙晚报网，2020 年 4 月 17 日，https：//www.icswb.com/newspaper_article-detail-1731245.html，最后访问日期：2022 年 6 月 24 日。

色。① Kilimall 选择了自建物流体系,创始人杨涛表示,"在非洲,模式重不全是坏事,这也是我们的竞争优势所在。所有的策略都要和当地状况相结合,因地制宜。与非洲相处的七年时间,我已经对这片土地产生了强烈的归属感,想为它做点什么,同时又能帮助到中国,那是最好不过的。中国成功的电商经验无法简简单单复制到非洲,但我相信,非洲是电商的第三世界,可能会是一场持久战,但这里一定会迎来蓬勃的春天"②。

总部位于杭州的集酷电商公司(KiKUU)于 2015 年创办,现已在加纳、乌干达、坦桑尼亚、喀麦隆、塞内加尔、卢旺达等国建立分站。截至2020 年,KiKUU App 注册用户累计已超过 4000 万,平均日活用户超过 30万,位居加纳、坦桑尼亚购物类 App 排行榜榜首。在深入当地市场之后,集酷发现非洲本地支付、物流体系较为薄弱,物流配送的"最后一公里"问题尤为突出。因此,集酷开始在当地自建物流团队,从购置派送摩托车到招聘本地黑人快递小哥,发展"最后一公里"配送网络。不但为当地居民提供了就业机会,平台的物流效率也大幅提升,截至 2020 年,集酷的物流操作系统实现 80% 的数字化。集酷在卢旺达运营时间不长但发展较快,相比本地商店,集酷给客户的选择更多,性价比更高。集酷卢旺达负责人吴文俊表示:"卢旺达人对跨境网购的热情和接受度很高,同时卢旺达政府也十分支持电子商务发展,电子商务未来发展潜力很大。"卢旺达私营部门联合会信息与通信技术行业协会会长亚历克斯·恩塔雷(Alex Ntale)表示,卢旺达是一个内陆国家,网上电商帮助卢旺达人实现了跨境购物,并为推动产品出口创造了新机遇。③

总部位于深圳的 Tospino 电商平台成立于 2019 年,业务起步于非洲加

① 《岳麓峰会特刊丨掀起数字经济转型浪潮》,长沙晚报网,2020 年 9 月 7 日,https://www.icswb.com/h/100045/20200907/675039.html,最后访问日期:2022 年 6 月 24 日。

② 《下沉在非洲:一个"非漂"创业的五年》,中国企业家杂志微信公众号,2019 年 12 月 21 日,https://mp.weixin.qq.com/s/OuF6XmfOxF_nS7wWc6levQ,最后访问日期:2022 年 6 月 24 日。

③ 《通讯:中国电商在卢旺达发掘跨境网购潜力》,"新华网"百家号,2020 年 11 月 20 日,https://baijiahao.baidu.com/s?id=1683883583449847412&wfr=spider&for=pc,最后访问日期:2022 年 6 月 24 日。

纳，自建头尾程物流和海外仓，打造一站式闭环物流仓储链路。2021 年 12 月，Tospino 电商平台完成天使轮融资，资金将主要用于团队扩充、市场推广、完善仓储物流等。Tospino 短期内以加纳作为切入点，采取本地化运营策略，自建海外仓储和本地快递等硬件设施；在中长期，其计划在尼日利亚、肯尼亚、安哥拉、乌干达、坦桑尼亚等国发展。①

2. 中非金融科技合作加快非洲支付数字化进程

肯尼亚第一大运营商 Safaricom 从 2007 年开始运营其移动钱包 M-Pesa，上线后亟须扩容。经过长时间研发，华为助力 Safaricom 上线了新一代 M-Pesa G2 系统。Safaricom 的 CEO 鲍勃·科利莫尔（Bob Collymore）说："这不仅仅是 Safaricom M-Pesa 的成功里程碑，更是 Vodafone 集团和华为的成功。"此后，华为与运营商 Vodafone 深度合作，在坦桑尼亚、莫桑比克、莱索托、刚果（金）、加纳等国上线了移动钱包系统，将 M-Pesa 的成功经验推广到了其他国家，并将 M-Pesa 打造成了非洲最知名的跨国移动钱包品牌。②

银联国际于 2013 年即开始与非洲数字支付平台 Interswitch 合作，先后将银联卡带入西非和东非地区，使该地区的持卡人和商户能够在银联的全球网络上进行无缝、便捷的交易。Interswitch 集团创始人米切尔·埃莱格贝（Mitchell Elegbe）说："我们很高兴能扩大与银联国际的现有合作关系。近年来，随着数字技术的迅速普及，非洲发生了重大转变，带来了巨大的机遇。这项新协议与我们的愿景相一致，即让支付成为非洲日常生活的一部分。"③ 银联国际还于 2021 年 1 月和中东北非支付解决方案企业 PayTabs 建立战略合作伙伴关系，为零售、旅行、酒店等行业数以千计的

---

① 《首发 | 非洲电商新势力「卜鸣集团」完成华盛人和资本领投天使轮融资》，创业邦网站，2021 年 12 月 6 日，https：//www.cyzone.cn/article/662048.html，最后访问日期：2022 年 6 月 26 日。

② 《非洲移动支付中的中国故事 | M-Pesa 华为》，标银集团微信公众号，2021 年 3 月 5 日，https：//mp.weixin.qq.com/s/VpuG8ze3EgzSGhq2yod9aA，最后访问日期：2022 年 6 月 24 日。

③ Jenna Delport, "UnionPay and Interswitch Partner to Digitise Payments across Africa," IT News Africa, September 9, 2020, https：//www.itnewsafrica.com/2020/09/unionpay - and - interswitch-partner-to-digitise-payments-across-africa/, accessed：2022-06-24.

PayTabs 商家提供服务。①

支付宝于 2020 年 2 月和非洲银行 Ecobank 签署了跨境汇款协议，给西部非洲用户带来了更具包容性的金融服务。Ecobank 集团消费者银行业务负责人纳纳·阿巴恩（Nana ABBAN）说："我们的泛非跨境汇款解决方案 Rapidtransfer 多年来一直为非洲侨民及其非洲籍家属提供透明、方便和负担得起的服务。因此，利用它向非洲各地的移民工人提供服务，是我们业务的延伸。通过与支付宝的合作，我们正在全球舞台上拓展我们的统一支付生态系统。"②

腾讯公司于 2021 年 12 月领投两家南非金融科技公司。当前，南非金融服务特别是支付行业的普惠性和时效性不足，腾讯投资南非金融"新星"或将为南非支付服务改善提供助力。南非金融科技"新星"能否借鉴中国支付行业的成功经验，让南非民众更加便捷地享受在线金融服务，值得期待。③

总部位于南非的非洲跨境数字支付企业 MFS Africa 业务覆盖了非洲 38个国家，连接了 3.2 亿非洲移动钱包用户。2017 年底，友仓集团投资了 MFS Africa，助力其加速搭建泛非支付网络、拓展中国市场。在友仓集团支持下，MFS Africa 积极与中国地方政府和金融机构沟通，推动业务合作与支付对接。双方于 2020 年底在香港成立 MFS Africa Asia，并与国际金融机构及跨境支付企业合作，打造中非跨境支付桥梁，助推中非贸易人民币结算。

3. 世界电子贸易平台（eWTP）助力非洲商品销往中国

近年来，卢旺达政府致力于与中国开展电子商务合作，阿里巴巴发起的世界电子贸易平台（eWTP）于 2018 年 10 月在卢旺达启动，中国消费者能通

---

① 《银联国际和支付解决方案巨头 PayTabs 携手为阿联酋的电子商务提供支持》，银联国际网站，2021 年 1 月 11 日，https://www.unionpayintl.com/cn/mediaCenter/newsCenter/marketUpdate/7286.shtml，最后访问日期：2022 年 6 月 24 日。

② "Ecobank Group Enters Cross-border Remittance Partnership with Alipay to Bring more Inclusive Financial Services to Users," Ecobank, February 12, 2020, https://ecobank.africa-newsroom.com/press/ecobank-group-enters-crossborder-remittance-partnership-with-alipay-to-bring-more-inclusive-financial-services-to-users, accessed: 2022-06-24.

③ 《腾讯领投两家南非金融科技公司》，"经济日报"百家号，2021 年 12 月 25 日，https://baijiahao.baidu.com/s?id=1720069609690923552&wfr=spider&for=pc，最后访问日期：2022年 6 月 25 日。

过电商平台购买到正宗的卢旺达优质产品。卢旺达驻华大使查尔斯·卡勇加（Charles Kayonga）说："我们希望通过电商平台，把卢旺达的优质产品卖到中国，实现双方的互利互惠。"卢旺达总统卡加梅于2019年1月在达沃斯论坛上表示，在加入eWTP后，卢旺达的咖啡通过电商平台卖给中国消费者，农民收入大大提高。阿里巴巴于2019年上半年为卢旺达开设天猫卢旺达咖啡国家馆，深入推进咖啡大进口，把更多好产品引进中国。此外，为促进卢旺达旅游业发展，卢旺达飞猪旅游旗舰店和国家馆已于2018年底上线。[①]

埃塞俄比亚eWTP框架协议签约仪式于2019年11月在亚的斯亚贝巴举行。埃塞俄比亚总理阿比、中国驻埃塞俄比亚大使谈践、阿里巴巴管理层、义乌市人民政府副市长葛巧棣出席仪式并致辞。随后，非洲最大的航空公司埃塞俄比亚航空在飞猪开设旗舰店，埃塞俄比亚咖啡等商品在淘宝天猫均有销售，阿里旗下速卖通和国际站均服务到了埃塞俄比亚。[②]

4. 非洲电商大力发展中国供应链

泛非电商平台Jumia成立于2012年，经多年发展，已成为非洲最大电商平台。2020年第三季度，Jumia成交额为1.9亿欧元，年活跃用户人数为670万。[③]在第六届世界互联网大会上，Jumia执行副总裁杰里米·杜特（Jeremy Doutte）说："中国良好的互联网生态令人印象深刻，Jumia从中国先进的电子商务行业中学到很多东西，从理念到营销方式都和中国的模式十分接近。非洲电商市场发展潜力巨大，期待携手中国，共享电商发展红利。"Jumia在2016年就在深圳开设了办事处，已吸引上千家来自中国的供应商。[④]

---

① 《创新数字化转型　卢旺达打造非洲"淘宝"》，湖南频道网，2019年6月27日，https：//hn. rednet. cn/content/2019/06/27/5619336. html，最后访问日期：2022年6月24日。

② 《eWTP落地埃塞俄比亚　马云：数字经济属于非洲》，"央广网"百家号，2019年11月26日，https：//baijiahao. baidu. com/s? id＝1651250083276486812&wfr＝spider&for＝pc，最后访问日期：2022年6月24日。

③ 《行业观察·ICTI第4期：非洲头部电商分析》，非洲咨研微信公众号，2021年2月10日，https：//mp. weixin. qq. com/s/VvdVan1YGbbu8CFygD7k2w，最后访问日期：2022年6月24日。

④ 《到2022年非洲电商市场规模预计将达到220亿美元》，国家互联网信息办公室网站，2019年12月12日，http：//www. cac. gov. cn/2019-12/12/c_ 1577686237807823. htm，最后访问日期：2022年6月24日。

5. 中国直播电商为非洲商品提供广阔市场空间

中国知名直播电商于 2022 年 1 月携手埃塞俄比亚驻华大使特肖梅·托加，为该国咖啡豆公益带货。埃塞俄比亚原产 ARADA 耶加雪啡咖啡豆上架后，深受消费者喜爱，短短 5 秒内售罄 1 万份。这场公益直播带货不仅能帮助埃塞俄比亚农民增收，也用咖啡筑起了中非经贸合作的桥梁。这场公益直播之外，消费者在该直播间每购买 1 包咖啡，相关互联网平台将捐赠 1 元支持中国扶贫基金会的"爱心包裹"项目，用于支持埃塞俄比亚当地儿童发展，特别是咖啡种植区农户家庭的儿童。公益直播当晚，埃塞俄比亚驻华大使特肖梅·托加代表埃塞俄比亚贸易和区域一体化部，给主播颁发了"埃塞俄比亚公益助农大使"荣誉证书，以此感谢其在 2022 年年货节为推广埃塞俄比亚咖啡豆所作出的贡献。[1]

2022 年 5 月，双品网购节暨非洲好物网购节举办期间，卢旺达驻华大使为咖啡带货，上架即被抢购一空。这次直播吸引了上百万人观看。直播期间，主播现场连线卢旺达驻华大使詹姆斯·基莫尼奥（James Kimonyo），他热情洋溢地推介卢旺达本地烘焙的 IGIHANGO 伊吉汉戈女子咖啡。随后，主播上架这款咖啡，数百袋咖啡豆几秒内即被抢购一空。这已不是非洲大使第一次带货"秒空"。2021 年 12 月，卢旺达大使首次走进中国直播间，数千公斤咖啡豆直接售罄。驻华大使直播带货，为卢旺达商品进入中国市场提供了支持。[2]

（三）中非电子商务合作增强中非经贸合作韧性

中非电子商务合作有效地增强了中非经贸合作的韧性。一是有利于增强中非经济大循环。中非电商合作是用数字化思维和互联网思维全面集成与优化中非经贸商品流、资金流和信息流，可进一步增加双向出口、提高贸易总

---

① 《中国直播电商搭建新消费渠道　公益专场为埃塞俄比亚咖啡豆带货》，中国新闻网，2022 年 1 月 22 日，http://www.sh.chinanews.com.cn/shms/2022-01-22/95556.shtml，最后访问日期：2022 年 6 月 25 日。

② 《卢旺达驻华大使带货卖咖啡"秒空"见证中非合作高热度》，"新湖南"百家号，2022 年 5 月 10 日，https://baijiahao.baidu.com/s? id = 1732454473635377331&wfr = spider&for = pc，最后访问日期：2022 年 6 月 25 日。

额、密切供应链合作，从数字化角度推动形成覆盖 27 亿人的数字经济共同体。二是有利于规避国际汇率风险。中非电商合作可为数字支付和易货贸易合作提供新场景，为数字人民币走向国际创造新机遇，降低中非贸易中使用其他货币结算带来的风险，在世界百年未有之大变局下增强中非经贸合作韧性。三是有利于应对新冠疫情影响。为了应对新冠疫情及其次生挑战，电子商务、金融科技、智慧物流、新零售企业可抓住"远程经济"和"宅经济"机遇，从数字化角度将抗疫和发展有机结合，在助力抗疫和恢复经济增长的同时加快自身成长。

三　中非移动互联网合作提高对非用户服务水平

（一）中方助力建设有非洲特色的移动互联网生态

非洲移动互联网的发展是与通信网络建设、智能手机普及、移动流量资费下降、数字主权的兴起等趋势相伴而行的，近年来非洲数字经济包容性发展为非洲移动互联网发展提供了历史性机遇。非洲移动互联网的发力方向是实现服务、应用和数据的本地化，进而更好地服务非洲用户，当前以音视频应用、本地信息服务为重点。非洲移动互联网面临的主要挑战是美国垄断型互联网平台影响本地企业做大做强。

非洲移动互联网发展可分为三个阶段。第一个阶段是外来平台垄断阶段。在移动互联网发展早期，受限于本土化开发能力和国际化水平，非洲移动互联网基本上被美国大型互联网公司的平台所垄断。第二个阶段是本土应用起步阶段。随着本土开发者和数字企业增加，为了满足各种当地信息和内容服务需求，一批根植于本土的移动互联网应用逐步涌现，非洲电信运营商和数字初创企业正在成为"生力军"，全球风险投资机构在促进移动应用生态繁荣方面发挥了重要作用，在 2019 年共为非洲初创企业提供了 20 亿美元投资。[①]第三个阶段是有非洲特色的多元化移动互联网生态阶段。预计随着本地开发

---

① "2019 Africa Tech VC Report FINAL," Partech Partners, January 2020, https：//cdn - website. partechpartners. com/media/documents/2020. 01_ Partech_ Africa_ - _ 2019_ Africa_ Tech_ VC_ Report_ FINAL. pdf，accessed：2022-12-15.

能力的提升和企业做大做强，会有更多本地应用涌现，并且伴随中非数字经济合作深入，中方领先的数字平台建设能力可与非方"数字主权化"、"数据本地化"和高水平数字治理等诉求相结合，助力非方发展自主可控的新一代移动互联网平台。当前非洲正处于从第二个阶段向第三个阶段演进的过程中。

中非移动互联网合作的本质是借助中方能力和技术发展有非洲特色的移动平台和应用，是促进中非共建数字丝绸之路"枝繁叶茂"。为落实习近平主席"携手构建网络空间命运共同体"① 的重要指示精神，促进中非网络空间中的"民心相通"，一些有前瞻性的互联网企业立志用领先的平台和应用为拥有十几亿人的非洲大陆提供移动互联网服务。通过和当地机构合作，深入挖掘用户喜闻乐见的内容、广泛引入受市场欢迎的版权，并结合领先的人工智能算法，一些内容和社交媒体平台正在快速成为当地"国民级应用"，有效繁荣了非洲移动互联网生态，促进了本地内容的生产和传播。

（二）中非内容平台和社交媒体领域合作成果丰富

1. 新型社交媒体平台在非洲茁壮成长

TikTok 在非洲发展势头喜人。TikTok 于 2018 年在南非落地，不到两年的时间，南非用户已近 600 万，成为南非下载量第二的社交应用。南非最受欢迎的 TikTok 创作者是@ WianMagic，粉丝数超过 410 万，排名第二的创作者是@ chanegrobler，粉丝数约 180 万。TikTok 与南非网红合作平台 Webfluential 达成合作，共同打造鲜活的本地内容。此外，南非电信运营商 MTN 还在 2020 年1 月专门发布了 TikTok 数据流量包供用户选择，这也反映了南非网络用户对TikTok 的大量使用需求。截至 2021 年 4 月 7 日，在 TikTok 上，带有#africa标签的视频累计有 54 亿次观看，带有#southafrica 标签的视频累计有 51 亿次观看。② TikTok 在南非、尼日利亚、肯尼亚、埃及、加纳互联网用户中的渗

---

① 《携手共建网络空间命运共同体》，国家互联网信息办公室网站，2016 年 11 月 17 日，http：//www.cac.gov.cn/2016-11/17/c_1119928832.htm，最后访问日期：2022 年 6 月 24 日。

② 《与本地 MCN 公司合作，TikTok 风靡南非》，数字非洲观察微信公众号，2021 年 4 月 8 日，https：//mp.weixin.qq.com/s?＿biz＝MzkyMjI5MzM2MQ＝＝&mid＝2247486247&idx＝1&sn＝2c9b3cdb84b3c6c721282f0c61dc135f&source＝41#wechat_redirect，最后访问日期：2022 年 6 月 25 日。

透率分别为37.5%、31.9%、44.7%、36.4%、34%,在社交媒体中排名分别为第9、第9、第8、第7、第9。① TikTok 在当地流行的"秘诀",一是内容本地化,二是提供特效、音乐、编辑等配套工具,三是与网红合作,四是与电信运营商合作推出 TikTok 专用流量套餐。南非记者、媒体分析家 Arthur Goldstuck 在《2020 年南非社交媒体版图》报告中指出,注册 TikTok 账户所需要的个人信息是有限的,美国对 TikTok 可能恶意利用用户个人信息的指控是"吓唬人"。他表示,百万计美国年轻人无视这种恐吓,照常注册 TikTok。②

2. 中非合作的音乐流媒体平台受到非洲用户广泛欢迎

自 2016 年开始,音乐流媒体平台 Boomplay 在短短几年内已成为非洲音乐流媒体领域的领先者。Boomplay 由传音与网易共同投资,截至 2020 年 12 月,Boomplay 全球总用户数达 1.3 亿,曲库数超过 5000 万首。③ Boomplay 已与索尼、环球、华纳、美林等唱片公司达成版权合作,并于 2021 年再次升级与环球音乐的合作,达成泛非 47 国版权合作。④ 尼日利亚是 Boomplay 最大的市场,其次是加纳、肯尼亚、坦桑尼亚。⑤

借鉴孵化 Boomplay 的成功经验,传音通过"自研+合作"构建移动互联网生态,与网易、腾讯、阅文等企业,在音乐、游戏、短视频、内容聚合等领域开展出海非洲合作,积极开发和孵化移动互联网应用,包括信息流内容(Scooper)、短视频(Vskit)、线上阅读(Ficool)、浏览器(Phoenix

---

① Simon Kemp,"Digital 2022," Datareportal, February 15, 2022, https：//datareportal. com/reports/, accessed：2022-06-05.

② "The South African Social Media Landscape," Ornico, June 10, 2020, http：//website. ornico. co. za/report/SA_ Social_ Media_ Landscape_ 2020. pdf, accessed：2022-06-25.

③ 《Boomplay 与环球音乐达成泛非 47 国版权合作》,凤凰网,2021 年 3 月 19 日,https：//finance. ifeng. com/c/84jY5IHoDKq,最后访问日期：2022 年 6 月 25 日。

④ 《AppsFlyer：传音移动互联全球增速第三》,腾讯网,2021 年 3 月 26 日,https：//new. qq. com/rain/a/20210326A0AK0Q00,最后访问日期：2022 年 6 月 25 日。

⑤ 《专访 | 听音乐,非洲老铁为什么爱用"中国造"的 Boomplay?》,"智象出海"百家号,2020 年 8 月 31 日,https：//baijiahao. baidu. com/s? id=1676552518356092092&wfr=spider&for=pc,最后访问日期：2022 年 6 月 25 日。

Browser）、数据流量工具（SIMO）等。①

3. 中非合作开发超级应用

南非运营商 Vodacom 和支付宝于 2020 年 7 月发表联合声明，双方将合作为南非市场开发超级应用，供南非用户在线购物、支付账单和转账，还可播放流媒体音乐、玩游戏、看新闻、打车等。商家可以用它进货、查询交易额、打广告等。该应用还将帮助中小企业获得金融服务，如贷款和保险。Vodacom Financial Services 是南非运营商 Vodacom 的子公司，支付宝是该应用的技术提供方。南非用户量最大的运营商 MTN 也计划推出相似的 App。Vodacom 集团 CEO 沙米尔·尤萨巴（Shameel Joosub）表示："这种伙伴关系是我们在整个非洲推进普惠金融的重要里程碑。"②

（三）中非移动互联网合作提高对非用户服务水平

中非移动互联网合作显著提高了对非洲用户的服务水平。一是有利于提供丰富的应用和服务。过去，专门服务非洲当地用户的移动互联网应用较少，致使非洲互联网用户的获得感较低，服务水平相对滞后。中非移动互联网合作可将中方互联网技术和产品与非洲具体应用场景和用户需求相结合，为广大用户提供"接地气"的数字服务。二是有利于加快"数据本地化"进程。中非移动互联网合作积极响应和落实"数据本地化"诉求，充分尊重信息安全和保护要求，以数据监管政策法规为重要遵循，以合规化运营为核心原则，依法保护用户隐私。三是有利于非洲文化借助新平台发展。过去缺少专门面向非洲的互联网内容平台，使得网上充斥着众多外来内容，挤压了非洲本土文化的发展空间。现在通过中非合作，新型移动互联网音视频平台和社交媒体日渐兴起，为非洲本土文化内容提供了"新舞台"。

---

① 《【封面文章】传音控股：构建非洲移动互联生态新模式》，中国投资参考微信公众号，2020 年 5 月 15 日，https：//mp. weixin. qq. com/s/8SDMsChRk2JHgY63nHPpFg，最后访问日期：2022 年 6 月 25 日。

② Nqobile Dludla, "Vodacom Partners with China's Alipay to Create 'Super App' in South Africa," Nasdaq, July 20, 2020, https：//www. nasdaq. com/articles/vodacom - partners - with - chinas - alipay-to-create-super-app-in-south-africa-2020-07-20, accessed：2022-12-25.

四 中非数字化转型合作加速非洲现代化进程

（一）中非数字合作推动非洲全面数字化发展

非洲数字化转型的发力方向是运用数字技术支持各行业的现代化和可持续发展，以普及数字终端和农业、教育等民生领域数字化为重点。非洲数字化转型面临的主要挑战是数字产业对其他行业赋能力度有限，以及其他行业发展程度不高。2020 年以来，非洲国家在应对新冠疫情过程中的举措，加速了非洲数字化转型。手机尤其是智能手机的普及提高了非洲数字发展的包容性，借助数字终端推动大量民众融入正规经济体系。此外，近期各国积极提高通信网络覆盖，降低电信资费水平，推广数字支付和电子商务，鼓励远程教育、远程办公和远程医疗，也激发了非洲数字化转型的巨大潜力。

非洲的农业有着巨大的社会和经济重要性。撒哈拉以南非洲国家 60%以上的人口是小农，约 23%的国内生产总值来自农业。[1] 非洲农业的数字化转型，主要发力于数据管理、提高农民的知识、增加资本获得渠道等领域。[2] 自 2000 年以来，非洲的手机日益普及，在发送和接收与农业有关的信息方面变得至关重要，例如天气预报、如何获得农业物资和信贷以及最新商品价格。此外手机的普及还为农民提供了便捷的支付解决方案，提高了市场价格信息的透明度。[3] 2019 年，撒哈拉以南非洲有近 400 个数字农

---

[1] Didier Muyiramye, Chris Addison and Yanick Bakker, "Reviewing 20 Years of ICT in ACP Agriculture," The Technical Centre for Agricultural and Rural Cooperation, February 4, 2020, https: //www.cta. int/en/blog/all/article/reviewing- 20 - years - of - ict - in - acp - agriculture - sid0a898b7ef-1869-4477-bc93-dddc9e12852a, accessed: 2022-06-25.

[2] 《非洲农业科技公司扫描：肯尼亚是大本营，种植决策、供应链、金融服务是重点领域》，35 斗微信公众号，2020 年 2 月 7 日，https: //mp. weixin. qq. com/s/nUdHF3xPp 6bEyWJKWxu87Q，最后访问日期：2022 年 6 月 25 日。

[3] Didier Muyiramye, Chris Addison and Yanick Bakker, "Reviewing 20 Years of ICT in ACP Agriculture," The Technical Centre for Agricultural and Rural Cooperation, February 4, 2020, https: //www.cta. int/en/blog/all/article/reviewing- 20 - years - of - ict - in - acp - agriculture - sid0a898b7ef-1869-4477-bc93-dddc9e12852a, accessed: 2022-06-25.

业解决方案，注册农民数达 3300 万。①

教育也是非洲数字化转型的重点领域之一。在泛非大学（PAU）成功经验的基础上，非盟正着手建立数字化大学（PAVEU），以便通过远程开放和数字化学习等方式为非洲广大学生提供更多的学习机会。数字化大学建设被列为非盟《2063 年议程》旗舰项目之一。② 卢旺达是非洲各国执行"学校上网倡议"（Giga Initiative）的领导者。该倡议由联合国儿童基金会（UNICEF）发起，旨在将每一所学校与互联网连接起来。③

公共管理是非洲数字化转型的另一个重点方向。身份数字化管理是公共管理数字化和数字经济的重要底座。例如尼日利亚正在推进其数字身份计划，人的身份数据（数字身份）与其通信数据、金融数据、安全数据紧密关联，数字化生物识别技术，如刷脸、指纹等，将在尼日利亚乃至整个非洲加快身份管理的数字化转型。④

中非数字化转型合作的本质是将中非数字合作的成果和经验应用于非洲各领域发展从而推动非洲全面数字化发展，是中非共建数字丝绸之路的成效外溢。为了在中非合作中贯彻习近平主席"以信息化培育新动能，用新动能推动新发展，以新发展创造新辉煌"⑤ 的重要指示精神，以"数字互联互通"促进各领域的互联互通，一批中资企业正在将数字化转型领域的"中

---

① Michael Tsan, Swetha Totapally, Michael Hailu and Benjamin Addom, "The Digitalisation of African Agriculture Report 2018 – 2019," The Technical Centre for Agricultural and Rural Cooperation, August 14, 2019, https：//cgspace. cgiar. org/bitstream/handle/10568/101498/CTA–Digitalisation–report. pdf, accessed：2022–12–15.

② African Union, "The Pan African Virtual and E-University," Pan African University, January 1, 2018, https：//pau–au. africa/institutes/virtual–and–e–university, accessed：2022–06–25.

③ Daniel Sabiiti, "Rwanda to Lead Africa's School Internet Connectivity," KT Press, June 6, 2020, https：//www. ktpress. rw/2020/06/rwanda–to–lead–africas–school–internet–connectivity/, accessed：2022–06–25.

④ Chris Burt, "Nigeria to Receive ＄433M from World Bank for Biometric National ID Registration," Biometric Update, September 5, 2019, https：//www. biometricupdate. com/201909/nigeria–to–receive–433m–from–world–bank–for–biometric–national–id–registration, accessed：2022–06–25.

⑤ 《习近平致信祝贺首届数字中国建设峰会开幕》，共产党员网，2018 年 4 月 22 日，https：//news. 12371. cn/2018/04/22/ARTI1524374378612330. shtml，最后访问日期：2022 年 6 月 26 日。

国智慧"和"中国方案"贡献给非洲，在推动非洲提高手机渗透率和加快农业、教育、传媒等领域数字化转型等方面作出新业绩。

（二）数字终端和行业数字化领域合作成果丰富

1. 广受欢迎的中国手机促进了非洲数字发展的包容性

2020年第三季度，非洲功能机出货量为2940万台，智能手机出货量为2290万台；传音旗下手机占非洲手机销售总量的44%，三星和华为占比分别为20%、9%，小米和OPPO占比分别为7%、4%。传音旗下手机占非洲功能手机销售量的76.6%。[①] 传音在非洲市场成功的原因在于其善于洞察当地用户的消费习惯并解决用户痛点，如研发深肤色用户的美肤模式，帮助非洲消费者拍摄出更加满意的照片；不少非洲消费者拥有两个或以上数量的手机卡，却不具备购买多个手机的能力，传音在非洲推出双卡双待甚至三卡三待、四卡四待手机，产品推出后颇受消费者欢迎。如今，传音埃塞俄比亚工厂生产的手机不仅能满足本地用户消费需求，还能辐射邻近的东非国家，成为当地出口创汇企业。传音控股董事长竺兆江表示，在中非友好合作大背景下，随着非洲城市化进程不断推进，非洲的数字网络、信息通信等基础设施不断完善，迎来了数字经济发展的新机遇，本地消费者对良好的智能终端产品以及移动互联网服务的需求日益增强。传音准备在埃塞俄比亚继续扩大生产规模，并努力将非洲市场的成功经验带到更多"一带一路"沿线国家。[②]

南非智能手机市场从2014年开始高速发展，为打造中国数字品牌，海信南非公司每年都在当地发布最新款手机产品。2019年，海信U961是南非使用量最多的手机之一。综合来看，南非人在购买智能手机时会考虑价格、

---

① IDC, "Africa's Smartphone Market Grows in Q3 2020, but Feature Phone Shipments Decline," TelecomTV, December 1, 2020, https://www.telecomtv.com/content/access-evolution/africas-smartphone-market-grows-in-q3-2020-but-feature-phone-shipments-decline-40359/, accessed: 2022-12-15.

② 《中国品牌手机"圈粉"非洲市场》，经济参考报，2020年11月5日，http://www.jjckb.cn/2020-11/05/c_139492623.htm，最后访问日期：2022年6月25日。

功能和4G套餐，这三方面造就了海信在南非成为受欢迎的手机。① 尽管受到2020年新冠疫情影响，海信手机依然在南非劲销约200万台，市场占有率超过10%，排名第三。截至2021年3月，海信手机在非洲市场的存量用户数已超1000多万。

受益于既接地气又具高性价比的中国手机支撑，撒哈拉以南非洲2019年底有4.77亿人使用移动通信服务，2021年这一数据达到5亿，智能手机采用率于2020年达到总连接的50%。②

2. 疫情下的中非数字教育合作支撑非洲开展远程教育

中国和卢旺达两国政府于2021年12月在基加利签署卢旺达智慧教育项目优惠贷款框架协议。中国驻卢旺达大使饶宏伟表示，智慧教育项目的实施将极大地促进卢旺达教育资源共享和教学方法创新，也将对该国教育优质均衡发展、培养高素质人才、促进经济社会发展起到强有力的推动作用。卢旺达财政和经济计划部部长恩达吉吉马纳表示，卢旺达政府一直致力于推动教育领域数字化转型升级，智慧教育项目的实施对于实现卢旺达国家转型战略相关目标具有重要意义，也是未来两国在教育和数字经济领域深化合作的良好开端。卢方愿与中方共同努力，推动两国务实合作取得更多成果。该项目将为卢旺达建设连接63个高等教育机构和1437所中小学的教育专用网络，同时还将为1437所中小学建设校园网。项目建成后将整体提高卢旺达教育领域信息通信基础设施水平，为其实现数字化、信息化教学提供坚实基础。③

北京师范大学等共同发起"非洲教师在线和远程学习课程"。受新冠

---

① 《低价、全功能 海信成南非最受欢迎智能手机品牌》，"环球网"百家号，2019年7月25日，https：//baijiahao. baidu. com/s? id = 1639995188933149926&wfr = spider&for = pc，最后访问日期：2022年6月25日。

② "The Mobile Economy Sub-Saharan Africa 2020," GSMA, September 1, 2020, https://www. gsma. com/mobileeconomy/wp-content/uploads/2020/09/GSMA_ MobileEconomy 2020_ SSA_ Eng. pdf, accessed：2022-12-15.

③ 《中国和卢旺达签署智慧教育项目政府间框架协议》，新华网，2021年12月17日，http：//www. xinhuanet. com/2021-12/17/c_ 1128175338. htm，最后访问日期：2022年6月25日。

疫情影响，全球 190 多个国家超过 15 亿学生无法返校，大约一半的学生没有适宜的学习环境和机会，55 个非盟成员中有 53 个决定关闭学校，整个教育系统面临辍学、教学质量差、学习效果差等重大威胁。联合国教科文组织非洲国际能力建设研究所、教育信息技术研究所和国际农村教育研究与培训中心共同发起，协同北京师范大学智慧学习研究院和国家开放大学设计和开发了"非洲教师在线和远程学习课程"，通过国际上的远程教育理念与适合非洲地区的案例，帮助非洲教师掌握远程教学评估技术和方法，利用现有设备和条件开展远程教学活动。联合国教科文组织内罗毕办事处主任安·特蕾斯·恩东贾塔（Ann Therese Ndong-Jatta）指出，受疫情影响，非洲的大多数校园已经关闭，教学方式和时间变得更加灵活，教师需要获得切实可行的远程教育技能，该项目为非洲教师提供了很大的帮助。[①]

中资企业网龙于 2018 年发起"IDEA 非洲数字教育倡议"，并与越来越多的非洲国家开展深入合作。2020 年疫情期间，网龙发起了"非洲教师在线教育能力建设计划"。网龙与中国教育部、联合国教科文组织、中国联合国教科文组织全国委员会深度合作，帮助非洲各国克服疫情对教育的影响。在埃及，网龙教育系统 Edmodo 被埃及教育部选为国家 K12 教育指定线上学习平台，推广至 2200 多万名学生和 100 多万名教师，在因疫情停课期间提供远程学习支持，并为疫情后的教学提供长期服务。[②]

诺联互联网中心与中国电信合作，为当地居民提供性价比高的无线宽带网络服务，为民众提供远程教育。诺联互联网中心旨在为内罗毕郊区中低收入家庭的孩子提供远程教育服务，它负责非洲诺联网络科技公司的一部分业务，该公司由中国人周涛在肯尼亚创立。周涛介绍，他们最初只是

---

① 《"非洲教师在线和远程学习课程"正式上线》，中国日报网，2020 年 7 月 9 日，https：//cn. chinadaily. com. cn/a/202007/09/WS5f06d807a310a859d09d6fa9. html，最后访问日期：2022 年 6 月 25 日。

② 《"非洲教师在线教育能力建设计划"助力非洲教育战胜疫情》，"经济日报"百家号，2020 年 6 月 28 日，https：//baijiahao. baidu. com/s? id = 1670749951690191615&wfr = spider&for = pc，最后访问日期：2022 年 6 月 25 日。

希望创建一个数字服务中心。经过考察后发现，如果建立一个互联网中心，不但可以更好地实现人与人、人与社会、企业与社区之间的联系，还可以将中心作为窗口，帮助当地人更好地了解外部世界。诺联网络科技公司已在肯尼亚吉素来 44 区和金曼门区发展了数万名宽带注册用户。周涛表示，他的心愿是"乘着中非合作的东风，借助互联网手段，让非洲民众更好地与中国、与世界联结"。①

腾讯公司投资非洲在线教育公司。尼日利亚教育科技公司 uLesson 于 2021 年完成 B 轮融资，投资方包括腾讯公司等。uLesson 由 Sim Shagaya 在 2019 年创立，提供一系列教育科技学习产品，课程形式和内容既具有互动性，又能满足非洲各地中小学学习者的个人需求。Sim Shagaya 说："在他们（腾讯）身上，我们看到了愿意进入这里（非洲市场）的合作伙伴，与我们一起工作，然后给我们加倍努力的动力。"②

3. 中非数字农业合作促进非洲农业增收减损

"北斗+无人机"促进莫桑比克提高农业效能。在莫桑比克加扎省赛赛市，中非合作建设的万宝莫桑农业园使用植保无人机喷洒农药。植保无人机利用北斗系统获取定位信息，操作简单、喷洒均匀，不但实现了对机器的精准控制，减少了人力投入，还可以提高作业效率。种植示范户马辛格表示，与传统人工喷洒每小时仅三四亩相比，植保无人机每小时能为上百亩田地喷洒农药，尤其还能夜间作业。马辛格说："以前我家只有一间茅草屋，现在盖起了水泥房，家具家电都有。中国技术让我的生活发生了巨大变化。"中非赛赛农业合作项目把植保无人机广泛应用于农田测绘、水稻播种、农药喷洒等田间植保作业，累计作业已超过 3 万亩。加扎省农业厅厅长拉蒂福表示，"北斗+无人机"的精准农业模式是非中农业技术合作的有益尝试，中国农业技术为莫桑比克实现粮食

---

① 《共建"一带一路"民生项目稳步推进》，《人民日报》2022 年 3 月 27 日，第 3 版。

② Tage Kene-Okafor, "African Edtech Startup uLesson Raises $15M, Backed by Nielsen Ventures and Tencent," Techcrunch, December 9, 2021, https：//techcrunch.com/2021/12/09/african-edtech-startup-ulesson-raises-15m-backed-by-nielsen-ventures-and-tencent/, accessed：2022-06-25.

安全作出了重要贡献。①

　　大疆农业无人机助力南非农业发展。大疆农业无人机自 2016 年开始进入非洲市场，其南非合作伙伴 PACSys 团队跑遍南非，在不同作物上测试，以验证有效性。受限于土地、人力、管理水平等因素，南非甘蔗园主要为大农场主经营，还有大量小型甘蔗田未被开发。植保无人机技术的普及，不仅可以有效开发停耕的甘蔗田，还能为临近社区创造新的就业岗位，实现更大的社会价值。2021 年初，南非第二张无人机飞行许可证再次颁发给大疆农业，这使得大疆农业成为南非政府唯一允许用于植保作业的品牌。本地团队还通过飞手培训项目与社区计划，增加就业机会，创造更大的价值。②

　　极飞科技无人机高效开展智能喷洒作业。南非的甘蔗种植由来已久，已成为农业支柱之一。降本增效是复苏南非制糖业的出路，其中扶持中小甘蔗农户、合理精量喷洒肥料和农药是重要一环。数字农业中资企业极飞科技提供的无人机被应用于南非纳塔尔省的农场，对甘蔗作物进行喷洒作业，降低了劳动力成本，最大限度地减少了化学品的使用，提高了小农户的利润，为南非陷入困境的甘蔗产业带来了新的生机。该农场主称，"这对我们来说意义重大，因为从每吨甘蔗中能获取更高的糖分，让我们获得了更高的报酬，我的农场变得更加有利润"③。极飞科技正加紧与非洲合作伙伴强化合作，市场覆盖了摩洛哥、加纳、卢旺达、赞比亚、津巴布韦、莫桑比克、乌干达、南非等国。从 2016 年起，一种名叫草地贪夜蛾的新型害虫开始在非洲多国农田肆虐，极具破坏性，给非洲造成数十亿美元的经济损失。由于缺乏智能农业装备，绝大部分非洲农户只能依靠人工施药，防治效果差。

---

① 苑基荣、邹松：《北斗技术推动中非合作提质升级》，中华人民共和国国务院新闻办公室网站，2022 年 2 月 11 日，http：//www.scio.gov.cn/31773/35507/35513/35521/Document/1720125/1720125.htm，最后访问日期：2022 年 12 月 15 日。

② 《大疆农业无人机在非洲：精准守护甘蔗园，提升蔗农收入至少 25%》，"环球网"百家号，2021 年 3 月 26 日，https：//baijiahao.baidu.com/s?id=1695263407755965750&wfr=spid er&for=pc，最后访问日期：2022 年 6 月 26 日。

③ 《中国无人机助力南非农业》，搜狐网，2020 年 7 月 10 日，https：//www.sohu.com/a/406818007_120020793，最后访问日期：2022 年 6 月 25 日。

中资企业阳光农业（Sun'Agri）是一家面向非洲的农业科技企业，使用极飞科技提供的智能喷洒无人机对赞比亚草地贪夜蛾进行防治测试，获得了成功，随后在赞比亚和乌干达开始无人机智能喷洒业务推广，现已成为当地市场的领先者。此外，阳光农业还通过培训本地飞手和地勤人员，为当地人提供有技术含量的就业机会，促使当地民众认可中国农业科技和数字产品。

4. 中非"万村通"项目推动非洲电视传媒业数字化转型

习近平主席于 2015 年在中非合作论坛约翰内斯堡峰会开幕式上的致辞中宣布将为非洲 1 万个村落实施收看卫星电视项目。① 数字电视运营商四达时代承接并实施非洲卫星电视"万村通"项目，为 23 个非洲国家共 10112 个村落实施卫星电视接入安装和长期运营服务。投影电视机和数字电视机部署在村落公共区域，比如学校和青年发展委员会，面向所有村民开放，并提供包含国家台、本地频道、CGTN 等国际频道等 20 套永久免费的电视节目，以满足村民观看数字电视的需求。

（三）中非数字化转型合作加快非洲现代化进程

中非数字化转型合作正在加快非洲现代化进程。一是有利于中非各领域合作的数字化。通过将数字技术和方案应用于中非贸易、产能、资源、金融、医疗、农业、教育等方面的合作，可促进提高各领域合作效能，提高面对新冠疫情等外部因素影响的能力，促进中非各领域"互联互通"更加数字化、网络化、智能化。二是有利于加快非洲现代化发展。非洲的现代化与数字化是相互交织、相互促进的历史进程，通过中非合作推动非洲各领域数字化转型，可为非洲现代化提供良好数字化基础、条件和环境，从数字化角度促进实现非盟《2063 年议程》。三是有利于提高非洲数字包容性。包括智能手机在内的各种数字终端，正在把广大偏远地区和农村地区的非洲民众纳入现代经济社会体系和数字世界，从信息获取、沟通交流、购物支付等角度为社会提供福祉和便利，填补数字鸿沟。

---

① 习近平：《习近平谈治国理政》（第二卷），外文出版社，2017，第 459 页。

五 中非数字能力建设合作促进非洲数字人才提质增量

（一）中非数字能力建设合作促进"中国智慧"与非洲实际相结合

能力建设是非洲数字经济发展与中非数字经济合作中的重要一环。非洲数字能力建设的发力方向是培养数字化人才并促进数字技术在政企机构应用，现以"数字产业化"为重点，面临的主要挑战是供给不足、难以满足数字产业人员尤其是开发者需求。

经过多年的发展，非洲数字能力建设已形成多方共同参与的多元化格局，参与方包括：各国政府，为非洲国家提供技术培训、政策制定支持和官员培训；非洲高等教育机构，往往独自或以合作方式提供技术培训；非洲数字创业孵化器，共有 643 家[①]，为数字初创企业和开发者提供知识分享、技能培训和战略咨询，正在成为非洲数字能力建设不可小觑的新生力量；国际大型数字企业，往往独自或与 NGO、第三方咨询机构合作提供技术培训及实习机会；商业性培训机构，如 Andela、Moringa 等；国际组织，如 ITU、Smart Africa 等。领域上，非洲数字能力建设以软件和应用开发、项目管理、政策支撑、项目咨询、经验分享交流、创业战略等为主。

中非数字能力建设合作的本质是中非数字产业间知识、经验和能力的双向流动、融会贯通，中非双方共同将"中国智慧"与非洲实际相结合，为中非共建数字丝绸之路增加内生动力。为了在中非数字合作中贯彻习近平主席"注重分享发展经验，支持非洲实现民族复兴和国家繁荣"[②] 的重要指示精神，中资企业积极为非方提供技能培训、知识分享和经验交流，并助力非方将其与当地具体情况相结合，推动中非数字产业间"民心相通"，支持非方走有非洲特色的数字化发展之路。

---

① 《撬动非洲数字经济市场》，澎湃，2020 年 5 月 15 日，https://m.thepaper.cn/baijiahao_7411621，最后访问日期：2022 年 12 月 15 日。

② 《习近平出席中非领导人与工商界代表高层对话会暨第六届中非企业家大会开幕式并发表主旨演讲》，共产党员网，2018 年 9 月 3 日，https://www.12371.cn/2018/09/03/ARTI153595529 2256421.shtml，最后访问日期：2022 年 6 月 26 日。

（二）中非在机构和人才能力建设领域合作成果丰富

1. 中非合作推动非洲电信和金融行业发展

中国电信四川分公司和华为于 2020 年 7 月与突尼斯电信合作开展能力建设项目。中国电信四川分公司分享其融合发展、宽带网络演进、智慧家庭业务等方面的实践和经验，帮助突尼斯电信解决在宽带业务快速发展期面临的创新和数字化问题。突尼斯电信 CEO 萨米尔·赛义德（Samir Saied）表示，"我坚信这个咨询项目将给我们未来的家宽业务带来更多的创新创意和方法实践，将助力突尼斯电信在固定宽带网络发展方面加快步伐"。[①]

肯尼亚银行家协会于 2020 年 9 月和华为肯尼亚公司签署合作协议，旨在进一步部署技术和提升信息通信技术能力，深化金融普惠服务、提高金融包容性。协会将与华为合作开展全行业能力建设，促进肯尼亚银行业金融科技创新、数字化转型。随后双方举办了"2020 年华为-KBA 在线 FSI 峰会"。肯尼亚银行家协会 CEO 哈比尔·奥拉卡（Habil Olaka）说："我们将数字技术视为推动普惠金融的无价之宝，这次合作对于增强银行运营能力至关重要。"[②]

2. 中非合作加快非洲技术人才培养

驻肯尼亚大使周平剑和肯尼亚信息通信、创新和青年事务部部长穆切鲁于 2020 年 9 月应邀出席华为肯尼亚公司举办的"未来种子"公益项目视频开幕式并致辞。周平剑表示，中国高度重视发展数字经济，切实推动该领域国际合作。中方愿同肯方加强交流合作，分享发展经验，共同把握

---

① "Tunisie Telecom-Huawei-Sichuan Telecom: Un Partage D'expéRiences Pour Un Monde Numérique Mieux Connecté," Leaders, July 22, 2020, https：//www. leaders. com. tn/article/30311 - tunisie - telecom-huawei-sichuan - telecom-un-partage-d-experiences-pour-un-monde-numerique-mieux - connecte? fbclid = IwAR2DuGMjv − − wAjUpM8cGgqpYItJRZFVaTkOeS14W0i − bLemvi3xcHPr4mAY &from=groupmessage, accessed：2022-06-25.

② "Kenya Bankers Association, Huawei Ink Partnership to Promote Tech-driven Financial Inclusion," Citizen Digital, September 15, 2020, https：//citizentv. co. ke/business/kenya-bankers-association - huawei-ink - partnership - to - promote - tech - driven - financial - inclusion - 345092/, accessed：2022-06-25.

数字经济机遇，鼓励双方企业在信息通信基础设施、互联网和数字经济领域开展合作，努力缩小数字鸿沟，推进信息社会建设。穆切鲁说，信息通信技术对肯尼亚未来发展具有至关重要的意义，青年是国家的未来，感谢华为组织实施本次培训项目，使肯尼亚年轻人有机会学习5G、人工智能、云计算等先进技术，更多地认识和了解中国，为将来同中国开展合作打下良好基础。中国在数字治理和数字经济领域取得的成就举世瞩目，肯方致力于同中方加强交流合作。[①] "未来种子"计划是华为企业社会责任项目，旨在帮助非洲培养本地信息通信技术人才，包括非洲各国高校和学生。[②] 除了肯尼亚，"未来种子"在南非、乌干达、摩洛哥、赞比亚和几内亚等非洲国家均有落地。

中国天津城市职业学院与肯尼亚马查科斯大学共建的肯尼亚鲁班工坊于2019年12月揭牌，致力于为非洲培养信息技术领域的专业人才。该工坊将与华为合作，在马查科斯大学以云计算专业和物联网专业为基础，开展学历教育和职业培训，为肯尼亚培养熟悉计算机网络技术、标准和产品的本土化人才。穆切鲁表示，云计算和信息安全是鲁班工坊的核心，对肯尼亚来说至关重要。[③]

华为于2020年在塞内加尔举办信息通信技术ICT大赛，共有近1300名在塞学生参赛。驻塞内加尔大使肖晗，塞内加尔高等教育、研究和创新部部长安纳，塞内加尔多所高校校长及获奖学生出席大赛颁奖仪式。肖晗在致辞中对获奖选手表示热烈祝贺，对塞内加尔高等教育质量表示赞赏。他表示，华为在塞内加尔十余年来，培养了大量科技人才并持续

---

① 《驻肯尼亚大使周平剑出席"未来种子"项目开幕式》，中华人民共和国外交部网站，2020年9月17日，https://www.fmprc.gov.cn/web/gjhdq_676201/gj_676203/fz_677316/1206_677946/1206x2_677966/202009/t20200917_8027444.shtml，最后访问日期：2022年6月25日。

② 《任正非为何看重教育？原来华为已在108个国家播下"未来种子"》，"公益圆桌派"百家号，2019年5月27日，https://baijiahao.baidu.com/s? id = 1634629726030579478&wfr = spider&for = pc，最后访问日期：2022年6月25日。

③ 《肯尼亚鲁班工坊成立 将为非洲培养信息技术人才》，新华丝路网，2019年12月16日，https://www.imsilkroad.com/news/p/395643.html，最后访问日期：2022年6月25日。

创造就业，有力促进了塞内加尔信息通信技术发展和经济民生领域的数字化转型。安纳在致辞中表示，看到越来越多的塞内加尔青年学生积极参赛并取得卓越成绩，感到十分欣慰。推动数字化转型是萨勒总统施政重点。塞方感谢中国政府和华为公司对塞内加尔 ICT 经济技术发展作出的重要贡献，愿同中方进一步加强在通信技术应用、人才培养等领域的交流与合作。[①]

3. 中非合作培养非洲电商人才

在卢旺达与阿里巴巴共建世界电子贸易平台的合作框架下，22 名卢旺达学生于 2019 年 9 月来到杭州师范大学阿里巴巴商学院，开始在国际贸易专业（跨境电商方向）进行为期四年的本科学习。主要课程包括市场管理、国际贸易等，学生们也一线接触了电商直播等实践课程，还有行业专家指导独立创业项目。杭州师范大学阿里巴巴商学院理事会理事张佐表示，这是将中国探索出来的数字经济理念及模式分享给卢方，为发展中国家培养种子人才，从"授人以鱼"到"授人以渔"。卢旺达留学生李桐（Emelyne Umutoni）是 2019 级卢旺达班的班长，在中国的一年多，她已经可以用中文进行日常交流，并多次进入阿里巴巴国际站、全球速卖通的直播间，实践直播带货。她期待学成回国，成为家乡的直播"第一人"。最近，她还入围了杭州跨境电商综试区和阿里巴巴国际站等联合主办的"扬帆起杭"第二届全球跨境电商创业创新大赛的决赛。[②]

阿里巴巴商学院还推出了针对当地企业家、高校教师等群体的能力建设项目，已培训非洲 17 个国家的数百名创业者，为卢旺达、埃塞俄比亚的上百名当地创业者定制培训项目；还为卢旺达 6 所高校提供跨境电子商务培训。27 岁的卢旺达人凯文（Kevine Kagirimpundu）是卢旺达首个鞋品牌

---

① 《驻塞内加尔大使肖晗出席华为 ICT 大赛颁奖仪式》，驻塞内加尔大使馆网站，2020 年 11 月 24 日，http://sn.china-embassy.gov.cn/chn/zxyw/202011/t20201124_7247727.htm，最后访问日期：2022 年 12 月 15 日。

② 《跨境电商班留学生：用电商带动家乡经济发展》，人民网，2021 年 1 月 26 日，http://world.people.com.cn/n1/2021/0126/c1002-32012677.html，最后访问日期：2022 年 6 月 25 日。

Uzuri K&Y 的创始人，2019 年，她在接受培训后决定把生意搬到线上。凭借非洲特色设计和社交网络营销，她的网店从第一个月就开启了跨境交易，每个月都能收到四五十个海外客户的订单。[1]

（三）中非数字能力建设合作增加中非合作内生动力

中非数字能力建设合作增加了中非合作的内生动力。一是有利于数字政策对接沟通。通过合作开展面向数字经济主管部门、主要智库、主要运营商和数字企业的政策交流、经验分享、案例介绍、项目研讨等活动，可以促进中非数字政策交流互鉴，支持非方出台和实施高质量政策法规，促进中非在国际数字治理方面协作共赢，促进中非数字产业中的"民心相通"。二是有利于解决数字人才不足问题。通过合作组织技能培训、职业教育、能力认证、比赛评选、创业路演和辅导等活动，可以促进非方数字人才数量的增加和产业人力资源质量的提高，进而夯实中非数字经济高质量合作的人力基础。三是有利于挖掘务实合作潜力。通过广泛交流和深入研讨，中非数字产业人才可进一步深化理解彼此特点、诉求和关切，亦可进一步精准对接供给和需求，从而为中非共建数字丝绸之路发现更多务实合作机遇。

中非数字经济合作已在数字基础设施、电子商务等领域取得了较丰富的成果，共建数字丝绸之路成效显著，从数字化角度加快了非洲数字化、可持续发展进程，进一步促进了中非"互联互通"，丰富了中非全面战略合作伙伴关系内涵。面对世界百年未有之大变局，中非数字经济合作正面临新机遇和新挑战。我们应以习近平总书记的"准确识变、科学应变、主动求变"[2]精神为指引，贯彻新发展理念，"于变局中开新局"，有力把握共建数字丝绸之路的战略主动权。

---

①　《卢旺达 90 后女企业家：在中国学习电商改变我的命运》，人民网，2020 年 10 月 14 日，http://world.people.com.cn/n1/2020/1014/c1002-31892027.html，最后访问日期：2022 年 6 月 25 日。

②　习近平：《习近平谈治国理政》（第三卷），外文出版社，2020，第 108 页。

第三节　中非数字经济合作展望

数字丝绸之路建设已成为共建"一带一路"的重要组成部分。中非数字经济合作、高水平建设数字丝绸之路，应以平等为基础，以开放为特征，以信任为路径，以共享为目标①，要顺应第四次工业革命发展趋势，探寻新的增长动能和发展路径，共创更多发展机遇和空间，实现可持续发展。这就要求共建数字丝绸之路应与各方战略对接，以实现协调联动的顶层机制；应依托中非合作论坛机制，以实现常态化、机制化推进模式；应以互利共赢为准则，以实现长期可持续的对接合作。

一　中非数字经济合作前进方向是共建"一带一路"

（一）坚持战略思维，从"一带一路"视角推进中非数字经济合作

习近平主席于 2014 年 12 月指出，"要树立战略思维和全球视野，站在国内国际两个大局相互联系的高度，审视我国和世界的发展，把我国对外开放事业不断推向前进"②。我们应贯彻这一重要方针精神，在"一带一路"倡议下统筹中非数字经济合作战略全局，以携手构建更紧密的中非命运共同体为方向指引，为中非数字经济合作构建顶层设计、制定具体时间表和清晰路线图，推动中国"两个一百年"奋斗目标、"十四五"规划和 2035 年远景目标与联合国 2030 年可持续发展议程、非盟《2063 年议程》、《非洲数字化转型战略（2020—2030）》相互对接，并运用战略思维形成战略矩阵，"纲举目张"地推进数字经济合作、共建数字丝绸之路。

---

① 《数字丝绸之路建设成为新亮点》，人民网，2019 年 4 月 22 日，http：//media. people. com. cn/n1/2019/0422/c40606-31041511. html，最后访问日期：2022 年 6 月 25 日。

② 习近平：《习近平谈治国理政》（第二卷），外文出版社，2017，第 101 页。

（二）坚持系统思维，把中非数字经济合作从局部延展到整体

"十四五"规划指出，"坚持系统观念"是必须遵循的原则，要"加强前瞻性思考、全局性谋划、战略性布局、整体性推进"。我们应贯彻这一重要原则，系统化推进中非数字经济合作。基于当前合作优势，我们应不断开拓合作新领域、挖掘新机会，"连点成线，连线成面"，最终形成中非数字经济全面、系统、深度融合的发展格局。在行业领域上，应向数据中心和云服务、智慧城市、数字地图和导航、内容平台、社交媒体等领域拓展；在合作模式上，应向投建营一体化、股权投资、创业投资、技术转移、产能合作等模式探索；在推进方式上，应向机制化、常态化、平台化方式演进，形成双方政府引导、企业主导、智库支撑、金融支持的良好格局。

（三）坚持创新思维，以新思路打开中非数字经济合作新局面

习近平总书记指出，"问题是创新的起点，也是创新的动力源"[1]。我们应贯彻这一重要论述，坚持问题导向、提升问题意识，用创新解决中非数字经济合作面临的实际问题。在技术上，应探索将数字技术与清洁能源技术、节能减排技术等相结合，同时推动"数字革命""能源革命""绿色革命"；在合作方式上，应加大对非洲数字创新创业企业的投资力度，重视与非洲当地数字初创企业、科技创业公司、创新中心、孵化器和创投机构的合作，与非洲数字经济新生力量共同成长，助力非洲数字产业以创新方式解决具体社会问题。此外，还应贯彻习近平总书记"人才是创新的根基，是创新的核心要素"[2] 这一重要论述，开展双向经验分享、案例介绍、项目研讨等能力建设活动，为中非数字人才搭建交流互鉴、协同创新、提升能力的开放平台和机制。

---

① 《习近平在哲学社会科学工作座谈会上的讲话》，共产党员网，2016 年 5 月 19 日，https：// news. 12371. cn/2016/05/19/ARTI1463594345596569. shtml，最后访问日期：2022 年 6 月 26 日。
② 《习近平谈创新：把制度建设摆在突出位置》，共产党员网，2016 年 3 月 1 日，https：// news. 12371. cn/2016/03/01/ARTI1456776799463374. shtml，最后访问日期：2022 年 6 月 26 日。

二 中非数字经济合作要迈向高质量发展之路

（一）以投建营一体化模式提高中非数字基础设施合作深度

过去二十年，中资企业通过工程承包建设和设备供应，有力支撑了非洲数字基础设施建设和发展。在全球信息通信技术飞速发展的今天，数字基础设施逐渐成为资本密集型、技术密集型、人才密集型产业，原有模式不足以继续满足非洲日益增长的数字化发展需求。要推动投建营一体化成为中非数字基础设施合作主流模式：一是要在双边数字合作中支持和推进投建营一体化模式；二是中方要发挥运营经验丰富的优势作用，将"中国经验"与非洲实际相结合，通过高水平运营为用户提供高质量服务；三是中非多边开发金融机构、政策性金融机构、商业性金融机构要从产融合作角度积极参与合作项目，促进投资主体或资金来源多元化，减小项目资金压力；四是中方要以资本为链条与非方运营商实现合作共赢。

（二）以产业链投资布局方式促进电子商务合作生态繁荣

非洲电子商务正处于早期发展阶段，薄弱的基础设施和不健全的产业生态是限制中非电子商务合作发展的主要因素。对此，要通过投资、合资、合作等方式促进中非电子商务产业链逐渐走向成熟。一是要加强在跨境电商平台、移动钱包等数字支付系统、智能物流平台、电商供应链和仓储、直播经济等领域的投资合作，打通和增强产业链条[1]；二是要加强与第三方平台合作，借助其能力解决"最后一公里"问题[2]；三是要共建中非贸易数字化服务平台，以数字化方式支撑中非企业高效开展进出口活动，支持中非相关自由贸易区的共赢对接；四是要加强产能合作，将受非洲民众欢迎的产品逐步有序地实现本地化生产或组装，缩短电商供应链距离；五是要推进法定数字

---

[1] 《记者观察：非洲数字经济发展的挑战与机遇　中非合作带来新动力》，人民网，2020 年 10 月 9 日，http：//world. people. com. cn/n1/2020/1009/c1002 - 31885264. html，最后访问日期：2022 年 6 月 25 日。

[2] 《Jumia 向非洲第三方开放物流服务》，搜狐网，2020 年 11 月 27 日，https：//www. sohu. com/a/434868956_120020793，最后访问日期：2022 年 6 月 25 日。

货币的对接合作，以创新方式为支付和结算提供高效新方案。

（三）以本地化运营策略提高中非移动互联网合作效能

随着数字初创企业和数字人才的增加，非洲数字产业正在通过各种 App 提供数字服务，满足用户获取信息、交流互动、在线娱乐等需求。"接地气"是对面向非洲市场 App 的核心要求之一。中非移动互联网产业要基于本地化策略开展共赢合作，一是与非方运营商密切合作，借助其海量用户资源、广泛分布的线下代理网点和便捷的移动钱包支付渠道，共同为用户提供移动互联网应用，还可合作推出流量优惠套餐，用非洲的方式解决非洲的问题①；二是与当地内容生产机构、网红合作网络、影视音乐、文化传媒等机构合作，将当地民众喜闻乐见的内容、艺人纳入内容平台，实现快速增长；三是与版权机构合作，共同为用户提供正版合规内容服务；四是遵守所在国关于信息传播、内容管理、数据存储、隐私保护、数字税等方面的法律法规，顺应"数据本地化"趋势，提高合规水平；五是面向非洲移动互联网优秀初创企业开展创业投资，促进移动生态繁荣兴盛。

（四）以包容性发展思路扩大中非数字化转型合作赋能范围

非洲数字化转型的关键是面向民众大范围地"从 0 到 1"解决数字服务有无问题，数字终端尤其是智能手机对于非洲民众融入现代经济社会和正规经济体系至关重要。而且，为了应对新冠疫情及次生挑战，"产业数字化"进程明显提速，"远程经济"和"宅经济"开始起步。中非数字化转型合作要根据包容性发展思路，发挥数字产业赋能优势作用，面向社会进一步扩大数字服务覆盖人群范围，面向各产业进一步深化数字技术应用。一是相关企业要广泛对接非方各行业主管机构、协会、智库和主要企业，共同运用数字化解决方案促进各行业数字化转型，尤其是政府、金融、贸易、农业、医疗、教育等领域，支持非方发展数字政府、金融科技、数字贸易、数字农业、远程医疗、在线教育等；二是要通过产能合作进一步加大数字终端本地

---

① "MTN Uganda Partners with SIMFY Africa to Launch an Internet-Free App, Ayoba," PC Tech, July 16, 2020, https://pctechmag.com/2020/07/mtn-uganda-simfy-africa-launch-ayoba/, accessed: 2022-06-25.

化生产组装的规模，在提振当地就业和经济的同时，更高效地为非洲民众提供物美价廉的智能手机，并通过分期付款或"按用付费"等创新模式加速这一进程[①]；三是中非数字产业要共同将数字化解决方案运用到中非合作的方方面面，用数字化方式为中非合作注入新动力。

（五）以多方参与的平台增强中非数字能力建设合作供给侧力量

一直以来，华为、阿里等企业通过技术培训、经验分享、比赛等活动为非洲培养了多批数字人才，但和非洲巨大的数字人才需求相比仍有显著差距。另外，非方政企机构也有强烈的提升数字能力的诉求。仅靠个别企业参与，显然无法有效满足非洲数字能力建设需求。中非数字能力建设合作要通过共建多方参与的平台汇聚各方能力和资源，持续增加供给侧力量。一是要共同机制化推进产业智库、电信运营商、骨干数字企业、大型互联网公司、数字创新企业的双向互访交流，建设中非数字人才社群，引导和支持业务、技术、投融资对接合作，助力非方数字企业借助中方供应链能力实现快速发展；二是要由权威产业智库组织相关企业、科研机构和高校力量，本着"共商、共建、共享"原则，共同打造数字智库合作网络，面向中非政府官员、专家学者、企业家、创业者、技术骨干和广大工程师开展能力建设交流合作活动；三是要搭建基于大数据的数字经济研究平台，高水平支撑政企机构决策；四是要共建先进数字技术实验室，基于实验室开展技术学习和传播、技术研讨、联合开发等活动；五是要对非方在华优秀留学生开展数字技能培训，为其提供实习机会，助其在中非数字经济合作中发挥有益作用。

（六）以习近平重要讲话精神为根本遵循引领中非数字经济政策合作

2021年11月29日，习近平主席在中非合作论坛第八届部长级会议开幕式上的主旨演讲中指出，中国将同非洲国家密切配合，共同实施数字创新工程。中国将为非洲援助实施10个数字经济项目，建设中非卫星遥感应用合作中心，支持建设中非联合实验室、伙伴研究所、科技创新合作基地。中

---

① "The Mobile Economy Sub-Saharan Africa 2020," GSMA, September 1, 2020, https：//www.gsma.com/mobileeconomy/wp-content/uploads/2020/09/GSMA_MobileEconomy 2020_SSA_Eng.pdf, accessed：2022-12-15.

国将同非洲国家携手拓展"丝路电商"合作，举办非洲好物网购节和旅游电商推广活动，实施非洲"百店千品上平台"行动。① 中非应在双方领导人重要讲话精神引领下，根据中非合作论坛成果文件规划，推动数字经济政策合作。一是共同举办中非数字合作论坛，共建中非数字合作机制，进一步增强数字经济领域"政策沟通"；二是共同制定数字经济领域合作议题，制定并执行行动方案；三是进一步深化双边合作，共同打造标杆示范项目；四是加强数字经济领域智库合作，建设数字智库合作网络，加强数字能力建设，通过智库间合作有力支撑政策合作、精准支持务实合作；五是在国际数字治理领域增进互信、协调和相互支持，共同提出维护数字世界公平正义的建设性主张，践行真正的多边主义。

三　中非数字经济合作将为共建"一带一路"提供新动能

（一）中非合作创造"一带一路"数字经济发展新机遇

中非开展数字经济合作、共建数字丝绸之路，会为双方的数字经济发展创造新机遇和条件。数字经济已成为世界各国推动经济多元化、增加经济发展动能的重要战略，为此，需要推进数字产业链、供应链密切协同、深度合作。中非共建数字丝绸之路，就是要实现数字生产力供给和数字化发展需求的对接共赢，在数字基础设施、电子商务、移动互联网等领域开展标杆示范项目，实现较好的社会效益和经济效益。在中非数字经济合作的有力推动下，2019 年，撒哈拉以南非洲地区移动用户达到 4.77 亿，智能手机连接占比为 44%，移动产业贡献了超过 1550 亿美元的经济增加值，创造了 9% 的 GDP；移动产业生态支持了近 380 万个工作岗位，并为公共部门提供了大量资金，通过税收筹集了 170 亿美元。② 预计到 2024 年，撒哈拉以南非洲地区

---

① 《习近平在中非合作论坛第八届部长级会议开幕式上的主旨演讲》，共产党员网，2021 年 11 月 29 日，https：//www.12371.cn/2021/11/29/ARTI1638194823631623.shtml，最后访问日期：2022 年 6 月 26 日。

② "The Mobile Economy Sub-Saharan Africa 2020," GSMA, September 1, 2020, https：//www.gsma.com/mobileeconomy/wp - content/uploads/2020/09/GSMA _ MobileEconomy 2020 _ SSA_Eng.pdf，accessed：2022-12-15。

移动用户数将增加到 6.14 亿，智能手机连接占比将提高到 65%，移动产业的贡献将达到 1840 亿美元左右①，中非数字经济合作会支持并推动实现这一预期。从中非合作的缩影可以看出，共建数字丝绸之路是以数字化方式造福"一带一路"人民的共同繁荣之路，将有力支持"数字第三世界"实现经济繁荣和产业振兴。

（二）中非合作推进"一带一路"数字治理体系新发展

中非数字经济合作、共建数字丝绸之路，会为双方的数字治理提供新路径和方向。人类社会进入数字时代后，仍面临诸多挑战，数字风险日益增多。单边主义、保护主义、霸权主义也困扰着数字世界，数字鸿沟、数据安全、数字垄断等问题正在阻碍全球数字经济发展与合作。这说明当前全球数字治理体系存在结构性问题，难以满足"数字第三世界"的合理发展诉求。习近平主席于 2020 年 11 月以视频方式出席二十国集团领导人第十五次峰会第一阶段会议并发表重要讲话时强调，面对各国对数据安全、数字鸿沟、个人隐私、道德伦理等方面的关切，我们要秉持以人为中心、基于事实的政策导向，鼓励创新，建立互信，支持联合国就此发挥领导作用，携手打造开放、公平、公正、非歧视的数字发展环境。前不久，中方提出了《全球数据安全倡议》。我们愿以此为基础，同各方探讨并制定全球数字治理规则。②我们应以此重要讲话精神为指引，推动和引领国际数字治理体系持续完善和发展。作为最大的发展中国家和发展中国家最集中的大陆，中非共建数字丝绸之路的方向和成果，同联合国 2030 年可持续发展议程、非盟《2063 年议程》、《非洲数字化转型战略（2020—2030）》高度契合，将促进数字经济各生产要素合规、有序、高效流动融合，为全球数字治理体系发展和完善贡献"中非智慧"和"中非方案"，助力在"一带一路"乃至全球范围内推

---

① "The Mobile Economy Sub-Saharan Africa 2020," GSMA, September 1, 2020, https：//www.gsma.com/mobileeconomy/wp－content/uploads/2020/09/GSMA_MobileEconomy 2020_SSA_Eng.pdf, accessed：2022-12-15.

② 《习近平在二十国集团领导人第十五次峰会第一阶段会议上的讲话》，共产党员网，2020 年 11 月 22 日，https：//www.12371.cn/2020/11/22/ARTI1606011253068442.shtml，最后访问日期：2022 年 6 月 26 日。

进"数字主权"进程、提升数据安全水平、推动标准互认、促进数字公平竞争、填补数字鸿沟，增强"数字第三世界"的话语权。

（三）中非合作打开"一带一路"数字可持续发展新局面

中非数字经济合作、共建数字丝绸之路，会为数字化可持续发展打开新局面。在全球数字经济高速发展的同时，作为"用电大户"的各种数字设施，对全球能源消耗和碳排放形成了一定压力。非洲约50%的地区缺乏电力覆盖，全球近70%的缺电人口位于非洲，将近32%的通信基站部署在无市电或市电不好区域，这些基站仍然由不可再生的电源供电。[1] 习近平主席于2020年9月在第七十五届联合国大会一般性辩论上的讲话中指出，中国将提高国家自主贡献力度，采取更加有力的政策和措施，二氧化碳排放力争于2030年前达到峰值，努力争取2060年前实现碳中和。[2] 这一重要承诺将推动包括新型基础设施在内的各个领域向可持续发展方向努力。

非盟《2063年议程》将提升应对气候变化、实现可持续发展的能力作为重要目标之一。[3] 中非共建数字丝绸之路以可持续发展方针为指引，加快数字基础设施与清洁能源的融合发展，利用非洲丰富的太阳能、水能、地热能、风能，因地制宜地推广数字绿色能源解决方案[4]，将数字技术和绿色技术有机结合，在中非数字经济合作不断实现丰富成果的同时减少非洲数字基础设施能耗及对环境的影响，以数字化和可持续方式推动"一带一路"建

---

① 《共建绿色世界：非洲绿色能源ICT论坛举办》，华为官网，2020年12月2日，https：//www.huawei.com/cn/news/2020/12/huawei-power-digitalization，最后访问日期：2022年6月25日。

② 《习近平在第七十五届联合国大会一般性辩论上的讲话》，共产党员网，2020年9月23日，https：//www.12371.cn/2020/09/23/ARTI1600815270972931.shtml，最后访问日期：2022年6月26日。

③ 《非洲国家积极推动能源绿色转型》，中华人民共和国国务院新闻办公室网站，2021年1月12日，http：//www.scio.gov.cn/31773/35507/35513/35521/Document/1696 805/1696805.htm，最后访问日期：2022年6月25日。

④ 《华为绿色能源解决方案斩获"最佳可持续电源解决方案"大奖》，华为官网，2018年11月14日，https：//www.huawei.com/cn/news/2018/11/huawei-green-energy-solution-awarded，最后访问日期：2022年6月25日。

设高质量发展。

当前,中非共建"一带一路"已进入"工笔画"阶段,中非数字经济合作、共建数字丝绸之路正在迈向提质升级的新发展阶段,应坚持战略思维、系统思维和创新思维,通过数字基础设施投建营一体化、电子商务产业链投资布局、移动互联网本地化运营、扩展数字化转型覆盖范围、增强数字能力建设供给侧力量、推动政策合作等举措推动中非数字经济合作高质量发展,从数字经济发展、数字治理体系完善和数字可持续发展角度为共建"一带一路"提供新动能。2020年以来,中非团结抗疫为数字经济合作带来新机遇,促进了数字技术和解决方案在非洲的普及,以数字化方式为共建"一带一路"增强韧性、激发活力。

作为全球最年轻的大陆,非洲正在同时经历着若干历史性变革趋势,包括数字化、城市化、一体化、工业化等。这些趋势互相叠加和影响,交集汇聚为一股驱动非洲现代化发展的强大力量。数字化作为数字时代非洲的关键进程和先进生产力的代表,与现代化进程相互交织和促进,有力推动非洲成为全球数字经济中迅速崛起的新兴力量。

近年来,习近平主席与多国领导人高度重视发展数字经济,在"一带一路"和中非合作机制下推出诸多举措,促进数字经济合作,得到了各方响应和支持,丰富和发展了共建"一带一路"内涵。在此号召和引领下,践行"一带一路"倡议和中非命运共同体理念的企业不断增加,为中非数字经济合作、共建数字丝绸之路作出了重大贡献,在数字基础设施、电子商务、移动互联网、数字化转型、数字能力建设等领域打造了一批标杆示范项目,取得了丰富的合作成果,进一步丰富了中非全面战略合作伙伴关系的内涵,把握了引领全球经济数字化发展的战略主动权。

习近平主席指出,非洲是共建"一带一路"的历史和自然延伸,是重要参与方。[①] 中非数字经济合作、共建数字丝绸之路,是对习近平主席重要

---

① 《习近平出席中非领导人与工商界代表高层对话会暨第六届中非企业家大会开幕式并发表主旨演讲》,共产党员网,2018年9月3日,https://www.12371.cn/2018/09/03/ARTI1535955292256421.shtml,最后访问日期:2022年6月26日。

指示精神、中国"十四五"规划和 2035 年远景目标的落实，是对联合国 2030 年可持续发展议程、非盟《2063 年议程》的呼应，是对共建"一带一路"、构建中非命运共同体的践行，将高效推进中非数字经济"互联互通"，为南南数字经济合作树立标杆典范，为构建共同繁荣的"一带一路"和更加紧密的中非命运共同体提供新动能。

第十一章　中非共建"一带一路"之
蓝色经济合作

当前，海洋是世界各国争取资源与发展空间的重要舞台，蓝色经济已成为全球经济新增长点之一。近年来，习近平总书记高瞻远瞩地提出了加快建设海洋强国、共建21世纪海上丝绸之路、推动构建海洋命运共同体，为中非蓝色经济合作和中非共建"一带一路"指明了方向、描绘了蓝图、规划了道路。

继续推动海洋强国建设是中国"十四五"时期的重要任务之一。中国要继续强化国际蓝色经济合作，形成蓝色经济的双循环发展格局，建设好21世纪海上丝绸之路，推动构建海洋命运共同体。非洲是"一带一路"的重要组成部分，《"一带一路"建设海上合作设想》明确指出，要加强与非洲等"一带一路"沿线国家的战略对接与共同行动，共建中国—印度洋—非洲—地中海蓝色经济通道。2015年和2018年中非合作论坛峰会成果中也都明确提出要加强中非蓝色经济合作。推动中非蓝色经济合作是落实2018年提出的中非"八大行动"的重要一环；是落实习近平主席在2017年首届"一带一路"国际合作高峰论坛上提出的将"一带一路"建成和平之路、繁荣之路、开放之路、创新之路和文明之路的重要手段和方式。推动中非蓝色经济合作，正在成为中非共建"一带一路"、对接"一带一路"倡议和非盟《2063年议程》的重要手段。

第一节 习近平等党和国家领导人关于蓝色经济 合作的论述及中非相关政策措施

一 习近平等党和国家领导人关于蓝色经济合作和中非蓝色经济合作的科学论述

（一）蓝色经济理念的缘起与发展

蓝色经济是对海洋经济的深化和拓展，该词首次出现于 1999 年加拿大"蓝色经济与圣劳伦斯发展"论坛中，在 2012 年联合国可持续发展大会（Rio+20 峰会）上，蓝色经济正式被写入官方文件。相对于海洋经济概念，蓝色经济更强调发展资源既来自海洋也来自陆地，强调海陆经济一体化；更倡导发展环境友好型海陆一体化经济，可持续发展是其核心理念。从本质上看，蓝色经济是一种新型经济形态，因其内涵更符合现代社会经济发展潮流而得到广泛认可和迅速推动。除 Rio+20 峰会外，欧盟、亚太经合组织等国际组织也是重要的推动力量。中国、美国、印度尼西亚、澳大利亚、太平洋小岛屿发展中国家（Pacific SIDS）和部分非洲国家也是推广蓝色经济理念的重要力量。

中国政府高度重视蓝色经济，早在 2009 年就提出"打造山东半岛蓝色经济区"。党的十八大报告从战略高度对海洋事业发展作出全面部署，提出建设海洋强国，这象征着对蓝色国土的重视达到新高度。党的十九大报告提出加快建设海洋强国，努力在发展海洋经济、建设海洋生态文明和参与全球海洋治理等重点领域实现新突破。《中华人民共和国国民经济和社会发展第十三个五年规划纲要》用一章篇幅专题阐述"拓展蓝色经济空间"，从中央层面对蓝色经济的内涵、外延、发展方向和目标进行了定调；要求发展蓝色经济与区域经济合作和国际经济合作有机衔接。目前，蓝色经济正在中国加快落地实践。

中国非常注重在国际场合推广蓝色经济理念，在提交给 Rio+20 峰会的政府文件中提出了"蓝色经济"概念。[1] 2017 年，中国在联合国海洋可持

---

[1] "Synthesis of National Reports for Rio+20," United Nations, 2012, https：//sustainabledevelopm ent. un. org/content/documents/742RIO+20_ Synthesis_ Report_Final. pdf, accessed：2022-06-27.

续发展大会上提出构建蓝色伙伴关系的倡议，并在全球推广。中国与欧盟建立的蓝色伙伴关系已成为国际海洋合作的成功典范。2010 年，中欧签署《中华人民共和国和欧盟委员会关于在海洋综合管理方面建立高层对话机制的谅解备忘录》，拉开了蓝色经济合作序幕。2017 年是"中国—欧盟蓝色年"，召开了首届中欧蓝色产业合作论坛，论坛倡议建立蓝色产业联盟，在深圳设立"中欧蓝色产业园"，并出台配套政策，深化海洋经济、产业、贸易、科技成果转化等方面的合作。① 2018 年 7 月，中欧签署《关于为促进海洋治理、渔业可持续发展和海洋经济繁荣在海洋领域建立蓝色伙伴关系的宣言》，中欧蓝色伙伴关系正式建立，这是欧盟与域外国家建立的首个蓝色伙伴关系。2019 年 9 月，首届中欧蓝色伙伴关系论坛在比利时召开，双方就海洋治理、蓝色经济、可持续渔业等议题进行了深入交流。此外，中国与葡萄牙于 2017 年签署了《中华人民共和国国家海洋局与葡萄牙共和国海洋部关于建立"蓝色伙伴关系"概念文件及海洋合作联合行动计划框架》，葡萄牙成为第一个与中国正式建立蓝色伙伴关系的欧盟国家。2018 年，中国与塞舌尔签署《中华人民共和国自然资源部与塞舌尔共和国环境、能源和气候变化部关于面向蓝色伙伴关系的海洋领域合作谅解备忘录》。中国与东盟蓝色伙伴关系的建立议程也在推动中：2018 年，在第 21 次中国—东盟领导人会议上提出鼓励中国—东盟打造蓝色经济伙伴关系；2019 年，中国—东盟蓝色经济伙伴关系对话会在中国湛江召开，双方以"蓝色经济伙伴关系"为主题探讨蓝色经济领域合作事宜。在推动共建 21 世纪海上丝绸之路的过程中，蓝色经济正逐步成为国际共识。

（二）习近平等党和国家领导人关于蓝色经济合作的论述

2013 年 7 月 30 日，习近平总书记在中共中央政治局第八次集体学习时强调："发达的海洋经济是建设海洋强国的重要支撑。要提高海洋开发能力，扩大海洋开发领域，让海洋经济成为新的增长点。要加强海洋产业规划

---

① 《首届中欧蓝色产业合作论坛将形成 4 大成果》，中国海洋发展基金会网站，2017 年 12 月 1 日，http：//www.cfocean.org.cn/index.php/index/news/fid/28/id/109.html，最后访问日期：2022 年 12 月 14 日。

和指导，优化海洋产业结构，提高海洋经济增长质量，培育壮大海洋战略性
新兴产业，提高海洋产业对经济增长的贡献率，努力使海洋产业成为国民经
济的支柱产业……要保护海洋生态环境，着力推动海洋开发方式向循环利用
型转变……要发展海洋科学技术，着力推动海洋科技向创新引领型转变……
要维护国家海洋权益，着力推动海洋维权向统筹兼顾型转变。"① 2018 年 6
月 12 日，习近平总书记在青岛海洋科学与技术试点国家实验室考察时强调，
海洋经济发展前途无量。建设海洋强国，必须进一步关心海洋、认识海洋、
经略海洋，加快海洋科技创新步伐②。

　　2013 年，习近平总书记准确把握时代特征，深刻总结世界和中国海洋
事业发展经验，高瞻远瞩，统筹谋篇，提出建设海洋强国。建设海洋强国是
中国特色社会主义事业的重要组成部分，具有重大现实意义和深远历史意义。
他在中共中央政治局第八次集体学习时指出，"建设海洋强国是中国特色社会
主义事业的重要组成部分。党的十八大作出了建设海洋强国的重大部署。实
施这一重大部署，对推动经济持续健康发展，对维护国家主权、安全、发展
利益，对实现全面建成小康社会目标、进而实现中华民族伟大复兴都具有重
大而深远的意义"③。2013 年 8 月 28 日，他在考察大连船舶重工集团海洋工
程有限公司时指出，"海洋事业关系民族生存发展状态，关系国家兴衰安
危。要顺应建设海洋强国的需要，加快培育海洋工程制造业这一战略性新兴
产业，不断提高海洋开发能力，使海洋经济成为新的增长点"④。2017 年 10
月 18 日，他在中国共产党第十九次全国代表大会上作报告时指出，"坚持
陆海统筹，加快建设海洋强国"⑤。在此指导下，中国正向着在海洋开发、

---

① 《进一步关心海洋认识海洋经略海洋　推动海洋强国建设不断取得新成就》，《人民日报》
2013 年 8 月 1 日，第 1 版。
② 《切实把新发展理念落到实处　不断增强经济社会发展创新力》，《人民日报》2018 年 6 月
15 日，第 1 版。
③ 《进一步关心海洋认识海洋经略海洋　推动海洋强国建设不断取得新成就》，《人民日报》
2013 年 8 月 1 日，第 1 版。
④ 《深入实施创新驱动发展战略　为振兴老工业基地增添原动力》，《人民日报》2013 年 9 月
2 日，第 1 版。
⑤ 习近平：《习近平谈治国理政》（第三卷），外文出版社，2020，第 26 页。

海洋利用、海洋保护、海洋管控和海洋安全维护等方面拥有强大综合实力的方向迈进。

在"一带一路"倡议框架下,习近平总书记对共建21世纪海上丝绸之路和蓝色经济国际合作作出了系列科学论述。2013年10月3日,他在印度尼西亚国会演讲时指出,"中国愿同东盟国家加强海上合作,使用好中国政府设立的中国—东盟海上合作基金,发展好海洋合作伙伴关系,共同建设21世纪'海上丝绸之路'"①。在2017年首届"一带一路"国际合作高峰论坛开幕式上,习近平主席指出"我们的先辈扬帆远航,穿越惊涛骇浪,闯荡出连接东西方的海上丝绸之路"②。他还指出,第一,我们要将"一带一路"建成和平之路;第二,我们要将"一带一路"建成繁荣之路;第三,我们要将"一带一路"建成开放之路;第四,我们要将"一带一路"建成创新之路;第五,我们要将"一带一路"建成文明之路。③上述要求是指导与"一带一路"沿线国家开展国际合作的指针。在2019年第二届"一带一路"国际合作高峰论坛开幕式上,他指出:"共建'一带一路'倡议,目的是聚焦互联互通,深化务实合作,携手应对人类面临的各种风险挑战,实现互利共赢、共同发展"④,这深刻地道出了"一带一路"合作的目标和方式。习近平主席在2019年4月23日集体会见出席中国人民解放军海军成立70周年多国海军活动外方代表团团长时指出,"当前,以海洋为载体和纽带的市场、技术、信息、文化等合作日益紧密,中国提出共建21世纪海上丝绸之路倡议,就是希望促进海上互联互通和各领域务实合作,推动蓝色经济发展,推动海洋文化交融,共同增进海洋福祉"⑤,这是对共建21世纪海上丝绸之路的目的的再次阐述。

在建设海洋强国和共建21世纪海上丝绸之路的基础上,习近平总书记

---

① 《携手建设中国—东盟命运共同体——在印度尼西亚国会的演讲》,《人民日报》2013年10月4日,第2版。
② 习近平:《习近平谈治国理政》(第二卷),外文出版社,2017,第506页。
③ 习近平:《习近平谈治国理政》(第二卷),外文出版社,2017,第511~513页。
④ 习近平:《习近平谈治国理政》(第三卷),外文出版社,2020,第490页。
⑤ 习近平:《习近平谈治国理政》(第三卷),外文出版社,2020,第463~464页。

进一步提出了推动构建海洋命运共同体的宏伟目标。2019 年 4 月 23 日，他在集体会见出席中国人民解放军海军成立 70 周年多国海军活动外方代表团团长时指出，"我们人类居住的这个蓝色星球，不是被海洋分割成了各个孤岛，而是被海洋连结成了命运共同体，各国人民安危与共。海洋的和平安宁关乎世界各国安危和利益，需要共同维护，倍加珍惜"①。

除从全局高度进行论述外，习近平总书记还从多个具体工作层面对中国海洋事业和蓝色经济发展作出科学判断。关于海洋安全，他在 2019 年 4 月 23 日集体会见出席中国人民解放军海军成立 70 周年多国海军活动外方代表团团长时指出，"中国坚定奉行防御性国防政策，倡导树立共同、综合、合作、可持续的新安全观"②。关于南海问题，他在 2013 年 7 月 30 日中共中央政治局第八次集体学习时指出，"要坚持'主权属我、搁置争议、共同开发'的方针，推进互利友好合作，寻求和扩大共同利益的汇合点"③。关于海军建设，2019 年 4 月 23 日，他在集体会见出席中国人民解放军海军成立 70 周年多国海军活动外方代表团团长时强调，"中国海军将一如既往同各国海军加强交流合作，积极履行国际责任义务，保障国际航道安全，努力提供更多海上公共安全产品"④。关于海洋生态文明建设，他在 2013 年 7 月 30 日中共中央政治局第八次集体学习时指出，"要把海洋生态文明建设纳入海洋开发总布局之中，坚持开发和保护并重、污染防治和生态修复并举，科学合理开发利用海洋资源，维护海洋自然再生产能力""要下决心采取措施，全力遏制海洋生态环境不断恶化趋势，让我国海洋生态环境有一个明显改观，让人民群众吃上绿色、安全、放心的海产品，享受到碧海蓝天、洁净沙滩。"⑤ 关于海洋科技，他在 2013 年 7 月 30 日中共中央政治局第八次集体

① 习近平：《习近平谈治国理政》（第三卷），外文出版社，2020，第 463 页。
② 习近平：《习近平谈治国理政》（第三卷），外文出版社，2020，第 463 页。
③ 《进一步关心海洋认识海洋经略海洋　推动海洋强国建设不断取得新成就》，《人民日报》2013 年 8 月 1 日，第 1 版。
④ 习近平：《习近平谈治国理政》（第三卷），外文出版社，2020，第 464 页。
⑤ 《进一步关心海洋认识海洋经略海洋　推动海洋强国建设不断取得新成就》，《人民日报》2013 年 8 月 1 日，第 1 版。

学习时指出,"要搞好海洋科技创新总体规划,坚持有所为有所不为,重点在深水、绿色、安全的海洋高技术领域取得突破。尤其要推进海洋经济转型过程中急需的核心技术和关键共性技术的研究开发"①。

上述论述构成了习近平海洋事业和蓝色经济思想体系,形成了完备的海洋发展观,成为中国建设海洋强国、中国同沿线国家共建 21 世纪海上丝绸之路、中国同世界各国共同构建海洋命运共同体的总指针。

在习近平科学论述的启发和带动下,李克强等党和国家领导人也对中国海洋事业和蓝色经济作出了科学论述,这些论述成为中国海洋事业和蓝色经济的具体工作指导。

李克强从政府工作角度对中国海洋事业和蓝色经济作出过多次论述和指示。李克强总理在 2013 年 2 月 7 日视察国家海洋局时指出:"海洋对人类的生存发展至关重要。中国是海洋大国,有辽阔海域,必须高度重视海洋战略。海洋既是能源、资源的巨大宝库,也是地球生态的重要组成部分。我们建设海洋强国,是建设现代化国家的必然要求。要合理开发利用海洋资源,加强海洋生态环境保护,促进蓝色经济持续健康发展"②。

关于建设海洋强国,李克强总理在 2014 年 3 月 5 日在第十二届全国人民代表大会第二次会议上作政府工作报告时指出,"海洋是我们宝贵的蓝色国土。要坚持陆海统筹,全面实施海洋战略,发展海洋经济,保护海洋环境,坚决维护国家海洋权益,大力建设海洋强国"③。2015 年 3 月 5 日,他在第十二届全国人民代表大会第三次会议上作政府工作报告时指出,"我国是海洋

---

① 《进一步关心海洋认识海洋经略海洋 推动海洋强国建设不断取得新成就》,《人民日报》2013 年 8 月 1 日,第 1 版。

② 《李克强:坚决维护国家海洋权益 守护每一片海域》,中国新闻网,2013 年 2 月 7 日,https://www.chinanews.com.cn/gn/2013/02-07/4558144.shtml,最后访问日期:2022 年 6 月 27 日。

③ 《政府工作报告——2014 年 3 月 5 日在第十二届全国人民代表大会第二次会议上》,中国人大网,2014 年 3 月 15 日,http://www.npc.gov.cn/zgrdw/npc/xinwen/2014-03/15/content_1855927.htm,最后访问日期:2022 年 6 月 27 日。

大国，要编制实施海洋战略规划，发展海洋经济，保护海洋生态环境，提高海洋科技水平，强化海洋综合管理，加强海上力量建设，坚决维护国家海洋权益，妥善处理海上纠纷，积极拓展双边和多边海洋合作，向海洋强国的目标迈进"①。

　　在共建 21 世纪海上丝绸之路方面，李克强总理在 2014 年 6 月 20 日的中希海洋合作论坛上指出，"我们愿同世界各国一道，通过发展海洋事业带动经济发展、深化国际合作、促进世界和平，努力建设一个和平、合作、和谐的海洋"②。

（三）习近平对中非蓝色经济合作的论述

　　习近平主席对中非蓝色经济合作、中非共建 21 世纪海上丝绸之路和海洋命运共同体都作出了科学的判断和深刻的论述。习近平主席在 2018 年中非合作论坛北京峰会开幕式上指出："我们要通过这个国际合作新平台，增添共同发展新动力，把'一带一路'建设成为和平之路、繁荣之路、开放之路、绿色之路、创新之路、文明之路……携手打造合作共赢的中非命运共同体。我们要抓住中非发展战略对接的机遇，用好共建'一带一路'带来的重大机遇，把'一带一路'建设同落实非洲联盟《2063 年议程》、联合国 2030 年可持续发展议程以及非洲各国发展战略相互对接，开拓新的合作空间，发掘新的合作潜力，在传统优势领域深耕厚植，在新经济领域加快培育亮点。"③ 上述讲话成为中非蓝色经济合作、共建 21 世纪海上丝绸之路的重要指导。

二　中国落实中非蓝色经济合作的相关政策措施

　　在习近平总书记的科学判断和深刻论述的指导下，我国陆续发布了指导

---

① 《政府工作报告（全文）》，中国政府网，2015 年 3 月 16 日，http：//www.gov.cn/guowuyuan/2015-03/16/content_2835101.htm，最后访问日期：2022 年 12 月 14 日。

② 《李克强在中希海洋合作论坛上的演讲（全文）》，中国政府网，2014 年 6 月 21 日，http：//www.gov.cn/guowuyuan/2014-06/21/content_2705486.htm，最后访问日期：2022 年 6 月 27 日。

③ 《携手共命运 同心促发展——在二〇一八年中非合作论坛北京峰会开幕式上的主旨讲话》，中国政府网，2018 年 9 月 3 日，https：//www.gov.cn/gongbao/content/2018/content_5323084.htm，最后访问日期：2022 年 12 月 14 日。

中国蓝色经济发展和国际蓝色经济合作的系列文件。其中有两部重要的总领性文件：一部是主要用于指导国际蓝色经济合作和共建 21 世纪海上丝绸之路的《"一带一路"建设海上合作设想》，2017 年 6 月由国家发改委和国家海洋局联合发布；另一部是主要用于指导中国蓝色经济发展，也包含部分国际蓝色经济合作相关内容的《全国海洋经济发展"十三五"规划》，2017 年 5 月由国家发改委和国家海洋局联合发布。

关于国际蓝色经济合作和共建 21 世纪海上丝绸之路的相关路径，《"一带一路"建设海上合作设想》提出了明确要求，"围绕构建互利共赢的蓝色伙伴关系，创新合作模式，搭建合作平台，共同制定若干行动计划，实施一批具有示范性、带动性的合作项目，共走绿色发展之路，共创依海繁荣之路，共筑安全保障之路，共建智慧创新之路，共谋合作治理之路"①。该文件还提出了多类具体务实措施，包括加强蓝碳国际合作；加强海洋资源开发利用合作；与沿线国共建海洋产业园区和经贸合作区；加强国际海运合作，完善沿线国之间的航运服务网络，共建国际和区域性航运中心；与沿线各国共同发起海洋科技合作伙伴计划；开展海洋教育与文化交流；建立紧密的蓝色伙伴关系。②《全国海洋经济发展"十三五"规划》提出了具体要求，指出要围绕"21 世纪海上丝绸之路"建设，打造国际国内海上支点，加强海洋产业投资合作和海洋领域国际合作，建立健全海洋经济对外投资服务保障体系，拓展海洋经济合作发展新空间；整合国内沿海港口资源，构筑"21 世纪海上丝绸之路"经济带枢纽和对外开放门户；推进海外航运港口支点建设；实施"走出去"战略，引导涉海企业按照市场化原则建立境外生产、营销和服务网络；开展国际邮轮旅

---

① 《两部门关于印发"一带一路"建设海上合作设想的通知》，中国政府网，2017 年 11 月 17 日，http：//www.gov.cn/xinwen/2017 - 11/17/content_ 5240325.htm，最后访问日期：2022 年 6 月 27 日。

② 《两部门关于印发"一带一路"建设海上合作设想的通知》，中国政府网，2017 年 11 月 17 日，http：//www.gov.cn/xinwen/2017 - 11/17/content_ 5240325.htm，最后访问日期：2022 年 6 月 27 日。

游，与周边国家建立海洋旅游合作网络，促进海洋旅游便利化。①

更多的关于中非蓝色经济合作的政策和举措见于历届"一带一路"国际合作高峰论坛和中非合作论坛成果。2017 年首届"一带一路"国际合作高峰论坛的成果清单中包含了与埃及、肯尼亚等非洲国家合作的港口项目等蓝色经济合作项目。② 2019 年第二届"一带一路"国际合作高峰论坛成果清单中包括，中国与埃及等 13 个国家共同成立"海上丝绸之路"港口合作机制，发布《海丝港口合作宁波倡议》。③ 在 2015 年中非合作论坛约翰内斯堡峰会的论坛成果和行动计划中，有更明确和具体的中非蓝色经济合作相关内容。《中非合作论坛约翰内斯堡峰会宣言》提出："积极开展产业对接和产能合作，共同推动非洲工业化和农业现代化进程。重点加强铁路、公路、区域航空、电力、供水、信息通信、机场、港口等基础设施项目合作和人力资源开发合作等能力建设，优先推进农业和粮食安全、加工制造业、能源资源、海洋经济、旅游、投资、贸易、金融、技术转移等领域互利合作……积极探讨中方建设'丝绸之路经济带'和'21 世纪海上丝绸之路'倡议与非洲经济一体化和实现可持续发展的对接，为促进共同发展、实现共同梦想寻找更多机遇。"④《中非合作论坛——约翰内斯堡行动计划（2016—2018 年）》中有专门的海洋经济章节，其中指出"非方欢迎中方推进'21 世纪海上丝绸之路'，并将非洲大陆包含在内。双方将推进蓝色经济互利合作。加强在近海水产养殖、海洋运输、造船、港口和临港工业区建设、近海油气资源勘探

---

① 《发展改革委　海洋局关于印发全国海洋经济发展"十三五"规划（公开版）的通知》，中国政府网，2017 年 5 月 12 日，http：//www.gov.cn/xinwen/2017 - 05/12/content_5193 213.htm，最后访问日期：2022 年 6 月 27 日。

② 《"一带一路"国际合作高峰论坛成果清单（全文）》，中华人民共和国国务院新闻办公室网站，2017 年 5 月 16 日，http：//www.scio.gov.cn/tt/zdgz/Document/1552246/1552246.htm，最后访问日期：2022 年 12 月 14 日。

③ 《第二届"一带一路"国际合作高峰论坛成果清单（全文）》，中华人民共和国国家互联网信息办公室网站，2019 年 4 月 28 日，http：//www.cac.gov.cn/2019-04/28/c_1124426031.htm？from = singlemessage，最后访问日期：2022 年 6 月 27 日。

④ 《中非合作论坛约翰内斯堡峰会宣言》，中华人民共和国外交部网站，2015 年 12 月 10 日，https：//www.mfa.gov.cn/web/zyxw/201512/t20151210_336016.shtml，最后访问日期：2022 年 6 月 27 日。

开发、海洋环境管理、海洋防灾减灾、海洋科研、蓝色经济发展等方面的经验交流，支持中非企业开展互利合作，帮助非洲培育新的经济增长点。中方将与非洲国家加强海洋领域的交流与技术合作，开展能力建设，积极探讨共建海洋观测站、实验室、合作中心的可行性。鼓励在中非合作论坛框架内建立海洋经济领域的部长级论坛"①。此次峰会期间，中方还发布了《中国对非洲政策文件》，其中提出"拓展海洋经济合作。充分发挥非洲有关国家的丰富海洋资源及发展潜力，支持非洲国家加强海洋捕捞、近海水产养殖、海产品加工、海洋运输、造船、港口和临港工业区建设、近海油气资源勘探开发、海洋环境管理等方面的能力建设和规划、设计、建设、运营经验交流，积极支持中非企业开展形式多样的互利合作，帮助非洲国家因地制宜开展海洋经济开发，培育非洲经济发展和中非合作新的增长点，使非洲丰富的海洋资源更好地服务国家发展、造福人民"②。

在 2018 年中非合作论坛北京峰会的论坛成果和行动计划中，蓝色经济也是重点内容之一。《关于构建更加紧密的中非命运共同体的北京宣言》指出，"非洲是'一带一路'历史和自然延伸，是重要参与方。中非共建'一带一路'将为非洲发展提供更多资源和手段，拓展更广阔的市场和空间，提供更多元化的发展前景。我们一致同意将'一带一路'同联合国 2030 年可持续发展议程、非盟《2063 年议程》和非洲各国发展战略紧密对接，加强政策沟通、设施联通、贸易畅通、资金融通、民心相通"③。《中非合作论坛——北京行动计划（2019—2021 年）》中也包含海洋经济章节，提出"双方认识到海洋经济领域的巨大合作潜力，将共同推进蓝色经济互利合

① 《中非合作论坛——约翰内斯堡行动计划（2016—2018 年）》，中华人民共和国国务院新闻办公室网站，2015 年 12 月 10 日，http：//www.scio.gov.cn/xwfbh/xwbfbh/wqfbh/44687/47414/xgzc47420/Docum ent/1716375/1716375.htm，最后访问日期：2022 年 6 月 27 日。

② 《中国对非洲政策文件（全文）》，中华人民共和国商务部网站，2015 年 12 月 5 日，http：//africanunion.mofcom.gov.cn/article/jmjg/qt/201605/20160501314191.shtml，最后访问日期：2022 年 12 月 14 日。

③ 《关于构建更加紧密的中非命运共同体的北京宣言（全文）》，中国政府网，2018 年 9 月 5 日，http：//www.gov.cn/xinwen/2018-09/05/content_5319301.htm，最后访问日期：2022 年 6 月 27 日。

作。中方将继续在国际海事组织技术合作框架下提供资金和技术援助，帮助非洲国家培养海运人才和加强能力建设，促进海运业可持续发展。双方将加强港口间的交流合作。中方将为非洲国家编制海岸带、海洋经济特区、港口和临港工业区建设以及海洋产业相关规划提供技术援助和支持，支持非洲国家推进港口信息化建设，加强促进蓝色经济的合作，开展投融资合作。双方愿积极考虑共建'中非海洋科学与蓝色经济合作中心'，继续加强在近海水产养殖、海洋运输、船舶修造、海上风电、海上信息服务、海上安全、海洋资源开发利用、海岛保护与管理、海洋科学研究、海洋观测、极地考察等方面合作与交流。双方鼓励中非航海院校和海洋科研机构加强交流合作。中方将通过技术支持、人才培训等方式提升非洲国家海洋领域能力建设。中方支持非方加强海上执法和海洋环境保障能力建设，为海洋资源开发与合作创造良好安全环境，通过发展蓝色经济，推动环境、社会、经济效益高的可持续发展模式"。在"生态保护和应对气候变化"章节中也包含有蓝色经济相关内容，"中方决定为非洲实施 50 个绿色发展和生态环保援助项目，重点加强在应对气候变化、海洋合作、荒漠化防治、野生动物和植物保护等方面的交流合作，共同开展环境保护宣传教育合作"。[①]

在上述政策文件的指引下，中非蓝色经济合作和共建 21 世纪海上丝绸之路进展顺利，双方在蓝色经济领域开展了丰富的官方和非官方的活动，务实项目合作陆续落地，成果丰硕，展现了广阔的前景。

三 非洲对接蓝色经济合作的政策措施

由于蓝色经济与非洲大陆发展理念相契合，非洲大陆成为蓝色经济的重要推动者。非洲区域组织和沿海国家纷纷推出与蓝色经济相关的战略和政策，意图通过海洋资源的管理和利用，实现经济结构的变革与发展。这些战略和政策构成了非洲与中国对接蓝色经济合作的框架。

---

① 《中非合作论坛——北京行动计划（2019—2021 年）》，国家国际发展合作署网站，2018 年 9 月 7 日，http://www.cidca.gov.cn/2018-09/07/c_129949203.htm，最后访问日期：2022 年 6 月 27 日。

在大陆层面上，非盟扮演着非洲蓝色经济战略制定者和推动者的角色。非盟对蓝色经济的定义是海洋经济的可持续发展①，先后出台了一系列战略文件，这些文件为非洲蓝色经济发展指明方向、规划前景、设计蓝图，推动非洲国家达成共识，也成为非洲对接中国蓝色经济合作的政策基础。非盟于2012 年和 2015 年先后出台了《2050 年非洲海洋整体战略》和《2063 年议程》，将发展蓝色经济、建设海洋基础设施纳入非盟总体战略规划和发展议程中。2015 年 10 月，非盟召开首届非洲海洋治理战略会议，与会国一致同意以《2050 年非洲海洋整体战略》和《2063 年议程》为基础制定统一的非洲海洋治理战略。非盟将 7 月 25 日确定为"非洲海洋日"，将 2015～2025 年定义为"非洲海洋的十年"，表明了发展蓝色经济的决心。2016 年 10 月，非盟召开关于海事安全、防卫与发展的特别峰会，非盟主席恩科萨扎娜·德拉米尼-祖马（Nkosazana Dlamini-Zuma）指出，蓝色经济能为非洲带来的与货物和服务相关的产业价值高达数万亿美元，能创造数百万个就业机会，涉及行业包括航运、物流、保险、港口管理、旅游、渔业和水产养殖等多个领域②；峰会通过了《非盟关于海事安全、防卫与发展的宪章》（以下简称《洛美宪章》），首次将蓝色经济可持续发展作为非盟成员国一致的目标付诸行动，标志着非洲蓝色经济领域合作的大跨越。2018 年 11 月，首届可持续蓝色经济会议在肯尼亚举行，会议以蓝色经济和联合国 2030 年可持续发展议程为主题，包括中国在内的 100 多个国家和地区的代表参会，讨论海洋资源的可持续管理、创造就业、消除贫困等议题，指出蓝色经济可以促进一国经济增长和环境保护，有助于联合国 2030 年可持续发展议程目标的实现。作为会议后续行动，2019 年 10 月，非盟农业、农村发展、水和环境技术委

---

① "African Charter on Maritime Security and Safety and Development in Africa（Lomé Charter），" African Union, October 15, 2016, https：//au. int/sites/default/files/treaties/37286 - treaty - african_ charter_ on_ maritime_ security. pdf, accessed：2022-06-27.

② "Statement by H. E. Dr. Nkosazana Dlamini Zuma, AUC Chairperson to the Assembly of Heads of States and Government of the Extraordinary Summit of the African Union on Maritime Security, Safety and Development," African Union, October 15, 2016, https：//au. int/en/speeches/20161015-1, accessed：2022-06-27.

员会第三届会议批准了《非洲蓝色经济战略》，该战略被用于指导非洲蓝色经济的可持续发展和水生资源的利用，于 2020 年 2 月在埃塞俄比亚召开的第 33 届非盟峰会上正式启动。① 《非洲蓝色经济战略》包含 5 个部分：渔业、水产养殖、养护和可持续水生生态系统；航运、贸易、港口、海洋安全和执法；沿海和海洋旅游、气候变化、复原力、环境、基础设施；可持续能源矿产资源与创新产业；政策、制度和治理、创造就业和消除贫穷、创新融资。② 非盟注重加强蓝色经济国际合作，2019 年与挪威合办主题为"释放非洲蓝色经济潜力"的非洲—挪威航运大会，讨论非洲蓝色经济发展制度框架。2021 年起，非盟委员会将首次在农业、农村发展、蓝色经济和可持续发展委员会中设立专门的海事部门。

《2050 年非洲海洋整体战略》《2063 年议程》《洛美宪章》和《非洲蓝色经济战略》是非盟蓝色经济政策框架的核心。《2050 年非洲海洋整体战略》是非盟最早提出的蓝色经济战略，愿景是通过安全和可持续的方式来发展蓝色经济。该战略提出了 12 项目标，分别是建立非洲联合专属海洋区（CEMZA）；提高民间社会和所有利益攸关方对海洋问题的认识；增强社区、国家、区域和大陆各层级发展蓝色经济的政治意愿；通过加强海运容量和能力建设来提高收入，加强区域和国际贸易；确保海上运输系统安全；减少对海洋环境损害，加快灾难恢复；防止海上敌对和犯罪行为；保护居民免受海洋污染、有毒废料和核废料倾倒等造成的伤害；改善非洲综合海岸带管理；促进国际法律文书的批准、本土化和实施；确保区域经济共同体、区域机制内部和彼此间的部门政策协调一致；保护内陆国家的出

---

① "Launch of the Africa Blue Economy Strategy," African Union – Interafrican Bureau for Animal Resources, February 20, 2020, https：//www.au-ibar.org/au-ibar-news/launch-africa-blue-economy-strategy#：~：text = During% 20this% 20year% E2% 80% 99s% 2033rd% 20African% 20Union% 20Summit% 20in，in% 20Addis% 20Ababa% 20on% 208% 20th% 20February% 2C% 202020，accessed：2022-06-27.

② "Africa Blue Economy Strategy," African Union-Interafrican Bureau for Animal Resources, October 2019, https：//www.au-ibar.org/sites/default/files/2020-10/sd_20200313_africa_blue_economy_strategy_en.pdf，accessed：2022-06-27.

海权和货物过境自由。为保障战略的执行，非盟还出台了配套行动计划，对非洲蓝色经济目标、行动路线、领导者、参与机构、预期时间等进行了详细规划。①

《2063 年议程》是非洲未来五十年的发展规划，蓝色经济是其中一项重要内容。《2063 年议程》指出，非洲海域面积是大陆面积的三倍，发展蓝色经济将提高对海洋的认识和海洋水产技术，促进航运业发展，将是推动非洲经济转型增长和工业化的重要动力。非洲应加快蓝色经济发展战略的制定，以此来推动海洋基础设施建设和蓝色经济快速发展。②

《洛美宪章》着力于推进非洲海洋治理。在促进蓝色经济发展方面，该宪章提出各缔约国应加强海洋领域开发；促进渔业和水产养殖业发展；推动海洋旅游业以创造就业和增加收入；制定海洋发展综合人力资源战略；鼓励建立和发展非洲海运公司，创造有利环境，将跨非洲海运列为优先事项，以此提高非洲海洋产业竞争力；加强海洋基础设施建设；保护海洋环境。该宪章还提出，各缔约国应加强相互合作，共同开发领海内的海洋资源。与《2050 年非洲海洋整体战略》相比，《洛美宪章》更强调国家责任，要求非洲各国政府具有高度的政治意愿，提高海洋治理能力。③

《非洲蓝色经济战略》的主要目标是通过增进关于海洋和水生生物技术、环境可持续性、航运业发展、海洋河流和湖泊运输业发展、水域捕捞活动管理、深海矿产和其他资源的认识，指导发展包容性和可持续的蓝色经济，使其成为非洲经济增长和转型的重要贡献者。相比其他文件，该战略聚焦蓝色经济发展路径、技术方案等细节，有助于确保非盟有关蓝色经济的战

---

① "2050 Africa's Integrated Maritime Strategy (2050 Aim Strategy)," United Nations Environment Programme, 2012, https：//wedocs. unep. org/bitstream/handle/20. 500. 11822/10924/oceangovernance_ wg1 _ inf5 _ africa's _ integrated _ maritime _ strategy _ 2050. pdf? sequence = 1&amp%3BisAllowed = , accessed：2022-06-27.

② "Agenda 2063：The Africa We Want," African Union, September 2015, https：//au. int/sites/default/files/documents/36204-doc-agenda2063_ popular_ version_ en. pdf, accessed：2022-06-27.

③ "African Charter on Maritime Security and Safety and Development in Africa (Lomé Charter)," African Union, October 15, 2016, https：//au. int/sites/default/files/treaties/37286 - treaty - african_ charter_ on_ maritime_ security. pdf, accessed：2022-06-27.

略和政策的落地实施。①

非洲沿海国家扮演着非盟蓝色经济发展战略和政策的执行者的角色，南非、塞舌尔、毛里求斯、佛得角等国都发布了蓝色经济相关政策。南非于2014年出台了名为"帕基萨行动"（Operation Phakisa）的蓝色经济发展战略，塞舌尔于2018年出台了《蓝色经济战略政策框架和路线图：规划未来（2018—2030）》，毛里求斯于2013年发布了《海洋经济路线图》，佛得角于2015年出台了《蓝色增长促进宪章》。各国都注重与非盟整体战略的衔接，这些政策也构成了与中国开展蓝色经济合作的基础，其中的重点内容成为与中国开展蓝色经济合作的重点领域。

第二节　中非蓝色经济发展现状、互补性及合作成就

一　蓝色经济是非洲海洋治理的核心内容之一

非洲的海洋治理关注海上安全和航运发展。非洲首个正式的海洋治理文件于1994年出台。非洲统一组织在这一年发布了《非洲海洋交通宪章》，认为非洲海洋领域的薄弱性体现在对海上运输的低度参与，因此需要加强非洲的海洋合作，包括设立区域性组织和国家海洋机构，解决阻碍海运部门发展的问题，加强海洋运输以推动经济发展。②《非洲海洋交通宪章》是关于非洲航运的关键政策文件，有助于指导非洲海洋运输的发展，同时也将海洋安全和安保纳入考量。2010年非盟又发布了修正版，其在目标方面强调海洋安全。③整体而言，这一时期的海洋治理内容较为单一，且缺乏整体的治理框架。

---

① "Africa Blue Economy Strategy," African Union-Interafrican Bureau for Animal Resources, October 2019, https：//www. au-ibar. org/sites/default/files/2020-10/sd_20200313_africa_blue_economy_strategy_en. pdf, accessed：2022-06-27.

② "African Maritime Transport Charter," July 26, 1994, https：//au. int/sites/default/files/treaties/37306-treaty-0017_-_african_maritime_transport_charter_e. pdf, accessed：2022-06-27.

③ "Revised African Maritime Transport Charter," African Union, July 26, 2010, https：//au. int/sites/default/files/treaties/7797-treaty-0041_-_revised_african_maritime_transport_charter_e. pdf, accessed：2022-06-27.

近年来，非洲对海洋治理的重视程度不断上升，非盟和不少非洲国家政府相继颁布与海洋治理议程相关的文件。尤其是作为地区政府间组织的非盟，出台了与海洋治理相关的纲领性文件。从治理客体上看，当前非洲的海洋治理集中于蓝色经济与海洋安全两方面。非洲智库指出，蓝色经济与海洋安全是非洲海洋治理的中心。① 海洋安全是蓝色经济的推动者，涉及航线以及管辖海域内海洋资源和活动的保护。同时，蓝色经济扩大将对海上安全能力提出更高要求，反过来推动国家对其加大投入。② 海洋治理是非盟《2050年非洲海洋整体战略》和《2063年议程》的重要部分，《洛美宪章》是非洲海洋治理的里程碑文件。海洋治理在该宪章第三部分得到了阐述，该部分要求各国保持海洋善治，强调国家对航行安全的责任。该宪章认为大多数非洲国家正在努力改善海洋治理，但需要达到更高的治理标准，例如在海洋边界划定以及航行安全领域。③ 非洲的海洋安全治理举措可以分为两类，一是选择性地参与大国组建的国际海上安全机制，保护航线安全；二是非盟和部分非洲国家开始构建区域性安全合作机制。

蓝色经济是非洲海洋治理的另一项主要内容，且在非洲经济发展中的占比正在提升。非盟对蓝色经济的定义为海洋经济的可持续发展，方式是利用区域发展把海洋用于实现经济目的，包括但不限于渔业、采矿、能源、水产养殖和海洋运输、保护海洋并提高社会福利。④ 根据非洲国家发展的现实情况，非洲蓝色经济的主要产业包括海洋运输、港口建设运营、海洋渔业、海

① Ernesta Swanepoel, "The Nexus Between Prosperity in the African Maritime Domain and Maritime Security," South African Institute of International Affairs, July 31, 2017, https://saiia.org.za/wp-content/uploads/2017/07/Policy-Briefing-163.pdf, accessed：2022-06-27.

② Michelle Voyer, Clive Schofield, Kamal Azmi, Robin Warner, Alistair McIlgorm and Genevieve Quirk, "Maritime Security and the Blue Economy：Intersections and Interdependencies in the Indian Ocean," Journal of the Indian Ocean Region, Vol.14, No.1, 2018, pp.28-48.

③ "African Charter on Maritime Security and Safety and Development in Africa (Lomé Charter)," African Union, October 15, 2016, https://au.int/sites/default/files/treaties/37286 - treaty - african_charter_on_maritime_security.pdf, accessed：2022-06-27.

④ "African Charter on Maritime Security and Safety and Development in Africa (Lomé Charter)," African Union, October 15, 2016, https://au.int/sites/default/files/treaties/37286 - treaty - african_charter_on_maritime_security.pdf, accessed：2022-06-27.

洋油气业和滨海旅游业。从非洲主要的政策文件看，各国普遍将海洋运输和港口建设运营作为蓝色经济的重点及蓝色经济治理的重要内容，它们也是非洲国家对外蓝色经济合作的最关键领域。非洲的蓝色经济治理举措分为两类。第一，通过公开招标吸引外部投资，改善非洲港口在基础设施建设方面的落后状况。港口为非洲贸易提供门户，其竞争力和在全球供应链中的地位决定了非洲改善进出口的能力。基于此，非洲国家大力开展港口建设项目，提升港口运行能力。比如为了发展蓝色经济，南非通过南非国家工业发展公司和南非开发银行批准资金，用于港口基础设施项目。[1] "蓝色经济"议程的核心内容是使非洲海运和港口等基础设施实现现代化，提高其可靠性和效率，从而将非洲经济与国家、区域和全球价值链对接起来。[2]

第二，在现有平台基础上，提高区域蓝色经济连通性。《2050年非洲海洋整体战略》提出建立非洲联合专属海洋区，旨在促进非洲国家间贸易，取消或简化非盟内部海上运输的行政程序，使其更具吸引力、效率和竞争力。[3] 2014年，在卢旺达首都基加利召开的非洲开发银行年会上，蓝色经济成为众多非洲国家代表关注的焦点，会上讨论了通过建立相关基础设施来最大化蓝色经济潜力的途径。此外，南部非洲发展共同体发布的《工业化战略和路线图（2015—2063）》将"蓝色经济"确定为发展工业化所需基础设施的主要内容，尤其是对港口升级和海运发展的投资，能够促使航运网络成为区域和全球价值链的有力推动者。[4] 该组织正在制订"区域蓝色经济战

---

[1] "South Africa's Ocean Economy," South African Government, 2016, https：//www.gov.za/ sites/default/files/gcis_ document/201706/saoceaneconomya. pdf, accessed：2022-06-27.

[2] "Africa's Blue Economy：A Policy Handbook," United Nations Economic Commission for Africa, March 2016, https：//archive. uneca. org/sites/default/files/PublicationFiles/blue-eco-policy-handbook_eng_1nov. pdf, accessed：2022-06-27.

[3] "2050 Africa's Integrated Maritime Strategy（2050 Aim Strategy），" United Nations Environment Programme, 2012, https：//wedocs. unep. org/bitstream/handle/20. 500. 11822/10924/oceangov ernance_ wg1 _ inf5 _ africa's _ integrated _ maritime _ strategy _ 2050. pdf？sequence = 1&amp% 3BisAllowed =, accessed：2022-06-27.

[4] "SADC Industrialization Strategy and Roadmap 2015 - 2063," Southern African Development Community, April 29, 2015, https：//www. sadc. int/sites/default/files/2021 - 05/Repriting_ Final_ Strategy_ for_ translation_ 051015. pdf, accessed：2022-06-27.

略",旨在以可持续的方式充分发挥海洋活动潜力。1997 年成立的环印度洋联盟中有 9 个非洲国家,近年来以南非为代表的非洲国家在此机制下加深了有关蓝色经济的沟通交流。自 2015 年 5 月起,南非担任环印度洋联盟轮值副主席国,同年在德班举办了首届环印度洋联盟蓝色经济核心小组研讨会。南非认为环印度洋联盟的优先发展领域符合"海洋经济战略",因此应将该战略与环印度洋联盟的蓝色经济核心目标结合起来。[①]

二 中国蓝色经济发展基本情况

进入 21 世纪,中国蓝色经济加速发展。从总量来看,中国蓝色经济总规模在国际上处于领先地位,2020 年全国海洋生产总值约为 8 万亿元,占沿海地区生产总值的比重约为 14.9%。但从产业结构、生产效率等层面衡量,中国各主要蓝色产业发展情况不尽相同。2020 年中国海洋渔业增加值约 4712 亿元,总量上处于全球领先地位;远洋渔业增长较快,已形成显著经济效益、社会效益和生态效益;但海洋渔业企业实力不强,产业结构不完善,技术能力有限,市场开拓和品牌建设能力较弱,在远洋产品增值和利润实现环节缺乏话语权。2020 年中国海洋原油产量约 5164 万吨,海洋天然气产量约 186 亿立方米,海洋油气业增加值约 1494 亿元。中国是世界海洋石油生产大国,建成了完整的海洋石油工业体系,在海洋石油勘探开发、工程技术、大型装备建造等领域居世界前列,但同时存在海洋油气资源探明程度低、新增探明储量经济性差、生产成本高、技术创新力不足、开发过度集中于近海等问题。2020 年中国规模以上海洋船舶企业增加值约 1147 亿元;2019 年造船手持订单量 8166 万载重吨,完工量 3672 万载重吨,新接订单量 2907 万载重吨,居国际领先地位。但中国仍以中低端船舶建造为主,高技术船舶建造水平和订单量都与国际最高水平有较大差距,在技术标准、产

---

① "International Cooperation, Trade and Security (ICTS) Cluster on Work Done in the First Quarter of 2017," The Government Communication and Information System, July 31, 2017, https://www.gcis.gov.za/newsroom/media-releases/international-cooperation-trade-and-security-icts-cluster-work-done-first, accessed: 2022-06-27.

业规则制定等方面缺乏发言权。中国海洋工程装备制造订单量居世界前列，但以中低端产品为主，技术和管理水平与国际最高水平差距明显，且中低端装备已经产能过剩。欧美公司垄断着海洋工程装备设计、工程总包及关键配套设备生产；日本、韩国和新加坡在总装建造领域居领先地位。中国海运总量规模，液体散货、干散货和集装箱三大专业化船队规模均居世界前列，有一批竞争力较强的海运企业。2019 年增加值约 6427 亿元，2020 年受疫情影响，全年增加值约 5711 亿元。但五星红旗船队规模偏小，运力结构、专业化船队、技术水平有待提高，海运产业链不完整，对国际海运通道影响力小。中国港口吞吐量居全球前列，但海运服务贸易长期处于逆差；船代、货代、供应等中低端服务业发展较快，海洋金融、保险、海事仲裁、海洋信息服务、海事经纪等附加值较高的高端服务业处于起步阶段。中国滨海旅游业规模大、游客多，但缺乏高端海洋旅游产品，国际游客偏少，滨海地区环境污染和景观破坏严重，海洋特色文化尚未形成。[①]

三　非洲蓝色经济发展基本情况

在非洲 54 个国家中，有 38 个是沿海国家或岛国，海岸线全长 4.7 万千米，专属经济区面积为 1300 万平方千米，包括领海和 650 万平方千米的大陆架。超过 1/4 的非洲人口生活在距海岸 100 千米的范围内并靠海谋生。非洲为世界主要海上航道所环绕，这为非洲提供了发展国际贸易的巨大优势。非洲大陆超过 90% 的进出口由海运实现，且运输商品以石油和天然气为主。2016 年，有专家预估，非洲海岸线拥有每年价值 1 万亿美元的海洋产业。尽管非洲具有得天独厚的发展条件，但长期忽视蓝色经济，蕴藏的资源和经济潜力尚未得到充分挖掘。

非洲的蓝色经济涵盖水域和海洋空间，包括海洋、海岸、湖泊、河流和

---

① 《2019 年中国海洋经济统计公报》，中华人民共和国自然资源部网站，2020 年 5 月 9 日，http：//gi.mnr.gov.cn/202005/t20200509_2511614.html，最后访问日期：2022 年 6 月 27 日；《2020 年中国海洋经济统计公报》，中华人民共和国自然资源部网站，2021 年 3 月 31 日，http：//gi.mnr.gov.cn/202103/t20210331_2618719.html，最后访问日期：2022 年 6 月 27 日。

地下水，内容囊括渔业、水产养殖、旅游、运输、造船、能源、生物勘探、水下采矿和相关活动等一系列生产部门。[①] 重要产业包括海洋渔业、海运港口、滨海旅游业和海洋油气业；各国普遍将港口建设作为发展重点和对外合作的关键领域。

非洲海洋资源丰富，海洋生物资源充足，拥有丰富的生物多样性。东部非洲海域物种多样性高，有 1.1 万余种海洋物种，包括鱼类 1500 余种、珊瑚 200 余种、螃蟹 300 余种、海参 100 余种、海藻 1000 余种、海绵数百种和软体动物 3000 余种；60%~70%的海洋物种只分布在印度洋和太平洋，10%~15%的海洋生物为东部非洲海域特有。东部非洲海域的生态环境包括珊瑚礁、红树林、沙丘、海草床。[②] 西部非洲海域有 1000 多种鱼类，佛得角、冈比亚、几内亚、几内亚比绍、毛里塔尼亚和塞内加尔的海滩是 5 种海龟的重要筑巢地，其中佛得角是世界上最重要的珊瑚礁保有区之一，为多种海洋生物提供了栖息地，是世界上最多元化和最重要的渔区之一。西部非洲海域还生活着 100 只僧海豹，是地球上现存最大的僧海豹繁殖地。[③] 南部非洲海域拥有丰富的海洋环境和海洋生态系统，有至少 1.1 万种海洋动植物。南部非洲海域位于印度洋和大西洋的交汇处，具有丰富的生物栖息地；有 270 个鱼类科，占已知海洋鱼类科的 83%，鱼类约 2200 种，约占世界海洋鱼类总数的 15%，其中 13%的鱼类是当地特有的，这一比例在世界所有海域中最高，36%的无脊椎动物也是当地特有的。[④]

非洲海洋渔业资源丰富，海洋渔业是基础性蓝色产业。渔业贸易是非洲

[①] "Africa's Blue Economy: A Policy Handbook," United Nations Economic Commission for Africa, March 2016, https://archive.uneca.org/sites/default/files/PublicationFiles/blue-eco-policy-handbook_eng_1nov.pdf, accessed: 2022-06-27.

[②] "Diversity in the East African Marine Ecoregion," World Wide Fund For Nature, https://wwf.panda.org/knowledge_hub/where_we_work/east_african_coast/area/background/_index/diversity_eame/, accessed: 2022-06-27.

[③] "About the Area," World Wide Fund For Nature, https://wwf.panda.org/knowledge_hub/where_we_work/west_africa_marine/area/, accessed: 2022-06-27.

[④] Rudy can der Elst, "Marine Life of Southern Africa," Enviropaedia, http://enviropaedia.com/topic/default.php? topic_id=156, accessed: 2022-06-27.

沿海国家重要的收入来源，鱼类产品是非洲人重要的食物来源，为非洲 2 亿多人提供了重要的粮食和收入来源。有学者认为，加蓬和加纳等鱼类供应量较高的国家发生饥荒的概率较低，而布隆迪、厄立特里亚和埃塞俄比亚等鱼类供应量极低的国家发生饥荒的概率则较高。[1] 非洲各次区域间的海洋渔业资源差异明显，西部、中部和南部非洲渔业资源更丰富。目前，东部非洲地区大部分鱼类资源处于充分捕捞利用状态，中部非洲地区海洋生态系统结构功能逐渐遭到破坏。[2] 2018 年，非洲渔业总产量约 1000 万吨，增加值约210 亿美元，占非洲国内生产总值的 1.26%。其中，海洋个体渔业增加值81 亿美元，海洋工业渔业和内陆渔业增加值分别为 68 亿美元和 63 亿美元，海洋工业渔业占比较低，显示出发展水平的滞后。工业渔业是南部非洲的主要经济来源，南非鲍鱼产量占全球总产量的 21%。[3] 手工捕捞渔业是西部非洲蓝色经济增长的主要驱动力，在加纳、毛里塔尼亚和塞拉利昂等国尤其重要。2018 年，非洲渔业部门雇用的人数约为 1300 万，其中 700 万名为渔民，600 万名为加工者。非洲水产养殖业增长较快，2006～2018 年年均增长10%以上，但总规模仍然很小，年增加值约 27.7 亿美元。[4]

海运港口业是非洲的支柱性蓝色产业。非洲有全球重要的海上商业通道，包括好望角、苏伊士运河等。天然优越的地理位置为其发展海运业提供了可能，非洲 90%以上的贸易通过海上运输进行，主要运输产品包括原油、矿产品、农产品和机械产品等。2017 年非洲海运货物中 40%为原油，超过2/3 的进口货物为干散货和集装箱货物，近 20%的进口货物为石油产品和天

① Essam Yassin Mohammed, "Painting Africa's Economy Blue," International Institute for Environment and Development, July 22, 2015, https://www.iied.org/painting-africas-economy-blue, accessed: 2022-06-27.

② 房俊晗、任航、罗莹、张振克：《非洲沿海国家海洋渔业资源开发利用现状》，《热带地理》2019 年第 2 期，第 288～297 页。

③ "Fisheries: Facts and Trends, South Africa," World Wide Fund for Nature, 2011, https://wwfafrica.awsassets.panda.org/downloads/wwf_a4_fish_facts_report_lr.pdf, accessed: 2022-06-27.

④ "Africa Blue Economy Strategy," African Union-Interafrican Bureau for Animal Resources, October 2019, https://www.au-ibar.org/sites/default/files/2020-10/sd_20200313_africa_blue_economy_strategy_en.pdf, accessed: 2022-06-27.

然气。非洲海运业增长较快，2013～2018 年，集装箱港口运输量年均增长 8%，高于全球平均水平的 5%；预计到 2063 年，港口运输量将超过 20 亿吨。① 非洲是世界最大的航运注册地之一，利比里亚是仅次于巴拿马的世界第二大船舶登记国，在册船舶数量占全球商船总数的 13%；利比里亚以优质可靠的海事监管和船旗服务赢得全球美誉。2018 年 4 月，非盟委员会召开了主题为"扩大非洲航运业的全球份额，积极加入国际海事组织"的首届非洲船东峰会，将"港口业务和海上运输"确定为发展蓝色经济目标下的优先领域，启动了非洲航运业十年发展路线图，目标是将港口航运业务对 GDP 的贡献增加两倍。② 总体上，非洲海运港口规模仍较小，基础设施、技术和管理水平较低。根据《2019 年海运报告》，非洲 2018 年的海运货物装载量和卸货量分别为 7.672 亿吨和 5.163 亿吨，分别占全球的 7% 和 4.7%。③ 2019 年，非洲只有 3 个港口排在世界港口前 100 位。非洲港口只处理了全球海运货物运输量的 6%、全球集装箱运输量的 3%。④ 国际海事组织理事会中，非洲国家始终未能入选在国际航运中具有最大利益的 A 类理事国、在国际海上贸易中具有最大利益的 B 类理事国，在海运具有特殊利益的 C 类理事国中，仅有肯尼亚和南非是常任成员国。⑤ 非洲的航运连通性低于全球平均水平，主要港

---

① "Africa Blue Economy Strategy," African Union-Interafrican Bureau for Animal Resources, October 2019, https：//www. au－ibar. org/sites/default/files/2020－10/sd_20200313_africa_ blue_economy_strategy_en. pdf, accessed：2022－06－27.

② "The African Shipowners Summit 2018：Commissioner Muchanga Calls on AU Member States to Become Members of the International Maritime Organization and Urges African Entrepreneurs to Increase Investments in African Shipping and Maritime Sectors," African Union, April 24, 2018, https：//au. int/en/pressreleases/20180424/african－shipowners－summit－2018－commissioner－ muchanga-calls-au-member-states, accessed：2022－06－27.

③ "Review of Maritime Transport 2019," United Nations Conference on Trade and Development, November 1, 2019, https：//unctad. org/system/files/official － document/rmt2019 _ en. pdf, accessed：2022－06－27.

④ "2050 Africa's Integrated Maritime Strategy（2050 Aim Strategy），" United Nations Environment Programme, 2012, https：//wedocs. unep. org/bitstream/handle/20. 500. 11822/10924/oceangov ernance _ wg1 _ inf5 _ africa's _ integrated _ maritime _ strategy _ 2050. pdf? sequence = 1&amp% 3BisAllowed =, accessed：2022－06－27.

⑤ 郑海琦、张春宇：《非洲参与海洋治理：领域、路径与困境》，《国际问题研究》2018 年第 6 期，第 104～117 页。

口之间缺乏联动，与国际航线连接最紧密的是摩洛哥、埃及和南非等国，其次是吉布提、多哥和毛里求斯等国。[①] 大部分港口只提供装卸、仓储及初级工商服务，高端服务业基本处于空白；港口设施老旧，效率低下，海运成本居高不下；港口集疏运体系不健全，港城发展矛盾突出。非洲需要加大对港口投资，升级港口基础设施，重点发展枢纽港，德班、阿比让和蒙巴萨最有可能成为南部非洲、西部非洲和东部非洲的主要枢纽。[②]

非洲港口发展的一个重大障碍是海洋安全问题带来的挑战。非洲大多数海港都位于经济中心，当地居民的低生活水平会影响港口安全形势。[③] 许多非洲港口没有达到《国际船舶和港口设施保安规则》（ISPS）的要求。根据美国海岸警卫队 2015 年发布的《港口安全咨询》（Port Security Advisory），有 10 个非洲国家没有正确实施《国际船舶和港口设施保安规则》，西部非洲和中部非洲有 7 个国家因未通过港口功能测试而被纳入"黑名单"。[④]

海洋油气业也是非洲的支柱性蓝色产业，但非洲主要扮演资源供给方的角色。非洲油气资源丰富，2018 年底石油探明储量约为 166 亿吨，约占全球的 6.8%，2017 年底天然气探明储量约为 14.4 万亿立方米，约占全球的 7.3%[⑤]，海洋油气资源在其中占有相当的比例。根据国际能源署（IEA）的数据，与海洋事务有关的能源活动年经济价值在 2020 年约为 25 亿欧元。沿西部非洲海岸线有 15 个沉积盆地，由北向南可分为三部分：北部为阿尤

---

① "Maritime Trade and Africa," United Nations Conference on Trade and Development, October 3, 2018, https：//unctad. org/en/pages/PressRelease. aspx？ OriginalVersionID = 476, accessed：2022-06-27.

② "Strengthening Africa's Gateways to Trade," Pricewaterhouse Coopers, April 2018, https：//www. pwc. co. za/en/assets/pdf/strengthening-africas-gateways-to-trade. pdf, accessed：2022-06-27.

③ Barthélemy Blédé, "Safeguarding Africa's Seaports to Safeguard Its Economies," Institute for Security Studies, July 26, 2016, https：//issafrica. org/iss - today/safeguarding - africas - seaports-to-safeguard-its-economies, accessed：2022-06-27.

④ Barthélemy Blédé, "No Shortcuts in Ship and Port Security," Institute for Security Studies, November 7, 2014, https：//issafrica. org/iss-today/no-shortcuts-in-ship-and-port-security, accessed：2022-06-27.

⑤ 《2019 年 BP 世界能源统计年鉴》，2019，第 14、30 页。

恩-塔尔法亚盆地、塞内加尔盆地、利比里亚盆地和科特迪瓦盆地；中部为尼日尔三角洲盆地、加蓬盆地、下刚果盆地和宽扎盆地；南部为纳米比亚和西南非洲沿海盆地。其中，中部盆地油气储量最丰富。[①] 尼日利亚油气勘探活动集中在深海和超深海域，尼日尔三角洲、贝宁湾海域、几内亚湾和博尼海湾等都有较大的原油储量。20 世纪 90 年代，安哥拉发现了大型深海油气田，安哥拉大部分石油产量来自卡宾达沿岸的近海油田和下刚果盆地的深海油田。加纳、塞拉利昂、科特迪瓦和利比里亚等西部非洲国家的海洋石油勘探开发正如火如荼。[②] 20 世纪末以来，东部非洲沿海的莫桑比克、乌干达、肯尼亚等国不断发现新的油气资源，成为世界海洋油气开发新热点。[③] 非洲海域因其丰富的能源和矿产资源已成为不少国际能源巨头投资的目标。部分海域一直在进行离岸开采。但由于海洋油气开发成本高、技术难度大，在非洲从事海洋油气勘探开发，尤其是深海油气开发的主要是国际油气巨头，非洲作为资源供给方，仅享受小比例利益分配，在深海领域更是主要扮演旁观者角色。

滨海旅游业是非洲重要的蓝色产业，是部分沿海国家和岛屿国家（如塞舌尔、佛得角等）的支柱产业。2018 年，非洲滨海旅游业增加值约为 800 亿美元，占非洲国内生产总值的 3.4%，提供就业岗位 2400 万个。非洲大部分沿海地区的旅游资源开发程度较低，有明显的增长潜力。预计到 2030 年，非洲滨海旅游业的增加值将突破 1000 亿美元，将提供就业岗位 2800 万个。[④] 但非洲滨海旅游业的发展前景受政局稳定、恐怖主义、营商环境、气候变化、海洋酸化、塑料污染等诸多因素制约，存在较大的不确定性。

---

① Zhang Gongcheng, et al., "Giant Discoveries of Oil and Gas Fields in Global Deepwaters in the Past 40 Years and the Prospect of Exploration," *Journal of Natural Gas Geoscience*, February 2019, p. 7.

② Simon Flowers, "Unlocking Investment for Deepwater Projects, Signs of Life in West Africa," Wood Mackenzie, June 5, 2018, https：//www.woodmac.com/news/the-edge/signs-of-life-in-west-africa/, accessed：2022-06-27.

③ 张春宇：《东非石油大发现的影响和我国的对策》，《亚非纵横》2013 年第 5 期，第 5~11 页。

④ "Africa Blue Economy Strategy," African Union-Interafrican Bureau for Animal Resources, October 2019, https：//www.au-ibar.org/sites/default/files/2020-10/sd_20200313_africa_blue_economy_strategy_en.pdf, accessed：2022-06-27.

南非、塞舌尔和毛里求斯创新路径，推动蓝色经济发展，落实非盟提出的蓝色经济发展目标和愿景，是非洲国家中蓝色经济的先行者和引领者，初步形成了现代意义上的蓝色经济体系；其他非洲沿海国家尚未形成蓝色经济体系，多基于自身禀赋和需求发展优势产业。

四　非洲蓝色经济发展困境及与中国在蓝色经济领域的互补性

非洲蓝色经济治理存在治理"碎片化"问题，且面临债务压力增大的风险。"碎片化"主要体现在非洲沿岸国家缺乏整合蓝色经济的框架，且各国存在相互竞争。非洲还没有建立政府间蓝色经济合作的机制，主要依赖现有平台进行合作。非洲联合专属海洋区尚未建立，且成功实施的难度大。在2018年6月7日召开的首届非洲蓝色经济论坛上，世界海洋理事会主席保罗·霍尔萨斯（Paul Holthus）表示，非洲发展海洋经济面临的挑战是如何建立一个基于安全、法治和具有基础框架的配套政策的稳定环境。[1] 比如，东部非洲各国政府正加大区域海洋活动的竞争力度，其中肯尼亚、坦桑尼亚和吉布提的竞争尤其激烈。肯尼亚的蒙巴萨港通过建造新的泊位应对来自邻国坦桑尼亚的竞争，因为蒙巴萨港的区域市场份额正流向坦桑尼亚。坦桑尼亚港务局官员表示，坦桑尼亚和肯尼亚为同样的内陆国家服务，企业将选择能以最快速度处理货物的设施，因此坦桑尼亚必须努力改善港口以吸引企业。[2] 相应的，坦桑尼亚宣布出资100亿美元用于巴加莫约港项目，旨在将其建设为非洲大陆最现代化的港口之一。吉布提在过去三年中建设了价值超过6.5亿美元的3个新港口。[3] 各国之间在港口活动方面的竞争将成为现

[1] "Africa's Blue Economy: An Overlooked Opportunity?" African Business, July 16, 2018, https://african.business/2018/07/economy/africas-blue-economy-an-overlooked-opportunity, accessed: 2022-06-27.

[2] "Kenya Fights off Port Competition," The Herald, August 22, 2013, https://www.herald.co.zw/kenya-fights-off-port-competition-2/, accessed: 2022-06-27.

[3] Allan Olingo, "Race to Modernise East Africa's Marine Infrastructure Starts in Earnest," The East African, April 28, 2018, http://www.theeastafrican.co.ke/business/Modernising-East-Africa-marine-infrastructure/2560-4535152-p2rtua/index.html, accessed: 2022-06-27.

实，从长远看，可能导致一些港口的活动减少。①

海洋安全和蓝色经济治理的不足导致非洲在海洋治理体系中的位置边缘化，往往只能"追随"他国制定的规则。议程设置体现了一国的权力地位。由于非盟没有足够的能力处理技术性问题，也没有能力按照标准和在一定时间内跟踪和执行来自非洲大陆或区域机构的大量决议和行动，非洲在海洋上往往没有行动或十分被动。② 在新兴治理议题方面，非洲也处于落后位置。国际海底管理局秘书长迈克·劳治（Michael Lodge）对非洲国家近年来在海底矿产开发中缺乏参与表示关注。他于2015年指出，在国际海底管理局批准的26份深海勘探合同中，14份是与亚太国家赞助的承包商签订的，7份是与西欧国家赞助的承包商签订的，4份是与东欧国家赞助的承包商签订的，1份是与拉美和加勒比国家赞助的承包商签订的，但没有收到非洲国家赞助的申请。③

为发展蓝色经济，形成新的经济增长点，同时提高在国际海洋领域的话语权，非盟和非洲国家都有发展蓝色经济的强烈意愿，但由于经济上长期落后，非洲在蓝色经济发展方面处于弱势地位，仅依靠自身难以满足既定目标，需要寻求对外合作，提升在国际和地区海洋事务中的话语权。非洲蓝色经济的对外合作需求既包括应对全球和地区海洋问题，获得外部行为体的提供的海洋公共产品，也包括获取资金和技术，保持与外部行为体的互利的蓝色经济关系。

在全球层面，非洲寻求与外部国家和国际组织合作，应对气候变化对蓝

---

① Robert Barnes, "Africa Embarks on Massive Expansion of Sea Ports," Construction Review, September 9, 2015, https：//constructionreviewonline.com/2015/04/sea-ports-expansion-in-africa/, accessed：2022-06-27.

② Frank Van Rooyen, "Africa and the Geopolitics of the Indian Ocean," South African Institute of International Affairs, February 28, 2011, https：//saiia.org.za/wp-content/uploads/2011/02/Occasional-Paper-78.pdf, accessed：2022-06-27.

③ Anine Kilian, "African States Urged to be More Involved as Seabed Mining Regulations Are Drawn Up," Mining Weekly, August 7, 2015, http：//www.miningweekly.com/article/african-states-urged-to-be-more-involved-as-seabed-mining-regulations-are-drawn-up-2015-08-07-1, accessed：2022-06-27.

色经济的威胁。在地区层面,非洲寻求与外部行为体合作,应对非法捕捞、海洋塑料污染等正在浮现的海洋安全和环境问题。在国家层面,非洲的需求集中于从外部获取资金和技术来发展海洋运输业和海洋能源业。目前不少国家和国际组织已经与非洲国家开展了双边和多边合作,但现有的外部合作不能满足非洲的发展需求,这为中国与非洲开展蓝色经济合作提供了机遇。非洲蓝色经济规模大、范围广,需要 38 个沿海国家(或岛国)进行跨界谈判、部门间规划、政府间协调,也需要多方利益相关者的参与,因此深化合作的任务艰巨。① 即便是在现有的外部合作中,非洲在全球、地区和国家层面上也都面临困境,其中地区和国家层面的困境对非洲蓝色经济的挑战更直接。在全球层面,非洲与世界主要海洋大国之间缺乏全球性问题的协调机制。在地区层面,外部行为体的关注点集中于海洋安全领域,对蓝色经济和海洋环境问题的重视不足。在国家层面,美国、印度和日本等世界海洋大国提供的资金具有地缘政治考量和一定的排他性,力图弱化中国的"一带一路"倡议在非洲的影响力,与非洲发展可持续和包容性蓝色经济的需求不符。比如日本在非洲的投资项目体现了其对中国在该地区力量的担忧。日本重视发展蒙巴萨港这一通往东非市场的门户,因为中国在非洲大陆上的影响日益增长。日本对安哥拉的港口投资同样是为了应对中国,试图减小中国在安哥拉的经济影响范围。② "亚非增长走廊"具有明确的政治和战略意义,是对"一带一路"倡议以及中国在非洲持续投资的应对。美国"新非洲战略"的竞争意图更为明显,重点关注中国在吉布提的港口建设。美国的投资也具有排他性,将中国投资描述为"债务陷阱",要求非洲在中美之间选择一种投资模式。日印等大国对港口的投入虽然在一定程度上满足了非洲蓝色经济的发展需求,但其竞争性和排他性可能使这些国家将重心转移到竞争

---

① Cyrus Rustomjee, "Green Shoots for the African Blue Economy?" Centre for International Governance Innovation, May 16, 2018, https: //www. cigionline. org/static/documents/documen ts/PB%20No. 132. pdf, accessed: 2022-06-27.

② Junichi Sugihara, "Japan Edges in on Belt and Road with $643m for Angolan Port," Nikkei Asia, January 9, 2019, https: //asia. nikkei. com/Economy/Japan-edges-in-on-Belt-and-Road-with-643m-for-Angolan-port, accessed: 2022-06-27.

关系上，非洲国家的需求反而遭到一定程度的忽视，导致投资难以产生预期效果。非洲的蓝色经济力图实现包容性和可持续性，美日印等国的举动与非洲的目标不匹配。同时，美日欧都处于全球海洋价值链高端，非洲处于末端，双方在产业方向、技术和管理等方面差距过大，匹配度不高。而中国不仅有与非洲携手发展蓝色经济、实现共赢的意愿，而且蓝色经济各产业的总量、技术和管理水平均处于全球价值链中端，与非洲国家形成了梯队。非洲需要来自中国的资金、技术和管理经验，中国则需要非洲的市场和投资空间。中非双方的强烈意愿，以及较高的供需匹配度为加强蓝色经济合作和共建 21 世纪海上丝绸之路提供了可能。

五 中非蓝色经济合作的主要行业及其特点

近年来，海洋领域合作正成为中非合作的亮点和新兴议题，受到双方的广泛关注。中非海洋合作既是对全球海洋治理理论的实践，也是实现联合国 2030 年可持续发展议程和推动非洲众多国家海洋经济发展的现实需要[①]，双方开展了诸多务实合作。

首先是中非港口合作。根据战略与国际问题研究中心的数据，在撒南非洲至少有 46 个现有的或计划中的港口项目由中国出资、建造或运营，其中 11 个港口由中国公司运营。这些项目分布在非洲 20 多个国家和地区，集中在以西部非洲、北部非洲和东部非洲为主。中国与非洲国家开展港口合作的方式多样，包括承建、合资、收购和特许经营等。建设项目多由中国央企承担，中国港湾、中国路桥、招商局港口、中国建筑都是主力。前期以工程承包项目为主，近年来投资项目逐渐增多。

一方面，中国加大对非洲的港口投资，升级当地落后的基础设施并建造新港，以增加货物吞吐量。2013 年以来，中资公司先后参与了多个非洲大型港口项目。2013 年，中国路桥承建的肯尼亚蒙巴萨港第 19 号泊位

---

① 贺鉴、王雪：《全球海洋治理视野下中非"蓝色伙伴关系"的建构》，《太平洋学报》2019 年第 2 期，第 71~82 页。

正式启用；中国港湾承建了科特迪瓦阿比让港扩建项目。2014 年，中国港湾承建了厄立特里亚马萨瓦港。2015 年，中国交建承建了马达加斯加塔马塔夫港；中铁七局承建了刚果（金）马塔迪莫本谷港。2016 年，中国建筑和中国港湾承建了阿尔及利亚舍尔沙勒港和哈姆达尼耶港；中国路桥承建了安哥拉卡约港；中国港湾承建了几内亚科纳克里港和加纳特马港扩建工程。2017 年，中国港湾承建了坦桑尼亚达累斯萨拉姆港。2018 年，中国与加纳签署了詹姆斯敦渔港建设合同；中国港湾和法国公司合作，正式运营喀麦隆克里比深水港项目。2019 年，中国港湾承建了尼日利亚莱基港。

另一方面，中国参照"前港—中区—后城"的蛇口模式，在大型港口附近建设工业园区和自贸区，实现港口和腹地的联动发展。2013 年，坦桑尼亚与招商局港口签署协议，建设巴加莫约港和能吸引超过 700 家企业的经济特区，使之成为东部非洲主要的航运和物流中心。完工后的巴加莫约港能够停靠搭载 8000 个标准箱的大型船舶，港口的第一阶段建成后，年吞吐量能达到 2000 万个标准箱。吉布提多哈雷多功能港于 2014 年开始建造，根据规划，中国将在吉布提推动其他项目，包括建设自由贸易区、改造老码头和建设工业区。2017 年，招商局港口与吉布提港口有限公司合作建设中转货运的自由贸易区，规划面积 48.2 平方千米，由两国公司共同运营。园区由四个产业群构成，重点是贸易和物流、出口加工、商业和金融服务以及制造业和免税商品出售。自贸区建设不仅有助于强化吉布提作为海上贸易和物流的枢纽的地位，而且是非洲大陆自贸区建设的一次成功实践。

其次是中非海运合作。中国与非洲远隔重洋，双方贸易主要依靠海运。近年来中非贸易发展迅速，中国连续多年保持非洲最大的贸易伙伴国。随着中非贸易的高速发展，中非海运规模也不断扩大，非洲已成为中国重要的海运贸易地区之一。近年来，中非之间的运输主要为班轮集装箱与干散货运输、能源运输、矿石运输三大类。中非双方的海运公司中，只有中国的中远海运集运开辟了中非航线。该公司没有专门的北非航线，北非航线包含在公司的远东—欧洲航线和远东—地中海航线中；设有东非/西非/南非航线，主要包括亚非/东非航线（青岛至蒙巴萨、达累斯萨拉姆）、亚非/东非二线（大连至蒙巴萨、达累斯萨拉姆）、远东/西非（青岛至拉各斯、科托努、特马）、远东/西非二线（大连至拉各斯、科托努、洛美）、远东/西非三线（上海至洛美、拉各斯、特马、阿比让）、远东/西非四线（青岛至开普敦、黑角、罗安达）、亚洲/南非一线（上海至德班）、亚洲/南非三线（天津至德班、曼德拉市）。中非之间的能源与矿石运输航线主要为直达航线，采用租船方式，从非洲产区直达中国港口。与中非贸易结构相同，中国在非洲的海运合作国家分布不均、相对集中，主要伙伴为南非、安哥拉、尼日利亚与埃及，这四个国家的运量几乎占中非总运量的一半；海运货种单一，主要是非洲出口到中国的能源矿产、贵金属、农产品等初级产品，以及中国出口到非洲的机电产品、轻工产品等。

再次是中非渔业合作。非洲是中国重要的海外渔业合作地区，双方合作始于1985年，当年首批中国渔船起程到西部非洲海域作业。根据《中国渔业统计年鉴》，中国在亚洲和南美的渔业项目不到10个，而在非洲多达16个。中国与几内亚比绍、毛里塔尼亚、埃及、埃塞俄比亚、南非和几内亚等国签署了政府间农渔业合作协定或谅解备忘录。在非洲开展渔业合作的公司较多，中国水产有限公司是代表性公司，该公司的业务遍布西部非洲、东部非洲和北部非洲，在非洲海域捕捞量占其整体捕捞量的2/3，在非洲8个国家设立了代表处。[①]

在非洲的欧盟渔业企业普遍不开展岸上固定资产投资，对当地经济的扶助力度有限。中国渔业企业则不仅在非洲开发渔业资源，还配套建设渔业相关产业链，从前端的码头、冷库等基础配套设施，到后端的生产加工厂，都与当地有合作，助力当地经济社会发展。如福州宏东远洋渔业有限公司采取投资入渔模式在毛里塔尼亚建设渔业基地，该基地集水产品加工和产业链项

---

① 张艳茹、张瑾：《海上丝绸之路背景下的中非渔业合作发展研究——以印度洋沿岸非洲国家为例》，《非洲研究》2015年第2期，第226~239页。

目于一体。多年来，中方雇用当地劳动力数万名，还根据政府间协定或者入渔协定为当地人员就业开展技能培训，为非洲当地培养了大量渔业人才。如商务部主办了"2014 年非洲法语国家水产养殖技术培训班"，有 16 个非洲国家的渔业技术和管理人员参加。为使渔业合作更为组织化和基地化，中非开始合作组建正式组织进行专门指导。[①] 2012 年，在中非工业合作发展论坛和非洲各国驻华使馆的支持下，中非渔业联盟（CAFU）成立，该平台旨在开发非洲海洋渔业资源，发展中非渔业贸易，促进国际合作交流。2014年，"海上丝绸之路·21 世纪对话：中非海洋经济论坛暨第二届中国非洲渔业合作研讨会"在中国福州召开，多个非洲国家的代表参会，会议发表了《琅岐宣言》，提出全力参与构建中非渔业合作联盟，中非联合开发非洲沿海、沿岸各个国家渔业基地，中非共建中非渔业合作（琅岐）总部基地，健全完善海洋渔业金融体系，带动中非渔业合作基地项目开发等合作方向。

　　非洲是受非法捕捞问题影响最大的地区，由于缺乏有效的国际合作，非洲渔业资源长期处于流失状态。西部非洲地区的非法捕捞问题在全球最为严重，捕获鱼类的 40% 为非法捕获，欧盟是该地区非法捕捞者主要的来源地。[②] 非法捕捞不仅减少了非洲国家本就微薄的收入和鱼类种群，危害海洋环境，还减少了捕鱼、加工和开展贸易的机会。例如，西部非洲的非法捕捞使该地区每年损失 23 亿美元，家庭收入减少 5.93 亿美元，工作岗位减少 30 万个。数据显示，最常被远洋渔船穿越领海的 20 个国家中有 10个在非洲。尽管难以确定鱼类种群受破坏的程度，但全球远洋捕鱼企业雇用了多达 5600 万人，潜在影响巨大。非法捕捞船队最常使用的 5 个港口中有 3 个位于非洲。为应对非法捕捞，毛里塔尼亚发起了渔业透明度倡议（FiTI），旨在增强国际合作和改善渔业管理，近年来塞舌尔和塞内加尔等

①　张艳茹、张瑾：《海上丝绸之路背景下的中非渔业合作发展研究——以印度洋沿岸非洲国家为例》，《非洲研究》2015 年第 2 期，第 226~239 页。

②　符跃鑫等：《西非海洋渔业资源非法捕捞现状和对策》，《世界地理研究》2014 年第 4 期，第 14~22 页。

国已经加入。中国高度重视非洲渔业保护，致力于推动中非渔业合作的长期稳定和可持续发展，严格约束本国渔船。2018 年，农业农村部开始实行远洋渔业"黑名单"制度，首次将多名渔业企业负责人和船长列入"黑名单"，并扣减渔业补贴，取消个别人员的远洋渔业资格；2019 年，中国进一步将打击远洋渔业 IUU（非法、不报告、不受管制）捕捞写入《渔业法》修改稿。

最后是中非海洋科技和人文交流合作。非洲国家海洋科研能力总体较弱，海洋专业人才稀缺，应对自然灾害能力薄弱，因人口增长对海洋资源和环境带来了不利影响，存在提升海洋建设能力的需求，中国在海洋科技领域具有较高水平，能满足非洲的迫切需求。① 中非之间的海洋科技和人文交流合作发展迅速，已建立了多重对话机制并定期沟通。2013 年，首届中非海洋科技论坛召开，政府间海洋学委员会、政府间海洋学委员会非洲分委会，以及包括南非、肯尼亚、埃及、尼日利亚在内的多个非洲国家与会，双方同意建立合作平台和机制，共同将海洋合作纳入中非合作论坛，提升非洲的海洋观测系统，开展联合科考和海洋气候预报。此后双方又于 2015 年和 2017 年分别在肯尼亚首都内罗毕和中国杭州召开论坛，该平台逐渐走向常态化和机制化。2017 年 9 月，多个非洲国家参加了在中国福建平潭举办的以"蓝色经济·生态海岛"为主题的中国—小岛屿国家海洋部长圆桌会议，会议通过了《平潭宣言》，鼓励共同构建蓝色伙伴关系。2018 年肯尼亚倡议举办了首届可持续蓝色经济会议，中方代表参加大会，海洋资源可持续管理等方面的合作是大会的核心议题。

中国先后与多个非洲国家建立了海洋科技双边关系。2012 年，中国科研团队赴尼日利亚，与该国团队一起在该国西部大陆边缘开展联合调查，这是中非首次联合进行海洋科学研究。2013 年，中国与南非签署《中华人民共和国政府与南非共和国政府海洋与海岸带领域合作谅解备忘录》，加强

---

① 洪丽莎、曾江宁、毛洋洋：《中国对推进非洲海洋领域能力建设的进展情况分析及发展建议》，《海洋开发与管理》2017 年第 1 期，第 26~29 页。

在海洋环境保护、海洋与海岸带综合管理、海洋观测与预测、海洋地质学与制图、海洋卫星与遥感、信息交换等领域的合作。2014 年，首届中国—南非海洋科技研讨会在南非开普敦召开，两国就海洋学、海岸管理、生物多样性及保护、海洋地质、海洋资源开发利用等多个议题进行交流并达成共识，双方合作将从海洋遥感合作开始。2015 年，在桑给巴尔成立了首个中非联合海洋研究中心——中桑联合海洋研究中心，该中心旨在为桑给巴尔渔业和水产养殖发展提供技术和智力支持。2016 年，中国分别与莫桑比克和塞舌尔开展了大陆边缘海洋地球科学联合调查，调查由中国"向阳红10"科考船执行、国家海洋局第二海洋研究所牵头，填补了莫桑比克南部部分区域多波束调查数据的空白，填补了塞舌尔北部区域调查数据的空白。同年，首届中国—莫桑比克海洋科学论坛在"向阳红10"科考船举行，双方围绕莫桑比克海洋划界问题和两国间科学合作进行了讨论。2017 年，中国向突尼斯移交了 2 台海洋控制和监视设备，以加强突尼斯港口的安全。2017 年，国家海洋标准计量中心与南非气象局就开展海洋及海洋气象观测仪器校准技术合作、人员培训及标准规范互认等达成共识。2018 年 9 月，中国与塞舌尔签署《中华人民共和国自然资源部与塞舌尔共和国环境、能源和气候变化部关于面向蓝色伙伴关系的海洋领域合作谅解备忘录》，双方将成立海上合作联委会，共同举办研讨会、培训班和建设海洋合作平台，加强在海洋科学研究、海洋经济发展、海洋生态保护和修复等领域的合作。

中方还通过多种方式加强中非双方在海洋科技领域的沟通和交流。历年来，国家海洋局举办了多次涉及海洋与海岸带管理、海洋环境检测监测、海洋防灾减灾、海洋经济等领域的培训班和研讨会。如 2015 年，商务部和国家海洋局主办了非洲海洋遥感和物理海洋应用技术培训班，8 个非洲国家派学员参加；2016 年，阿拉伯国家海洋生物养殖技术培训班在福建举办，阿尔及利亚、埃及、摩洛哥、突尼斯等非洲国家派学员参加；2017 年，国家海洋局和商务部在厦门举办了"2017 年海上丝绸之路国家海洋管理与蓝色经济发展部级研讨班"，加纳、马达加斯加、毛里求斯、塞舌尔等非洲国家派学员参加；

2018 年，国家海洋信息中心在天津主办"国际海洋学院一中国西太平洋区域中心 2018 年海洋管理培训班"，埃及等非洲国家派学员参加。为进一步推动人才交流，中国政府还于 2012 年设立了海洋奖学金，专门帮助非洲国家培养海洋领域人才。

第三节　中非蓝色经济合作的问题与前景展望

一　中非蓝色经济合作存在的问题

近年来中非蓝色经济合作已经取得了较大进展，但总体上看，仍处于起步阶段。中非双方蓝色经济合作的总体规模仍然较小，大型项目数量偏少，在少数大型合作项目中，盈利能力强的项目也偏少；合作领域仍然集中于港口、航运、渔业等传统海洋产业，高端船舶制造、海工装备制造、海洋信息、海洋金融、海洋新能源等战略性新兴产业的合作仍是空白；海洋科技、海洋教育领域的合作仍以传统的政府间合作为主，商业化项目很少，活力不足；在非洲 38 个沿海国家（或岛国）中，已与中国开展了蓝色经济合作的国家仍然偏少，开展了较为系统化的合作的只有南非、肯尼亚、佛得角等寥寥数国，更多的国家虽然存有强烈的合作意愿，但尚未找到与中国的合作契合点。这一方面是因为中非双方的蓝色经济起步都相对较晚，合作基础相对薄弱；另一方面是因为双方的需求与供给尚需深入挖掘和精确匹配。因此，双方的蓝色经济合作仍存有较大空间。

二　中非蓝色经济合作的前景展望

习近平总书记关于中非共建"一带一路"、蓝色经济合作等的科学判断和深刻论述给未来中非继续推进蓝色经济合作指明了发展道路和前进方向。中非蓝色经济合作应以习近平总书记提出的"推动构建海洋命运共同体"为最高目标。2019 年，习近平总书记提出了"推动构建海洋命运共同体"的重要理念，为全球海洋治理指明了路径和方向。构建海洋命运共同体是构建人类命运共同体的重要内容,海洋命运共同体理念是对人类命运共同体理念的丰富和发展。"推动构建海洋命运共同体"是推动建设新型国际关系的有力抓手,是深化"一带一路"建设海上合作实践的行动指南。非洲是中国构建人类命运共同体和海洋命运共同体的重要组成部分。中国已经在非洲建立了开放、自信、和平的海洋大国形象,非洲国家愿意与中国一道合力维护海洋和平安宁,促进海洋发展繁荣,构建海洋命运共同体。因此,中非的蓝色经济合作应将构建海洋命运共同体作为最终目标。

从中非蓝色经济合作内容来看,习近平总书记在 2020 年 4 月 8 日的中共中央政治局常务委员会会议上指出,要坚持底线思维,做好较长时间应对外部环境变化的思想准备和工作准备。2020 年,中央提出"国内国际双循环"的新发展格局。中非经济都经受了新冠疫情的冲击,这种冲击正在削弱中非经贸合作的基础。中非经济领域合作的当务之急是通过贸易、投资、援助等手段,帮助非洲国家尽快稳定经济、防疫减灾、救济民生。与此同时,疫情下中非关系正受到各类别有用心者的诋毁和冲击,中国与非洲在"一带一路"框架下的部分合作项目正受到质疑,中国正受到"中国债务陷阱论"的指责,妥善处理上述问题,成为中非关系领域的当务之急。鉴于此,中非蓝色经济合作中投入较大、周期较长、舆论影响较大的项目,应列为长期合作项目;一些相对软性的、小投入和巧投入的项目更适合在短期内启动。具体合作内容应以近期双方商定的既定合作内容为指导,但合作重点和合作次序需作出灵活调整。中非合作论坛北京峰会上发布的《关于构建更加紧密的中非命运共同体的北京宣言》和《中非合作论坛——北京行动计划(2019—2021 年)》已经确定了未来一段时间内中非蓝色经济合作的主要内容。但如前文所述,当今世界形势瞬息万变,因此未来中非蓝色经济合作的重点领域和内容应顺应时势发展,灵活调整,优先发展与时势相匹配的领域和内容,与时势暂时不相匹配的领域和内容则在重要性排序、时间排序上顺延,以与中国的国际合作整体节奏相适应。

鉴于上述情况,未来中非蓝色经济合作应在习近平总书记相关论述的指导下,从以下几方面开展。

第一，完善中非蓝色经济合作机制。这包含三个层面。一是尽快与更多非洲国家构建蓝色伙伴关系。2017年，国家海洋局首次率领中国代表团出席联合国海洋可持续发展大会，提出了构建蓝色伙伴关系的倡议，此后中国多次倡导与世界各国建立合作共赢的蓝色伙伴关系，中国与欧盟建立的蓝色伙伴关系是其中的成功典范。作为力推蓝色经济发展的非洲国家，南非、毛里求斯、吉布提等都可以成为中国下一阶段的主要合作对象。建立蓝色伙伴关系不仅有助于巩固中非关系，还有助于提升中非在全球海洋事务中的参与度。随着"推动构建海洋命运共同体"的提出，中国更多地着眼于海洋领域，其中与非洲的蓝色经济合作是重要组成部分。同样，非洲国家也可以借此契机赢得与中国合作的机会，促进本国蓝色经济发展。二是尽快推动中非合作论坛下的中非海洋论坛召开，并将其确定为中非海洋合作的核心机制。该论坛为中非合作论坛下的中非海洋部长级论坛，邀请包括非洲内陆国在内的全部非洲国家的海洋部长（或相关部长）参加。论坛宗旨应是推动中非各国蓝色经济增长和发展，促进各国间蓝色经济相互依存，建立开放的多边蓝色经济合作体制机制，共建21世纪海上丝绸之路。论坛需要有旗帜鲜明的成果，如《中非蓝色经济合作倡议》，可将之发展成为指导中非蓝色经济合作的总体性文件。三是强化与非洲国家的政策互通。推进中非蓝色经济合作，需要组织力量对非洲国家的海洋战略、政策、规划和法律，以及非洲区域性组织的海洋相关规划、基础设施建设相关规划等进行深入研究，寻找合作空间，实现战略和政策对接。为非洲国家编制海洋相关规划是实现中非政策互通的最佳方式。此前中国与南非合作编制的《中国南非海洋经济合作规划（2015—2025年）》、与佛得角合作编制的《佛得角圣文森特岛海洋经济特区规划》等，都是有益的尝试。《中非合作论坛——北京行动计划（2019—2021年）》也提出，中方将为非洲国家编制海岸带、海洋经济特区、港口和临港工业区建设规划以及海洋产业相关规划提供技术援助和支持。这项工作可以发挥中国海洋综合管理方面的比较优势，推广中国的海洋观念和理念，推广中国海洋经济发展标准，为未来中非海洋领域合作打下更坚实的基础。非洲国家的海洋规划能力普遍较弱，多数国家对中国在此领域的帮助持欢迎态度。除中央政府外，还可以鼓励地方政府、涉海企业为非洲国家编制海洋领域相关规划。在编制规划的过程中，要鼓励各类企业参与规划实施，为涉海企业寻找新的业务空间。

第二，选准重点和时机，推进中非蓝色产业合作。未来中非蓝色产业合作内容需要符合两点，一是合作产业应符合中非合作论坛北京峰会上发布的《关于构建更加紧密的中非命运共同体的北京宣言》和《中非合作论坛——北京行动计划（2019—2021年）》确定的未来中非蓝色经济合作的主要内容。二是必须符合非洲国家的核心需求。鉴于此，短期内中非蓝色产业合作应集中在港口、海运、渔业、海洋科技和海洋管理等非洲国家在海洋治理中更关心的领域；其他产业，如修造船、海洋资源开发、海水淡化、海洋产业园区建设等，需在具备条件的国家择机推进，不宜作为全非洲合作重点。因此，短期内应重点关注以下几类产业。

一是继续优化中国在非洲的港口投资布局。基础设施互联互通是中非合作的长期重点，在中非港口合作中，短期内应集中资源，优化在非洲的港口投资布局。因此，中非港口合作下一步的重点应为对接非洲区域性组织和非洲国家的基础设施发展规划，寻找合作空间，细致评估项目风险，确定合作的合理规模，开展稳健投资和运营，优化在非洲的港口投资布局。着力支持或联合开展非洲港口信息化建设，在有条件的港口，合作建设新一代"智慧港口"。要着力加强对具有发展潜力的现有重点港口的投资运营，注重发挥中国投资或援建的非洲重点铁路和公路的作用，构建未来中非合作港口的集疏运体系。其中，与亚吉铁路、蒙内铁路等相连接的吉布提、肯尼亚相关港口，作为非洲物流枢纽的南非、尼日利亚港口，连接亚欧非三地的北部非洲部分港口都具有明显的合作价值，是重点合作考察对象。在港口投资方式上，鼓励中资企业探索投建营一体化模式，并参与港口的集疏运体系建设。但这种运营模式的投入较大、运营周期较长，必须对投资东道国的财政与主权债务状况、项目的可持续盈利能力进行科学细致的评估，以符合未来中国在非洲的大型项目要实现可持续发展的原则。部分项目可以探索多样化融资渠道，吸收私人资本进入，降低风险；探索与国际金融机构、其他国家开展国际三方合作。

二是持续关注非洲海洋能源、矿产资源的开发合作，东部非洲沿海是海洋油气重点合作区。中国与非洲联合开展海洋矿产勘探与开发，有利于满足双方的资源和能源需求，提升非洲国家在国际海洋事务上的话语权。深海资源开发被视为非洲发展的新疆域，但深海矿产的勘探和开采成本高，近年来主要是国际大型能源公司在非洲进行开发，非洲国家仍是旁观者，大量资金和技术缺口仍未得到解决，这给中资企业提供了合作机会。2011年，中国获得了位于西南印度洋海脊马达加斯加附近的海底金属矿区的勘探权，开始转向非洲海底资源开发。中国在此领域具有相对先进的设备和经验，可以与非洲沿海国家共同开发海底资源，合作可以采取两国政府签署合作备忘录、两国矿产公司共同入股项目、建立利润分享机制等方式，提高非洲国家的参与度。进入21世纪，东部非洲海域不断有新的油气资源发现，成为世界瞩目的焦点。东部非洲海域的油气勘探和发现还在早期，中资企业需要着眼未来，持续关注，并择机与东部非洲国家开展油气合作。考虑到东部非洲海域勘探密度低，各国际石油公司合作机会相对对等，东部非洲有可能成为深化中非能源合作的重要支点。为此，中资企业要加强对东部非洲油气资源信息的收集和研究，降低油气投资合作的风险。中资企业要灵活利用多种合作形式，综合提升对东部非洲油气资源开发的参与程度。中资企业也可以中国国内油气需求市场为重要砝码，实施与东部非洲开展长期油气合作的战略。

三是中非渔业领域合作要援助与投资并重，但投资要相对谨慎。渔业是非洲的基础蓝色产业。部分非洲沿海国家的海洋渔业资源经历了长期的过度捕捞，这些国家将此归咎于外国远洋船队的无节制捕捞。近年来，非洲各国纷纷颁布海洋法规，限制海外船队捕鱼，谨慎发放渔业许可证，资源养护政策保守，渔业执法强硬。对此，中国需要加大对非法捕捞船队的惩罚和制裁力度，建立更系统、科学、严格和独立的监管机制。[①] 同时，中国可以为渔业企业提供更便捷的金融支持服务，并对渔民和相关人员进行专业培训，使其熟悉国际渔业法规和非洲国家渔业法规、政策，保护企业合法利益。鉴于非洲海洋渔业发展和渔业管理现状，中资企业投资非洲海洋渔业要相对谨慎，要时刻关注非洲国家的相关政策。投资方向上应主要选取海洋水产养殖业。多数非洲国家海洋水产养殖业规模小、技术水平落后，有引进国际海洋水产养殖业、水产加工业企业的需求。中资企业可以在深入细致掌握非洲国家相关政策的基础上，利用中国的适用性海洋养殖技术、渔产品加工能力，开展相关的渔业合作。合作可以采用独资、参股、并购或技术输出等多种方式，旨在通过海洋水产养殖、水产加工的"走出去"，逐步实现从"渔业资源获取"向"全产业链布局"的转型。

四是在有条件的国家布局海洋产业园区。海洋产业园区投入大、周期长，更适合作为长期跟踪合作项目。共建海洋产业园区是中国企业"走出去"的重要方式，也是中国对外投资的重要成功经验之一。《"一带一路"建设海上合作设想》中明确指出："共创依海繁荣之路……提升海洋产业合作水平。与沿线国共建海洋产业园区和经贸合作区，引导中国涉海企业参与园区建设。"[②] 在境外共建海洋产业园区是中国建设21世纪海上丝绸之路的重要方式。长期来看，仍要鼓励和支持中资大型涉海企业与非洲国家共建境外海洋产业园区。合作方式主要有两种：一种是双方政府推动和引导、以企业投入为主的合作方式，采取"政府为主导，企业为主体，市场化经营为原则"的运作模式；另一种是由涉海企业根据经营需要和市场需求自主推动的合作方式。园区设立模式也有两种：一种是单独的境外海洋产业园区模式，另一种是国内外双产业园区模式。从战略性和现实性两个角度考虑，首

① 覃胜勇：《中非渔业合作如何摆脱无序》，《南风窗》2016年第14期，第82~84页。
② 《两部门关于印发"一带一路"建设海上合作设想的通知》，中国政府网，2017年11月17日，http://www.gov.cn/xinwen/2017-11/17/content_5240325.htm，最后访问日期：2022年6月27日。

批非洲海洋产业园区可建在中非国际产能合作重点国家，包括南非、肯尼亚、坦桑尼亚、刚果（布）、埃及、安哥拉、莫桑比克等，这些国家与中国的政治关系稳固、具有一定的经贸合作基础，经济体量相对较大，经济发展前景较好。

第三，强化中非海洋管理领域合作。短期内应主要关注两个层面的合作。一是中国应着眼于区域海洋治理，与其他大国共同帮助非洲应对日益严峻的气候变化和海洋塑料污染。非洲发展蓝色经济面临环境压力，气候变化和海洋酸化正威胁海洋生态系统，对渔业、水产养殖和珊瑚礁产生危害。气候变化会导致海岸侵蚀，迫使海岸渔业设施搬迁，造成渔业成本上升。世界银行 2016 年的报告称，海岸侵蚀给西部非洲造成严重损失，仅在多哥就造成占 GDP2.3% 的经济损失。气候变化会带来海洋酸化，海洋吸收过量的二氧化碳，海水酸度增加，抑制珊瑚等生物体产生贝壳和骨骼。珊瑚白化和死亡率上升对渔业和旅游业会产生负面影响。此外，塑料等海洋污染物对非洲海洋生物的生存构成严重威胁，非洲和东南亚都是海洋塑料污染较严重的地区。中国于 2007 年起组织开展全国海洋垃圾污染监测，针对海洋垃圾的污染防治问题陆续制定和出台了多项法律法规，这些法律法规对控制塑料垃圾入海起到了重要作用。[1] 中国可以在应对气候变化和海洋塑料污染治理领域向非洲提供经验和可行举措，尤其是在治理海漂垃圾方面卓有成效的"厦门模式"，可在非洲部分地区开展试点。

二是加强海洋科技合作和海洋领域人才培养。非洲海洋科技基础薄弱，未来中国应继续加强与非洲的海洋科技合作，合作应以援助性质为主，在具备一定条件的地区开展其他类型的合作。2015 年 7 月，中国在非洲的首个联合海洋研究中心——中桑联合海洋研究中心成立；《中非合作论坛——北京行动计划（2019—2021 年）》提出，双方愿积极考虑共建"中非海洋科

---

[1] 王菊英、林新珍：《应对塑料及微塑料污染的海洋治理体系浅析》，《太平洋学报》2018 年第 4 期，第 79~87 页。

学与蓝色经济合作中心"。① 中国要通过多种渠道帮助非洲培养海洋领域人才。关于培养非洲海洋领域人才的方式，不建议另起炉灶，应利用好已有的机制。《中非合作论坛——北京行动计划（2019—2021年）》指出，中方将继续在国际海事组织技术合作框架下提供资金和技术援助，帮助非洲国家培养海运人才。② 中方可以适度加大中国政府海洋奖学金对非洲学生的支持力度，增加来华学习海洋专业的留学生的数量，鼓励中国海洋类高校在其中发挥积极作用；在商务部等机构实施的援外培训项目中，增加海洋专业领域培训的班次和人数等；在有需要和有条件的鲁班工坊，为非洲国家培养海洋产业适用性人才。

---

① 《中非合作论坛——北京行动计划（2019—2021年）》，国家国际发展合作署网站，2018年9月7日，http：//www.cidca.gov.cn/2018-09/07/c_129949203.htm，最后访问日期：2022年6月27日。

② 《中非合作论坛——北京行动计划（2019—2021年）》，国家国际发展合作署网站，2018年9月7日，http：//www.cidca.gov.cn/2018-09/07/c_129949203.htm，最后访问日期：2022年6月27日。

第十二章　中非共建"一带一路"之第三方市场合作

2019 年 4 月，习近平主席在出席第二届"一带一路"国际合作高峰论坛开幕式时发表主旨演讲，系统、全面地阐述了中国借助第三方市场合作推动国际合作发展的立场和愿景，指出要通过双边合作、三方合作、多边合作等各种形式，把大家的优势和潜能充分发挥出来，构建全球互联互通伙伴关系。习近平主席的讲话为中国与沿线国家以第三方市场合作为重要支点，高质量共建"一带一路"提供了科学的指导。在中国与非洲以推动"一带一路"倡议与非盟《2063 年议程》深度对接为契机，构建更加紧密的中非命运共同体的背景下，第三方市场合作将进一步助力中非传统友好合作与时俱进、转型升级、提质增效，为中非全面战略合作伙伴关系在新时代行稳致远提供强有力的支撑。

第一节　习近平等党和国家领导人对第三方市场合作的论述

2015 年 7 月，习近平主席在出席中俄蒙三国元首第二次会晤时指出，"经济合作是三方合作优先和重点领域。希望三方将中方丝绸之路经济带建设、俄方跨欧亚大通道建设、蒙方'草原之路'倡议更加紧密对接起来，推动构建中俄蒙经济走廊。三国主管部门要抓紧把三方发展战略对接落实到具体合作领域和项目上来"①。同年 10 月，他在出席中英工商峰会的致辞中进一步指出，"中英企业在开展双边合作时，还可以开展第三方合作，联手开拓国际市场。中方愿同英方进一步探讨，在第三方需要、同意、参与的基础上，发挥各自优势，共同帮助亚洲、非洲、拉美等地区国家发展"②。

在出席第二届"一带一路"国际合作高峰论坛时，习近平主席对第三方市场合作在高质量共建"一带一路"国际合作方面的意义进行了详细全面的概括。他指出，"我们欢迎多边和各国金融机构参与共建'一带一路'投融资，鼓励开展第三方市场合作，通过多方参与实现共同受益的目标"③；"我们一致支持着力构建全球互联互通伙伴关系，加强合作机制。为此，我们将深入对接各国和国际组织经济发展倡议和规划，加强双边和第三方市场合作，建设中欧班列、陆海新通道等国际物流和贸易大通道，帮助更多国家提升互联互通水平"④；"我们期待同各方一道，强化合作机制，着力构建互联互通伙伴关系。要共同推动建设开放型世界经济，反对保护主义，继续把共建'一带一路'同各国发展战略、区域和国际发展议程有效对接、协同增效，鼓励更多国家和企业深入参与，做大共同利益的蛋糕。要本着多边主义精神，扎实推进共建'一带一路'机制建设，为各领域务实合作提供坚实保障"⑤。

在习近平总书记对第三方市场合作的阐述的指导下，李克强等党和国家领导人也分别在不同场合阐述了开展第三方市场合作的重要意义。在 2014 年举行的第 24 届世界经济论坛非洲峰会上，李克强总理指出，中国与非洲国家的合作是真诚而开放的，中国的先进适用技术和管理经验，愿毫无保留地与

---

① 《习近平出席中俄蒙三国元首第二次会晤》，《人民日报》2015 年 7 月 10 日，第 2 版。

② 《习近平出席中英工商峰会并致辞》，《人民日报》2015 年 10 月 22 日，第 1 版。

③ 习近平：《习近平谈治国理政》（第三卷），外文出版社，2020，第 492 页。

④ 《在第二届"一带一路"国际合作高峰论坛记者会上的讲话》，《人民日报》2019 年 4 月 28 日，第 2 版。

⑤ 《第二届"一带一路"国际合作高峰论坛举行圆桌峰会 习近平主持会议并致辞》，中国政府网，2019 年 4 月 27 日，https：//www.gov.cn/xinwen/2019-04/27/content_ 5386911.htm，最后访问日期：2022 年 12 月 14 日。

非洲国家分享；中方参与建设及运营的所有项目，都可以采取与非方合资或合作的方式。中方也愿与国际组织和相关国家加强协作，在"非洲需要、非洲同意、非洲参与"的原则下，探讨在非洲开展三方和多方合作，共同为非洲发展建设作贡献。① 在出席 2015 年夏季达沃斯论坛开幕式时，李克强总理在致辞中指出，如果开展三方合作，把各自优势结合起来，可以用较低的价格提供较高质量的装备和产品，降低建设成本，更好地满足不同国家的需要；也有利于各国破解产业发展难题、提升产业层次，推动全球产业链高中低端深度融合，具体在微观上说就有更多的合资、合作。这样不仅可以开拓国际市场，也可以拓展中国市场。这就好比凸透镜聚光，把各方供给与需求聚焦，把各方利益交汇，从而凝聚起全球经济稳定增长的新动能。②

在推动与其他国家特别是发达国家的双边关系时，李克强也高度重视第三方市场合作的重要意义。2015 年在与比利时首相会晤时，李克强总理指出，中方愿同比方在非洲及其他地区开展三方国际产能和装备制造业合作，推进当地工业化进程；密切教育、科研、旅游、文化等人文交流，让两国友好更加深入人心。③ 同年，在与法国外长会晤时，李克强总理指出，第三方市场合作是新时期深化中法务实合作的开拓创新之举，希望双方加强协调和对接，争取早日收获实质成果，努力把第三方市场合作打造成南北合作的示范性项目和世界经济在复苏中前行的引领性项目。④ 在 2018 年的首届中日第三方市场合作论坛上，李克强总理又进一步指出，我们今天举行第三方市

① 《李克强在世界经济论坛非洲峰会上的致辞（全文）》，中国政府网，2014 年 5 月 9 日，http://www.gov.cn/guowuyuan/2014-05/09/content_2675605.htm，最后访问日期：2022 年 12 月 14 日。
② 《李克强在 2015 夏季达沃斯论坛开幕式上的致辞实录》，中国政府网，2015 年 9 月 10 日，http://www.gov.cn/guowuyuan/2015-09/10/content_2928456.htm，最后访问日期：2020 年 6 月 27 日。
③ 《李克强同比利时首相米歇尔举行会谈》，中国共产党新闻网，2015 年 6 月 30 日，http://cpc.people.com.cn/GB/http:/cpc.people.com.cn/n/2015/0630/c64094-27227582.html，最后访问日期：2020 年 6 月 27 日。
④ 《李克强：第三方市场合作是新时期深化中法合作创新之举》，中国新闻网，2015 年 9 月 3 日，https://www.chinanews.com.cn/gn/2015/09-03/7505030.shtml，最后访问日期：2020 年 6 月 27 日。

场论坛,就是要表明一个意愿:中日双方在第三方市场不搞"恶性竞争",而要更大发挥互补优势,更大拓展合作空间,在第三方市场实现三方共赢。①

中央政治局委员、中央外事工作委员会办公室主任、外交部部长王毅也围绕开展第三方市场合作进行过多次阐述。在推动中法关系方面,王毅指出,双方将加快落实两国元首确定的各领域合作规划,重点围绕"一带一路"倡议探讨包括共同开拓第三方市场在内的新型合作形式,推动"一带一路"建设同落实《巴黎协定》以及联合国 2030 年可持续发展议程等国际议程更好结合,开展高质量、高标准和绿色环保可持续的合作,这不仅符合时代潮流,也是中国既定的新发展理念,不仅惠及两国,也将造福世界。② 在深化中日关系领域,王毅指出:"要扎实推进双边投资和贸易合作,共建'一带一路',积极开拓第三方市场合作。共同推进贸易投资自由化和便利化,打造公平、公正、非歧视的营商环境。"③ 在与法国外长会谈后共同会见记者、论及第三方市场合作对共建"一带一路"的重要意义时,他指出,习近平主席强调过,"一带一路"既是和平之路、发展之路,也是开放之路、绿色之路。当然,"一带一路"参与方众多,各国发展阶段不同,合作需要不同,推进"一带一路"有必要照顾每一个参与方的实际需求。中法双方可以在平等协商基础上共同参与"一带一路"建设,尤其是拓展第三方市场合作,更好实现优势互补,开辟更广阔合作空间。④

---

① 《首届中日第三方市场合作论坛上,李克强和安倍都说了什么?》,中国政府网,2018 年 10 月 27 日,http://www.gov.cn/guowuyuan/2018-10/27/content_5335045.htm,最后访问日期:2020 年 6 月 27 日。

② 《中法将重点围绕"一带一路"倡议共同开拓第三方市场》,中国一带一路网,2018 年 9 月 14 日,https://www.yidaiyilu.gov.cn/p/66208.html,最后访问日期:2020 年 6 月 27 日。

③ 《中日举行第五次经济高层对话》,中国政府网,2019 年 4 月 15 日,http://www.gov.cn/xinwen/2019-04/15/content_5382844.htm,最后访问日期:2020 年 6 月 27 日。

④ 《王毅谈共建"一带一路":为各国实现共同发展繁荣开辟新路径》,中国政府网,2018 年 5 月 17 日,http://www.gov.cn/xinwen/2018-05/17/content_5291736.htm,最后访问日期:2020 年 6 月 27 日。

第二节　第三方市场合作：中国推动国际合作发展的重要途径

第三方市场合作在推动中国参与全球治理、构建互利共赢的国际合作新模式的进程中，发挥着越来越重要的作用。随着国家综合实力不断增强，中国在国际经济合作方面发挥的作用愈加明显，世界各国都希望在实施国际三方合作时与中国合作，希望中国成为国际三方合作中的重要一方。近年来，多个国家对中国提出了开展国际三方合作的要求。随着中国改革开放不断深入推进，在习近平外交思想的指引下，中国与越来越多的国家在"一带一路"倡议的框架下不断深化友好合作关系，因此在合作途径与合作模式方面产生了更加多样化的需求。第三方市场合作与中国对外合作的有机融合，不仅是中国对国际社会期盼中国进一步加强国际合作的积极回应，也是中国构建互利共赢的国际合作新模式的全新探索和尝试。在第三方市场合作的支撑和带动之下，中国与沿线国家共建"一带一路"的合作之路，将会越走越宽广。

一　中国对第三方市场合作的认识的变化发展

中国对全球化时代国际关系主要行为体之间的国际合作模式的认识有一个不断深化的过程。国际三方合作这种模式同样如此。中国此前受经济总量、海外利益相对有限的影响，开展和参与国际合作的形式较为单一，长期以来国际三方合作并没有成为中国重要的国际合作模式。在贸易投资领域，以企业为主体的、基于市场规则的、自发的国际三方合作项目早已存在，但中国与其他国家双方政府推动的、具有官方背景的、针对第三国市场的投资合作则非常罕见。在 2010 年之前，中国只与为数不多的国际组织和国家开展了国际三方合作。已经开展的国际三方合作项目规模较小，合作领域狭窄，合作形式也比较单一。

近年来，特别是"一带一路"倡议提出以来，多个国际组织和国家先后提出与中国开展投资、贸易、援助等领域的国际三方合作，希望中国能够在更多领域参与国际社会开展的三方合作。站在以共建"一带一路"倡议支撑改革开放迈入新阶段的全新历史起点上，积极创新国际合作模式，有助于中国充分整合自身与国际社会中现有的优势资源，形成优势互补、风险共担的良好发展局面，能够为中国深度参与和积极引领国际合作提供有利契机。在这种形势下，第三方市场合作恰好为中国与国际社会的进一步对接提供了现成可用的途径。从中国与其他主权国家开展第三方市场合作所带来的收益来看，这种模式有助于增进彼此间的战略互信；与发达国家的合作有助于增进与发达国家在金融、技术等方面的合作关系，借鉴发达国家长期积累的国际合作经验；与新兴经济体的合作则有助于丰富南南合作形式，拓展南南合作范围，提高南南合作在国际发展合作体系中的地位，进而提升中国的影响力。但合作方的增多以及合作机制的变化也会带来相应的挑战。中国与发达国家在援助理念、援助优先领域、援助目标等方面存在不少分歧，在难以协调的情况下，三方合作甚至可能激发或加剧固有矛盾；在合作不顺利或者失败的情况下，发达国家可能利用舆论优势，推卸责任，对中方进行批评和中伤，进而对中国与受援国之间的关系产生消极影响。由于发展中国家普遍经济实力较弱，资金实力不足，与发展中国家开展国际三方合作，中国将承担较大的资金压力；由于其他发展中国家的技术能力与中国差距不大，三方合作的空间相对狭窄。

中国与国际组织开展国际三方合作，有助于拓宽中国与国际组织的合作渠道，增进与国际组织的合作关系，提高中国在国际组织中的地位，进而提升中国的国际形象和软实力；有助于中国借鉴、吸纳国际组织的有益经验，提升中国对外援助及参与国际合作的能力和水平。但在这种合作模式中，机遇和挑战并存，有些国际组织难以提供充足的资金、技术和人力资源，三方合作往往更多地依赖中方，特别是在资金方面；国际组织往往希望成为合作的主导方，并按照其惯有的方式行事，希望获取主要的合作成果。

在综合研判第三方市场合作对中国持续推动对外开放、深度参与国际合作的意义的基础上，中国近年来对第三方市场合作的重视程度不断提升。特别是随着共建"一带一路"倡议的历史大幕逐步开启，参与、驾驭、推动第三方市场合作逐步成为中国对外合作的一个全新的闪光点。2013 年之后，中国各界人士开始积极研究国际三方合作，中国政府官员在公开讲话及政策文件中都对参与国际三方合作表明了积极的态度。2015 年 2 月 27 日，外交部部长王毅表示，中方对中国、斯里兰卡、印度三方合作持开放态度，愿积极探讨三方可能合作的领域和可行途径。① 同年 5 月，李克强总理出访拉美，在中巴工商界峰会上提出，中国企业愿与发达国家企业一起，在拉美开展第三方市场合作。② 同年 6 月底 7 月初，李克强总理访问欧洲，国际三方合作是此行的主题之一。李克强总理在与比利时首相米歇尔会谈时强调，"中方鼓励两国金融机构开展战略性合作，为实体经济合作提供更强有力的支持；在非洲及其他地区开展三方国际产能和装备制造业合作，推进当地工业化进程"③；在中欧工商峰会上，李克强总理重点阐述了中欧开展国际产能三方合作的设想，即把中方和发达国家的优势结合起来，以较低成本、较高质量满足发展中国家建设需求，带动中国产业升级和发达国家出口；愿与欧洲投资计划对接，积极考虑建立中欧共同投资基金。④ 正是从李克强总理此次访欧开始，国际三方合作成为中国媒体和网络热词，各界竞相讨论。同年 9 月 26 日，习近平主席出席联合国发展峰会时在讲话中指出，国际社会应该坚持南北合作主渠道地位，深化南南合作和三

① 《外交部：愿积极探讨中、斯、印三方合作》，中国政府网，2015 年 2 月 28 日，http：//www. gov. cn/govweb/xinwen/2015－02/28/content_2822907. htm，最后访问日期：2020 年 6 月 27 日。

② 《李克强在中巴工商界峰会闭幕式上的致辞（全文）》，中国政府网，2015 年 5 月 21 日，http：//www. gov. cn/premier/2015－05/21/content_2865624. htm，最后访问日期：2020 年 6 月 27 日。

③ 《李克强：中国愿同比利时在非洲及其他地区开展三方国际产能和装备制造合作》，中国政府网，2015 年 6 月 29 日，http：//www. gov. cn/guowuyuan/2015－06/29/content_2886556. htm，最后访问日期：2020 年 6 月 27 日。

④ 《李克强在中欧工商峰会上的演讲（全文）》，共产党员网，2015 年 6 月 30 日，https：//news. 12371. cn/2015/06/30/ARTI1435613517777852. shtml？from＝groupmessage&isappinstalled＝0，最后访问日期：2020 年 6 月 27 日。

方合作。① 此后，中国相继有国际三方合作的协议和项目达成并进入实质操作，2015 年中国与法国签署了《中华人民共和国政府和法兰西共和国政府关于第三方市场合作的联合声明》，中国、俄罗斯、蒙古达成了《中华人民共和国、俄罗斯联邦、蒙古国发展三方合作中期路线图》；2016年，中国和加拿大签署了《中国政府和加拿大政府关于开展第三方市场合作的联合声明》；2018 年和 2019 年，中国又与新加坡、日本、比利时、荷兰、意大利、西班牙、瑞士等国签署了第三方市场合作谅解备忘录。

2019 年 4 月，习近平主席在第二届"一带一路"国际合作高峰论坛开幕式上发表主旨演讲时又进一步提出，我们要秉持共商共建共享原则，倡导多边主义，大家的事大家商量着办，推动各方施所长、各尽所能，通过双边合作、三方合作、多边合作等各种形式，把大家的优势和潜能充分发挥出来，聚沙成塔、积水成渊。② 同年 9 月，国家发展和改革委员会发布了《第三方市场合作指南和案例》，阐述了第三方市场合作的内涵、理念和原则，介绍了相应的机制和平台，列举了产品服务类、工程合作类、投资合作类、产融结合类、战略合作类等 5 个类别 21 个案例。至此，第三方市场合作被赋予支撑中国与沿线国家高质量共建"一带一路"的重要地位。在中国引领和推动的国际合作中，第三方市场合作发挥着越来越重要的作用。

二　中国推动的第三方市场合作的特点

根据 2019 年 9 月国家发展和改革委员会发布的《第三方市场合作指南和案例》，"第三方市场合作是指中国企业（含金融企业）与有关国家企业共同在第三方市场开展经济合作。作为开放包容的国际合作模式，第三方市

---

① 《谋共同永续发展　做合作共赢伙伴——在联合国发展峰会上的讲话》，《人民日报》2015年 9 月 27 日，第 2 版。

② 《齐心开创共建"一带一路"美好未来——在第二届"一带一路"国际合作高峰论坛开幕式上的主旨演讲》，《人民日报》2019 年 4 月 27 日，第 3 版。

场合作有助于中国企业和各国企业优势互补，共同推动第三国产业发展、基础设施水平提升和民生改善，实现 1+1+1>3 的效果"。

从实践层面来看，第三方市场合作与"一带一路"倡议有密切的关系，第三方市场合作是中国与沿线国家高质量共建"一带一路"的具体途径。因此，"一带一路"倡议的基本理念和原则，构成了由中国实施和参与的第三方市场合作的基本制度框架。具体而言，"五通"理念是中国倡导和推动的第三方市场合作的基本目标，即中国与其他主权国家或者国际组织开展第三方市场合作，是为了实现政策沟通、设施联通、贸易畅通、资金融通、民心相通，从而以点带面、从线到片，逐步形成区域大合作格局。从各国加强经济合作关系的内在发展逻辑来看，"五通"不仅全面覆盖了合作涉及的各个主要方面，而且充分凸显了合作由浅至深的演进脉络，是第三方市场合作由蓝图规划全面迈向实际执行，并最终产生丰硕成果的全过程的真实写照。

加强政策沟通，奠定了各国经济合作的前提。通过沟通政策，各国可以就经济发展战略和对策进行充分交流，本着求同存异原则，协商制定推进区域合作的规划和措施，在政策和法律上为区域经济融合提供必要的保障。可以说，不同合作方的政策实现充分的衔接，是开展第三方市场合作的最基本前提。加强设施联通，夯实了各国经济合作的基础。铁路、公路等交通设施的无缝衔接，将推动各国之间的交通运输网络有机融合，共同构成覆盖全球的便捷、高效的运输网络，为各类生产要素的无障碍流动提供可以依赖的空间运输大动脉。以铁路、公路等为代表的交通网络的互联互通建设，是当前中国推动的第三方市场合作的重中之重。加强贸易畅通，充实了各国经济合作的内容。无论是陆上丝绸之路，还是海上丝绸之路，沿线都覆盖了数十亿人口，市场规模和发展潜力巨大。各国携手推进贸易便利化，消除贸易壁垒，降低贸易和投资成本，有利于提高区域经济循环速度和质量，充分开发人口资源和市场规模的潜在经济价值，实现互利共赢。第三方市场合作重点推动的基础设施建设，将为国际贸易搭建便捷的平台，让基础设施的联通与贸易的持续增长形成双向的良性互动。加强资金融通,为各国的经济合作提供了源源不断的新鲜血液。各国如果在贸易额不断扩大的情况下,着力在经常项下和资本项下实现本币兑换和结算,就可以大大降低流通成本,增强抵御金融风险的能力,提高本地区经济的国际竞争力,提供能够支撑贸易可持续发展的资金血液。第三方市场合作,可以有效地调动不同参与方的资金,使其向目标市场有序流动和大规模聚集,为国际经济发展持续注入强劲的动力。加强民心相通,可为各国加强经济合作提供良好的民众基础。国之交在于民相亲,经济合作中任何一个环节在本质上都是两国人民间的合作,因此必须得到各国人民的支持和参与。只有增进不同国家人民的相互了解和友谊,加强各国人民间的友好往来,才能让国家间的合作拥有坚实民意基础和社会基础,让合作成果真正造福于全体人民。第三方市场合作虽然是国际关系中不同行为体之间的合作,但归根结底仍然是不同国家之间、人与人之间的直接交流与合作。只有各国的人员在理念上真正达到相互了解与认可,合作才能真正在无障碍的情况下得到全面的开展。"五通"理念高度概括了开展国际经济合作的一般规律和主要内容,高度契合不同国家的顶层设计规划和具体发展举措,为中国与沿线国家借助第三方市场合作的形式开展深度合作构筑了必要的理念共识。

除了"五通"理念,"一带一路"倡议所秉持的"三共"原则也充分诠释了中国与沿线国家开展第三方市场合作的具体的方法论。具体而言,"共商""共建""共享"的原则,为确保中国与其他合作方开展的第三方市场合作的平等性、普惠性、可持续性、透明性,指明了具体的方向。共商原则回答了应该如何开展第三方市场合作的问题。政策沟通的实质就是加强双边或多边协商,确保中国与沿线国家的发展战略可以在相同或相似的价值观、发展逻辑、预期成果的基础上,实现深度融合与对接。只有在共商中,有关各方才能全面、系统地认识到彼此的利益诉求与行事方法,才能真正在无障碍的交流中,达成可靠的共识。此外,"共商"中的"商"还充分体现了中国对所有合作伙伴的充分尊重。中国的合作模式以平等对话的方式了解他国的利益诉求或特殊考量,不会强行推广自己的意识形态、价值观、发展方案、治理模式,是一种求同存异、合而不同的对话协商模式。共建原则解决了合作开展的具体模式问题。中国的合作模式是沿线国家共同参与的模式,可有效将各方的利益、命运、责任捆在一起,为构建命运共同体夯实必要的物质基础。企业是共建"一带一路"最主要的参与者,可带动各方的服务机构和政府、非政府组织等行为体广泛参与,真正实现万众一心、众志成城。共享原则解决了合作成果如何分配的问题。共商与共建原则是合作的基本前提和基本方式,这就决定了任何合作成果都绝对不是由中国垄断或者独享的。世界各国的传统文化、政治制度、意识形态千差万别,但对发展的诉求是人类共同的价值观。实现合作成果的有效合理分配,增强了所有参与方对合作科学性、必要性的认可,为合作的可持续发展提供了坚实的保障。"三共"原则充分体现了"一带一路"倡议开放、平等、互利的特征,奠定了中国推动和参与的第三方市场合作的基础。西方大国主导的第三方市场合作往往无法确保发展中国家获得平等地位和公平收益,与之相比,中国倡导的第三方市场合作为如何更好地促使世界各国,特别是广大发展中国家参与国际合作,提供了十分有意义的理论和实践层面的积极探索。

"五通"理念和"三共"原则支撑下的第三方市场合作受到了世界各国的一致好评。随着两届"一带一路"国际合作高峰论坛的成功召开,越来越多的国家开始以第三方市场合作为契机,与中国共建"一带一路"。截至2019 年 6 月,中国已与法国、意大利等 14 个国家建立了第三方市场合作机制,通过举办论坛等形式共同为企业搭建合作平台、提供公共服务,第三方市场合作在中国对外合作中的地位日益稳固。

三 中国开展第三方市场合作的地区选择

第三方市场是独立于中国与合作国家的第三国市场。之所以称之为第三方市场,不仅是因为合作在第三国、资源在第三国,购买力、销售市场及发展前景都主要在第三国,还是因为该合作将在第三国打开通往其他国家的市场。理论上讲,任何国家,无论是发达经济体、新兴经济体,还是其他发展中国家，都可以成为中国开展第三方市场合作的目标，不存在排他性。

开展第三方市场合作是中国推进国际产能合作的一种形式，国际产能合作并非简单输出产品，而是要整体输出相关产业，帮助第三方市场建立完整的工业体系、形成制造能力，提供基础设施建设、工业装备生产、技术转移、人才培养、经营管理等一条龙服务。从中国国际产能合作的实质和中国领导人对中国开展第三方市场合作的方向和重点的阐述中可以清晰地看到，中国欢迎所有国家成为中国开展第三方市场合作的第三方，但重点对象是发展中国家。

中国与一些发达国家得以顺利开展第三方市场合作，重要的原因在于第三方市场拥有广阔发展前景和巨大开发潜力，开展第三方合作能够有效突破目前国际经济合作遇到的瓶颈。发达国家普遍对外资持欢迎态度，投资环境良好，自然可以作为第三方市场。但发达国家经济基础良好、产业体系完整、技术水平较高，继续挖掘其发展潜力的难度较大，因此很难成为中国开展第三方市场合作的重点对象。经济发展水平正在迅速提高的、安全形势和投资环境正在逐步改善的、具有较大发展潜力的、与中国有着紧密合作关系的发展中国家应是中国开展第三方市场合作的重点对象。从洲际分布来看，这些发展中国家主要包括非洲国家、亚洲国家和中东欧国家，其中最核心的合作对象应是"一带一路"沿线国家和地区。"一带一路"贯穿欧亚大陆，多数沿线国家经济发展滞后，市场潜力较大。近年来，这些国家的经济发展大有起色，多数实行积极的对外开放政策，欢迎外资进入，是中国开拓新兴市场的重要目的地，以及获取各类生产要素的重要来源地。

第三节　第三方市场合作在推动中非关系中的作用

自获得政治独立以来，非洲一直在寻求通过集体自力更生实现自主性发展的道路。近年来，在非盟《2063年议程》的引领和带动之下，非洲正在以建设非洲大陆自由贸易区为切入点，全面掀起新一轮的现代化发展建设浪潮。但出于历史和现实的原因，资金、技术、人才等要素的缺乏仍然是非洲实现包容性发展的现实障碍。非洲是以中国为起点的陆上和海上丝绸之路的天然延伸，中非早已结成休戚与共的命运共同体。随着"一带一路"倡议的提出，中国通过推动"一带一路"倡议深度对接非盟《2063年议程》以及各非洲国家的发展战略，为非洲突破现实发展障碍提供了积极支持。以"一带一路"倡议为依托的第三方市场合作，可以有效统筹非洲的现实发展需求、中非传统友好合作，让中国智慧、中国方案能够在更为开放的国际合作机制之中，更好地服务于非洲的现代化发展建设，为中非传统友好合作注入全新内涵。中国是世界上最大的发展中国家，非洲是世界上发展中国家最为集中的大陆，中非双方共同参与第三方市场合作，必将进一步加强发展中国家之间的交流与合作，为反对霸权主义和单边主义，构筑更为合理的世界政治经济秩序作出积极的贡献。

一 第三方市场合作是促进中非合作的重要形式

进入21世纪，中非关系在中非合作论坛的框架下实现了快速全面的发展，在不断夯实中非友谊的同时，对中非合作的具体开展模式提出了更高的要求。面对中非关系顺应时代转型升级、提质增效的要求，中国逐步推动三方合作与中非关系实现有机融合。特别是在"一带一路"倡议深度对接非盟《2063年议程》的背景之下，第三方市场合作在中非合作中发挥的作用与日俱增，成为新时代中非积极探索合作道路的集中典型代表和全面细致的体现。

2015年12月，习近平主席在出席中非合作论坛约翰内斯堡峰会开幕式时，提出了中国对非合作的"十大合作计划"，在共建"一带一路"倡议的背景下，将中非关系推向了全新的发展高度。在《中国对非洲政策文件》中，中国政府提出："中国赞赏国际社会采取建设性行动、支持和帮助非洲实现持久和平与可持续发展的努力，愿本着'非洲提出、非洲同意、非洲主导'原则，以积极、开放、包容的态度同其他国家及国际和地区组织加强协调与合作，在非洲探讨开展三方和多方合作，共同为非洲实现和平、稳定、发展作出贡献"。① 在 2018 年举行的中非合作论坛北京峰会上，中国与非洲共同参与第三方市场合作的原则依然是支持中非合作"八大行动"具体落实的重要原则。在《中非合作论坛——北京行动计划（2019—2021年）》中，中国明确表示，愿在尊重非洲国家意愿的基础上探讨与第三方开展对非能源领域合作，发挥各自优势，为非洲能源发展提供政策建议，推动项目取得进展。

中非合作论坛的精神，为第三方市场合作助推中非关系和非洲现代化发展构筑了全新的发展脉络。借助第三方市场合作助推中非关系转型升级，正在成为中国对非政策的有机组成部分。推动和发展非洲参与或者以非洲为目标市场的第三方市场合作，也正在成为中国发展与其他国家，特别是西方发达国家关系的重点之一。在 2015 年 10 月习近平主席对英国的访问中，中、英双方表示，"愿进一步加强国际产能合作，并对开展三方合作持开放态度"②。其具体成果中也有多项涉及非洲，如中非发展基金有限公司与英国国际发展部签署的《关于促进非洲投资和出口合作备忘录》、商务部与英国国际发展部签署的《关于加强发展合作，有效落实可持续发展目标的伙伴关系谅解备忘录》、中英联合撤侨室内推演、探讨建立中英国际维和合作机制等。2016 年 2 月和 4 月，中国、法国、非洲三方合作研讨会先后在巴黎和北京举行，聚焦非洲的基础设施、能源、交通、农业、卫生、可持续发展等领域，探讨开展第三方市场合作的可能性。在 2016 年举行的第八轮中美战略与经济对话中，中美双方围绕加强非洲公共卫生能力达成合作共识，双方共同承诺与非盟及其成员国一道推动非洲疾病预防控制中心的规划和运营以及活动的实施，加强技术能力，共同开展公共卫生培训和提高非洲公共卫生专家能力。此外，中美双方还围绕非洲粮食安全，特别是支持非盟"非

① 《中国对非洲政策文件（全文）》，中华人民共和国商务部网站，2015 年 12 月 5 日，http：//africanunion. mofcom. gov. cn/article/jmjg/qt/201605/20160501314191. shtml，最后访问日期：2022 年 12 月 14 日。
② 《中英关于构建面向 21 世纪全球全面战略伙伴关系的联合宣言》，《人民日报》2015 年 10 月 23 日，第 2 版。

洲农业综合发展计划"等开展合作。

从非洲发展的实际情况以及中非关系发展的特点来看,积极引入第三方市场合作具有十分重要的意义。首先,中国和非洲同属发展中国家,两者参与的第三方市场合作有助于推动全球化朝着公正合理的方向发展。当今世界正处于百年未有之大变局,发达国家表现出的霸权主义、单边主义给全球化增添了不确定性,特别是冷战思维、零和博弈等,往往会动摇国家之间相互信任的基础,引发恶性竞争,使贸易壁垒、投资限制、技术封锁等问题集中爆发,最终导致处于国际分工中下游的发展中国家遭受惨重损失。第三方市场合作有助于突破现有双边投资贸易机制的局限,通过三方协商,采取小多边机制,消除国家间合作的疑虑,整合各方优势资源,推动市场各要素资源实现高效配置,深化利益融合,将共同利益的蛋糕做大;避免恶性竞争,降低贸易和对外投资成本,形成相互理解、共担共享的国际合作典范,完善现有全球治理体系和国际合作模式。与此同时,这种合作模式还能够衔接发展阶段各异的国家的供给和需求,充分发挥合作参与方的优势,将全球产业链中的高中低端有机融合。中国的优质产能同发达国家的关键技术和先进装备相结合,与发展中国家的城市化、工业化需求对接,有助于推动形成合理高效的产业分工格局,加强全产业链合作,凝聚全球经济增长新动力。

其次,共建"一带一路"将赋能非洲的现代化发展,而第三方市场合作将进一步增强非洲分享发展红利的能力。非洲大陆是世界上发展中国家最为集中的地区,绝大多数非洲国家仍处于工业化初期阶段,虽然拥有丰富的资源但缺乏资金,急需产业技术、装备产能和投融资等外部支持。如果不能破除这些发展障碍,非洲的各种发展战略的实现将无从谈起,最终只能沦为空谈。中国作为全球第二大经济体,不仅拥有强大的经济实力,而且有完善的产业结构、人才队伍和相对较低的设备制造与人力劳动成本,能够较好地满足非洲的发展需求。通过第三方市场合作,非洲在引入西方的高端技术、先进理念的同时,能从中国获得性价比较高的产品、中高端制造能力,同时借此建立本土化的装备与工业生产线,推动先进技术的发展和管理人才的培养。这对于提升非洲各国自身技术水平和研发能力至关重要,是其加速转型升级的最佳选择之一,更是其推动工业化、城镇化、现代化建设的关键。

最后，西方国家特别是非洲的前殖民宗主国对非洲市场开发有着较强的传统优势，第三方市场合作能够更好地把这种优势纳入中非合作之中。英国、法国、葡萄牙等西方国家在非洲普遍拥有较强大的文化优势和传统利益，并已成功将其转化为商业优势。第一，它们的文化与价值观深刻地影响着非洲民众，特别是非洲精英阶层的价值取向；第二，这些国家普遍在非洲拥有较多的社会资源；第三，这些国家的企业普遍在非洲市场已经获得了长足的发展。因此，中国可以利用西方国家企业在非洲的传统优势，而西方国家企业也可以借用中国在资金、劳动力、产品制造等方面的优势，共同为非洲提供现实可行的发展支持，让非洲拥有的丰富资源和能源、巨大的发展潜力和迫切的发展需求充分转化为可持续发展的强大内生动力。

非洲各国高度称赞第三方市场合作对于助推中非共建"一带一路"的积极意义。自"一带一路"倡议提出以来，非洲陆续有国家与中国签订关于"一带一路"倡议的谅解备忘录，为中国、有关国家及作为第三方的非洲国家开展三方合作奠定了必要的基础。特别是在2018年中非合作论坛北京峰会和2019年第二届"一带一路"国际合作高峰论坛的助推下，非洲联盟以及非洲多个主要经济体正式加入与中国共建"一带一路"的队伍。非洲各界的广泛响应与积极作为，为中非借助第三方市场合作，推动中非高质量共建"一带一路"提供了广阔的空间。

二　中非第三方市场合作的主要成果

近年来，中非已经联合开展了多个第三方市场合作项目，很多项目取得了很好的经济效益和社会效益。其中几个较有代表性的项目的情况具体如下。

第一，中国、德国、莫桑比克合作的莫桑比克马普托大桥项目。马普托是莫桑比克的首都，城市南端的海湾是莫桑比克发展陆地交通的障碍，在马普托湾上修建一座跨海大桥是莫桑比克几代人的心愿，但出于经济发展、项目执行能力等多种原因，一直未能如愿。近年来，莫桑比克经济发展速度较快，马普托湾对经济增长的制约愈加凸显。2011年6月，中国路桥采用

EPC 模式承建该项目,聘请德国 GAUFF 公司作为监理咨询单位,参与项目的设计咨询、施工监督及质量安全控制。该项目于 2014 年 6 月正式开工,2018 年 6 月主体完工。马普托大桥建成前,跨越海湾需要两个小时以上,建成后,仅需要十分钟左右,显著提高了交通运输效率。该项目累计创造了超过 2500 个就业岗位。中莫共建"一带一路"在该第三方市场合作项目中发挥了重要作用。中国路桥虽在 2011 年就与莫方签署了项目合同,但出于各种原因并未立即开工。在"一带一路"倡议正式提出后,随着相关配套政策的落地实施,该项目才于 2014 年 6 月正式开工。在施工期间,中国信保密切关注项目进展和各方需求,从融资侧保证了项目的顺利开展。德国公司参与此项目是中德共建"一带一路"的重要内容。中方积极引入德国 GAUFF 公司作为监理咨询单位,这有助于提升工程质量,深化与德企合作,互相学习借鉴。

第二,中国、法国、喀麦隆合作的克里比深水港项目。喀麦隆濒临几内亚湾,近年来经济发展势头良好,但因长期无深水良港,经济发展受到制约。克里比深水港项目由中国港湾承建,2011 年 6 月开工,2014 年 6 月竣工。2015 年 9 月,中国港湾与法国博洛雷集团、法国达飞海运集团组成的联合体——喀麦隆克里比深水港集装箱码头运营公司,中标克里比深水港集装箱码头 25 年特许经营权。2018 年 3 月 2 日,克里比深水港集装箱码头正式开港运营。该项目是喀麦隆首个大型深水港口,项目建成投入使用后,改善了该国港口海运布局和基础设施条件。港口辐射喀麦隆及中部非洲数个内陆国家,为内陆国家提供了重要的出海通道,促进和带动了喀麦隆及中部非洲国家社会经济发展,成为中部非洲地区的大型集装箱中转港及综合枢纽港。项目中的三方各自发挥作用,既充分发挥了中国港湾在港口建设和维护方面的专长,又充分结合了法国博洛雷集团的港口运营、水陆物流优势和法国达飞海运集团的航线及船货资源优势,使中法"第三方市场合作"倡议在喀麦隆得到落实。该项目也给了我们若干启示。其一,作为"一带一路"建设主力军的中央企业具有技术、资金、管理等优势,能够有效吸引他国企业参与第三方市场合作。在喀麦隆克里比深水港项目上,中国港湾实力雄厚,在相关领域积累了良好的口碑,这是吸引法国博洛雷集团和法国达飞海运集团两大集团联合参与的主要原因。其二,中法两国政府在基础设施建设领域可以搭建更广泛的合作平台,促进优势互补。具体而言,中国企业在项目策划、设计、建设、运营和投资的全过程中可与法国企业加强交流,使法国企业在创新、经营、科技、法律等方面的优势更好地与中国企业在产能、基建、资金等方面的优势实现互补,促使中法两国企业在第三方市场开发中携手共进。其三,第三方市场合作不应仅限于参与建设,更应积极拓展产业链条。在此项目中,中国港湾有效延伸了自身产业链,实现了从项目承包商到项目运营商的转变,不像传统承包商那样"打一枪换一个地方",而是开辟"根据地",参与港口的管理运营。中国港湾深度参与了克里比深水港区的发展规划,参与了疏港路的投资和建设,签订了港口物流园区的投资协议,积极协助喀麦隆政府开展政策制定和招商引资,此模式具有推广意义。

第三,中国、意大利、埃塞俄比亚合作的埃塞俄比亚吉布 3 水电站项目。该项目由中国水电八局承建、东方电气承担设备成套供货与服务工作、意大利萨利尼·英波基洛公司承担土建工作,2016 年 9 月正式投入使用,是近年来非洲已建成运行的最大容量水电站。中埃塞共建"一带一路"是该项目得以落成的重要原因。

此外,还有一些项目具有示范意义,如中国宏桥集团与烟台港集团、新加坡韦立集团、几内亚 UMS 公司组成"赢联盟",合作开发几内亚铝矿项目;中国、国际金融机构、加纳合作开展加纳特马港扩建项目;中国、贝宁、世界粮食计划署合作开展贝宁"全国学校食堂计划"项目;中国、奥地利、赞比亚合作开展赞比亚埃米科电站项目;等等。

第四节　中非开展第三方市场合作的潜在挑战与相关建议

作为中非合作关系中一个正在快速发展的新事物,第三方市场合作已经释放出巨大的活力，为中非合作带来了许多规模大、技术新、效益好的样板工程，这些工程成为诠释新时代中非友谊的一个个丰碑。但在肯定成绩的同时也需要看到，受自身特点的制约，第三方市场合作在持续助推中非高质量共建"一带一路"的进程之中，仍然会面临一些潜在的风险与挑战。尽管如此，在中非携手构建更加紧密的中非命运共同体的历史背景下，中国与非洲双方将进一步加强全面合作，共同面对第三方市场合作中潜在的风险与挑战，让高质量共建"一带一路"支撑下的中非传统友谊行稳致远。

一　中非第三方市场合作的潜在挑战

（一）理念差异的风险

在长期实践中，中国逐渐形成了自身的国际经济合作理念、原则和模式，如互不干涉内政原则、致力于提高受援国和投资东道国经济自我发展能力和可持续发展能力的原则。中国在国际经济合作领域取得的成绩和合作国家良好的反响都证明了这些理念、原则和模式的有效性。在中非第三方市场合作这一新型国际经济合作模式中，由于在传统文化风俗、现实政治文化方面存在差异，中国与非洲国家在对国际经济合作理念、原则和模式的理解与认同方面，有可能存在差异。部分非洲国家在外资准入以及外企行为规范方面的法律，有可能与中国企业的经营传统或者对当地市场的预期存在一定偏差，如果这一问题不能得到有效的解决，可能会影响中国参与方的盈利能力，挫伤其继续开展第三方市场合作的积极性。

（二）技术依赖风险

中国与非洲开展第三方市场合作，可以在短期内将中国成熟的技术引入非洲，并使其在短时间内在当地转化为社会效益和经济效益。但在开展类似合作的进程中，非洲国家须辅之以配套的人才培养、技术本土化措施，对相关行业进行稳定的资金投入和政策支持，这样才能真正做到消化吸收来自中国的技术，乃至再创造。如果非洲国家出于种种现实因素，学习来自中国的技术的效果欠佳，就算合作项目能在短期内实现较好的经济效益和社会效益，也难以长期维持。非洲的相关主体会逐渐对中国合作方产生不同程度的技术依赖，可能会减少技术研发投入，使技术进步陷入停滞，从而阻碍第三方市场合作发挥出本应有的效益。

（三）合作执行不力的风险

理论上，第三方市场合作是一种多赢的国际合作模式，但合作各方在合作理念、合作目标、国家和实施主体利益等方面必然存在不同程度的分歧；在文化、宗教、社会传统、管理模式等方面也存在较大的差异。如果各方协调不力，则容易产生冲突，激发固有矛盾，从而影响三方合作的效果。一旦出现三方争执，导致合作不顺利或失败，相关合作方特别是发达国家就有可能利用在国际舆论领域的优势，混淆视听、推卸责任，对中方进行批评和中伤，这会对中国与第三方市场的关系造成消极影响，损害中国的国际形象。"中国向合作方输出落后产能和过剩产能""中国债务陷阱论"是最有可能被其拿来炒作的。非洲国家的舆论界深受西方舆论的影响，西方炮制的概念在非洲扩散，有时会掣肘当地政府对合作的实际执行。

此外，第三方市场的政治安全风险、经济风险、法律风险等也都是阻碍第三方市场合作顺利开展的显著风险。

二　中非持续开展第三方市场合作的相关建议

（一）中非第三方市场合作应坚持非排他性和非歧视性

理论上讲，中国开展第三方市场合作的对象应包括所有国家和地区，各国在三方合作中自愿结合、协同推进。第三方市场合作本身的含义就包括合作的三方在合作中地位平等；无论第三方市场是发达经济体，还是新兴经济体，抑或是最不发达国家，合作的三方在第三方市场合作中都要相互尊重、平等协商、充分照顾彼此关切，平等地履行义务、享受权益。

（二）第三方市场合作要充分考虑第三方市场的意愿和需求

在所有的第三方市场合作中，都必须充分考虑第三方市场的需求。所有的项目都必须与第三方市场的发展战略、现实需求相吻合，尤其是要重点推动涉及第三方市场民生需求、支持就业和经济增长的项目；所有的项目都要由第三方市场全程参与选择、策划、实施和监管，真正做到"三国共同选择，第三国同意，第三国参与，第三国受益"。

（三）第三方市场合作中政府、企业和其他机构要共同参与、各司其职

在第三方市场合作中，企业是合作的主体，具体的项目选择和实施应以企业的市场化行为为主；政府的角色应是提供支持服务、对企业行为进行监管等；其他各类机构，如智库、中介服务机构等应广泛参与。各方不错位、不越位，各司其职，保障第三方市场合作的可持续开展。

（四）在第三方市场合作中坚持高规格的环保标准和企业社会责任标准

所有的第三方市场合作项目都必须同时符合三方的环境保护标准，并尽量采取其中的最高标准，在保护第三方市场生态系统和自然资源的基础上促进经济社会的可持续发展，为全球应对气候变化作出贡献。开展第三方市场合作的企业必须切实履行企业社会责任，在劳工权益、环境保护、社区建设、反对腐败、文化交流、慈善推广、科技发展等多层面作出相应的贡献。

（五）采取多种方式化解开展第三方市场合作的风险

中国开展第三方市场合作面临多种风险，要采取相应的措施降低和化解风险。首先，要联合合作方一道加强与第三方市场的政策沟通，增强三方政治互信；加强与第三方市场的双边或三方的经贸合作制度建设，为三方合作提供制度保障；加强与第三方市场关于三方合作的磋商，强化对投资东道国的责任约束，要求投资东道国给予各合作方相关企业合理的保护。其次，联合合作方一道建立有关第三方市场的系统、完整、权威的风险评估机制，风险研究内容要广泛涉及第三方市场的政治、经济、法律、环保、劳工、税务、知识产权和产业标准等各层面；据此建立风险预警机制，为参与第三方市场合作的企业提供风险预警服务。最后，中国政府要对参与第三方市场合作的中国企业实施严格监管；建议和鼓励企业通过股权分散、选择优质的投资东道国企业进行合作等方式降低投资风险；严格要求中国企业在第三方市场经营中切实履行企业社会责任，遵守第三方市场的法律法规，尊重当地的文化、宗教和习俗，实施企业管理本地化、员工属地化，诚信经营，保护环境，从而降低风险。

（六）强化亚洲基础设施投资银行和丝路基金对第三方市场合作的支持

亚洲基础设施投资银行是中国为促进亚太地区基础设施建设而倡议成立的，丝路基金是中国为支持中资企业在"一带一路"建设中投资兴业而建立的，两者都是中国推进"一带一路"建设、积极参与国际经济合作的重要工具，其宗旨都包含促进国际产能合作、加快世界经济复苏、提高世界人民福祉，与中国开展第三方市场合作的宗旨相符。应推动亚洲基础设施投资银行和丝路基金支持中非开展第三方市场合作，两者既可以单独给予第三方市场合作项目和企业融资支持，也可以通过与其他金融机构的合作为具体项目和企业提供联合融资；可考虑在亚洲基础设施投资银行和丝路基金下设立专门服务于第三方市场合作的办事机构，将对第三方市场合作的支持常态化。

（七）加强各合作方关于第三方市场合作的信息交流

中国与其他合作方应鼓励各自的企业、智库、中介服务机构等各类机构加强对第三方市场合作的研究，总结其特点、规律及经验，用以指导合作的开展，提升合作的效益，同时提高各合作方对国际经贸规则的影响力。要鼓励合作方各类机构联合开展对第三方市场环境的研究，包括政治局势、经济发展态势、经济政策、具体产业前景、法律环境、金融环境等，为各方参与合作的机构提供信息服务。各合作方应定期开展关于在第三方市场的国际经济合作政策的沟通和互评，形成固定的政策沟通与互评机制，互相学习经验，提高自身政策的合理性和有效性。

（八）积极探索与新兴经济体的三方合作，提高对三方合作国际规则的影响力

制定国际经济规则是国际经济关系发展的必然结果，国际经济规则也是国际经济合作得以有效运行的制度保障；国际经济规则能够缔造国际经济秩序，也能规范国际经济合作。目前，国际三方合作的规则仍在形成过程中，尚未定型。中国要借助当前广泛开展第三方市场合作的机遇，在实践中总结第三方市场合作的特点和规律，积极参与第三方市场合作相关规则的谈判和制定，这是确保中国在国际经济合作和全球治理中处于有利地位的重要一环。中国要在第三方市场合作中积极探索与其他新兴经济体的合作，与其他新兴经济体一道加强南方国家在第三方市场合作规则形成过程中的作用和影响力。

第十三章　中非共建"一带一路"的
挑战与应对

中非共建"一带一路"取得了丰硕成就，正在推动新时代中非关系不断迈向新的发展水平和高度，但非洲各个国家在推进现代民族国家建设以及经济社会发展时所面临的困境，以及当前和可预见时期内国际整体局势发展变动的不确定性，仍然不可避免地会给"一带一路"倡议引领下的中非合作带来挑战。尽管如此，中非共建"一带一路"所承载的开放、公平、普惠的国际合作，符合中非人民的共同期待，发展前景广阔，具有强大的生命力。以"一带一路"倡议为依托，中非双方应进一步筑牢共识，携手应对挑战，扩大合作成就，为构建更加紧密的中非命运共同体不断添砖加瓦。

第一节　中非共建"一带一路"面临的挑战

一　国际形势发展的不确定性

（一）保守主义势力冲击全球化

近年来，随着发展中国家在经济全球化中的快速崛起，世界政治经济秩序开始发生深刻变化，西方发达国家长期以来的对世界发展的主导权正在逐步减弱。受此影响，发达国家内部开始滋生单边主义、保护主义乃至种族主义等保守主义思潮，排斥甚至是反对经济全球化的发展。英国脱离欧盟、美国退出联合国诸多组织等诸多事实表明，逆全球化势力的出现已然成为世界百年未有之大变局的具体表现之一。2020年，突如其来的新冠疫情迫使许多国家关闭边界，为各类生产要素自由流动的通道设置了各类关卡，从而在一定程度上加剧了各经济体的离散倾向。疫情与逆全球化认知，使通过全球化形成的运行了近四十年的国际经济增长模式面临巨大挑战。疫情导致主要经济体停摆，短期内全球经济可能会出现负增长，中长期其增速将趋缓。因此，当前的世界正处于一个十字路口，究竟是在更为开放的道路上继续走下去，还是转向更为保守的道路，需要我们作出选择。

毋庸置疑，以单边主义、保护主义为主要内容的逆全球化，将给全球化的健康发展和国际经济合作带来严峻挑战，给世界各国与非洲国家间的合作带来负面影响。首先，逆全球化会破坏全球产业链的正常分工体系，损害资源要素配置效率，降低全球市场的开放度和自由度。其次，一旦某个国家采取了实质性的逆全球化举措，便会立刻引来其他国家的报复性惩罚，这种恶性循环的局面将使世界各国更倾向于在全球经济竞争中抱有零和博弈的态度，全球贸易壁垒将逐步增多，使世界各国陷入多输的局面。在壁垒横行的局面下，各类产业的发展空间将遭受大幅度挤压。最后，逆全球化带来的经济下滑问题可能会被迅速放大为社会危机，引发社会动荡，甚至酿成政治危机。

非洲是全球发展中国家最为集中的大陆，大多数非洲国家的经济结构较为单一，对外依存程度较高，抗风险能力较弱。如果逆全球化潮流造成世界经济停滞，包括矿产、油气等在内的全球大宗商品价格将长期低迷，非洲以矿产和油气资源开发和出口为主的国家的经济将遭受严重打击；经济发展停滞将直接影响非洲大陆本就脆弱的和平与安全形势，可能会导致其再次深陷发展困境。鉴于非洲经济对外部依赖性强，当前全球化展现的新特点不利于非洲经济发展，当然也就不利于所有与非洲开展经贸合作的国家和企业。但西方发达国家作为非洲国家的传统合作伙伴，在非洲市场的业务的广度和深度具有相对优势，因而抗风险能力相对较强。相比之下，中国作为大规模对接非洲市场的新兴力量，不仅整体业务量相对有限，而且对当地市场的嵌入程度相对较低，因而更容易受到冲击。

（二）国际地缘政治博弈加剧

在当前的国际形势下，国际地缘政治局势复杂多变，全球各主要大国的行为和对外政策的不确定性增强，给全球的既有合作与发展格局带来严峻挑战。逆全球化叠加新冠疫情冲击，在可预见时期内，国际体系的力量对比将发生结构性变化，主要国际行为体之间的国际事务协调将更加复杂和困难。世界各国多边合作意愿下降，双边与区域性合作或成为新的合作方式。在此背景下，世界主要国家均将调整对外战略和政策，这将对国际合作形成挑战。在国际层面，美俄关系、美伊关系、朝鲜半岛局势、恐怖主义威胁等都可能引发严重的地缘政治问题，全球经济和政治稳定面临的不确定性增加。

非洲正处于经济社会发展转型的关键时期，需要长久稳定的国际发展环境。但随着国际地缘政治博弈的议题增多、程度加剧，不仅非洲原有的地缘政治议题，如非洲之角、尼罗河流域、大湖地区、几内亚湾、萨赫勒地区的政治问题，有可能进一步走向复杂化，域外的地缘政治议题，如全球大国之间的竞争和博弈、宗教势力间的对抗、恐怖主义与反恐力量的对垒，也有可能向非洲大规模延伸和渗透，从而使非洲的发展态势更为复杂，不可控的风险激增。受此影响，非洲国家为加强对自身发展主动权的掌控和推进国内社会经济治理，有可能会降低对外开放市场、参与非洲或次区域经济一体化的意愿，从而给中国企业进入非洲市场增加了难度和风险。

（三）国际贸易和投资的规则与格局的变化不利于非洲吸引外资

在逆全球化和新冠疫情的影响下，未来全球价值链将出现结构性变化。从中长期看，供应链的安全与效率将成为跨国公司在成本—收益框架之外考虑的重要因素。跨国公司将进一步调整价值链的分工布局。安全性将成为要素空间配置的重要考量。全球贸易格局将出现明显变化，以大规模中间品贸易、生产要素全球性直接流动为代表的贸易格局将调整，部分回归区域内贸易。从规模上看，全球货物贸易的流量增长趋缓，服务贸易、数字贸易的规模进一步增加。为维持经济运行的安全性，发达国家与新兴经济体均将成为进出口相较当前更为均衡的经济主体，彼此的相互依赖程度将相对降低，板块内部的经贸合作将强化。这意味着，未来部分企业会相较以往更注重国内业务和市场，对外部市场重视程度的不确定性将增加。

全球化新趋势下的国际投资规模和速度的变化不利于包括非洲在内的广大发展中地区吸引外资，而这些地区的经济发展对外资的依赖性很强。近年来，非洲地区有大量战略性项目上马，如跨境基础设施项目、能源领域项目等，非洲国家急需外部资金投入。上述变化对与非洲开展经贸合作的国际企业来讲不是一个好消息。近年来，中国已成为非洲最重要的经贸合作伙伴，很多大项目中都有中国企业的身影，相较于其他国家企业，中国企业受到的影响可能会更明显。

二 非洲发展面临的困境

（一）非洲经济发展仍带有明显的脆弱性

非洲的经济增长严重依赖外部市场，全球化退潮等不利因素可能会放大非洲本身在经济社会发展中仍然存在的一些弱点和缺陷。

总结起来，非洲国家目前普遍存在的经济发展问题有以下几个。一是多数非洲国家经济结构仍然单一，国民经济主要依靠生产和出口一两种农矿初级原料产品。例如，原油出口额占安哥拉和尼日利亚出口总额的 95%以上。同时，各国出口依存度较高，经济发展对外贸依赖程度高，易受国际市场和国际局势变动的影响。21 世纪的头 10 年，全球大宗商品价格的上升非但没有助力非洲国家实现经济的转型，反而推动一些国家在经济结构单一的泥潭中越陷越深。经济结构单一是很多非洲国家经济发展中的痼疾，各国也在积极推动经济多元化，但现有经济结构中的产业是很多非洲国家财政收入的主要来源，一旦调整可能会引发其国内的财政危机和经济危机，因此各国对这类支柱产业都持谨慎态度，很难在短期内有重大的调整。二是非洲国家的产业结构决定了其对外经贸合作的方式和结构。简而言之，这种方式和结构就是在对外贸易方面，主要出口资源类及农牧类初级产品，进口工业制成品；在吸引外资方面，外资主要涌向油矿业和以旅游、电信、金融服务为主的第三产业，投向制造业和农业的资金少。这种方式和结构在短期内可以带动经济基础薄弱的国家的经济快速发展；长期则会不断加剧经济结构的失衡。三是非洲国家经济发展不均衡的现象严重，呈现出明显的二元化发展格局，既有经济增长快的国家，如埃塞俄比亚、加纳、利比里亚、尼日利亚、坦桑尼亚等国；也有经济发展慢的国家，如马达加斯加、斯威士兰、中非等国。各国国内经济发达地区愈来愈富，经济欠发达地区愈发举步维艰，贫富差距加大。这种发展不均衡严重阻碍了经济和社会的健康发展。四是基础设施的缺失仍是经济可持续发展的主要障碍之一。非洲地区尚未形成覆盖整个大陆且分布均衡的交通运输体系，电力供应不足或成本过高。非洲长期存在的自身发展问题对所有与非洲开展经贸合作的国家和企业来讲都是不利因素，对于与其经贸合作规模较大的中国、美国、欧盟来讲，影响相对更大一些。

（二）非洲局部地区安全形势严峻

由于非洲国家社会治理能力相对不足，加之国际恐怖主义势力大肆渗透，近年来非洲成为全球恐怖主义泛滥最为严重的地区。世界上恐袭爆发风险最高的国家大多位于非洲，非洲经济发展相对较好的国家，如埃塞俄比亚、肯尼亚、尼日利亚也均面临较为严重的恐袭威胁。新冠疫情的暴发不仅大幅消耗了非洲各国改善民生的社会经济资源，而且部分销蚀了非洲国家动用军事力量打击恐怖主义所需要的物质基础，因此在客观上给恐怖主义的继续泛滥提供了便利条件。截至 2020 年底，非洲各个次区域均出现了恐怖主义威胁，其中西部、东部、南部非洲的恐怖主义泛滥形势更不容乐观。

西部非洲的恐怖主义近年来依然呈现加速泛滥态势。马里北部、乍得湖沿岸的两大恐怖主义势力在布基纳法索、尼日尔两国境内基本完成合流，并且加速向西非海岸线方向蔓延扩张。仅 2020 年 1～10 月，西非地区就发生了近 600 起恐袭，这被国际社会称为"前所未有"的恐怖主义泛滥乱象。东部非洲的恐怖主义势力以索马里"青年党"为主，在索马里临时政府难以全面承担反恐重任，以及非洲之角的地缘政治局势日益紧张的背景下，"青年党"加速向索马里全境和肯尼亚东北部地区大规模渗透。此外，"青年党"还掌控着大量的印度洋非法走私航线，为国际恐怖主义势力从西亚地区向非洲大规模渗透提供了便利的条件。南部非洲目前是非洲恐怖主义滋生最快的地区，莫桑比克北部的德尔加杜角地区恐袭的频次连年快速增加、强度不断增强，已成为世界恐袭风险最高的地区之一。针对恐怖主义在全非洲的大规模泛滥，非洲无论是在国家层面，还是在次区域层面，抑或是在整个大陆层面，都尚未出台行之有效的应对措施，非洲也没有任何一场反恐战争取得过真正意义上的阶段性胜利。因此，在可预见时期内，恐怖主义将成为非洲大多数国家的共同威胁，如果不能妥善应对与之相伴的威胁与风险，非洲国家投资环境的恶化不仅会吓退国际合作者，还会使已经实质性开展的项目因人员和财产遭受恐袭威胁而无法正常开展。

（三）部分西方国家将中国视为在非洲的竞争对手

在近现代国际关系体系中，非洲在西方国家主导的体系中长期处于边缘地位，而西方国家，特别是从殖民时代起就在非洲拥有特殊利益的国家，也往往把非洲看作自己的后花园、狩猎场，不容其他力量涉足。中国与非洲开展的大规模交流合作虽然在时间上相对西方国家较晚，但在中非友谊的支撑下，进展十分迅速。特别是在中非合作论坛的引领和带动下，中国和非洲成功缔造了世界上规模最大、成果最多、机制最为成功的发展中国家多边合作关系。近年来，中国不仅连续多年成为非洲最大的贸易伙伴、工程承包国，而且在文化交流、能力建设、安全合作、环境保护等方面，与非洲国家的合作也越来越深入。特别是在"一带一路"倡议深度对接非盟《2063年议程》的形势下，中非关系更是驶入发展的快车道。面对突如其来的新冠疫情，中非携手抗疫进一步凸显了中国作为负责任大国的担当，为深陷疫情的非洲带来了希望。

随着中非关系的深入发展，中国在非洲的影响力持续增强，但这种变化被一些持有零和博弈的冷战思维的西方国家视作对自己在非洲传统利益的威胁和侵蚀，这些国家在自身的对非关系政策中普遍将中国列为竞争对手。为了遏制中非关系的快速发展，西方国家往往针对中非关系的不同领域，设置围堵中国的议题。事实上，中国与西方国家在非洲并不必然存在直接利益冲突，以支持非洲发展为目标的合作空间巨大。但是部分西方国家的零和思维不仅会制约其与中国、非洲开展的三方合作,而且会给中非合作带来潜在的威胁。

(四)非洲社会消极舆论的威胁

出于历史的原因,非洲国家使用的官方语言普遍是前殖民宗主国的语言,民众特别是精英阶层深受西方价值观和文化的影响。在部分西方国家通过设置消极议题围堵中国之时,这些议题的最大受众群体往往是非洲各大城市中的西化群体,而这些人往往又加工这些信息,并向广大农村地区的居民进行二次传播,因而起到了十分负面的作用。当地社会不时炒作这些负面言论的原因,可能是受西方的误导,也可能只是想借中非关系批评非洲执政党或领袖的施政。但不论原因如何,这种现象的存在客观上不利于构建中国在非洲的积极形象。

此外,受非洲国家选举制度的特征的影响,执政党的变化往往会带来政府政策的不连续性。在近年来非洲整体经济发展速度下滑,特别是遭受疫情重创的背景下,中下层民众的生计受到了剧烈冲击,部分非洲国家中的民粹主义势力顺势快速崛起,正在成为政治力量重新组合的重要推手。受此影响,部分批评非洲国家对外合作,特别是批评与中国共建"一带一路"的所谓的代表中下层民众的"民意领袖",往往能在政坛上产生一定的影响。如果这些政治力量未来掌控非洲国家权力,涉华的消极舆论的影响将会进一步扩大,对非洲国家与中国开展共建"一带一路"合作构成潜在威胁。

三 中非既有合作关系中存在的问题

(一)中非合作机制仍有待进一步完善

在全球化退潮的背景下,国际多边合作意愿将在一定程度上下降,全球主要国际合作机制的作用可能在一定程度上被削弱,因此,世界主要经济体自身所主导的多边合作机制将在推动国际合作中起到更大的作用。相比于亚太经合组织、上海合作组织等国际合作组织,中非合作论坛机制的完备性和约束力有待加强。近年来非洲一体化建设进程加快,非盟和各次区域组织发展迅速，作用凸显，而中非合作机制对非洲地区一体化新动态的反馈尚不充分，中非合作仍然是以双边合作为主，针对多边合作的有效机制有待加强。长远来看，这样才有利于中非合作向更广更深拓展。以中非合作论坛为核心的中非合作机制对于推动中非合作的迅速开展起到了巨大的作用，可谓中非合作的一个优势。但近年来，世界主要国家纷纷效仿中非合作论坛，建立与非洲国家之间的紧密合作机制，我国原有的优势已不再明显，未来双方合作面临挑战。

（二）疫情对非洲经济发展和中非经济合作的影响

自 2020 年 6 月下旬以来，疫情在非洲加速蔓延，对非洲经济的冲击也不断加剧。国际货币基金组织（IMF）于 2020 年 6 月发布的《世界经济展望》预计，撒南非洲 2020 年 GDP 将萎缩 3.2%，是有记录以来的最低水平。非洲开发银行 2020 年 7 月发布的《非洲经济展望》指出，受疫情影响，2020 年非洲 GDP 将出现 1.7%～3.4%的收缩。2020 年和 2021 年将有 2820万～4920 万非洲人陷入极端贫困。疫情对非洲经济的冲击主要有以下几个。一是全球商品和服务需求下降导致非洲出口减少。二是全球经济衰退导致非洲资本流入减少。三是公共卫生支出增加、税收减少和财政刺激政策导致非洲国家财政压力加大。四是影响非洲的民生和就业。

新冠疫情给中非共建"一带一路"带来了风险和挑战。一是疫情正在加大非洲局部地区社会动荡的风险，中非合作的社会稳定前提受到严重影响。近年来，非洲局部地区本就存在安全隐患，如果疫情控制不力，将加速原有各种矛盾的爆发，导致局地安全形势恶化；非洲大陆可能将出现疫情肆虐、局部地区社会骚乱和个别国家政局动荡的局面。二是疫情下的谣言、舆论风波等可能在一定程度上影响中非关系。三是疫情对中非贸易和投资产生不利的影响。首先，疫情会使中非贸易额下降。疫情下中国需求的下降间接影响了非洲大宗商品和原材料对中国的出口。其次，疫情会导致中国对非洲直接投资额下降。受疫情影响，很多中国企业将注意力转向国内。再次，疫情会使中国在非洲的企业面临困难，中国在非洲的工程承包完成额缩水。受疫情影响，非洲国家对外国公民采取了限制措施，导致中资企业员工返工困难，工程进度受到影响，工程承包完成额出现下滑。中国在非洲企业出于非洲经济活动停滞等原因，无法取得预期经营收益。最后，疫情还可能影响在非洲的"一带一路"框架下的项目建设。中国在非洲的基础设施和国际产能合作项目普遍投资规模大、施工时间长，非洲国家的防疫措施，对项目施工、人员的部署和跨境调动等造成影响，打乱了项目的建设计划；已经进入运营阶段的项目在疫情期间也无法实现预期运营目标。疫情引发的全球经济衰退将导致各国政府和国际金融组织将资金和人力资源优先用于应对危机和刺激经济，用于"一带一路"建设的金融资源将会减少，这不仅会影响已有项目，还将使部分计划项目被搁置和潜在项目难以实施。

（三）非洲债务风险不容忽视

2018 年以来，非洲债务风险凸显，新冠疫情肆虐又进一步加剧了非洲国家的财政压力和偿债压力，给中非共建"一带一路"带来了挑战。债务问题给中非合作带来的潜在风险主要表现在以下两个方面。一是非洲债务的短期和长期风险。从短期看，一些非洲国家比较担心中国会突然减少资金输入。从长期看，中国与非洲国家仍有较大的合作潜力，但这种潜力有赖于非洲国家的长期增长潜力的兑现以及投资项目本身的持续赢利。例如，中国在非洲基础设施领域有一定量的投资，而基础设施建设有资金需求量大、投资期限长、投资回报慢等特点。如果相关国家的长期经济增速不能达到预期水平，或者投资项目仅停留在建设层面，基础设施等工程项目的长期投资成本就有可能大于收益，中国相关企业和部门会因此遭受财务损失。二是疫情可能影响中国在非洲债务问题上的处理。疫情加大了非洲国家的债务风险，非洲国家强烈呼吁世界各国及国际金融机构进行债务减免，对此，国际社会给予了积极回应。在 2020 年 6 月 17 日召开的中非团结抗疫特别峰会上，中方提出了将在中非合作论坛框架下免除有关非洲国家截至 2020 年底到期对华无息贷款债务、加大对疫情特别重和压力特别大的非洲国家的支持力度等一系列债务减免措施。虽然非洲国家将从国际社会的上述努力中受益，但现有措施尚无法满足非方解决债务问题的需求。一些非洲国家开始向国际社会提出新的债务减免要求。

（四）部分中企对非洲市场的适应性有待加强

部分中资企业在积极响应国家"走出去"号召进入非洲国家市场的同时，却没有对非洲国家市场的特点进行充分调研，仍然依靠自身在国内市场的运作模式去开拓非洲市场，最后往往表现出明显的不适应性。这往往是非洲国家的外资管理、劳工、环保、税务部门以及普通当地员工对中国企业产生误解的重要原因，不利于中国企业在非洲市场的可持续发展。

政治和安全风险是影响中资企业投资非洲的重要因素。一些中资企业对非洲的政局和安全局势的研究不够深入，风险预见性和规避能力不足，甚至有的企业认为这些研究与公司业务的关联不大，不予重视，因此遭受损失。对于政治和安全风险，部分中资企业缺乏预判和有效应对预案，对保险工具和法律工具的运用能力也不足。随着国际环境的演变和中非双方发展不平衡的加剧，非洲国家出现的一些新动向，可能对中资企业产生不利影响。但中资企业的非洲国别研究能力有限，当地人脉也不足，往往不能预判或提前知晓非洲国家政策变动走向，也就无法预判和应对相应的法律政策风险。部分中资企业投资非洲时对东道国的营商环境研究不足，导致项目面临营商环境风险，即东道国投资环境不佳或急剧变化造成的风险，包括基础设施不足、劳动力素质较低、工会罢工等，这些都会对项目投资成本和运营产生明显影响。

第二节　关于中非有效应对挑战、高质量共建"一带一路"的建议

一　不断夯实中非政治互信

从现代意义上的中非关系的形成与发展来看，中非政治互信是强化中非传统友谊、推动中非互利共赢合作的压舱石。中非共建"一带一路"所高度重视的中非双方政策沟通，就是当前中非政治互信的具体表现与集中阐述。换言之，只有中非政治互信这个基本前提不发生变化，中非高质量共建

"一带一路"才能得以顺利开展,构建更加紧密的中非命运共同体的愿景才能从蓝图转化为现实。

中非政治互信赖以存在的条件是双方的相互认可以及对彼此核心利益的相互尊重。尽管中非双方当前在实现包容性发展、增进民众福祉、参与世界治理等宏观目标上存在共同的利益,但受各自所处的地缘政治环境、自身政治制度、自身传统文化等影响,在实现上述宏观目标的具体途径上,依然存在一定的认知差异以及利益诉求差异。这些问题也往往成为西方国家或者非洲内部反对势力大做文章的焦点,其目的就是在当前快速变化的世界局势之中,逐步动摇中非政治互信的根基。为应对这种挑战,须从以下两方面着手。一方面,中非应持续加强治国理政交流。中非双方存在政治制度和政治文化的差异,双方都应该客观认识并尊重这个事实。但与此同时,双方的认知也不能停留在政治制度形式差异这个表象上,而是应该以推进社会治理为导向来认识不同政治制度的优势和不足,寻找交流互动契合点,并辅之以相应的机制与平台建设。只有通过政党、政府、议会等组织或机构之间多维度、深层次的治国理政交流,双方才能摆脱西方舆论的误导,不断增进相互认同,巩固政治互信的前提。另一方面,中非应与时俱进地夯实共同利益。其中蕴含着两个层面的含义,一是双方应持续尊重对方的核心或基本利益,二是双方合作的利益焦点应不断扩大。与此同时,非洲联合自强的愿望进一步增强,要求在国际主要多边机构中增加话语权和代表权的呼声高涨。在此形势下,双方应审时度势,加强交流,彼此尊重和支持对方的利益诉求。此外,在第四次工业革命、应对气候变化、反对恐怖主义、扶贫发展等多个方面,中非双方还有巨大的合作潜力与合作空间。妥善处理好上述两个层面的利益问题,将为巩固中非政治互信提供保障。

二 加强中非人文交流

从当前中非关系发展的总体格局来看,结构性不平衡依然十分明显,经贸合作一骑绝尘,人文交流严重不足。中非人文交流的发展相对滞后,既有历史原因，也有现实因素。从历史原因来看，中非双方的地理位置遥远，直接的人员互访相对较少，对彼此的了解严重不足；从现实因素来看，近年来推动中非合作的主力仍然是中非双方的政府以及企业，合作也往往聚焦经贸关系或基建合作。人文交流短板的存在，导致中非双方的民众、社会在整体上相互了解不足，了解对方往往需要通过西方媒体，客观上为西方借助舆论、范式、概念、议题上的霸权歪曲中非交流提供了空间。此外，尽管中非双方的媒体、学者都在加大针对对方的正面宣传，但受制于双方传统文化、政治制度的差异，很多努力实际上并未达到预期的效果。

"民心相通"在中非共建"一带一路"的过程中发挥着基础性作用。中非关系要实现可持续发展，人文交流的短板，特别是政府和企业之外的行为体所承担的人文交流的短板，必须尽快补齐。具体来看，可在以下几个方面发力。其一，中非双方的学术界要加强独立创制议题的能力。无论是人文交流还是舆论导向，其核心都是围绕若干中心议题而开展的人类社会活动或价值判断。中非人文交流有待加强，应不断增加共有议题，避免被西方主导权牵着走。为此，双方学界应该在充分总结中非共同利益、共同使命的基础上，独立提出一些议题，吸引中非双方的各界人士积极参与讨论、交流，使之成为引领中非人文交流的基本坐标。其二，中国对非的宣传方式应该尽可能多样化，以便被非洲社会的多元化受众广泛接受和认可。为此，中国应该大力发展多元化宣传方式，努力发掘在华非洲人群体、在非华人群体、智库学者、网红达人的宣传价值，同时积极占领社交媒体、短视频网站和智能终端等宣传阵地，采用短视频、微博等方式，在更广阔的维度上宣传中国和中非关系，增强宣传效果。

三 妥善处理非洲债务问题

非洲整体债务风险较高，已构成未来继续开展中非经贸合作的威胁，必须高度重视，妥善处理。从短期来看，要稳妥处理疫情期间非洲债务问题。中国对非洲的债务减免或延期不可避免。对于非洲国家和国际社会呼吁减免非洲债务的倡议，中方要积极回应，并采取实质性措施。在明确中方在非洲债务状况、科学评估非洲各国偿还能力的基础上，针对不同国家、不同项目制定不同的债务处置方案。

从长期来看，中国需要围绕支持非洲国家确保债务可持续性、提高中非合作水平的核心目标，采取以下应对措施。一是密切监控非洲国家债务风险。构建债务风险预警体系，从债务增速、债务结构、债务相对规模、经济增长动能和国际收支等方面，构建测度非洲国家债务风险的指标体系，及时有效地监控非洲国家债务风险的变化情况并预警。二是优化现有的债权结构。适度减少大型工程类、基建类项目投资，适度增加与制造业相关的债权规模。尤其是对债务风险较高的国家要谨慎推进大型项目融资。三是积极开展国际合作。广泛对接国际多边组织，与世界银行、国际货币基金组织、非洲开发银行等相关国际和地区多边金融机构合作，联合对非洲国家项目开展融资贷款。同时，增加新开发银行、亚洲基础设施投资银行等中国重点参与的国际金融组织对非洲提供的资金的规模和占比，适度提高对非洲国家贷款的标准，增加贷款透明度。四是建立非洲债务可持续性分析框架。部分西方国家和媒体能不断对中国发起"中国债务陷阱论"的攻击，一个重要原因是现有的债务分析框架是由西方国家主导制定的。评估工具的受制于人让一些国家很容易通过操纵评估结果来对中国发起舆论攻击。只有建立自己的非洲债务评估体系才能使我国从被动局面中脱离出来。2019 年，财政部出台了《"一带一路"债务可持续性分析框架》，为我国进行国际债务评估提供了依据。建立非洲债务可持续性分析框架可以帮助我国更好地监测非洲国家的债务状况，及时调整对非贷款和援助流向。对非洲的贷款的优惠额度、合作方式，以及非洲国家陷入债务困境后我国的应对策略等都有了相应的参考依据。

四　帮助非洲应对疫情，恢复双方合作的经济社会基础

帮助非洲国家应对疫情冲击，关乎中非命运共同体和共建"一带一路"的大局。为给中非共建"一带一路"营造更优的环境，中国应采取相应措

施，助力非洲国家渡过难关。

一是中方可适度加大对非洲国家抗击疫情的援助力度，增加医疗防疫物资援助，派遣卫生防疫专家，共享防疫信息和经验，提供技术支持。向有特殊困难的非洲国家提供特殊援助，如向遭遇粮食危机的国家提供粮食等人道主义援助。中方应在一定程度上确保药品、医疗设施的出口，避免出现非洲防疫物资不足的危机。二是中方可在贸易、金融、民生等多层面为非洲国家经济稳定运行提供支持，夯实中非经贸合作基础。在贸易方面，中方可通过扩大关税减免清单的方式，帮助非洲实现对华商品出口多样化，并通过海运、航运等帮助非洲运出产品；同时，保障非洲紧缺的医疗卫生产品、基础粮食的出口。在金融方面，可采取多举措为非洲提供投融资支持。使用非洲中小企业发展专项贷款为在非洲注册的中小企业提供融资支持，对防疫相关及民生类中小企业，可在满足基本要求的前提下，适度放宽融资条件；根据各国实际情况，制定不同的贷款利率和还款计划，满足不同融资需要。疫情期间，非洲出台了各类经济刺激政策，其中不乏前景较好的项目，中方应紧盯这一时机，利用中非发展基金、中非产能合作基金等为非方企业提供融资，为中方企业获取良好的投资机会。在民生方面，为非洲创造更多就业机会。疫情导致部分中方员工无法按时返回非洲，一些中资企业的项目建设和运营受到影响。中方应引导企业适度增加雇用当地员工的数量，同时为其提供技能培训，创造更多就业机会。

五 中资企业需进一步深化对非洲安全风险、政策法规变化的研判

中资企业投资非洲时，要在注重专业领域研究的同时，在可研阶段强化对项目所在地的政局、民族、宗教、社会治安、法律法规、民俗民风，以及金融风险、宏观经济政策动态等的跟踪研究，对可能存在的安全和其他各类风险进行科学评估。这需要很强的专业能力，企业本身可能并不具备，需要聘请第三方研究机构。企业自身需要有系统的风险预判、评估和应对流程，制定完善的突发事件应急预案，并进行日常演练。企业在投资地选择上，应尽量选择相对安全的国家或地区，对于政局不稳的国家或地区，企业可以选

择投资回收期较短的项目或方案，尽量规避可能发生的政局变化。对于已投资项目，企业要擅于与当地政府沟通，加强交流合作；制定正确的公关策略，获取当地政府和舆论的支持；采用稳妥的方式搞好与反对党的关系，规避政局变动时的突发风险。中资企业需加强对东道国法律法规、投资政策的学习和研究，包括人权、环境保护、知识产权等容易被忽视的领域，避免因对法律法规了解不足而在投资过程中出现不必要的经济损失和声誉损失。在项目实施和生产经营过程中，应遵守当地的法律法规和项目协议，按照东道国法律法规办事，减少矛盾冲突，确保生产经营的顺利开展，减少风险，提高投资效率。企业要不断建立健全相关的法律风险防范体系，如在投资协议中加入"稳定条款"来防范东道国政策法律变动带来的风险。

参考文献

一　中文文献

安宇宏：《三期叠加》，《宏观经济管理》2015 年第 2 期。

曹亚雄、孟颖：《"一带一路"倡议与中非命运共同体建构》，《陕西师范大学学报》（哲学社会科学版）2019 年第 3 期。

陈须隆：《"一带一路"建设是构建人类命运共同体的伟大实践》，《求是》2018 年第 8 期。

〔英〕戴维·赫尔德：《民主与全球秩序：从现代国家到世界主义治理》，胡伟等译，上海人民出版社，2003。

邓子立、王翠文：《冷战后中国何以参与非洲维和行动》，《国际政治科学》2012 年第 2 期。

第一届中国-非洲经贸博览会组委会秘书处主编《中非经贸合作案例方案集》，湖南人民出版社，2019。

符跃鑫、张振克等：《西非海洋渔业资源非法捕捞现状和对策》，《世界地理研究》2014 年第 4 期。

高连和：《中非产能合作中的集群式投资》，经济科学出版社，2017。

国家发改委：《第三方市场合作指南和案例》，2019。

国家开发银行、联合国开发计划署：《融合投融资规则　促进"一带一路"可持续发展》，2019。

韩红梅：《金融服务助力中非产能合作》，《中国金融》2019 年第 12 期。

贺鉴、王雪：《全球海洋治理视野下中非"蓝色伙伴关系"的建构》，《太平洋学报》2019 年第 2 期。

贺文萍：《共筑紧密"中非命运共同体"：历史基础、现实条件和发展方向》，《统一战线研究》2018 年第 5 期。

黄梅波、段秋韵：《"数字丝路"背景下的中非电子商务合作》，《西亚非洲》2021 年第 1 期。

黄玉沛：《中非共建"数字丝绸之路"：机遇、挑战与路径选择》，《国际问题研究》2019 年第 4 期。

李安山：《论中国对非洲政策的调适与转变》，《西亚非洲》2006 年第 8 期。

李安山：《丝绸之路与华侨华人：以非洲为例》，《中央社会主义学院学报》2019 年第 4 期。

李新烽：《中非关系与"一带一路"建设》，《求是》2019 年第 8 期。

李新烽主编《郑和与非洲》，中国社会科学出版社，2012。

李智彪：《非洲工业化战略与中非工业化合作战略思考》，《西亚非洲》2016 年第 5 期。

刘鸿武：《中非关系 30 年：撬动中国与外部世界关系结构的支点》，《世界经济与政治》2008 年第 11 期。

潘华琼：《中非关系发展辨析》，《西亚非洲》2008 年第 7 期。

裴长洪、于燕：《"一带一路"建设与我国扩大开放》，《国际经贸探索》2015 年第 10 期。

秦正为：《中国特色社会主义国家利益观》，人民出版社，2013。

推进"一带一路"建设工作领导小组办公室：《共建"一带一路"倡议：进展、贡献与展望》，2019。

王洪一：《中非共建产业园：历程、问题与解决思路》，《国际问题研究》2019 年第 1 期。

王菊英、林新珍:《应对塑料及微塑料污染的海洋治理体系浅析》,《太平洋学报》2018 年第 4 期。

王莉丽、蒋贝、曹洋红:《2017 年美欧非媒体对华报道特点及应对策略——以"一带一路"国际合作高峰论坛和中共十九大报道为例》,《对外传播》2018 年第 2 期。

王珊珊、黄梅波:《中非金融合作的现状及影响因素:基于非洲金融市场发展视角下的实证研究》,《上海对外经贸大学学报》2020 年 7 月。

王新:《中国铁路标准在尼日利亚铁路现代化项目中的应用与启示》,《铁道勘察》2017 年第 4 期。

王兴平主编《非洲产业园区发展与规划》,江苏人民出版社,2019。

王学军《中国参与非洲和平与安全建设的回顾与反思》,《国际问题研究》2012 年第 1 期。

王毅:《深入学习习近平外交思想 不断开创中国特色大国外交新局面》,《求是》2020 年第 15 期。

武芳、姜菲菲:《扩大自非洲进口的政策思考》,《国际贸易》2018 年第 6 期。

习近平:《共同构建人类命运共同体》,《求是》2021 年第 1 期。

习近平:《论坚持构建人类命运共同体》,中央文献出版社,2018。

习近平:《习近平谈"一带一路"》,中央文献出版社,2018。

习近平:《习近平谈治国理政》(第二卷),外文出版社,2017。

习近平:《习近平谈治国理政》(第三卷),外文出版社,2020。

习近平:《习近平谈治国理政》,外文出版社,2014。

习近平:《之江新语》,浙江人民出版社,2000。

许小平、秦杰:《中非跨境电商的动力和阻碍探析》,《对外经贸实务》2018 年 12 月。

杨宝荣:《"一带一路"倡议与中非产能合作》,中国社会科学出版社,2019。

杨宝荣主编《"一带一路"倡议与中非合作论坛"八大行动"》,中国社会科学出版社，2020。

姚桂梅：《从一体化视角看非洲工业化的行动力》，《西亚非洲》2016年第 4 期。

姚桂梅：《中非合作与"一带一路"建设战略对接》，《国际经济合作》2019 年第 3 期。

姚桂梅、郝睿：《美国"重返非洲"战略意图与影响分析》，《人民论坛》2019 年 9 月下期。

"一带一路"绿色发展国际联盟秘书处：《"一带一路"绿色发展案例报告（2020）》，2020。

于培伟：《中非贸易前途无量——中非贸易半个多世纪的发展回顾与展望》，《经济研究参考》2006 年第 96 期。

袁立、李其谚、王进杰：《助力非洲工业化——中非合作工业园探索》，中国商务出版社，2020。

詹世明主编《百年未有之大变局与中非关系》，中国社会科学出版社，2020。

张春宇：《东非石油大发现的影响和我国的对策》，《亚非纵横》2013年第 5 期。

张春宇、唐军：《非洲服务业发展与中非服务业合作》，《亚非纵横》2014 年第 5 期。

赵晨光：《从先行先试到战略推进：论"一带一路"在非洲的推进》，《国际论坛》2017 年第 4 期。

郑东超、张权：《"一带一路"为世界提供四大公共产品》，《当代世界》2017 年第 5 期。

郑海琦、张春宇：《非洲参与海洋治理》，《国际问题研究》2018 年第 6 期。

中共中央党史研究室编《党的十八大以来大事记》，人民出版社，2017。

中共中央宣传部编《习近平新时代中国特色社会主义思想三十讲》，学习出版社，2018。

中国信息通信研究院:《中国数字经济发展白皮书（2021年）》，2021。

中华人民共和国国务院新闻办公室:《中国军队参加联合国维和行动30年》，2020。

二 英文文献

African Development Bank，*AfDB Statistics Pocketbook* 2017.

African Development Bank，*African Economic Outlook* 2018.

African Union，*Revisited African Maritime Transport Charter*，2010.

Gill，Bates & Chin-Hao Huang，"China's Expanding Role in Peacekeeping，" SIPRI Policy Paper 25，Stockholm Peace Research Institute，November 2009.

Swanepoel，Ernesta，"The Nexus between Prosperity in the African Maritime Domain and Maritime Security，" South African of International Affairs，June 2017.

UNECA，*Africa's Blue Economy：A Policy Handbook*，2016.

United Nations，*Synthesis of National Reports for Rio+20*，2012.

World Bank Group，*Doing Business Report 2020*，Washington：World Bank Group，2020.

World Bank，*Global Economic Prospects：Broad-Based Upturn，but for How Long ?*，Washington：World Bank Group，2018.

后　记

　　《新时代中非共建"一带一路"》是中国非洲研究院"新时代中国与非洲丛书"的一部。本书以习近平总书记关于中非共建"一带一路"的重要论述为依据，从"一带一路"的理论内涵、指导意义切入，聚焦中非高质量共建"一带一路"，全面梳理了新时代中非双方在政治互信、经贸交流、安全合作、文明互鉴等领域取得的辉煌成就，内容涵盖中非国际产能合作、贸易合作、金融合作、基础设施建设合作、健康卫生合作、数字经济合作、海洋经济合作等议题，案例丰富，数据翔实；全面解析了"一带一路"倡议深度对接非洲联盟《2063年议程》所释放出的巨大发展动能，具有较强的理论价值和现实意义，为推动构建新时代中非命运共同体构建提供智力支持。

　　本书共十三章，由集体合作完成。张春宇和邓延庭主要负责整体框架章节设计、全书统稿修改工作，以及部分章节撰写。第一章作者为中国非洲研究院助理研究员邓延庭、孟瑾、赵雅婷，延安大学教师张家瑞；第二章作者为中国非洲研究院副研究员李玉洁，中国社会科学院大学国际政治经济学院博士研究生贾继元；第三章作者为中国非洲研究院副研究员王金岩；第四章作者为中国非洲研究院副研究员朴英姬；第五章作者为中国非洲研究院副研究员姚桂梅；第六章作者为中国社会科学院大学国际政治经济学院博士研究生沈子奕；第七章作者为中国非洲研究院助理研究员田牧野；第八章作者为中国非洲研究院副研究员袁武；第九章作者为中国非洲研究院助理研究员郭佳；第十章作者为中国信息通信研究院副院长魏亮、中国信息通信研究院安全研究所所长谢玮、中国信息通信研究院国际 ICT 研究员张泰伦；第十一章作者为中国非洲研究院副研究员张春宇，南京大学商学院博士研究生祝思民，中共中央党校国际战略研究院助理研究员郑海琦；第十二章作者为张春宇、邓延庭、祝思民；第十三章作者为张春宇、邓延庭。

感谢社会科学文献出版社的领导和编辑所作出的贡献，你们的辛勤付出保证了本书的顺利出版。因能力所限，书中难免存在错漏之处，欢迎各位读者批评指正。

图书在版编目（CIP）数据

新时代中非共建"一带一路" / 中国非洲研究院主
编；张春宇等著 . --北京：社会科学文献出版社，
2023.10

（新时代中国与非洲丛书）

ISBN 978-7-5228-2389-8

Ⅰ.①新… Ⅱ.①中… ②张… Ⅲ.①"一带一路"
-国际合作-研究-中国、非洲 Ⅳ.①F125.54

中国国家版本馆 CIP 数据核字（2023）第 165251 号

新时代中国与非洲丛书

新时代中非共建"一带一路"

主　　编 / 中国非洲研究院
著　　者 / 张春宇　邓延庭 等

出 版 人 / 冀祥德
责任编辑 / 李明伟　俞孟令　胡晓利
文稿编辑 / 赵亚汝
责任印制 / 王京美

出　　版 / 社会科学文献出版社·国别区域分社（010）59367078
　　　　　地址：北京市北三环中路甲 29 号院华龙大厦　邮编：100029
　　　　　网址：www.ssap.com.cn
发　　行 / 社会科学文献出版社（010）59367028
印　　装 / 三河市尚艺印装有限公司

规　　格 / 开　本：787mm×1092mm　1/16
　　　　　印　张：29.5　字　数：447 千字
版　　次 / 2023 年 10 月第 1 版　2023 年 10 月第 1 次印刷
书　　号 / ISBN 978-7-5228-2389-8
定　　价 / 168.00 元

读者服务电话：4008918866

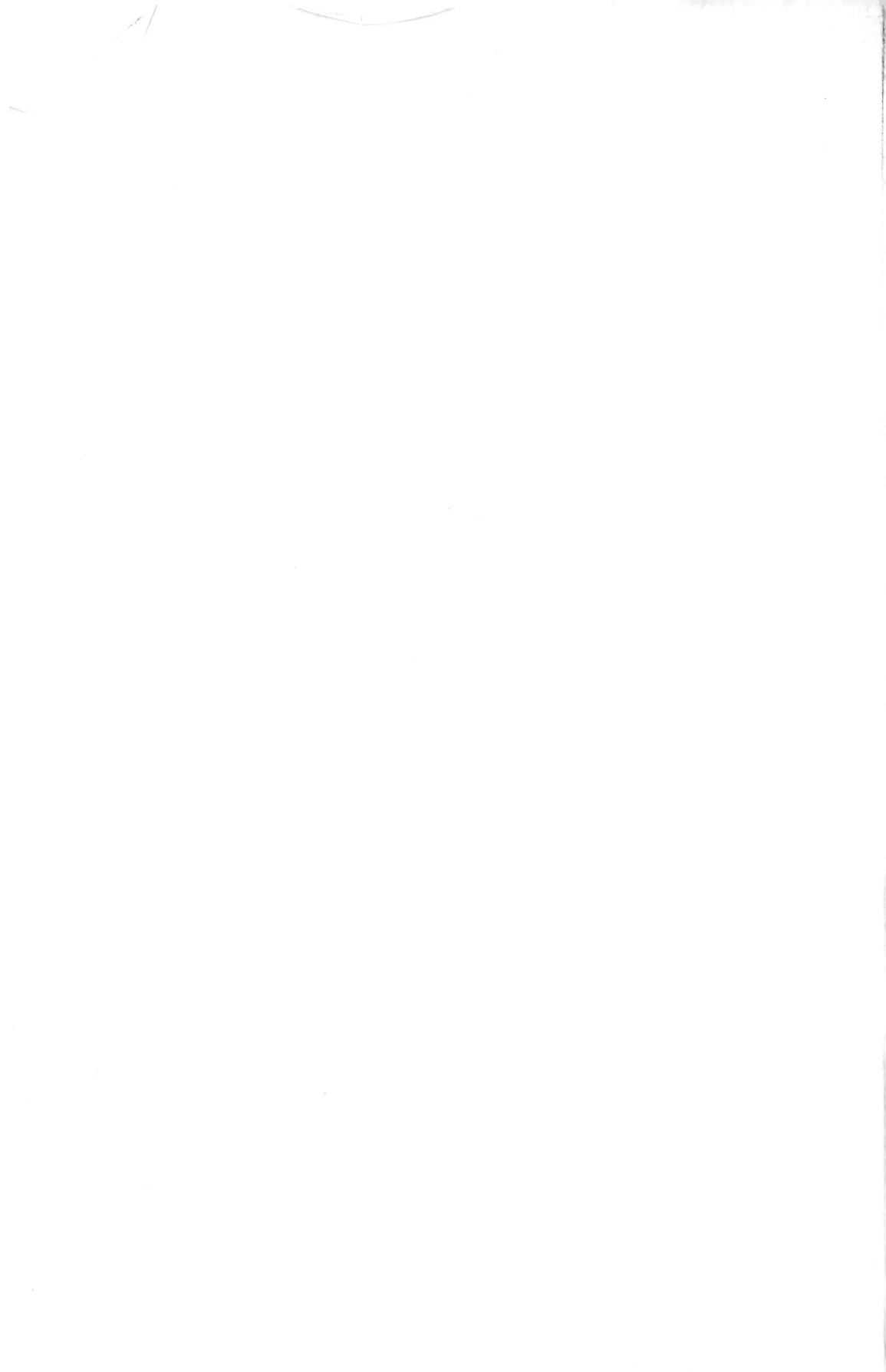